公司简介

烟台艾迪液压科技有限公司成立于2009年10月，公司位于烟台市福山高新技术园区，注册资本8 086万元，占地面积65 167㎡，建筑面积44 000㎡。主要从事工程机械和船舶用液压主泵、马达和多路控制阀的研发、生产和销售。

公司从国内外引进先进的生产和检测设备100多台(套)，目前拥有铸造和机加两个车间，已经实现了从铸造、加工、组装到在线检测的全套生产。其中，铸造车间拥有3t电炉2台，自动造型、浇注、砂处理线各1条，呋喃树脂线1条，热芯、冷芯制芯机20多台。机加车间拥有数控车床、加工中心、磨床、热处理、清洗设备100多台(套)，在线检测设备8套，已建成集零部件制造、后处理、中间检验、装配流水线、总成检测、喷漆、自动化物流系统为一体的综合制造体系。

目前公司拥有主泵产品12个系列40多个品种，行走马达5个品种，回转马达2个品种，多路控制阀2个品种。在后市场已经得到大量验证，在OEM市场也与多个主机厂有实质性的合作。

同时，通过不断引进国内外液压、机械制造专业人才，不断提高系统化管理水平，将建成国内一流，国际上有一定竞争力的液压系统制造产业基地。

主泵

主泵

多路控制阀

回转马达

行走马达

地址：中国·烟台市福山区福新路75号　电话：0535-6311098
http://www.fceddie.com　邮编：265500

K3V/K5V/K7V 系列

M2X/M5X 系列

KMX 系列

PV48K 系列

Kawasaki

Powering your potential

川崎精密机械商贸（上海）有限公司

地址：上海市黄浦区西藏中路168号都市总部大楼17楼1701室　　邮编：200001

电话：021-33663800　　传真：021-33663808

K3VL 系列

M7V 系列

K8V 系列

KLSV 系列

KLW 系列

KC-MB/KC-ESS系列

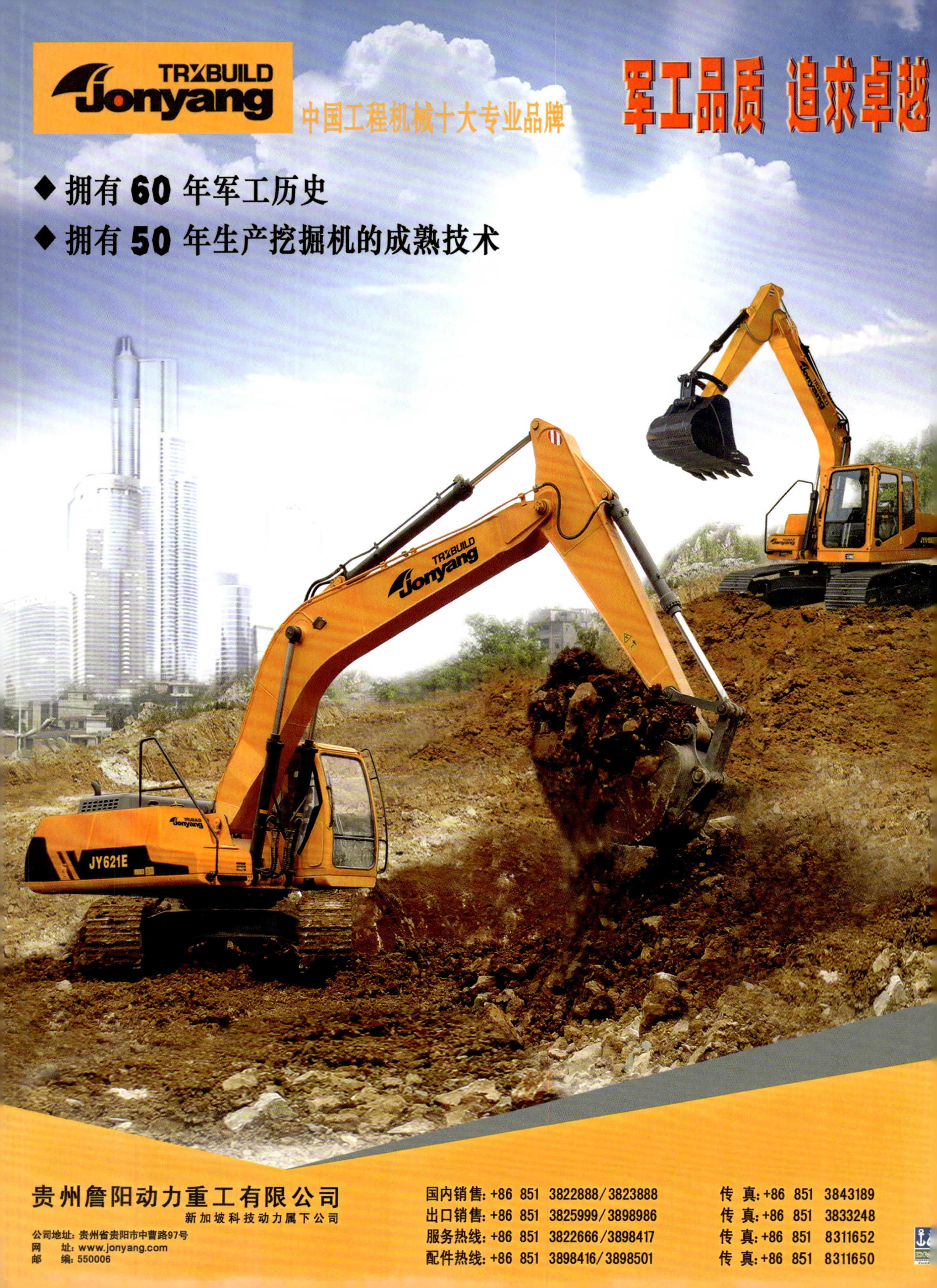
TRXBUILD Jonyang
中国工程机械十大专业品牌
军工品质 追求卓越
◆ 拥有 60 年军工历史
◆ 拥有 50 年生产挖掘机的成熟技术
JY621E
贵州詹阳动力重工有限公司
新加坡科技动力属下公司
公司地址：贵州省贵阳市中曹路97号
网　　址：www.jonyang.com
邮　　编：550006
国内销售：+86 851 3822888/3823888
出口销售：+86 851 3825999/3898986
服务热线：+86 851 3822666/3898417
配件热线：+86 851 3898416/3898501
传　真：+86 851 3843189
传　真：+86 851 3833248
传　真：+86 851 8311652
传　真：+86 851 8311650

中国机械工业年鉴编辑委员会
中国工程机械工业协会　编

工程年鉴微信

中国机械工业年鉴系列

中国工程机械工业年鉴

2014

中国机械工业年鉴编辑委员会
中国工程机械工业协会 编

《中国工程机械工业年鉴》2014年刊设置综述篇、行业篇、企业篇、市场篇、调研篇、统计资料、标准索引、政策法规及大事记等栏目，集中反映了2013年工程机械行业的发展情况，详细记载了挖掘机械、铲土运输机械、工程起重机、工业车辆、路面与压实机械、混凝土机械、凿岩机械与气动工具、桩工机械、掘进机械、工程机械配套件等分行业的发展情况，全面地分析了工程机械市场状况，系统地记录了工程机械行业各项经济技术指标、进出口统计数据，突出报道了工程机械行业企业的创新情况等。

《中国工程机械工业年鉴》主要发行对象为政府决策机构、机械工业相关企业决策者和从事市场分析、企业规划的中高层管理人员以及国内外投资机构、贸易公司、银行、证券、咨询服务部门和科研单位的工程项目管理人员等。

图书在版编目（CIP）数据

中国工程机械工业年鉴．2014 / 中国机械工业年鉴编辑委员会，中国工程机械工业协会编写，—北京：机械工业出版社，2014．11

（中国机械工业年鉴系列）

ISBN 978-7-111-48461-5

I．①中…II．①中…②中…III①工程机械—机械工业—中国－2014－年鉴IV．①F426.4-54

中国版本图书馆CIP数据核字（2014）第255369号

机械工业出版社（北京市百万庄大街22号　邮政编码100037）
责任编辑：王亚水
北京宝昌彩色印刷有限公司印制
2014年11月第1版第1次印刷
210mm×285mm．18.75印张61插页．525千字
定价：360．00元
凡购买此书，如有缺页、倒页、脱页，由本社发行部调换
购书热线电话（010）88379821、88379829

中国机械工业年鉴系列

作为『工业发展报告』
记录企业成长的每一阶段

中国机械工业年鉴

编辑委员会

中国工程机械工业年鉴

『鉴』证行业发展

挖掘企业亮点

中国工程机械工业年鉴
执行编辑委员会

中国工程机械工业年鉴

『鉴』证行业发展
挖掘企业亮点

中国工程机械工业年鉴
特约顾问单位特约顾问

（按姓氏笔画排列）

特约顾问单位	特约顾问
江苏汇鸿国际集团中锦控股有限公司	王幼静
山东临工工程机械有限公司	王志中
浙江海宏液压科技股份有限公司	王静波
维特根（中国）机械有限公司	韦肇图
厦门思尔特机器人系统有限公司	付文辉
厦门厦工机械股份有限公司	白飞平
河北宣化工程机械股份有限公司	冯喜京
贵州詹阳动力重工有限公司	吕　黔
浙江高宇液压机电有限公司	池建伟
浙江长盛轴承技术有限公司	孙志华
四川成都成工工程机械股份有限公司	李一东
英轩重工有限公司	李世勇
江苏腾旋科技股份有限公司	李继锁
恒天九五重工有限公司	李新桥
陕西建设机械股份有限公司	杨宏军
住重中骏（厦门）建机有限公司	杨泽湧
中国国机重工集团有限公司	吴培国
山河智能装备集团	何清华
无锡市三立轴承有限公司	沈立言
烟台艾迪精密机械股份有限公司	宋　飞
上海隧道工程股份有限公司机械制造分公司	张闵庆
安徽叉车集团有限责任公司	张德进
江苏八达重工机械股份有限公司	陈利明
川崎精密机械商贸（上海）有限公司	陈爱明
海宁虎霸集团有限公司	范水荣
洛阳至圣科技有限公司	范绪光
上海金泰工程机械有限公司	林　坚
青岛新型建设机械有限公司	林礼津
中交天和机械设备制造有限公司	周　骏

中国工程机械工业年鉴

『鉴』证行业发展 挖掘企业亮点

中国工程机械工业年鉴 特约顾问单位特约顾问

（按姓氏笔画排列）

特约顾问单位	特约顾问
杭州爱知工程车辆有限公司	於晓宇
杭叉集团股份有限公司	赵礼敏
福建晋工机械有限公司	柯金鼎
江麓机电集团有限公司	柳秀导
马鞍山统力回转支承有限公司	侯　宁
山东公路机械厂	侯炳才
河谷（佛山）汽车润滑系统制造有限公司	姚燕业
陕西航天动力高科技股份有限公司	索小强
方圆集团有限公司	高　秀
珠海仕高玛机械设备有限公司	黄志辉
江苏骏马压路机械有限公司	黄金涛
宁波如意股份有限公司	储吉旺
广西柳工机械股份有限公司	曾光安
中联重科股份有限公司	詹纯新
廊坊德基机械科技股份有限公司	蔡群力
北京华德液压工业集团有限责任公司	廖显胜

中国工程机械工业年鉴

『鉴』证行业发展
挖掘企业亮点

中国工程机械工业年鉴
特约顾问单位特约编辑

（按姓氏笔画排列）

特约顾问单位	特约编辑
上海金泰工程机械有限公司	丁　伟
厦门思尔特机器人系统有限公司	丁江妮
无锡市三立轴承有限公司	王　勇
中联重科股份有限公司	王旭虹
杭叉集团股份有限公司	王阜西
安徽叉车集团有限责任公司	毛献伟
陕西建设机械股份有限公司	冯　超
珠海仕高玛机械设备有限公司	吉同胜
山东公路机械厂	吕　波
维特根（中国）机械有限公司	朱咏梅
山河智能装备集团	任奇志
广西柳工机械股份有限公司	刘春菊
江苏八达重工机械股份有限公司	刘跃国
英轩重工有限公司	衣晓明
北京华德液压工业集团有限责任公司	孙　军
恒天九五重工有限公司	杜　恒
洛阳至圣科技有限公司	李　艳
山东临工工程机械有限公司	李连刚
贵州詹阳动力重工有限公司	李国芬
烟台艾迪精密机械股份有限公司	李娇云
方圆集团有限公司	汪新军
河北宣化工程机械股份有限公司	宋学镜
廊坊德基机械科技股份有限公司	张　拯
中交天和机械设备制造有限公司	张天举
住重中骏（厦门）建机有限公司	陈　宁
浙江长盛轴承技术有限公司	郁建忠
浙江高宇液压机电有限公司	项玲媛
四川成都成工工程机械股份有限公司	胡　健

中国工程机械工业年鉴

『鉴』证行业发展
挖掘企业亮点

中国工程机械工业年鉴
特约顾问单位特约编辑

（按姓氏笔画排列）

特约顾问单位	特约编辑
海宁虎霸集团有限公司	祝伯康
马鞍山统力回转支承有限公司	袁艳琰
厦门厦工机械股份有限公司	高万居
川崎精密机械商贸（上海）有限公司	黄　溪
江麓机电集团有限公司	黄帅丹
上海隧道工程股份有限公司机械制造分公司	黄迎燕
江苏腾旋科技股份有限公司	黄宏良
杭州爱知工程车辆有限公司	梁永红
江苏汇鸿国际集团中锦控股有限公司	董纭松
青岛新型建设机械有限公司	韩亭海
陕西航天动力高科技股份有限公司	温　进
浙江海宏液压科技股份有限公司	谢长德
河谷（佛山）汽车润滑系统制造有限公司	翟朋亮
福建晋工机械有限公司	颜阿三
宁波如意股份有限公司	潘志光
江苏骏马压路机械有限公司	薄桂兰
中国国机重工集团有限公司	魏　峰

中国工程机械工业年鉴

『鉴』证行业发展

挖掘企业亮点

中国工程机械工业年鉴
编辑出版工作人员

总 编 辑 郭 锐

主　　编 李卫玲

副 主 编 刘世博　曹 军

执行主编 张珂玲

责任编辑 王亚水

编　　辑 袁士华　董智利　马焕英

发行服务 王海臣　秦日升　路泽贤

图文设计 张慕原

地　　址 北京市西城区百万庄大街 22 号（邮编 100037）

编 辑 部 电话（010）88379826　传真（010）68998970

发 行 部 电话（010）68326643　传真（010）68326017

E-mail:cmiy@mepfair.com

http://www.cmiy.com　www.mepfair.com

前　　言

2013 年，我国工程机械行业在国内外市场需求变化的影响下，积极应对市场变化，克服困难，苦练内功，加快转型升级。全行业的经济运行情况呈现出逐步恢复和平稳发展态势。总体来说，中国工程机械行业经受住了几年来市场波动的考验，广大企业在转变增长方式，调整产业结构，提高自身能力和水平，推进国际化进程等方面取得了明显成效，全行业逐步走上了健康发展的轨道。

但制约工程机械行业发展的深层次矛盾和问题还没有完全解决，特别是在当前国际经济艰难复苏，国内经济增速放缓的情况下，行业发展仍然面临重大机遇和挑战。

2013 年，工程机械行业受市场需求不足的影响，在 2012 年销售下降的基础上，继续呈现出低位运行态势，工程机械行业的经济运行情况呈现出逐步恢复和平稳发展态势，主要产品销量保持平稳回升，整体销售情况符合预期；经济效益继续下降，资金紧张状况得到改善；进口继续下降，降幅开始收窄，出口低速增长。根据中国工程机械工业协会统计：2013 年工程机械行业实现营业收入 5 663 亿元，比 2012 年增长 0.66%。2013 年，工程机械行业主要产品销售呈现稳步回升的态势，各类产品总计的同比增幅达到 6.05%，为 2012 年以来最高增幅。

2013 年，据中国海关总署统计：我国工程机械进出口贸易额为 242.66 亿美元，比上年下降 3.12%。其中，进口金额 47.35 亿美元，比上年下降 19.5%；出口金额 195.3 亿美元，比上年增长 1.93%，贸易顺差 147.95 亿美元，同比扩大 15.19 亿美元。

2014 年，我国将继续实施扩大内需战略，保持投资合理增长，调整投资方向，提高投资效率，拓宽融资渠道；积极培育消费新热点，推动居民消费升级；大力推动产业技术创新，加快形成经济自主增长机制。促进工业化、信息化、城镇化、农业现代化同步发展，推进东中西部地区协调发展。因此，为工程机械的企稳回升提供了良好的环境。

2014 年，《中国工程机械工业年鉴》已连续出版 14 期了，作为行业的宣传窗口，她将继续引导企业更快、更好地发展，发挥其独特的作用。我们愿通过《中国工程机械工业年鉴》与广大企业、用户和关心我国工程机械行业的读者，共同见证中国工程机械行业各企业勇于开拓进取的成长历程。

中国工程机械工业协会会长：

2014 年 10 月

索引

『鉴』证行业发展

挖掘企业亮点

广告索引

专题索引

品牌故事

转型升级创新

目录

『鉴』证行业发展
挖掘企业亮点

中国工业年鉴出版基地

综述篇

行业篇

企业篇

市场篇

调研篇

目

录

『鉴』证行业发展
挖掘企业亮点

中国工业年鉴出版基地

统 计 资 料

标 准 索 引

政 策 法 规

大 事 记

Overview

Trades

Enterprises

Market

Research

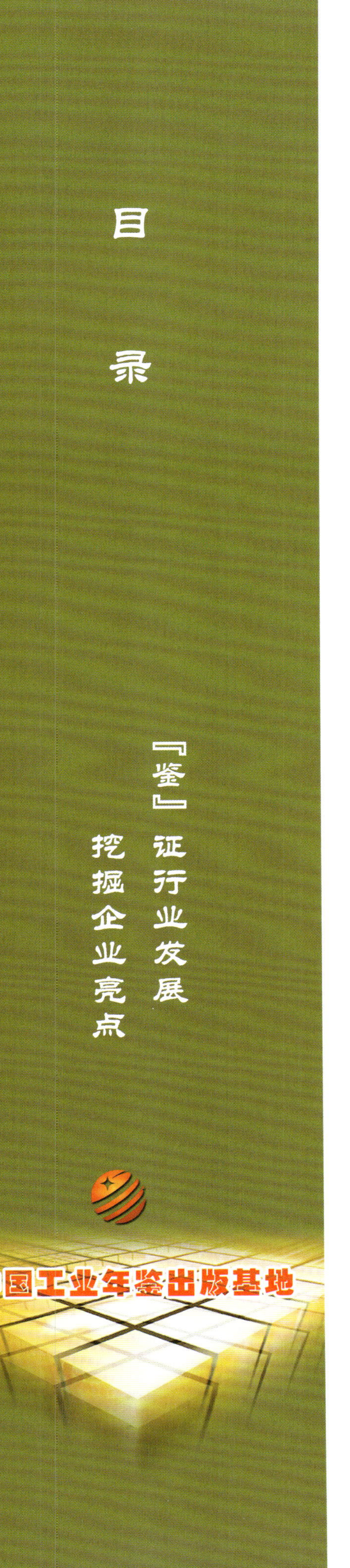

Statistical Data

Index of Standards

Policy and Legislation

Chronicle of Events

中国工程

LiuGong
柳工

SANY

xin

DOOSAN

德基机械
D&G MACHINERY

方圆集团
FANGYUAN GROUP

海宏液压
HAIHONGHYDRAULIC

HERG
河谷

JINGONG晋工

KOMATSU

KAIYUAN

ADVANCE

HCHC
长源液压

AICHI
杭州爱知

SCMC

AEROSPACE POWER

SUNWARD

JOVE
恒天九五

HANGCHA

HELI合力

SICOMA

西林
XILIN

SSCM

SHANTUI 山推

英轩重工
ENSIGN HEAVY INDUSTRIES

WIRTGEN
GROUP

CRCC
中国铁建

成工
CHENGGONG

LISHIDE
力士德

SIERT
思尔特

HUBA
虎霸集团
HUBA GROUP

SDLG
山东临工

JUNMA
骏马机械

机械优秀企业Logo集锦

路 星 牌

三一重工股份有限公司

SANY

三一重工，
国际化进入
全面盈利时代
SANY
三一重工
创建一流企业
造就一流人才
做出一流贡献
地址：湖南长沙星沙经济技术开发区三一工业城
电话：0731-84031888
传真：0731-84031999
http://www.sanygroup.com

HITACHI

Reliable solutions

ABOUT US

日立建机株式会社代表执行董事
执行董事社长兼董事
辻本　雄一

日立建机是一家世界领先的建筑设备生产商，总部位于日本东京。通过遍布全球的经销网络向全世界提供日立建机的产品。

富饶的大地，繁荣的都市，美好的未来
日立建机贡献于创造舒适的生活空间

- 我们不断推动“机械”的进化，让建设舒适生活空间的“人”与“作业”更加舒适，更加先进，更加高效。
- 我们带给客户全新的价值体验，并持续开发与提供独创的技术•商品•服务。
- 我们在稳定维持利润的同时，寻求环境和谐、贡献社会、文化活动等与社会的广泛共生关系，致力成为 " 有良心的企业市民 "。

日立建机对地球
环境的责任

作为与地球环境共生的工程机械厂商，日立建机将持续推动各种环保活动。

日立集团“环境愿景 2025”的目标是，到 2025 年为止，通过日立集团产品的年总计抑制 1 亿 t 的 CO_2 排放量，其中，日立建机集团的目标为抑制产品运转过程中所产生的 CO_2 排放量 350 万 t。

■ 绿色罗盘

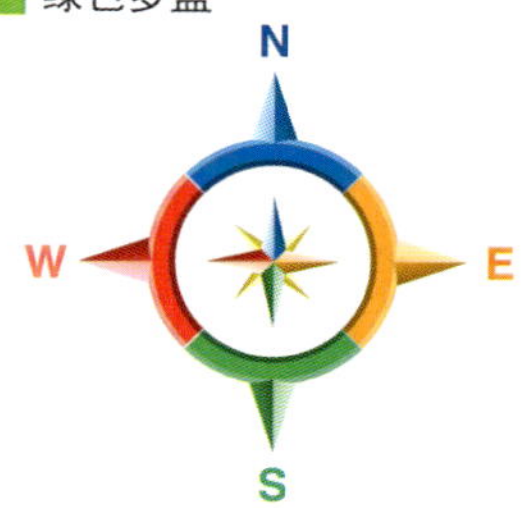

Eco-mind & Global Environmental Management
环保意识和环境经营的全球化

Next-generation Products & Services
提供下一代产品和服务

Super Eco-factories & Offices
高环保水准的工厂和办公室

Worldwide Environmental Partnerships
与利益相关者的环境配合工作

日立建机（上海）有限公司 企业社会责任活动

日立建机(上海)有限公司简介

Company Profile

1998 年 1 月 8 日，日立建机(上海)有限公司在上海外高桥保税区成立由日立建机株式会社、日立(中国)有限公司、三菱商事株式会社、香港永立建机有限公司共同出资 800 万美元组建。主要销售日立品牌建筑机械产品，并且负责所售机器的相关服务和配件供应。

日立建机(上海)有限公司自成立以来，不断强化自身内部管理，为了让顾客得到最大程度的满意而不懈努力！

日立建机(中国)有限公司简介

Company Profile

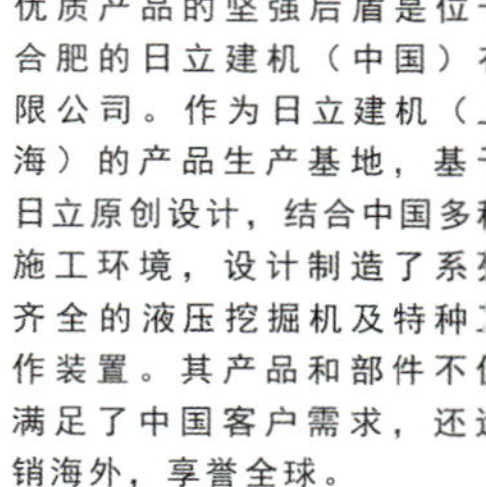

优质产品的坚强后盾是位于合肥的日立建机（中国）有限公司。作为日立建机（上海）的产品生产基地，基于日立原创设计，结合中国多样施工环境，设计制造了系列齐全的液压挖掘机及特种工作装置。其产品和部件不仅满足了中国客户需求，还远销海外，享誉全球。

地址：上海浦东外高桥保税区泰谷路65号　邮编：200131　电话：(021)5866-8686　http://www.hitachicm.com.cn

日立建机(上海)有限

更卓越　更可靠　更经济
方圆集团制造

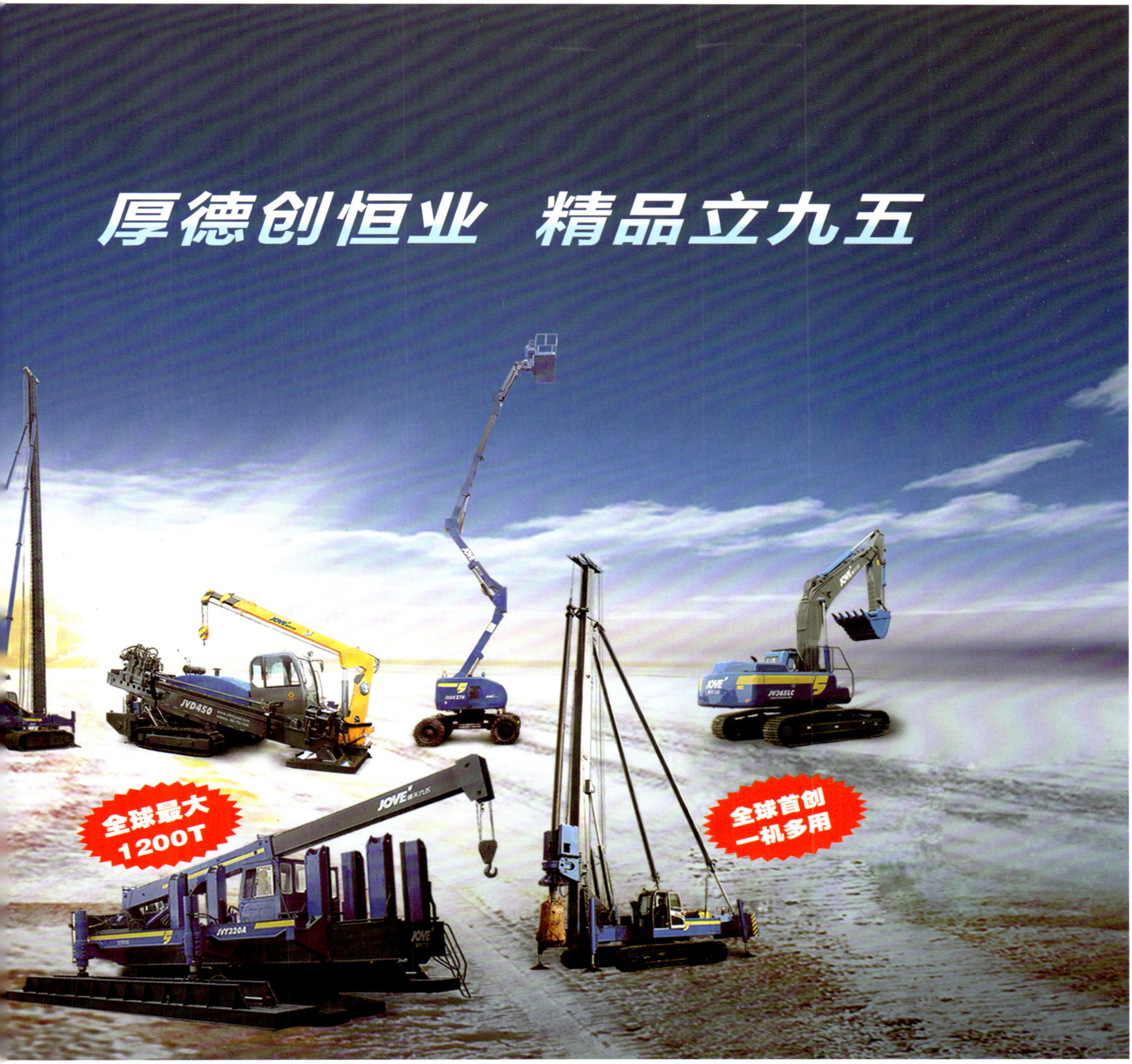
厚德创恒业 精品立九五
全球最大
1200T
全球首创
一机多用

品质创造未来
QUALITY CREATES THE FUTURE

专注成就未来

Focus Makes Future

地址：山东潍坊昌乐经济开发区英轩街1567号　邮编：262499

销售电话：0536-6298881　免费服务热线：400-066-1567

传真：0536-6298885　邮箱：sales@ensignhi.com

上海地铁用大深度新型φ6.36m盾构机简介

华东地区用φ6360mm土压平衡式盾构机
本盾构机适用于粘土、砂卵石、漂石等地质条件

特　点

1. 满足隧道埋深45m、穿越地下水丰富的地质条件下的施工要求。
2. 刀盘的设计与刀具的配置，满足在N值接近于0的地质条件下的施工与沉降控制。
3. 推力高达48 000kN，速度适用于在缓慢推进的工况下施工。
4. 增大土体改良力度—合理配置了多台添加剂注入设备，可满足加泥、加泡沫、加水等的要求，并在刀盘上、隔板上、固定搅拌翼、螺旋输送机上合理地布置了一定数量的添加剂注入口，满足在复杂地层中掘进的需求。

硬岩、孤石、富含水地层地铁用复合式盾构机简介

针对土砂的流动性强、岩层强度可达150MPa、砂卵石、粘土、丰富地下水，有孤石等特点的施工条件，公司开发全断面硬岩、透水性强的复合底层中使用的盾构机。

φ6.43m盾构特点

1．刀盘、壳体具有足够的强度。
2．可有效地防止中心部结泥饼。
3．有效的切削、良好的土砂流动性。
4．足够的刀具、快速良好的施工。
5．足够的润滑与可靠的土砂流动性，减少刀具磨损，以确保刀具最大的使用寿命。

电　话（Tel）：0512-52035288　　传　真（Fax）：0512-52035299

浙江高宇液压机电有限公司

浙江高宇液压机电有限公司（简称高宇液压）成立于2006年，专业生产工程机械工业车辆液压零部件，是集研发、制造、销售于一体的股份制企业，国家高新技术企业，科技型中小企业，国家工程机械高端液压件及液压系统产业化协同工作平台成员单位。

公司产品覆盖工程机械的液压工作系统、传动系统、转向系统、制动系统，广泛应用于工程机械及专用车辆等领域。目前公司产品共30多个系列，200多种产品规格，主导产品市场占有率高达42%。公司通过两期的技改工作，现已形成年产各类液压零部件25万台（套）的生产能力。

高宇液压技术中心为“浙江省企业技术中心”“高宇液压元件省级高新技术企业研究开发中心”，公司每年投入大量资金进行技术研发，形成了一系列具有自主知识产权的核心技术和成果，目前共有专利13项，其中2项发明专利，多项产品通过省级新产品新技术鉴定，主要指标处于国内领先（先进）水平。公司的技术创新团队被评为2013年台州市重点企业技术创新团队。

公司通过了ISO 9001:2008质量管理体系论证，坚持“开拓创新、持续改进、追求卓越、顾客满意”的质量方针，全面提升质量管理水平，紧紧围绕产品研发、生产、销售及服务的全过程建立控制程序，坚持为客户提供优质的产品和服务。公司凭借过硬的产品质量和良好的市场口碑，与山东临工、徐工集团、柳工股份、中国龙工、厦工股份、山东山工、斗山工程机械、福田重工及常林股份等国内外知名的工程机械、工业车辆制造企业建立了长期稳定的战略合作关系，并连续多年被上述客户评为优秀供应商。

高宇液压经历了8年的持续发展，取得了一定的成绩，未来更加任重道远。高宇液压愿携手主机单位，克服重重困难，为中国工程机械行业发展贡献自己的智慧。

4THU06先导阀　CDV15G多路换向阀

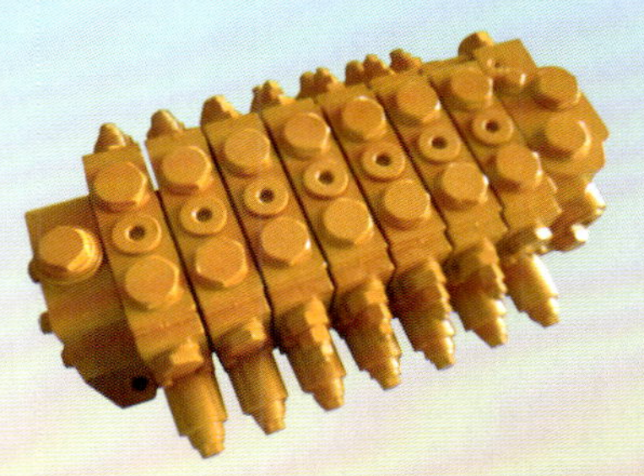

DLV20负荷敏感多路换向阀

GLV25比例流量分配阀

DL25多路换向阀

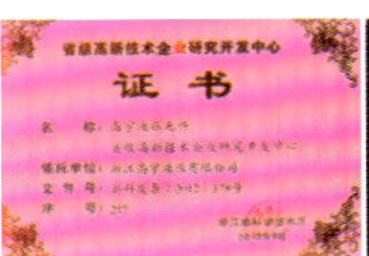

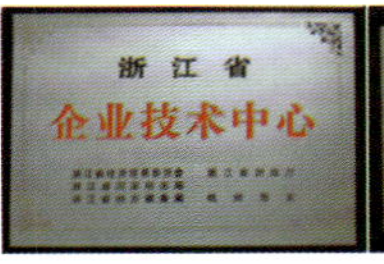

地址：浙江省临海市大洋街道栢溪路358号　邮编：317000
电话：0576-89367878　传真：0576-85128292
http：//www.zjgaoyu.com

ed in 1995, and has registered
MB;
mployees;
with over 42 patents granted;
cating material R&D center;
/TS16949:200 quality management system
4 environment management system approved.

.com.cn

· 成立于1995年6月，2011年9月改制为股份有限公司，注册资金7 500万元。
· 高新技术企业，获得各项专利42项。
· 嘉善高分子材料省级高新技术特色产业基地骨干企业，省级自润滑材料研发中心。
· 公司是全国滑动轴承标准化技术委员会自润滑轴承分技术委员秘书处单位，是行业标准的主要制定者之一。
· 主持或参与制定的滑动轴承国家标准10项已发布，正在制定的有12项。
· 获得ISO9001:2000,ISO/TS16949:2002质量管理体系认证，同时获得ISO14001:2004环境管理体系认证。

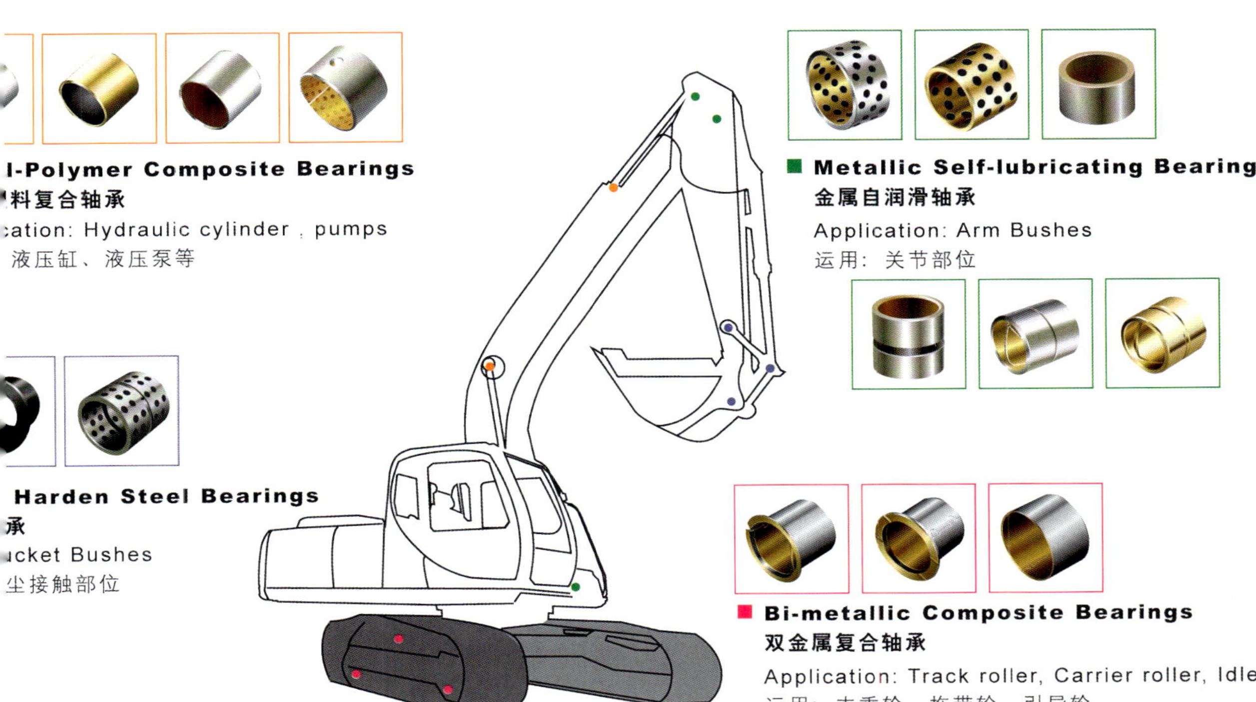

l-Polymer Composite Bearings
料复合轴承
ation: Hydraulic cylinder , pumps
液压缸、液压泵等

Metallic Self-lubricating Bearings
金属自润滑轴承
Application: Arm Bushes
运用：关节部位

Harden Steel Bearings
承
ucket Bushes
尘接触部位

Bi-metallic Composite Bearings
双金属复合轴承
Application: Track roller, Carrier roller, Idle roller
运用：支重轮、拖带轮、引导轮

gs

rial characteristic 材料特性

oy. It is a thin bearing with
il or grease could be deposited
g the operation, the deposited
n to reduce the friction factor
It is suitable for medium load
avy containment.

高、耐磨性好的薄壁轴承。表面加
于初期建立润滑油膜，从而起到降
用于中载低速、粉尘污染严重的工

Harden steel Boundary lubrication Bearings
钢基高承载边界润滑轴承

Material characteristic 材料特性

The hardened steel bearing is designed with specially aligned oil grooves and oil loops with special self-lubricating coatings for improving the bearing performance. The new designation can dramatically expand the oiling period results into a longer durability of the bearing service. It is suitable for heavy impact load applications with dusts and containments.

通过热处理、表面合理的油路设计和自润滑材料的涂覆来提升传统钢基轴承的性能，以达到延长加油周期提高轴承使用寿命的目的，适合于粉尘污染严重，需要耐高强度冲击负载的工况条件。

长盛路138号(314100)　电话：0573-84183287 84184850 84184307　传真：0573-84183450，84185526

公司简介

中国国机重工集团有限公司（国机重工）成立于2011年1月，是世界500强企业中国机械工业集团有限公司（国机集团）的全资子公司，是由国机集团旗下工程机械业务资源重组整合改制而成立的大型装备制造企业集团。

国机重工现有28家控股和参股企业，其中1家上市公司、4家海外公司，拥有天津、常州、洛阳、西南（泸州）四大产业基地。与工程机械行业世界知名企业韩国现代、日本小松、美国特雷克斯等组建合资企业，合作机构遍布全球100多个国家和地区。

电话：+86 10 5738 7999　传真：+86 10 5738 7977
邮编：100102　网址：www.sinomach-hi.com
地址：北京朝阳区广顺大街16号华彩大厦

汽车起重机

国机重工 西南（泸州）基地—我国中大吨位液压汽车起重机研制生产基地，具有 40 多年的工程起重机 研制、生产历史，先后开发出 8~160 吨级 QY 系列、G 系列、LT 系列、TTC 系列液压汽车起重机和全地面起重机。

配件及服务电话：0379-64929476
电话：0830-3581954 3581773
传真：0830-3581020
邮箱：cj-crane@mail.luzhou.net
网址：www.cj-crane.com
地址：中国 四川 泸州

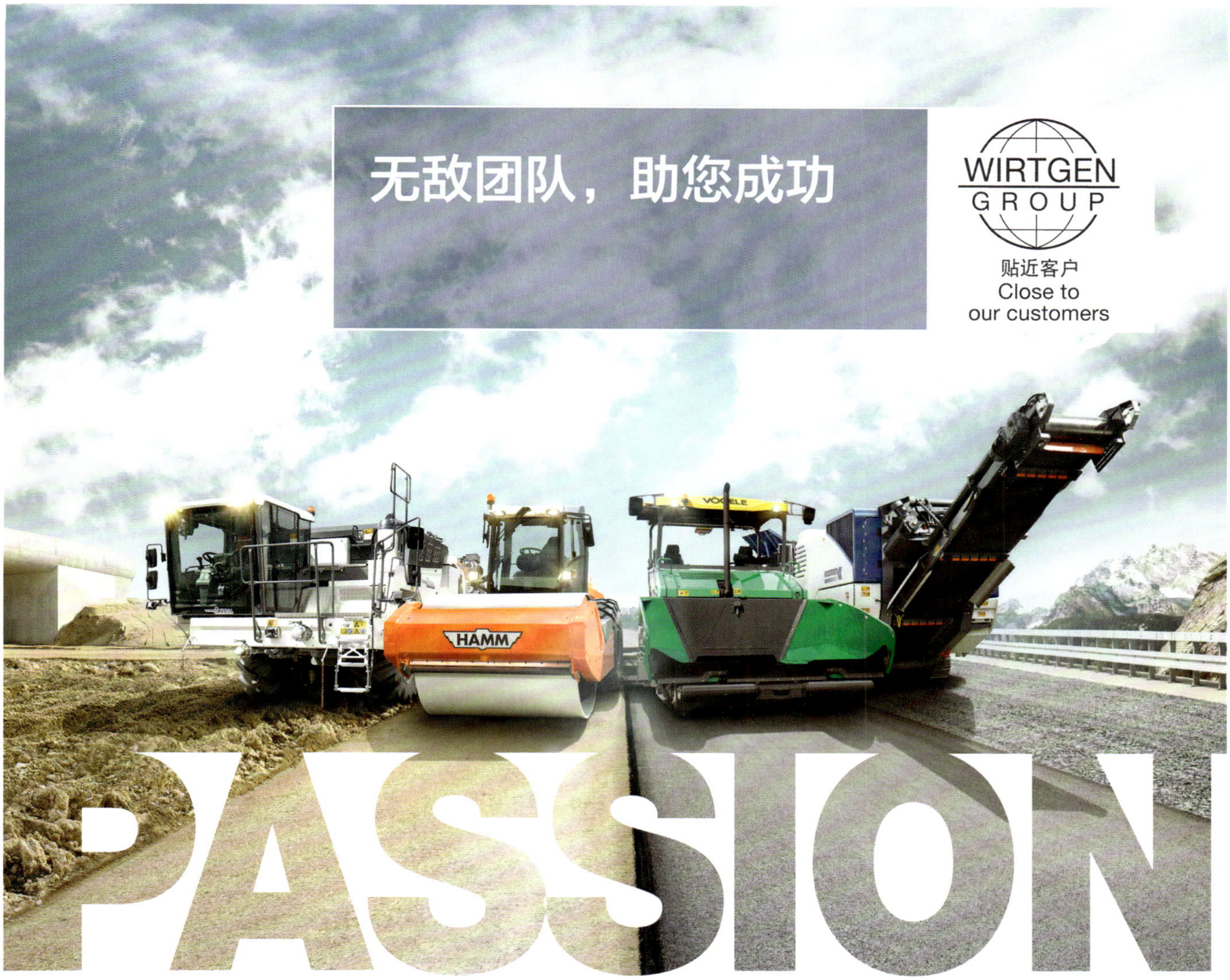

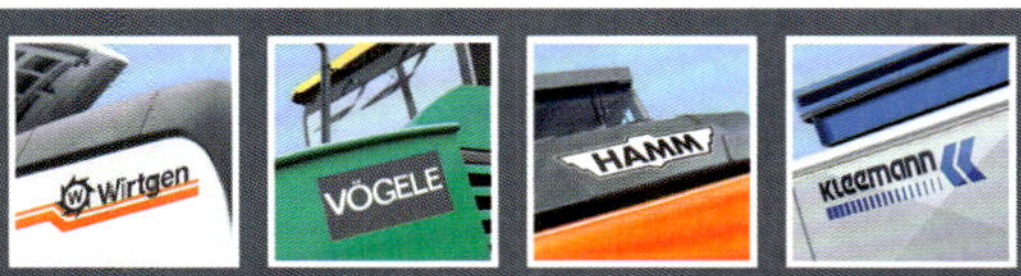

SIERT
思尔特

SIERT
挖掘机结构件数字化焊接车间
动臂、斗杆、
底架、平台自动焊接
自主研发的高效率单体式物流车
4条生产线合计29个工作站的物料自动输送
车间级MES制造执行系统
智能制造 创享未来
Intelligent manufacturing for innovative future

厦门思尔特机器人系统有限公司成立于2004年，
一直致力于机器人应用集成系统、自动化生产线的研发和制造。
凭借多年的技术积累以及专业严谨的服务态度，思尔特赢得了用户的持续信任。
10年来，思尔特累计制造3 000多套自动化装备，
用户中包括厦工、柳工、徐工、中联、奇瑞重工、江铃、忠旺及骏马等知名生产企业，
一跃成为行业的领先企业。
0592-3159966\988 www.siert.net 厦门市集美区金龙路893号

在工程机械的世界里，
「混合动力」，
也已开始崭露头角。
小松混合动力挖掘机
上海·黄浦江畔建设工地
KOMATSU HB205 Hybrid
株式会社小松制作所（即小松集团）是世界工程机械及矿山机械行业的领军企业之一，也是世界500强之一，成立于1921年，迄今已有90余年的历史。小松（中国）投资有限公司成立于2001年2月，是株式会社小松制作所的中国地区总部。小松集团在全球范围内拥有集团子公司146家，员工4万余人。小松产品以品类齐全、质量可靠、服务超群享誉全球，主要产品有挖掘机、推土机、装载机、自卸卡车等工程、矿山机械，各种大型压力机、切割机等产业机械，叉车等物流机械，TBM、盾构机等地下工程机械，以及柴油发电设备等。
KOMATSU | 小松
小松(中国)投资有限公司
地址：中国上海浦东新区陆家嘴环路1000号
恒生银行大厦33层 邮编:200120
电话：021-63414567
传真：021-63410250 68410251
http://www.komatsu.com.cn

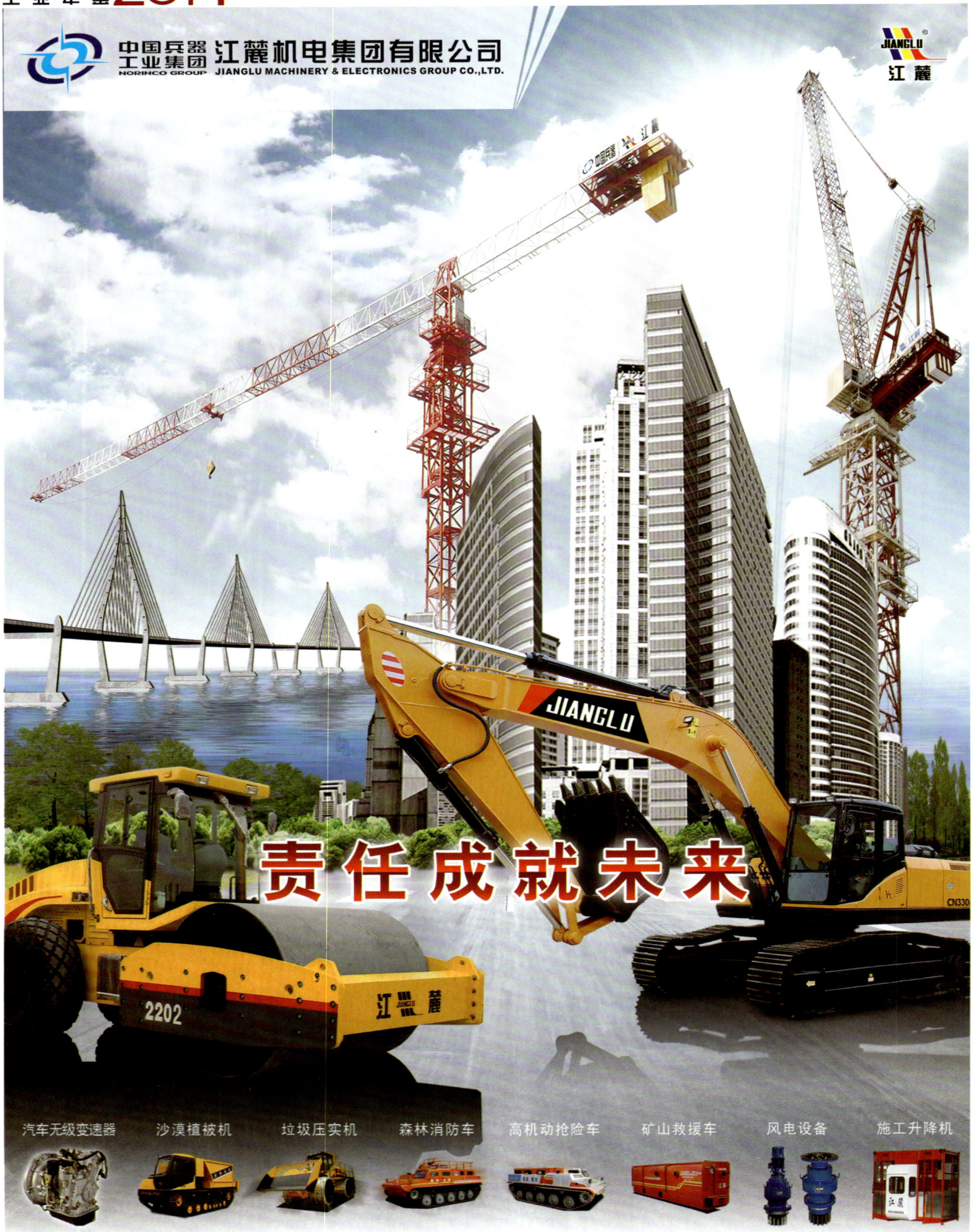
中国兵器工业集团
NORINCO GROUP
江麓机电集团有限公司
JIANGLU MACHINERY & ELECTRONICS GROUP CO.,LTD.
JIANGLU
江麓
责任成就未来
2202
CN330
汽车无级变速器
沙漠植被机
垃圾压实机
森林消防车
高机动抢险车
矿山救援车
风电设备
施工升降机

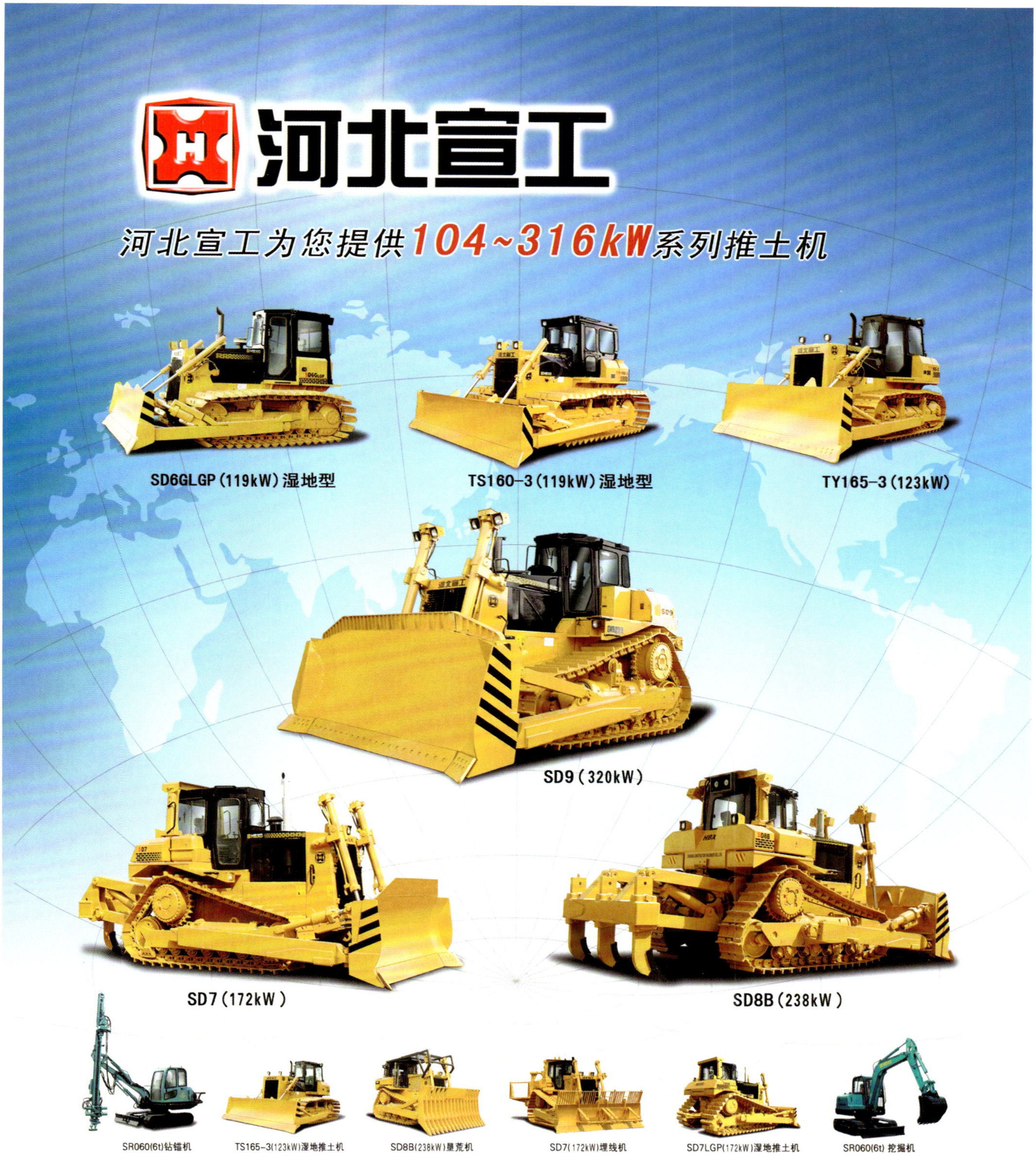

河北宣工
河北宣工为您提供104~316kW系列推土机
SD6GLGP(119kW)湿地型
TS160-3(119kW)湿地型
TY165-3(123kW)
SD9(320kW)
SD7(172kW)
SD8B(238kW)
SR060(6t)钻锚机
TS165-3(123kW)湿地推土机
SD8B(238kW)垦荒机
SD7(172kW)埋线机
SD7LGP(172kW)湿地推土机
SR060(6t) 挖掘机

xin
青岛新型建设机械有限公司
Qingdao Xinxing Construction Machinery Co.,Ltd.
信达商砼
凝聚现在 筑造未来
信达商砼
新型建机
053287791518
管桩搅拌站
2HZS180八角楼
双卧轴强制式搅拌机
MP立轴行星式搅拌机
干混砂浆生产线
模块式移动站
混凝土输送泵
细石泵
地址(Add)：青岛市城阳区玉皇岭工业园 邮编(P.C.)：266107
电话(Tel)：+86-532-87791518 传真(Fax)：+86-532-87791918
http://www.china-xin.com E-mail：sales@china-xin.com
免费服务热线（Hotline）
400-001-0999

通过ISO9001:2008认证
全国免费服务专线：400-8810-444
HERG®
河谷
STC1250
SANY
ZJ-3602M
• 为三一、徐工等知名大型企业提供润滑系统产品及解决方案。
• 全球润滑系统供应商。

江苏汇鸿国际集团中锦控股有限公司

High Hope Int'l Group Jiangsu Champion Holdings Ltd.

——日本川崎液压系统进口代理商

江苏汇鸿国际集团中锦控股有限公司(汇鸿国际)是一家集贸易、实业和投资为一体的综合型国有控股企业，连年被列入“全国进出口500强企业”，公司所属江苏汇鸿国际集团（汇鸿集团）为江苏省大型的国有外贸型企业集团，（汇鸿集团）信誉卓著、实力雄厚。十几年来，汇鸿国际致力于日本川崎液压系统及元件进口，与国内众多行业内的厂商建立了良好的合作关系。

汇鸿国际作为世界品牌日本川崎液压系统的代理公司，主营进口日本川崎的斜盘式轴向柱塞泵、斜盘式轴向柱塞马达、多路控制阀等及其他相关液压元件。公司主要服务于工程机械、工业车辆、产业机械以及农业机械和特殊用途车辆等行业，为追求大动力、可靠性和控制性的客户提供更高价值的产品和服务。

带减速机斜盘式轴向柱塞马达
Swash plate type axial piston motors with reduction gears
M3X/M3B-RG series

起重机回转用/带减速机斜盘式轴向柱塞马达
Swash plate type axial piston motors with reduction gears for swinging operation of crane
M2X/MX-RG series

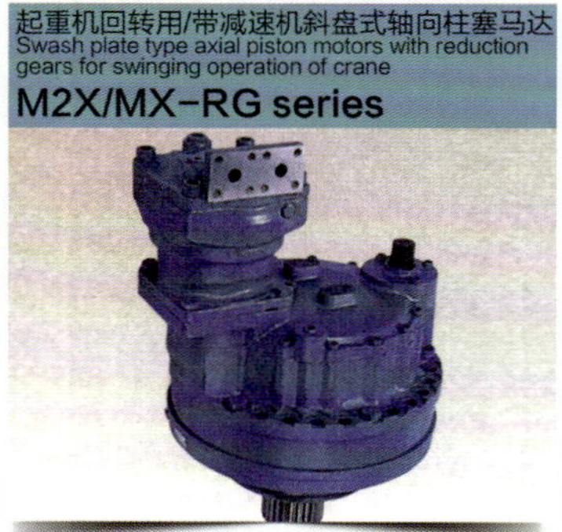

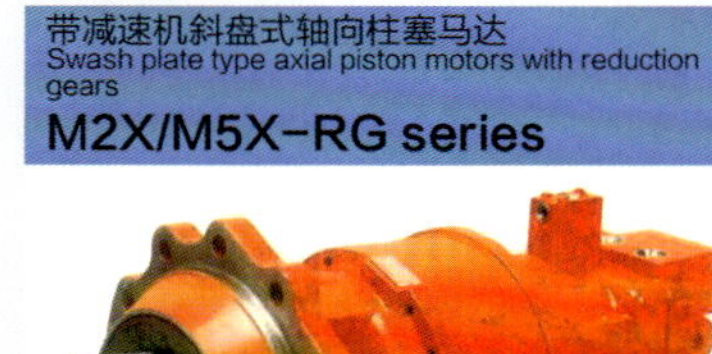

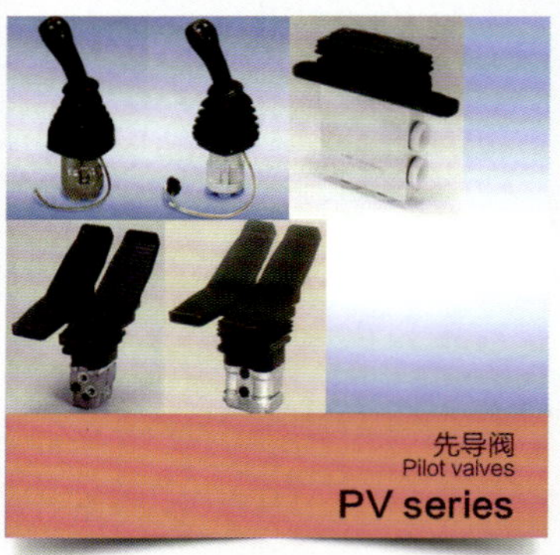

地址：南京市白下路91号江苏汇鸿大厦15层1505室　邮编：210001　电话：025-84691112、84691165　传真：025-84572333
E-mail：yjwang@hhchampion.com　ysdong@hhchampion.com　http:// www.hhchampion.com

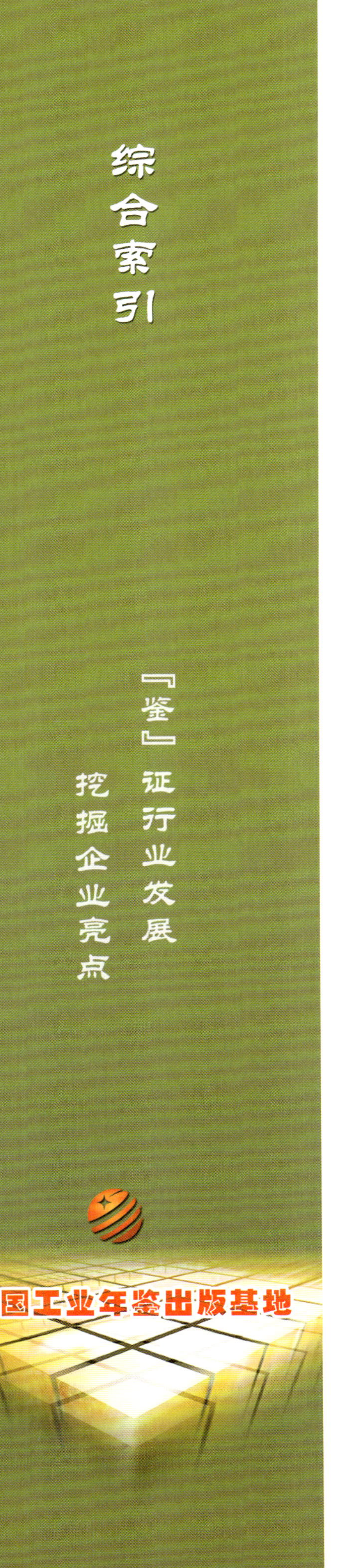

综述篇

行业篇

企业篇

市场篇

调研篇

统计资料

标准索引

政策法规

大事记

中国机械工业年鉴系列

《中国机械工业年鉴》

《中国电器工业年鉴》

《中国工程机械工业年鉴》

《中国机床工具工业年鉴》

《中国通用机械工业年鉴》

《中国机械通用零部件工业年鉴》

《中国模具工业年鉴》

《中国液压气动密封工业年鉴》

《中国重型机械工业年鉴》

《中国农业机械工业年鉴》

《中国石油石化设备工业年鉴》

《中国塑料机械工业年鉴》

《中国齿轮工业年鉴》

《中国磨料磨具工业年鉴》

《中国机电产品市场年鉴》

《中国热处理行业年鉴》

中国工业年鉴出版基地

编辑说明

一、《中国机械工业年鉴》是由中国机械工业联合会主管、机械工业信息研究院主办、机械工业出版社出版的大型资料性、工具性年刊，创刊于 1984 年。

二、根据行业需要，1998 年中国机械工业年鉴编辑委员会开始出版分行业年鉴，逐渐形成了中国机械工业年鉴系列。该系列现已出版了《中国电器工业年鉴》《中国工程机械工业年鉴》《中国机床工具工业年鉴》《中国通用机械工业年鉴》《中国机械通用零部件工业年鉴》《中国模具工业年鉴》《中国液压气动密封工业年鉴》《中国重型机械工业年鉴》《中国农业机械工业年鉴》《中国石油石化设备工业年鉴》《中国塑料机械工业年鉴》《中国齿轮工业年鉴》《中国磨料磨具工业年鉴》《中国机电产品市场年鉴》和《中国热处理行业年鉴》。

三、《中国工程机械工业年鉴》于 2000 年创刊，2002 年起开始与中国工程机械工业协会正式合作，2014 年为第 14 期。该年鉴记载了工程机械行业的运行情况、产品状况、市场分析、产销情况及发展趋势，全面系统地提供了工程机械行业的主要经济技术指标。

四、《中国工程机械工业年鉴》2014 年刊由综述篇、行业篇、企业篇、市场篇、调研篇、统计资料、标准索引、政策法规、大事记九部分构成，2014 年刊新增调研篇。

五、统计资料中的数据由中国工程机械工业协会提供，数据截止到 2013 年 12 月 31 日。

六、在年鉴编纂过程中得到了中国工程机械工业协会及各分会，行业企业和多年从事工程机械研究的专家、学者大力支持和帮助，在此表示衷心感谢。

八、由于水平有限，难免出现错误及疏漏，敬请批评指正。

中国机械工业年鉴编辑部

2014 年 10 月

综述篇

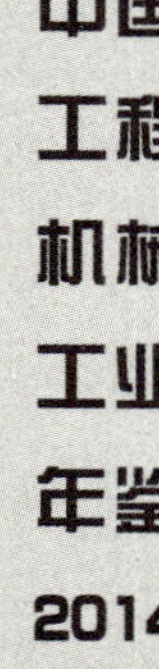

论述工程机械行业发展成就，分析总结2013年工程机械行业发展现状，介绍工程机械行业最新成果

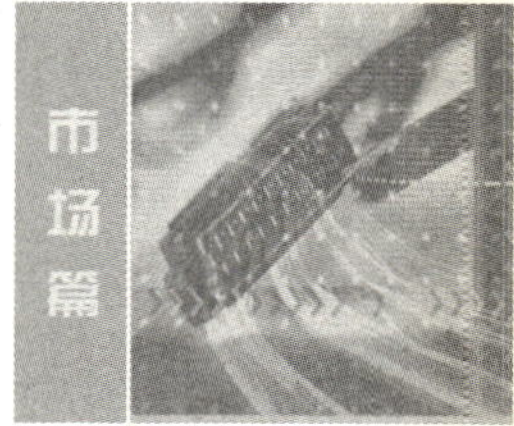

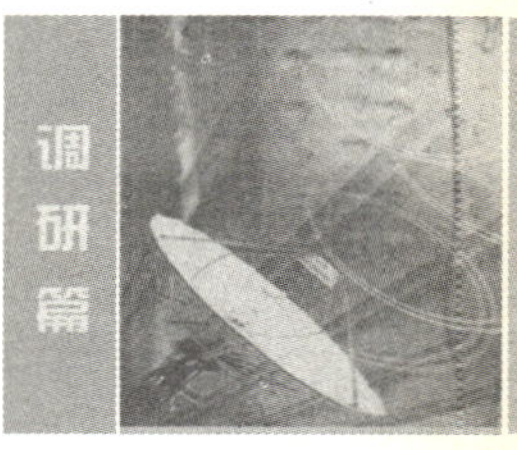

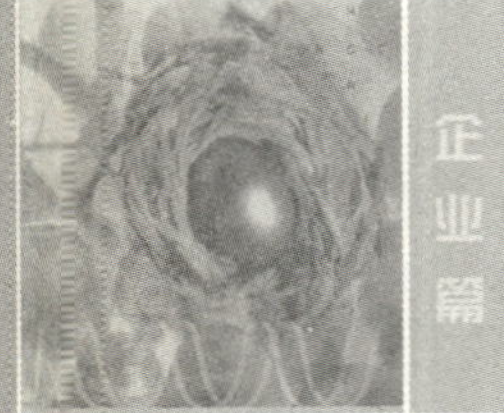

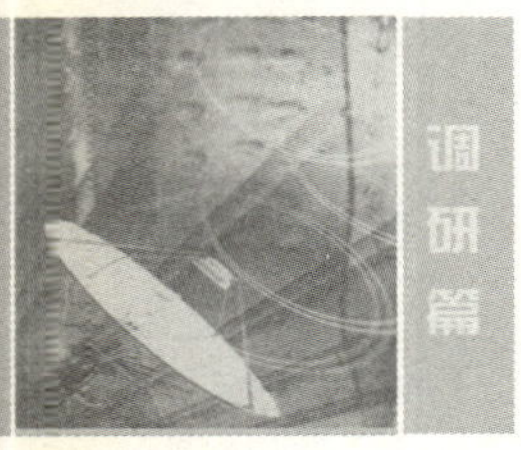

综述篇

2013 年工程机械行业发展综述

2013 年，我国工程机械行业在国内外市场需求变化的影响下，积极应对市场变化，克服困难，苦练内功，加快转型升级。全年行业的经济运行情况呈现出逐步恢复和平稳发展态势。总体来说，中国工程机械行业经受住了几年来市场波动的考验，广大企业在转变增长方式，调整产业结构，提高自身能力和水平，推进国际化进程等方面取得了明显成效，全行业逐步走上了健康发展的轨道。

但制约工程机械行业发展的深层次矛盾和问题还没有完全解决，特别是在当前国际经济艰难复苏，国内经济增速放缓的情况下，行业发展仍然面临重大机遇和挑战。

一、2013 年工程机械行业发展情况和运行分析

1、科技进步步伐加快，创新助力转型升级

2013 年，处于调整期的工程机械企业加快转型升级，夯基础、攻高端、强管理、优结构，大幅提高产品品质和可靠性，大量节能减排、新材料、绿色制造、信息化和智能化等方面的科技成果较快地移植到产品上，行业集成创新、自主创新成果不断涌现。

第一，在市场不振的情况下，广大企业更加注重新产品的研制和关键零部件的配套技术开发，一批新技术、新产品得到应用，投放市场。

徐工集团具有标志性的 88 000t · m 履带起重机实现销售，并投入使用，获得预期效果；1 600t 全地面起重机、第四代智能化成套筑养路机械达到国际领先水平；高端液压件、新型电控变速箱、智能控制系统等核心零部件及一批更新换代是整机研制也取得了重大进展。

中联重科 101m 碳纤维臂架泵车投入使用，全球首座连续级配式混凝土搅拌楼建成投产，国内最大尺寸和吨位的混凝土搅拌机 JS8000、全球最高的 113m 登高平台消防车、四桥全轮转向越野轮胎起重机、七节臂 5 桥全地面起重机等高端装备研制取得成功。该公司还将 T 型叶片和柔性车架链接等技术应用于新型搅拌车。

三一集团推出了全球首创的 A8 系列湿拌砂浆成套设备、融合中德科技成果的 C8 系列混凝土泵车、适应农村市场的 V8 城镇先锋系列小型混凝土成套设备。其液压挖掘机不仅连续获得国内销量第一，而且推出了全新的 C9 挖掘机等。

柳工发布了高效、节能、环保、舒适的 E 系列挖掘机，以及节能环保的 CLG856 天然气装载机，针对沙漠特殊工况的 CLG335A 滑移装载机等新兴设备；配套件方面，研制成功新兴驱动桥和专为中马力装载机配套的新兴发动机，提升了在核心配套件领域的竞争力。

山东临工、山推、安徽合力、杭叉集团、厦工、龙工、福田雷沃、山重建机、山河智能、国机重工、北方股份、成工股份、成都新筑、陕西建机、西安筑路、晋工、京城重工、科泰重工等一大批主机企业和恒立油缸、方圆支承、惊天液压、山东常林等一批配套和属具企业都相继推出了适应市场需求的新产品。

第二，2013 年，工程机械行业更加注重基础技术研究和应用技术的使用。

徐工集团以“基于大型工程机械自主创新的徐工科技创新体系工程”荣获 2012 年度国家科学技术进步奖二等奖；三一重工凭借在“混凝土泵车超长臂架技术及应用”项目上的 24 项授权发明专利荣获 2012 年度国家技术发明奖二等奖；中联重科的“工程机械超高强钢臂架设计及制造关键技术研究与产业化”获得中国机械工业科学技术奖一等奖。根据企业申报、行业评审，另有 19 项工程机械产

品及技术获得中国机械工业科学技术奖。其中，山推股份的“大马力推土机关键技术及产业化”、徐州重型的“RT100 越野轮胎起重机”、三一汽车起重机的“千吨级全地面起重机关键技术研究及应用”、徐工基础的“XZ5000 水平定向钻机”、中联重科的“混凝土精细化成套生产线及关键技术”、徐工挖机的“XE700C 液压挖掘机”、柳工股份的“节能环保型 D 系列挖掘机关键技术研究及产业化”等 7 项获得二等奖。还有中联重科的“系列轮胎式起重机关键技术研究与产业化开发”等 12 项获得三等奖。

据统计，2013 年企业申请和批准各类专利数量创历史新高。

第三，节能环保工程机械获得进一步发展。一方面各重点骨干企业加大投入，以适应需求结构的变化和行业转型升级的要求；一方面部分工程机械企业从以前的单纯追求规模，大量重复生产低端、通用型产品向绿色环保、节能节材的新型产品方向转变，节能环保产品的研制取得新的成绩。

柳工、徐工、三一、南车、山推、安徽合力、厦工、福田雷萨、山东方圆等企业纷纷研制出新一代使用清洁能源的工程机械产品。同时，一批骨干企业利用其强大的研发优势，创新研发了包括轻量化在内的节能减排产品，成为引领工程机械行业发展节能环保工程机械产品的先锋。

第四，“两化融合”取得新的进展。工信部在北京召开的“两化深度融合专项行动计划重点工作推进大会”上，徐工集团、中联重科、福田雷沃、安徽合力、柳工、三一重工、铁建重工等获得 2013 年度国家级两化深度融合示范企业殊荣。

2. 企业风险意识不断增强，贯彻理性经营策略为行业度过瓶颈期，保证行业持续健康发展打下良好基础

经过 2010 年以来市场的剧烈波动，工程机械行业又一次经受住了严峻的考验，同时也促使企业对如何处理好发展规模和增长质量之间的关系进行新的思考。企业加强风险控制，贯彻理性、务实、稳健的发展策略。

2013 年是我国工程机械行业面临的历史上最复杂、最困难的局面，市场、资金、效益、发展等方面的众多问题相互掣肘，给企业的经营决策带来极大的难度。在此条件下，广大企业并没有被动等待，而是根据自身情况，主动调整经营策略，由以追求规模扩张为核心，调整为以追求经营质量为核心，比以往更加注重运营质量和盈利能力的提高，放弃了盲目追求规模、座次和市场占有率。采取各种有效措施，严格控制经营风险、强化产品成本控制、加强资金和预算管理，大部分企业经营指标稳定好转。

同时，企业不断完善国内外营销渠道、着力风险控制机制的完善与强化、努力保证研发和创新的资金使用、制订切实可行的经营目标和策略，使企业在市场波动的大风大浪中经受锻炼，全面提高了企业抗风险能力和持续的市场竞争力。

经过行业企业努力，2013 年主要工程机械产品销售量比上年同期降幅逐月收窄，到 8 月份累计销售量实现正增长，全年主要产品销售量增长 6.05%。其中，装载机增长 4.5%、工业车辆增长 12.8%、压路机增长 18.3%，挖掘机、平地机、工程起重机也实现了降幅收窄的势头。企业经济效益虽仍比上年同期有较大降幅，但包括营业收入、利润总额的主要经济指标一直在向好发展，其他各项指标也呈逐步好转的态势。

工程机械产品进出口情况也显示出向好的迹象，其中进口额降幅逐步收窄，表现出国内实际需求的回暖。出口额在前两年大幅度增长的基础上，2013 年一直保持小幅度增长。这是在主要市场需求不振、人民币汇率不断升高的困难情况下，广大工程机械企业努力开拓国际市场，加快国际化步伐，不断提高国际竞争力所取得的重要成果。

3. 走出去战略向纵深推进，逐步实现人才、市场、资本、产业布局的全方位国际化

徐工集团在不断扩大产品出口，以及在海外设立装配工厂及兼并国外企业的基础上，进一步整合全球资源，构建多区域支撑、多项目驱动的产业格局。2013 年 10 月，徐工集团欧洲总部——德国北

威州的徐工集团欧洲有限公司新址启用暨徐工欧洲研究中心、徐工欧洲采购中心开业，标志着徐工集团国际化战略迈出实质步伐。

中联重科在5年前成功收购CIFA公司之后，通过高效协同、资源共享、优势互补、高度融合，已将CIFA的优势技术成功嫁接到中联混凝土机械之中，提升了其混凝土机械的竞争能力。

三一集团海外销售收入同比大幅度增长，各海外公司均取得了良好的经营业绩，挖掘机、起重机等重点产品海外本地化经营在印度和巴西取得较大进展，其中汽车起重机国际销售比例明显提升。

柳工的国际化进程走在了行业的前列，2013年出口和海外收入占公司营业收入的比重明显提高，成效显著。各类国际运营项目平稳、健康发展。

随着我国工程机械企业全球营销、服务等布局的逐步完善，山东临工、山推、厦工、龙工、山河智能、福田雷沃、国机重工、方圆集团、抚顺永茂、力士德等企业海外销售均呈现较好发展势头。

2013年，也是工程机械展会最为集中的一年。组织参加了北京BICES展、印尼INDU-ICON展、慕尼黑bauma展、莫斯科CTT展等均取得较好的效果。

4. 工程机械行业经济运行情况稳定向好

2013年，工程机械行业受市场需求不足的影响，在2012年销售下降的基础上，继续呈现出低位运行态势，工程机械行业的经济运行情况呈现出逐步恢复和平稳发展态势。主要产品销量保持平稳回升，整体销售情况符合预期；经济效益继续下降，资金紧张状况得到改善；进口继续下降，降幅开始收窄，出口高位低速增长。

经中国工程机械工业协会统计，2013年工程机械行业实现营业收入5 663亿元，比2012年增长0.66%。

（1）工程机械产品产销稳步回升。工程机械行业在2012年销售全面低于2011年之后，2013年主要产品销售呈现稳步回升的态势，从3月开始出现当月销量不同程度增长情况，但销售量仍徘徊在较低水平。综合全年各月的数据，工程机械主要产品销售量与上年相比，部分产品增幅由负转正，部分产品降幅明显呈逐步收窄态势。全年合计，装载机、工业车辆、压路机等销量均实现正增长，挖掘机、平地机和汽车起重机销售量尽管仍低于上年水平，但从各月看降幅逐步减小。各类产品总计的同比增幅已经达到6.05%，为2012年以来最高增幅。2013年工程机械行业各月主要产品累计销售量同比增幅见表1。2011—2013年工程机械行业主要产品各月累计销量对比见图1。

表1　2013年工程机械行业各月主要产品累计销售量同比增幅

序号	产品名称	2013年各月累计增幅（%）											
		1月	2月	3月	4月	5月	6月	7月	8月	9月	10月	11月	12月
1	装载机	22.7	-32.2	-19.0	-12.2	-7.4	-4.5	-3.4	-1.4	0.1	1.2	2.4	4.5
2	推土机	19.1	-19.0	-1.45	2.5	1.5	0.5	0.8	1.2	1.4	-1.6	-3.4	-6.5
3	平地机	-14.1	-23.1	-17.9	-10.9	-11.6	-9.8	-8.2	-7.8	-4.5	-1.8	-0.6	-4.4
4	工程起重机	-9.25	-42.5	-32.1	-29.3	-28.9	-29.6	-28.8	-27.0	-25.8	-25.3	-23.8	-22.4
5	工业车辆	32.9	-7.8	0.7	5.25	7.5	8.1	9.3	10.4	10.2	11.0	11.1	12.8
6	压路机	15.0	-16.0	-6.0	5.22	5.8	8.9	13.0	14.0	15.8	17.3	18.5	18.3
7	摊铺机	1.4	-14.2	21.8	3.60	2.5	4.0	2.6	-4.1	-4.8	-6.8	-7.5	-4.8
8	挖掘机	-4.0	-47.0	-25.7	-17.6	-13.9	-12.4	-11.0	-9.5	-7.9	-6.0	-4.4	-2.8
	合　计	21.8	-24.4	-12.4	-6.45	-3.1	-1.5	-0.0	1.6	2.5	3.6	4.4	6.1

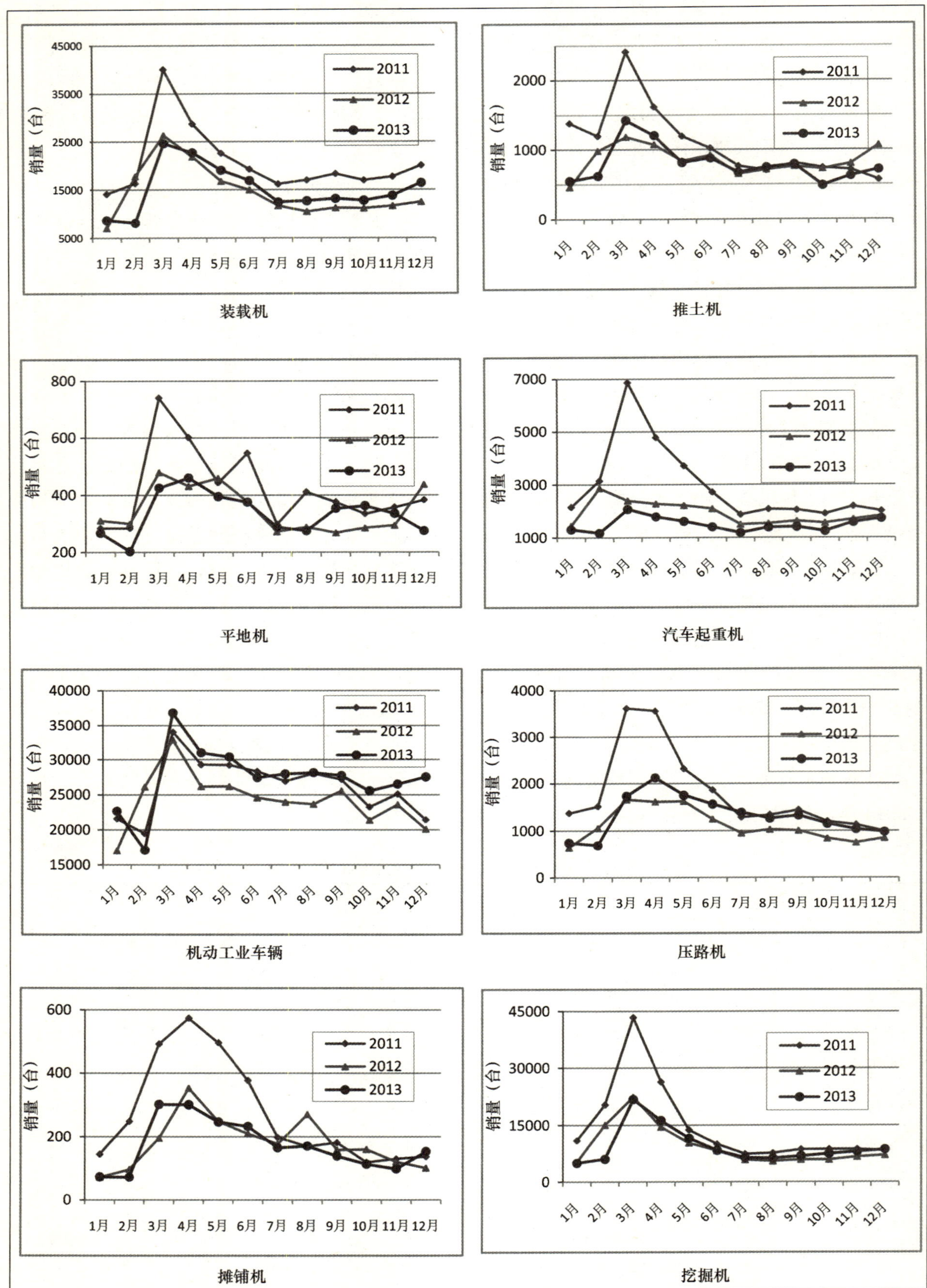

图1　2011—2013年工程机械行业主要产品各月累计销量对比

（2）工程机械行业经济效益情况。从调查情况看，重点联系企业仍延续了 2012 年收入下降、费用上涨、应收款增加、资金周转困难、利润下滑的态势。包括营业收入、利润总额、利息支出在内的主要经济指标虽未进一步恶化，但仍给企业的持续发展带来巨大困难。

营业收入和利润总额降幅仍较大，原因是 2012 年上半年行业内企业信用销售等促销方式一定程度上透支了市场需求，造成 2013 年产品销量稳定而营业收入和利润总额降幅很大的不对称情况。营业收入降幅逐步收窄趋势明显，全年降幅 8.39%，远低于前几个月。

产成品库存和企业经营性现金流净额好于上年同期，说明企业加强库存和资金管理，加大回款催收工作力度，努力改善现金流状况。

应收账款增幅居高不下，原因是最终用户经营情况没有明显改善，导致企业回款情况得不到根本改善。

综合来看，企业经济效益总体趋势向好，企业加大风险防范、资金管理、成本控制和效益提升方面的工作，取得一定效果，若要形成明显稳定的趋势，还需要进一步的成果巩固。2013 年工程机械行业重点联系企业集团经济效益完成情况见表 2。

表 2　2013 年工程机械行业重点联系企业集团经济效益完成情况

序号	指标名称	合计（万元）	同比增大（%）
1	营业收入	34 042 600	-8.39
2	营业成本	28 904 848	-8.62
3	营业税金及附加	146 114	15.21
4	销售费用	1 394 410	-4.24
5	管理费用	1 211 387	-6.49
6	财务费用	453 557	-17.90
7	其中：利息支出	604 043	-0.26
8	利润总额	1 402 455	-36.60
9	资产合计	40 754 556	5.33
10	流动资产平均余额	27 948 765	8.90
11	其中：应收账款	11 635 601	26.11
12	存货	5 855 057	-1.85
13	其中：产成品	3 384 054	10.40
14	应交增值税	853 0743	0.61
15	从业人数（人）	165 802	-14.51
16	工资总额	1 434 023	0.91

（3）工程机械产品进口触底，出口高位低速增长。2013 年，在我国工程机械产品进口持续较大幅度下降情况下，出口未能呈现前两年的大幅度增长局面，全年出口均呈低速增长态势，导致 2013 年我国工程机械进出口贸易额比 2012 年下降。

据海关总署统计，2013 年我国工程机械进出口贸易额为 242.66 亿美元，比上年下降 3.12%。其中进口金额 47.35 亿美元，比上年下降 19.5%；出口金额 195.3 亿美元，比上年增长 1.93%；贸易顺差 147.95 亿美元，同比增加 15.19 亿美元。

一是 2013 年工程机械进口下降幅度逐步收窄。与 2012 年相比，2013 年进口情况有明显好转，进口额同比降幅由年初的 40% 以上，下降到 12 月止累计降幅 20% 以内，与 2012 年各月进口额累计的同比降幅均超过 30% 的情形相比明显不同。尤其是 2013 年四季度各月进口额扭转下降态势，同比增幅逐月扩大，好转的迹象明显。尽管进口降幅呈收窄态势，但总体上进口的降幅还是较大的。究其原因，国内企业转型升级，能力提升形成了部分进口替代仅是原因之一，国内需求不振仍然是最主要的因素。2010—2013 年各月进口额见图 2。

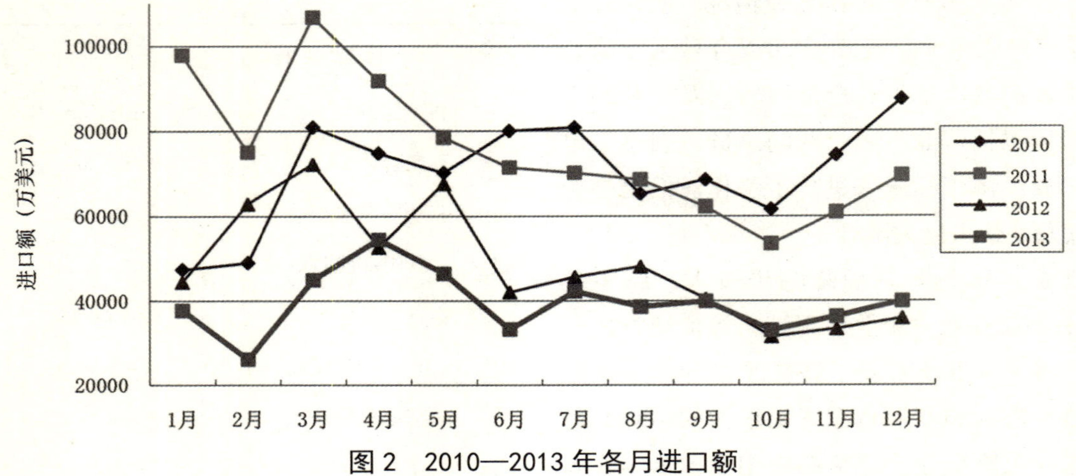

图2　2010—2013年各月进口额

二是出口总体保持高位微增长态势。2013年，各月止累计的出口额始终保持较低增幅，其中6—10月增幅不足1%，全年增幅仅为1.93%，这与前两年的情形反差巨大。在连续33个月出口高速增长之后仍然保持出口增长来之不易，同时也预示我国工程机械产品出口面临严峻形势，出口进一步增加的困难较大。后三个月增幅逐步扩大与2012年同期月度出口额下降有很大关系。在主要出口产品中履带挖掘机、装载机、推土机作为工程机械最主要的整机出口产品受主要市场经济发展滞缓、需求下降的影响，已经出现数月的负增长局面，全年出口额降幅均超过10%，成为我国工程机械出口增长乏力的主要因素。2010—2013年各月出口额见图3。

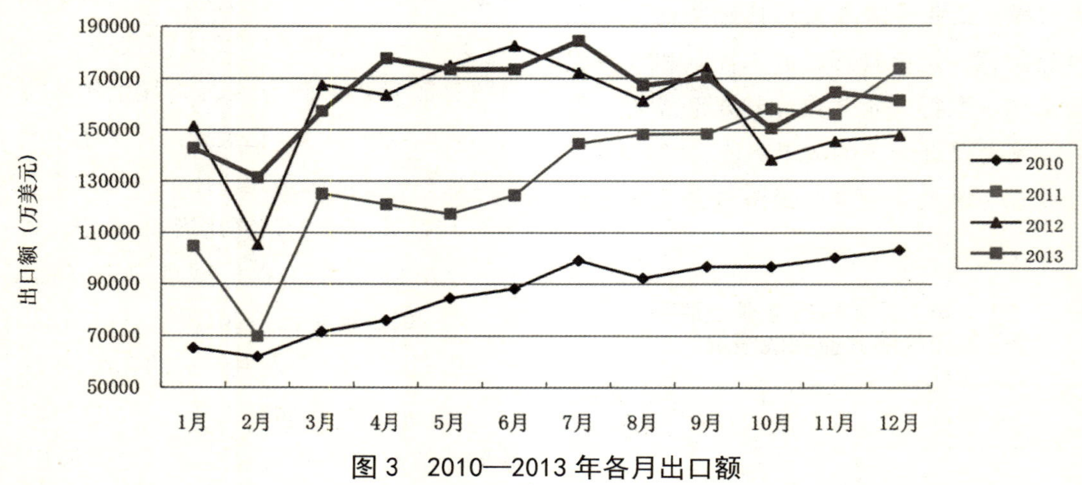

图3　2010—2013年各月出口额

二、对2013年工程机械经济运行情况的思考

1. 我国工程机械行业发展仍然具有巨大的发展空间

市场需求方面：

从中长期来看，我国今后几年仍会保持7%以上的经济发展速度，仍将蕴藏着对工程机械产品的较大需求潜力。党的十八届三中全会关于深化改革措施的推进，将进一步激发市场活力，拓宽社会融资能力，有利于工程机械行业发展。

当前，我国储蓄率维持较高水平，有利于提高社会融资规模和保持较高投资水平。高铁、水利设施、城市基础设施、信息基础设施、节能减排、棚户区改造以及保障房建设等领域仍有较大的投资需求空间，仍需要在较长一段时间内加快发展和加大投入。此外，我国还是一个发展中国家，各地区经济发展不平衡，中部和西部地区机械化施工作业的需求将逐步释放，东部地区城市基础设施改造和水利设施改造等将逐步成为主流。

我国工程机械行业经过30年的快速发展，尤其是近十年的高速发展，行业规模和国际竞争力有了较大的提高，一些主要产品在国内外市场占据了较大的市场份额。但是应该看到，尽管从总量上达到了较高的水平，但从结构上还没有完全满足市场需要。我国不同地区经济发展水平和对工程机械产品的需求有很大差异，不仅要满足市场对量大面广机型的需求，还要适应不同地区、不同行业各种施工作业方式的需求，适应对工程机械产品的差异化需求。同时，各地区各行业对工程机械的需求会出现新的动向，提出新的要求，需要不断适应用户新的需要。

从数量增长向价值增长转变：

我国工程机械行业起步较晚，以往主要致力于国民经济对工程机械产品总量上的需求，一些产品在功能、质量、可靠性等方面与国外产品有一定差距，导致产品在市场中没有良好的价值表现。近几年经过行业的努力，这方面的差距不断缩小，上升空间较大。逐步将以往的数量增长转变为价值增长，不断提供给用户高性能、高可靠性、集成化、特殊化，适应各种环境施工作业需求的产品，以及产品全生命周期的价值最大化服务和施工作业成套解决方案。

施工技术与设备的不断发展为工程机械的应用拓展空间

我国工程机械行业是伴随着国民经济的持续发展和工程建筑施工行业的需求提高而发展的，同时我国工程机械重大技术装备的发展，也支撑了工程建筑施工领域的技术进步和新技术、新工法的应用。

近几年，我国工程机械的产生，包括超大型起重机、混凝土泵车、土石方机械、路面机械等，都是伴随着用户对于建筑施工安装领域新的需求而来的。今后，社会发展会对工程机械有新的需求，工程机械行业在产品大型化、智能化、集成化等方面的进展都会拓展工程机械产品新的市场空间。

2. 理性反思这三年工程机械行业的起起伏伏，避免重蹈覆辙

应该说，这几年市场的快速变化对行业的发展有深远的影响，一方面对我们的经营带来较大困难，造成产品库存增大、资金紧张、效益下降；另一方面，对工程机械行业的长远发展又是一件好事，促使行业企业认真进行理性思考。

我国工程机械行业经过十年的高速发展，在资金、技术、人才方面的实力迅速增强，视野和发展目标也获得了拓展和提升。但我国工程机械行业还是一个不够成熟的行业，经历还不够丰富，应对风险、抵御大风大浪的能力以及自我完善的机制还不够。如何打造我国工程机械行业的百年老店，打造国际化的企业是今后较长一段时间的重要课题。

随着工程机械行业规模的不断扩大和行业结构的进一步优化，工程机械行业出现大起大落的可能性会越来越小，但不排除幅度稍小的、局部出现起起伏伏的情况。如果能够把握行业发展大局，始终坚持可持续发展战略，着重能力和水平的提高，而不是片面追求表面的指标，就会避免大起大落对行业持续发展的不利影响，保持工程机械行业长期稳定的发展局面。

三、2014年工程机械行业面临的形势及发展预测

1. 全面深化改革将不断激发市场活力，我国经济稳中向好

当前，面对错综复杂的国内外经济形势，党中央、国务院作出科学判断，按照稳中求进的工作总基调，统筹稳增长、调结构、促改革，保持定力、稳定政策，稳中有为，创新调控方式，推出简政放权、贸易投资便利化、利率市场化、扩大营改增试点等多项改革，出台巩固农业基础、释放内需潜力、优化产业结构、化解过剩产能、减轻小微企业负担、促进民生改善等政策措施，明确经济增长合理区间的上下限，从而有效缓解经济下行压力，稳定社会预期，持续激发市场活力，不断积累积极因素，我国的宏观经济环境将继续稳中向好。

2014年，我国将继续实施扩大内需战略，保持投资合理增长，调整投资方向，提高投资效率，拓宽融资渠道；积极培育消费新热点，推动居民消费升级；大力推动产业技术创新，加快形成经济自

主增长机制。促进工业化、信息化、城镇化、农业现代化同步发展，推进东中西部地区协调发展。因此，为工程机械的企稳回升提供了良好的环境。

2. 把握世界经济形势的新变化

当前，世界经济形势总体朝好的方向发展，但不稳定不确定因素依然突出，实现全面复苏和健康发展仍然面临严峻挑战。展望2014年，全球经济有望保持温和复苏态势，主要发达经济体进入回升期，但不确定因素依然较多，有可能对经济复苏带来冲击。

美国私人消费逐渐增加，家庭资产负债状况有所改善，投资结构进一步优化，传统产业技术改造完成，经济基础逐渐垒实，在新能源新技术的推动下，有可能进入新一轮经济增长期。美国量化宽松政策退出的程度和时间进程主要取决于其国内经济表现，而短期内相关指标仍存在波动性和不确定性。美国国会直至最后一刻才就提高债务上限达成妥协，未来仍面临财政风险。

欧元区危机总体有所缓解。欧盟委员会已正式授权欧洲央行自2014年中期开始监管欧元区银行业，这将进一步加快欧盟银行业监管统一化进程，有利于改善欧元区金融机构的资产负债状况，使欧元区金融市场逐渐趋于稳定，从而有利于增强消费者和投资者信心，欧盟经济可能逐步企稳回升并摆脱负增长，但复苏过程仍将是缓慢的。

日本经济恢复了较快增长，但其量化宽松政策的边际效应正在递减。

新兴市场国家和发展中经济体依然保持较高的增长率，但其增长势头明显放缓，对世界经济复苏的贡献率降低，且局部波动性增大。

这些情况印证了2012年底中央经济工作会议的判断：我国发展的重要战略机遇期在国际环境方面的内涵和条件发生很大变化。面临的机遇，不再是简单纳入全球分工体系、扩大出口、加快投资的传统机遇，而是倒逼扩大内需、提高创新能力、促进经济发展方式转变的新机遇。全行业必须深刻理解、紧紧抓住、切实用好这样的新机遇，因势利导，顺势而为，努力在风云变幻的国际环境中谋求更大的国家利益。

3. 以深化改革破解发展难题

伴随着外贸红利、人口红利、资源红利、环境红利的逐步减少，我国经济已告别高速增长期，进入稳中求进、提质增效的中高速增长新阶段。巩固经济稳中向好的走势，仍然面临不少困难和挑战。比如，部分地方政府负债较高，对土地财政依赖加深；实体经济中，企业要素成本上升较快，部分企业经营压力较大；部分地区房地产价格涨幅较大；用工荒与就业难并存；环境问题凸显，影响居民健康等因素。未来一段时期，我国经济发展中不平衡、不协调、不可持续问题仍将存在，经济平稳运行的基础还不稳固，内生增长动力有待增强。

改革开放以来，我国经济实现了持续快速发展，这与不断推进改革、释放改革红利是高度相关的。在稳中求进、提质增效的新阶段，既要增强宏观调控政策的针对性和协调性，使经济运行在合理区间；又要着力推进改革开放，为经济持续健康发展奠定良好基础。当前，面对国内外复杂的经济环境，唯有继续深化改革开放，才能增强经济发展后劲，逐步实现市场引导的经济结构优化、产业转型升级。

因此，党的十八届三中全会提出了全面推进改革的战略部署，明确市场在资源配置中发挥决定性作用，作为深化改革的重要取向，加快形成统一开放、竞争有序的市场体系，着力清除市场壁垒，形成公平竞争的发展环境，提高资源配置效率。

4. 2014年工程机械行业发展预测

考虑到2013年工程机械行业在2012年低谷的基础上呈现出的恢复性增长幅度有限，行业内由于前期大起大落的影响，市场、资金、库存等方面积累的一些问题需要一定的消化过程，因此，2014年工程机械行业将会呈现稳定增长的态势。全年营业收入将在2013年的基础上增长8%左右，出口将继续保持增长。

〔撰稿人：中国工程机械工业协会吕莹〕

2013 年中国工程机械主要设备保有量

截止到 2013 年底，中国工程机械主要产品保有量约为 611 万～662 万台。其中液压挖掘机 141.9 万～153.8 万台，73.5kW（100 马力）以上推土机 7.6 万～8.2 万台，装载机 171.6 万～185.9 万台，平地机 3.5 万～3.7 万台，摊铺机 2.0 万～2.2 万台，压路机 11.8 万～12.8 万台，轮式起重机 22.7 万～24.5 万台，塔式起重机 37.2 万～40.3 万台，叉车 170.8 万～185.1 万台，混凝土搅拌输送车 25.8 万～27.4 万台，混凝土泵车 5.3 万～5.7 万台，混凝土泵 6.8 万～7.4 万台，混凝土搅拌站 4.3 万～4.7 万台。2004—2013 年国内工程机械主要产品销量见表 1，2004—2013 年工程机械主要产品进出口量统计见表 2，2004—2013 年国内市场工程机械主要产品实际需求量见表 3，2004—2013 年国内产品销售额与固定资产投资额比例关系见表 4，2004—2013 年我国工程机械进出口贸易额见表 5。

表 1　2004—2013 年国内工程机械主要产品销量

年份	挖掘机		装载机		平地机		73.5kW（100 马力）以上推土机	
	销量（台）	同比增长（%）	销量（台）	同比增长（%）	销量（台）	同比增长（%）	销量（台）	同比增长（%）
2004	33 614	-1.1	91 334	31.0	1 788	3.5	5 611	-14.7
2005	33 862	0.7	107 354	17.5	1 754	-1.9	5 096	-9.2
2006	49 625	46.6	129 834	20.9	2 245	28.0	5 925	16.3
2007	71 241	43.5	161 628	24.5	3 893	73.4	7 207	21.6
2008	82 975	16.5	162 335	0.4	4 320	11.0	8 722	21.8
2009	101 559	22.4	149 355	-8.0	3 608	-16.5	8 599	-1.4
2010	179 296	76.5	228 219	52.8	4 531	25.6	13 911	61.8
2011	193 891	8.1	258 901	13.4	5 259	16.1	13 115	-5.7
2012	130 624	-32.6	181 522	-29.9	4 347	-17.3	10 169	-22.5
2013	126 296	-3.3	188 405	3.8	4 017	-7.6	9 561	-6.0

年份	压路机		摊摊机		轮式起重机		塔式起重机		叉车	
	销量（台）	同比增长（%）	销量（台）	同比增长（%）	销量（台）	同比增长（%）	销量（台）	同比增长（%）	销量（台）	同比增长（%）
2004	10 702	-13.0	1 363	4.4	11 645	20.0	8 255	-21.3	51 393	26.2
2005	8 113	-24.2	906	-33.5	11 012	-5.4	12 693	53.8	75 733	47.3
2006	8 740	7.7	1 136	25.4	14 465	31.4	19 422	53.0	97 520	28.8
2007	9 437	8.0	1 347	18.6	20 862	44.2	31 020	59.7	152 415	56.3
2008	10 885	15.3	1 436	6.6	21 419	2.7	27 918	-10.0	168 119	10.3

（续）

年份	压路机		摊摊机		轮式起重机		塔式起重机		叉车	
	销量（台）	同比增长（%）	销量（台）	同比增长（%）	销量（台）	同比增长（%）	销量（台）	同比增长（%）	销量（台）	同比增长（%）
2009	19 852	82.4	1 678	16.9	28 494	33.0	29 300	5.0	138 908	-17.4
2010	26 281	32.4	3 019	79.9	35 143	23.3	43 400	48.1	232 389	67.3
2011	22 217	-15.5	3 386	12.1	35 455	0.9	53 000	22.1	313 847	35.1
2012	13 782	-38.0	2 179	-35.6	23 073	-34.9	49 804	-0.6	291 333	-7.2
2013	15 726	14.1	2 066	-5.2	17 889	-22.5	63 684	27.9	328 764	12.8

年份	混凝土泵		混凝土搅拌站		混凝土搅拌车		泵车	
	销量（台）	同比增长（%）	销量（台）	同比增长（%）	销量（台）	同比增长（%）	销量（台）	同比增长（%）
2004	2 268	-23.5	1 320	-16.4	6 371	87.9	1 027	20.0
2005	2 090	-7.6	723	-45.2	4 060	-36.3	955	-7.0
2006	3 490	67.0	1 975	173.2	5 091	25.4	1 919	100.9
2007	4 238	21.4	3 000	51.9	9 856	93.4	4 271	122.6
2008	4 492	6.0	3 180	6.0	12 352	25.3	4 527	6.0
2009	5 186	15.4	4 949	55.6	23 539	90.6	5 880	29.9
2010	6 959	34.2	5 977	20.8	35 386	50.3	7 964	35.4
2011	10 762	54.6	6 897	15.4	46 370	31.0	12 030	51.1
2012	11 246	4.5	7 075	2.6	44 646	-3.7	10 866	-9.7
2013	6 992	-37.8	7 740	9.4	45 799	2.6	7 966	-26.7

表2　2004—2013年工程机械主要产品进出口量统计　　（单位：台）

年份	分类	挖掘机	装载机	筑路机及平地机	73.5kW（100马力）以上推土机	压路机	摊铺机	叉车	轮式起重机	塔式起重机	混凝土泵	混凝土搅拌车	混凝土泵车
2004	进口量	18 673	568	74	723	682	229	14 872	706	43	6 914	418	
	出口量	2 874	917	142	642	725	47	9 691	216	359	1 069	186	
2005	进口量	18 017	396	118	433	537	115	10 970	301	61	6 070	143	
	出口量	3 839	4 130	4 903	1 085	1 457	84	16 407	457	708	692	262	
2006	进口量	28 397	469	277	445	696	182	10 722	209	40	3 080	80	
	出口量	8 004	9 357	4 388	1 573	2 667	162	26 492	1 484	1 748	1 149	603	
2007	进口量	33 789	502	45	640	481	150	11 781	521	43	793	32	
	出口量	8 709	23 307	5 078	2 995	5 231	273	48 547	4 645	3 007	1 893	2 677	
2008	进口量	34 387	591	32	855	453	190	10 482	41	54	340	1	
	出口量	8 653	27 303	6 015	4 492	7 031	584	60 086	6 088	4 265	2 149	3 263	

（续）

年份	分类	挖掘机	装载机	筑路机及平地机	73.5kW（100马力）以上推土机	压路机	摊铺机	叉车	轮式起重机	塔式起重机	混凝土泵	混凝土搅拌车	混凝土泵车
2009	进口量	23 613	736	34	467	393	242	5 601	89	31	290	0	
	出口量	3 527	15 388	2 509	2 281	5 577	824	27 397	2 540	1 586	2 677	1 667	
2010	进口量	41 766	682	83	446	603	514	9 620	58	59	451	0	
	出口量	5 166	24 996	3 125	3 081	9 800	464	46 851	2 505	1 980	2 983	1 884	
2011	进口量	31 784	640	50	340	797	573	10 631	49	66	372	1	
	出口量	8 474	38 489	5 424	4 150	12 816	804	83 705	3 604	2 295	2 621	2 980	
2012	进口量	14 005	507	31	183	379	213	8 087	31	35	223	7	
	出口量	14 939	44 942	4 655	4 544	3 560	894	97 042	5 409	2 375	2 716	4 724	
2013	进口量	13 494	366	6	191	478	261	8 392	11	38	4 249	2	1
	出口量	13 312	45 497	4 561	4 565	5 400	680	111 559	5 894	2 967	2 049	5 771	452

表 3　2004—2013 年国内市场工程机械主要产品实际需求量　　（单位：台）

年份	挖掘机	73.5kW（100 马力）以上推土机	装载机	摊铺机	叉车	压路机	轮式起重机	塔式起重机	混凝土搅拌车	混凝土泵	混凝土泵车
2004	48 848	5 370	90 985	1 545	56 574	9 847	12 332	7 931	6 061	8 113	
2005	48 040	4 444	103 620	937	70 296	7 193	10 856	12 046	3 941	7 468	
2006	70 018	4 797	120 946	1 156	81 750	6 769	13 190	10 317	4 568	5 421	
2007	96 321	4 852	138 823	1 124	115 649	7 082	16 738	28 056	7 211	3 138	
2008	108 709	5 085	135 623	1 042	118 515	4 307	15 372	23 707	9 090	2 683	
2009	121 645	6 785	134 703	1 096	117 112	14 668	26 043	27 745	21 872	2 799	
2010	215 896	11 276	203 905	3 069	195 158	17 084	32 696	41 479	33 502	4 427	
2011	217 201	9 305	221 052	3 155	240 773	10 198	31 900	50 771	43 391	8 513	
2012	129 690	5 808	137 087	1 498	202 378	10 601	17 695	47 464	39 929	8 753	
2013	126 478	5 187	143 274	1 647	225 597	10 804	12 006	60 755	41 082	5 459	7 515
合　计	1 182 846	62 909	1 430 018	16 269	1 423 802	98 553	188 828	310 271	210 647	56 774	

表4　2004—2013年国内产品销售额与固定资产投资额比例关系

年份	销售收入（不含进出口）（亿元）	同比增长（%）	国内实际使用工程机械金额（亿元）	同比增长（%）	全社会固定资产投资额（亿元）	工程机械使用金额占全社会固定资产投资额比例（%）
2004	1 157	11.7	1 386	4.8	70 477	1.97
2005	1 262	9.1	1 291	-6.9	88 604	1.46
2006	1 620	28.4	1 557	20.6	109 998	1.42
2007	2 223	37.2	1 976	26.9	137 324	1.44
2008	2 773	24.7	2 299	16.3	172 828	1.33
2009	3 157	13.8	3 070	33.5	224 599	1.41
2010	4 367	38.2	4 355	41.9	278 122	1.57
2011	5 465	21.8	5 176	18.6	311 485	1.66
2012	5 626	3.0	4 903	-5.3	374 694	1.31
2013	5 663	0.7	4 836	-1.4	447 074	1.08

表5　2004—2013年我国工程机械进出口贸易额

年份	进　口		出　口		贸易差（进口/出口）
	金额（亿美元）	同比增长（%）	金额（亿美元）	同比增长（%）	
2004	36.43	2.3	18.52	76.6	1.97：1
2005	30.64	-15.9	29.40	58.8	1.04：1
2006	39.31	28.3	50.12	70.5	0.78：1
2007	49.41	25.7	86.97	73.5	0.57：1
2008	60.16	21.8	134.22	54.3	0.45：1
2009	51.48	-14.4	77.05	-42.6	0.66：1
2010	83.99	63.2	103.41	34.2	0.81：1
2011	90.45	7.7	159.09	53.8	0.57：1
2012	58.84	-34.9	191.62	20.1	0.31：1
2013	47.34	-19.5	195.31	1.9	0.24：1

统计方法说明：

（1）统计的年份。走访得知有关施工部门认为政府有关部门规定的工程机械使用期为10年，基本符合目前我国大部分工程机械的实际使用状况。虽有些进口的先进设备，特别是大型设备使用年限超过10年，有的甚至使用了20多年，设备状况仍属正常，但考虑到大部分设备的使用状况，在统计中仍以10年为准。

（2）国内实际需求量的统计方法：境内企业当年销售量＋同类产品当年进口量－同类产品当年出口量＝当年国内市场实际需求量。

（3）将2004—2013年的当年国内实际需求量相加后，拟再增加20%即为全国保有量。因为在统计中有以下三个因素：统计数据的不完整；未进入海关统计范围的进口量，如赠送、走私、以零件的名义进口整机等；使用年限超过10年等。所以拟增加 20% 的量值，但也有专家认为增加的量值应以 30% 为宜，所以给出了一个幅度。

（4）主要设备保有量自 2005 年以后，取消了电梯与扶梯，主要原因是可与世界各国统计的范围相一致，更具有可比性。取消了铲运机，因自 2000 年以来销售量逐年减少，至 2013 年仅几十台，与工程机械总量相比可忽略，故未计入。

（5）混凝土泵车在海关 2013 年才有单列税号，而混凝土搅拌站至今没有单列税号，只能以国内销量进行估算。平地机与筑路机海关统计在同一税则号中，故无法准确统计平地机的实际进出口量，其保有量为估算值。塔式起重机 2013 年还有数万台小型、简易的产品未统计在内。

（6）海关统计 2013 年压路机出口量为 13 236 台，而全国年销量仅 15 726 台，不可能 84% 的产品出口。根据路面及压实机械分会统计 2013 年压路机出口量为 3 395 台，另外还有未列入统计名录的企业出口量大约 2 000 台，因此压路机 2013 年的出口量估算为 5 400 台。

（7）中国工程机械工业协会统计部及有关分会做了大量的统计工作，在此一并致谢。

（8）以上数据因种种原因统计不全，仅供参考，有不妥之处望请指正。

〔撰稿人：中国工程机械工业协会韩学松〕

2013 年工程机械产品质量检验情况

一、综述

作为国际工程机械制造业四大基地之一，我国与美国、日本和欧盟相比，产品技术水平特别是核心技术水平的平均差距在 15 年左右，主要表现在产品可靠性、整机寿命、外观质量及信息化技术水平方面。而基础部件的关键技术差距，则是“中国制造”转型升级中遇到的第一只拦路虎。

作为工程机械动力传递的核心部件之一，国产动力换挡变速箱设计制造技术与国外相比，存在故障多、噪声高、寿命短及漏油问题。为了提高产品技术水平，包括研发手段、电液控制技术、工艺制造技术、试验技术、材料处理技术在内的整体系统必须全面升级，才能缩短和国际先进技术之间的差距。

柱塞性液压马达和液压泵部件是工程机械产品作业系统的关键传动部件，但该产品国内技术一直难以过关，现在大部分主机生产厂商还是从国际上采购。随着国际竞争的加剧，中国产品出口量加大，日本和德国供应商已采取限制措施，控制供应量，提高价格，拖延供货期，严重制约了我国挖掘机、混凝土搅拌运输车、混凝土泵车、拖式混凝土泵、水平定向钻等产品发展。

回转支承是主要用于液压挖掘机、轮式起重机、塔式起重机、履带吊、港口起重机等产品的关键部件，国外主要生产厂家有德国 HRE、法国 Rollix 等，可生产直径 400 ～ 45 000mm 的各类回转支承产品，种类多达十几个系列，技术装备以数控机床为主。回转支承虽然在国内也有专厂生产，但起步较晚，到 20 世纪 70 年代末 80 年代初才有一定规模。目前，回转支承所用的钢材、锻造技术、热处理技术均满足不了产品技术性能指标，尺寸大、笨重、使用寿命短、噪声高等缺陷难以克服。而且我国目前许多先进的检测仪器如无损检测探伤、三坐标测量等都很缺乏，质量控制水平难以短时期内提高上去。

从产品链上看，国外著名大公司已经逐步实现产品系列化进程，形成了从微型到特大型不同规格的产品。与此同时，产品更新换代的周期明显缩短。目前国外工程机械的发展在大型化、微型化和节能化方面表现突出。发动机额定功率超过746kW（1 000hp）的大型工程机械，主要用于大型露天矿山或大型 水电工程工地。产品科技含量高，研制与生产周期较长，投资大，市场容量有限，市场竞争主要集中在少数几家公司。以起重机为例，目前国外专业生产大型起重机的厂家有利勃海尔、特雷克斯－德马格、马尼托瓦克和神钢。其中利勃海尔公司的起重机产品技术先进、工作可靠，LR系列履带式起重机最大起重量已达1 200t，桁架臂履带式起重机系列新品LR1600/2的开发，使其产品型谱更加完善。而我国大型起重机市场占有率最高的是徐工、中联重科、三一、上海振华重工、大连重工、太原重工等公司。其中徐工QAY1200是世界最大级别的全路面起重机，三一SCC36000A是全球最大吨位履带式起重机。

为了全方位满足不同用户的需求，国外工程机械在朝着系列化、特大型化方向发展的同时，也进入多用途、超小型化、微型化发展阶段，以便尽可能实现机器作业替代人力劳动，适应城市狭窄施工场所以及在货栈、码头、仓库、舱位、农舍、建筑物层内和地下工程作业环境的使用需求。卡特彼勒目前是国际微型工程机械的带头人，涉及产品主要有挖掘机、挖掘装载机、振动压路机、冲击锤、高空作业车等，其中最小的挖掘机斗宽为200mm，车宽小于1m。在我国，目前形成挖掘机0.8～13t全系列生产线厂家有山河智能，但因为城镇化率和基础建设还远未达到发达国家水平，所以1t以下的小型挖掘机销量不高，缺乏扩大规模的动力。

另外随着公众对环保问题的日益关注及相关法规的逐步健全，工程机械节能环保标准也水涨船高。目前国外工程机械公司主要从减少发动机排放、减震、降噪等方面入手。比如卡特彼勒公司生产的功率为15～150kW的柴油发动机，其中6缸、72L、自重588kg、功率为131～205kW的3126B型环保指标最好，满足EPATier Ⅱ和EUStage Ⅱ排放标准。在此方面，中国工程机械也正在奋起直追，不断开发出更节能、更环保的绿色动力系统。

当然，“中国制造”技术水平的提高，需要以整个综合国力水平全面提升为背景，包括钢材质量、工人技术水平，甚至政策环境全方位的改善，单靠某一行业、某一企业一己之力很难做到。同时，我们也看到了10多年来我国工程机械的快速发展，在发展方式转变、经济结构调整、提高产品质量和品牌价值，夯实发展基础，攻坚高端市场等方面取得明显成效与长足的进步。中国工程机械企业正在以“爬坡赶路、只争朝夕”的进取精神，加快缩短与世界同行的差距。

二、典型工程机械产品可靠性状况分析

产品的可靠性和使用寿命是影响产品质量的重要指标之一。近年来，企业在激烈的市场竞争和自身发展的驱动下，大部分企业重视产品可靠性指标的提升，MTBF指标提高100h左右。近年来工程机械产品可靠性情况见下表。

表　近年来工程机械产品可靠性情况

（单位：h）

指标	国内平均水平		国家发达国家水平
MTBF	“十一五”期间	目前平均水平	≥1 000
	300～600	400～700	
大修期寿命	4 000～8 000		8 000～12 000

国家工程机械质量监督检验中心在多年的试验检验数据的基础上，开展了典型工程机械产品故障统计和分析工作，现选取挖掘机、装载机、叉车、观光车、推土机、压路机、工程起重机等典型产品，针对其可靠性或工业性试验中发生的故障，按照故障类别、故障模式、故障所属系统等进行统计与分析。

1. 挖掘机产品可靠性试验数据统计与分析

2011—2013年291台挖掘机新产品型式试验中发生的206次故障情况统计结果表明：试验中未发生致命故障和严重故障，一般故障占总故障次数比例为59.7%（2008—2010年43.2%，2006—2007年53.5%），轻微故障占总故障次数比例为40.3%（2008—2010年56.8%，2006—2007年46.5%）。整机质量趋于稳定。

按故障模式统计，2008年，损伤性故障32.4%、泄漏性故障29.4%、断裂性故障8.8%、松脱性故障8.8%；2009年，损伤性故障24.4%、泄漏性故障46.3%、断裂性故障4.8%、松脱性故障7.3%；2010年，损伤性故障30.7%、泄漏性故障46.2%、断裂性故障和松脱性故障均为7.7%；2011年，损伤性故障44.4%、泄漏性故障11.1%、松脱性故障38.9%；2012年，损伤性故障38.3%、泄漏性故障17.1%、断裂性故障14.9%、松脱性故障19.1%；2013年，损伤性故障13.1%、泄漏性故障39.1%、断裂性故障10.1%、松脱性故障31.9%。

按故障所属系统统计，2008年，液压系统32.3%、工作装置20.6%、发动机17.6%、电气系统11.8%；2009年，液压系统34.1%、工作装置29.4%、发动机14.6%、电气系统19.5%；2010年，液压系统46.2%、工作装置7.7%、发动机38.4%；2011年，液压系统44.7%、工作装置3.9%、发动机3.9%、电气系统31.6%；2012年，液压系统38.3%、发动机29.8%、工作装置14.9%、电器系统10.6%；2013年，液压系统37.7%、发动机24.6%、工作装置4.3%、电器系统11.6%。

两年来，① 液压系统发生故障的比例居高不下。液压系统中出故障较多的是阀、马达、油管、管接头和密封件，据统计，2012年分别占液压系统总故障次数的5.6%、16.7%、16.7%、22.1%。2013年分别占液压系统总故障次数的7.7%、3.8%、50.0%、38.5%。②发动机发生故障的比例较高。③电器系统发生故障比例逐步下降。液压挖掘机的可靠性近两年有所提高。

2013年我国挖掘机行业整体技术质量水平较往年有所提升，生产企业集中度逐渐提高，挖掘机的产品档次基本上与国际持平，到目前为止，国内企业已经能设计和制造最大300吨位的液压挖掘机，随着技术质量的不断发展，我国挖掘机行业对柴油发动机、液压泵、液压马达、回转支承、整体式多路阀等高端核心配件，包括基础零配件和钢材的配套要求越来越高。回顾近些年我国挖掘机的发展，我国市场上国外知名品牌的挖掘机如卡特彼勒、小松、日立、沃尔沃、神钢等在技术水平和品质的一致性、可靠性、耐久性方面均处于行业前沿，虽各有侧重，但代表了行业的最高水平。而我国挖掘机大多数企业仅在动力性能和发动机功率的利用率方面与国际水平保持同步外，其他方面均有不同程度的差距，甚至还缺乏这方面的技术。目前我国的挖掘机技术还存在许多问题：

（1）由于主阀流量分配技术、动力系统的响应技术、液压系统的平衡技术方面的缺失，我国挖掘机的操控性能提高不起来。

（2）由于缺乏发动机与液压系统的匹配技术、液压技术、液压系统的控制技术／甚至发动机的控制技术、能量回收技术、传动系统效率提升技术，我国的挖掘机每千克燃油挖掘土方的重量与国际一流产品相比差距明显。

（3）国产发动机和液压件（泵、马达、阀）的技术、品质不成熟，使得我国挖掘机的动力性能和发动机功率利用率的提高主要依赖外国技术。

（4）由于缺少对挖掘机动态稳定性和全身振动特性的研究，我国还缺少这方面的标准，即使全身振动有国际技术指南可参考，我们的减振水平差距也甚远，使得挖掘机具备良好的稳定性和全身振动特性还是个梦。

（5）我国挖掘机在安全要求方面基本上可以满足GB 25684的要求，但在振动、噪声（尤其是辐射噪声）还有差距，还没有发展起升超载报警技术。虽然我国有产品标准，但技术落后、内容缺失严重，无法实现真正意义上的比对，如油耗与作业效率、复合动作协调性、平整作业性能的试验方法与评价方法等。

（6）工程机械再制造技术在我国还处于起步阶段，在工程机械产品开发阶段还不具备按照再制造设计，使产品具有再制造可能性的能力，对销售和回收后的产品分解清洗、检测筛选、修复组装方面，核心为零部件状态诊断，尤其是交变载荷剩余寿命诊断，使得再制造后的机器的寿命不低于新品，这方面的技术水平都需要提高。另外在法规建设、政策引导方面还需要加强。

2. 装载机产品可靠性试验数据统计与分析

对 2011—2013 年 82 台装载机新产品型式试验中发生的 371 次故障情况统计结果表明：试验中未发生致命故障和严重故障，一般故障占总故障次数比例为 58.5%（2008—2010 年 75%），轻微故障占总故障次数比例为 41.5%（2008—2010 年 25%）。与 2008—2010 年比，发生一般故障次数所占故障次数的比例下降，整机质量呈上升趋势。

按故障模式统计，2008 年，泄漏性故障 53.0%、损伤性故障 26.9%；2009 年，泄漏性故障 53.4%、损伤性故障 35.9%；2010 年，泄漏性故障 57.3%、损伤性故障 19.4%；2011 年，泄漏性故障 48.61%、损伤性故障 20.83%、失调性故障 9.72%、松脱性故障 13.89%；2012 年，泄漏性故障 56.4%、损伤性故障 7.9%、失调性故障 16.4%、松脱性故障 12.1%；2013 年，泄漏性故障 40.25%、损伤性故障 7.55%、失调性故障 16.98%、松脱性故障 20.75%。

按故障所属系统统计，2008 年，液压系统 33.9%、电气系统 17.0%、传动系统 10.0%（发动机 9.6%）；2009 年，液压系统 35.6%、电气系统 15.1%、发动机 10.0%；2010 年，液压系统 48.4%、电气系统 16.9%、发动机 8.9%；2011 年，液压系统 33.9%、电器系统 16.9%、传动系统 10.0%、发动机 9.5%；2012 年，液压系统 27.1%、发动机 14.3%、传动系统 12.1%、电器系统 11.4%；2013 年，液压系统 28.3%、电器系统 18.3%、发动机 11.3%、传动系统 7.6%。

综合分析认为，较大型装载机企业的产品平均无故障间隔时间达到 400h 以上，说明我国装载机产品早期故障率有所降低，可靠性水平略有提高。而与国外如卡特、小松、日立建机、沃尔沃等公司的产品相比，可靠性水平仍存在差距，这些国家的进口产品早期平均无故障工作时间可以达到 600 ～ 1 000h 以上。

从统计结果看，故障中来自液压系统、电器系统、传动系统故障仍占有较大比重，而故障模式主要是泄漏性、松脱性、失调性故障，这说明装载机配套件在材质、制造工艺、质量保证能力尤其是保证产品一致性上仍存在问题。

根据以上的可靠性数据统计，液压系统的泄露性故障在装载机的早期故障中依然位居首位。这说明现阶段国产液压元件如油泵、马达、阀等甚至油管、密封件等的技术质量差，依然是装载机整机质量提升的瓶颈，尤其中高压液压元件技术落后，其中高压系列产品（油泵、马达等）基本依赖进口，即便是中低压液压元件也存在工艺水平差、故障率高、密封件耐疲劳、耐腐蚀性差等问题。

装载机的使用工况恶劣，对传动系统的要求较高，早期传动系统故障率较高。近些年，随着全行业不断努力，国内产量最大的 5t、3t 装载机传动系统（驱动桥、变速箱等）质量已趋于稳定，但与国外先进水平相比，国产的驱动桥、变速箱仍然存在加工精度低、噪声高、平稳性差、振动强烈，湿式驱动桥、电液换挡变速箱质量稳定性差等问题。另外，最近几年，装载机逐渐由 5t、3t 规格为主向大型化、小型化方向发展，大吨位装载机（6t 以上）以及高端装载机的驱动桥、变速箱主要来自合资企业或者国外进口，小吨位装载机的桥箱国产为主。

随着工程机械信息化、自动化发展，装载机的电气化程度越来越高。装载机上使用的电气元件均为汽车用部件，而装载机的使用环境和工况远比汽车要恶劣的多，对电气元件的抗振动、防尘、防水、耐高低温、耐腐蚀等提出了更高的要求，在装载机早期故障中电气系统的故障占有较大比重，说明装载机使用的电气元件在可靠性、一致性、制造工艺、安装工艺方面有待提升改进。

国产发动机仍主要集中在中低端，发动机的高端技术如电控高压共轨技术、尾气后处理技术仍未完全掌握，高端产品配套依赖进口，由于设计、制造工艺上的差距，发动机的动力性能、噪声、振动、排放等指标相对落后，根据统计，发动机的初期故障率较高是制约装载机技术质量水平的一个关键因素。

可喜的是这一局面正在发生变化，国内装载机主机及液压件生产企业一直致力于提升国产液压件的技术质量水平，纷纷投入巨资（国家、企业共同出资）建立液压件研发、生产基地，研制工程机械配套的高精度液压元件，通过人才引进、借鉴学习成熟技术、自主创新等多手段、多途径突破关键技术工艺，假以时日，国产液压元件定能赶上世界先进水平，打破国外企业在这一领域的统治地位。

目前大中型装载机主机企业都在或者计划将驱动桥、变速箱等传动系统主要部件由配套生产改为自主研发、制造，这对提高传动系统部件可靠性、保证质量稳定性有一定好处，同时可以解决装载机行业产品同质化问题。同时这些企业正在集中精力研发、制造高端驱动桥、变速箱等，该类产品长期依赖进口或者合资生产的局面有望得到改变。

发动机方面，国家近几年先后出台更严格的噪声、排放标准，潍柴、玉柴、上柴等发动机制造企业纷纷加大研发力度，在引进消化国外技术的基础上，在发动机高压共轨技术、节能减排技术等方面产生一定进展，高能耗、高排放、低性能发动机广泛使用的局面必将改变，并最终将打破国外企业在高端发动机市场的垄断地位。

3. 叉车产品可靠性试验数据统计与分析

对 2012—2013 年 90 台叉车（内燃、蓄电池）型式试验中所发生的 176 次故障情况统计结果表明：一般故障占总故障次数比例为 37.5%（2008—2009 年 58.6%，2006—2007 年 65.0%），轻微故障占总故障次数比例为 62.5%（2008—2009 年 41.4%，2006—2007 年 35.0%）。与前几年相比，一般故障发生次数所占比例明显下降，整机质量呈上升趋势。

按故障模式统计，排在首位的还是泄漏性故障，且占到故障总数的一半以上。其中 2008 年 51.6%、2009 年 51.3%、2012 年 64.3%、2013 年 51.3%；按故障发生原因统计，配套件和装配原因依然排在前两位。

按故障所属系统统计，排在前两位的是液压系统和电器系统，分别占总故障次数的比例为：2008 年，液压系统 50.8%、电器系统 20.3%；2009 年，液压系统 46.0%、电器系统 28.7%；2012 年，液压系统 54.1%、电器系统 21.4%；2013 年，液压系统 53.3%、电器系统 18.4%。

另外，液压系统中出故障较多的是密封件、管路及接头，分别占液压系统总故障次数为：2008 年，管路及接头 54.2%、密封件 40.0%；2009 年，管路及接头 66.8%、密封件 31.9%；2012 年，管路及接头 60.4%、密封件 35.8%；2013 年，管路及接头 58.5%、密封件 29.3%。

综合分析认为，近两年，蓄电池叉车的可靠性指标平稳；内燃叉车产品的可靠性指标持续稳定提高。

4. 观光车产品可靠性试验数据统计与分析

对 2013 年 60 台观光车（内燃、蓄电池）型式试验中所发生的 58 次故障情况统计结果表明：未发生致命故障和严重故障；一般故障 28 次，占总故障次数比例为 48.3%；轻微故障 30 次，占总故障次数比例为 51.7%。

按故障模式统计，配套件和装配原因排在前两位，配套件占 55.2%，装配占 27.6%。

按故障所属系统统计，排在前两位的是车体和电器系统，分别占总故障次数的 50.0%、32.8%。

目前国内观光车采用的主要部件技术水平还较低，例如蓄电池观光车的行驶电机大部分还采用直流有刷电机。有刷电机使用寿命短，电刷处容易产生火花，噪声一般较大。无刷电机寿命性能比有刷电机长，但对电控要求较高，其控制电路比较复杂，对元件可靠性要求比较严格，选用无刷电机时，控制电路容易出故障，因此选用无刷电机要经过严格的可靠性试验以确保质量。国内观光车企业受条件限制，选用直流有刷电机还比较普遍。

所检测的蓄电池观光车普遍采用铅酸蓄电池。铅酸蓄电池市场占有量大，价格低，可回收性好，但是比容小。目前蓄电池观光车所使用的蓄电池常用规格是 72V，5h 放电率容量为 150 ～ 220A·h，所以观光车的继驶里程有限。锂电池价格较贵且在观光车上使用还存在许多技术问题，目前观光车上还没有批量采用。

内燃观光车有许多是在摩托车、三轮车或汽

车的基础上开发研制出来的，种类多，批量小，质量参差不齐，国内还未形成针对这类产品的配套企业，内燃观光车生产所使用的配套件多是借用汽车行业、摩托车行业的零部件，所选用的发动机的功率也从几千瓦到几十千瓦不等。因为观光车最高限速是50km/h，国内针对这种要求的变速箱几乎没有，因此找到与发动机很好匹配的变速箱也较困难，这也造成内燃观光车传动部件故障较多。根据统计数据，内燃观光车传动部件故障约占总故障数的10%。

在型式试验和产品调研中，观光车产品的可靠性逐年增强，首次平均故障时间越来越长。在目前中国的旅游市场上，主要景区的主要观光车品牌有苏州益高、柳州五菱、东风电动、广州朗晴等，由于准入门槛低、技术含量不太大，国内市场在2013年将会继续保持上升的发展趋势，预计在今后的2～3年中将发展为200家左右，市场竞争也将日渐激烈，趋向完全竞争的市场结构。由于国内旅游观光车市场容量有限，所以观光车生产企业需要在未来重点解决技术创新、生产质量改进、市场服务提升和可靠性提高等关键性的问题。

5．推土机产品可靠性试验数据统计与分析

对2011—2013年17台推土机新产品型式试验中发生的34次故障情况统计结果表明：试验中未发生致命故障和严重故障，一般故障占总故障次数比例为85.3%，轻微故障占总故障次数比例为14.7%。

按故障模式统计排在前四位：2011年，泄漏性故障11.8%、松脱性故障35.3%、断裂性故障23.5%、失调性故障29.4%；2012年，泄漏性故障38.5%、断裂性故障23.1%、损伤性故障15.4%、堵塞性故障7.7%；2013年，泄漏性故障33.3%、松脱性故障23.8%、断裂性故障19.0%、失调性故障9.5%。

按故障所属系统统计排在前四位：2011年，操纵系统35.35%、液压系统17.6%、行走系统和工作装置均为11.8%、动力系统5.9%；2012年，液压系统53.8%、行走系统23.1%、动力系统15.4%、制动系统7.7%；2013年，液压系统38.1%、操纵系统23.8%、行走系统和工作装置均为9.5%、动力系统、制动系统和电气系统均为4.8%。

按故障原因统计：2011年，设计11.8%、使用17.6%、制造58.8%、零部件质量缺陷11.8%；2012年，设计7.7%、工艺7.7%、使用7.7%、制造15.4%、零部件质量缺陷53.8%、其他7.7%；2013年，设计9.5%、使用9.5%、制造19.0%、零部件质量缺陷62.0%。

通过对2011—2013年推土机试验故障情况的统计，可以看出：（1）液压系统故障占比较大，说明液压件制造质量还有较大的提升空间。（2）零部件质量缺陷占比较大，说明外协件质量控制措施有待改进。

由于历史的原因，推土机的价格相对较低，企业的利润微薄，再加上近年来市场的无序竞争，使企业生存愈发艰难，甚至不得不降低外协件的价格，这就势必造成外协件产品的质量问题；其次，核心制造技术的缺乏使关键部件之间不能达到最佳匹配，使国产推土机质量远不及国外同类机型。

推土机是由若干个零部件组成的，整机的可靠性是由每一个零部件的可靠性所决定的。因此，通过一定的技术手段提高整机零部件的预期寿命，是提高整机可靠性的关键所在。

6．压路机产品可靠性试验数据统计与分析

根据国家工程机械质量监督检验中心2011—2013年所进行的40台压路机试验数据统计分析，目前我国压路机存在的故障主要有以下几个方面：

（1）电气故障。电气故障是振动压路机的常见故障，绝大多数都是轻微故障，例如顶灯导线接触不良、保险丝损坏等。2011年做过的可靠性试验中，光轮压路机出现3次此类故障，都为轻微故障，在光轮压路机的故障次数比重中占37.5%；振动压路机出现5次，轻微故障4次，一般故障1次，在振动压路机的故障次数比重中占22.2%，在轻微故障次数比重中占44.4%，在一般故障次数比重中占11.1%。2012年做过的可靠性试验中，振动压路机出现故障3次，轻微故障2次，一般故障1次，在振动压路机的故障次数比重中占27.3%，在轻微故障次数比重中占40.0%，在一般故障次数比重中占16.7%。2013年做过的可靠性试验中，振动压路机出现2次，轻微故障1次，一般故障1次，在振动压路机的故障次数比重中占25.0%，在轻微故障次数比重中占20.0%，在一般故障次数比重中占33.3%。

（2）密封性故障。密封性质量是困扰国产工程机械产品质量多年的难题，泄漏问题也是压路机的常见故障。2011年做过的可靠性试验中，光轮压路机出现2次此类故障，都为轻微故障，在光轮压路机的故障次数比重中占为25%；振动压路机出现6次，其中轻微故障2次，一般故障4次，在振动压路机的故障次数比重中占33.3%，在轻微故障次数比重中占22.2%，在一般故障次数比重中占44.4%。2012年做过的可靠性试验中，振动压路机出现故障3次，均为一般故障，在振动压路机的故障次数比重中占27.3%，在一般故障次数比重中占50.0%。2013年做过的可靠性试验中，振动压路机出现3次，轻微故障2次，一般故障1次，在振动压路机的故障次数比重中占37.5%，在轻微故障次数比重中占40.0%，在一般故障次数比重中占33.3%。

（3）机械故障。压路机的机械故障主要发生在结构件和发动机系统上，例如燃油管断裂、风扇皮带松动等。2011年做过的可靠性试验中，光轮压路机未出现此类故障；振动压路机出现4次，都为一般故障，在振动压路机的故障次数比重中占22.2%，在一般故障次数比重中占44.4%；轮胎压路机出现1次，是一般故障，故障是洒水泵皮带断裂。2012年做过的可靠性试验中，振动压路机出现故障2次，轻微故障1次，一般故障1次，在振动压路机的故障次数比重中占18.2%，在轻微故障次数比重中占20.0%，在一般故障次数比重中占16.7%。

（4）连接件松动。连接件松动故障多为连接零部件的螺栓螺母松脱、油门拉线松动。2011年做过的可靠性试验中，光轮压路机出现4次此类故障，都为轻微故障，在光轮压路机的故障次数比重中占为50%；振动压路机出现6次，都为轻微故障，在振动压路机的故障次数比重中占33.3%，在轻微故障次数比重中占66.7%。2012年做过的可靠性试验中，振动压路机出现故障3次，轻微故障2次，一般故障1次，在振动压路机的故障次数比重中占27.3%，在轻微故障次数比重中占40.0%，在一般故障次数比重中占16.7%。2013年做过的可靠性试验中，振动压路机出现3次，轻微故障2次，一般故障1次，在振动压路机的故障次数比重中占37.5%，在轻微故障次数比重中占40.0%，在一般故障次数比重中占33.3%。

通过分析2011—2013年压路机可靠性试验数据，能够发现一些问题：

不同厂家、不同类型的压路机会多次出现相同类型的故障，轻微故障是发生次数最多的故障，而且这种故障是可以有效降低的，说明生产厂家对对产品的轻微故障不够重视。

压路机产品存在的主要质量问题可以分为两大类：一类是涉及产品性能和可靠性方面的，一类是涉及有关安全环保方面的。产品的性能和可靠性方面的问题主要是由于企业设计、制造、装配工艺水平的落后导致的产品各项性能参数达不到设计的要求，国内压路机企业在制造方面不能保证质量的一致性是一个很大的问题，在未经检验的情况下就投放市场，对大多数施工单位及用户来说又是不易察觉、发现甚至检验的，带来的直接问题就是故障频繁、施工质量下降、道路寿命降低。另一类安全环保方面的问题主要是人身安全的保护、驾驶舒适性、制动系统和噪声等方面的问题。2010年国家相继发布了一系列相关的安全标准，国内企业应当加紧消化吸收，将相关标准贯彻到产品的设计研发和制造中去，同时应当加大安全环保标准的宣传工作，对于标准的研究和贯彻是企业做强做大的一个很重要的方面。

7. 工程起重机产品可靠性试验数据统计与分析

多年来，国家工程机械质量监督检验中心进行了大量的工程起重机产品的可靠性试验，积累了丰富的试验数据。对2013年29台起重举升类专用车新产品试验中所发生的121次故障情况统计结果表明：我国起重举升类专用车产品质量不断提高，样机在试验中很少发生致命故障和严重故障，主要是一般故障，占总故障次数比例为78.2%，轻微故障占总故障次数比例为18.2%，其中液压系统部分比例为55.4%，电器系统部分比例为22.3%，结构部分比例为19.8%。

起重举升类专用车液压系统分上车液压系统和下车液压系统两部分。液压系统比其他工程机械复杂，液压元器件较多，如占据起重举升类汽车主体的汽车起重机的上车液压系统就包括起升和制动回路、回转回路、变幅回路、伸缩回路和先导控制油路等组成。从统计的故障内容分析，泄漏性故障仍占了很大的比例，约为21.5%，主要原因为：①液压元件内部部件磨损或者损坏，造成密封件失效，如密封圈切边、损坏失效；②未按工艺要求装配液压元件，如紧固阀接头、堵头未达到工艺力矩要求，导致泄漏或渗漏；③液压元器件本身质量有瑕疵，如阀、油缸的内泄，导致密封性能下降，液压管焊缝质量不过关，导致管路泄漏等。在故障内容统计中，起重举升类专用车中的伸缩式起重机吊臂易发生伸缩抖动现象，分析原因有：①滑块缺润滑脂或固定不到位；②加工吊臂时，未严格依据加工工艺要求；③吊臂设计有缺陷。液压系统出现的故障还有下车车桥无法转向、提升，下车水平、垂直油缸伸缩速度慢压力过低，配重油缸提升时两油缸不同步，配重油缸压力低无动作，上车缸臂销无动作压力低，上车起臂速度慢压力低，上车吊臂伸缩时速度慢压力低，上车缸臂销无动作压力低等。电器系统故障发生主要由于电器元件质量瑕疵、老化、接触不良、工作失灵等，如仪表显示不正常、不工作，上车无法送电、无法启动、无法熄火，下车有电无法启动、下车无油门、下车支腿无法工作等。

近几年，我国起重举升类专用车取得了突破性技术进步，大吨位、新技术、结构新颖的产品不断推向市场。但国产产品与国外产品可靠性和质量稳定性上仍存在一定的差距，建议：①在精益化设计和制造上进行深入细致的研究和完善，提升产品的综合品质，如大吨位起重机基础材料方面对高强度材料的研究与应用，基础零部件方面如发动机、变速箱、车桥，泵、阀、马达及电气主要元件等；②加大产品关键工艺方面的技术研究工作；③加强配套件企业产品的质量管理，诸如液压元件、电器元件等配套件的质量控制；④产品质量和可靠性控制体系仍需完善，加强产品试验方面管理，建立试验数据库，形成良好的反馈机制；⑤对员工进行持续有效的作业培训，将影响产品质量降到人为因素最小。

三、提升产品可靠性的有效途径

1. 保证产品的一致性

提高产品的可靠性是我们永远的追求。纵观产品故障模式和分布，不难发现故障过于离散，即使是集中的故障群，其失效模式也是多种多样的，原因是产品缺乏一致性。也就是说，解决好一致性是提升产品可靠性的基础。保证产品一致性的五个要素：1）精准的制造装备；2）正确、完整、统一、齐全的技术文件；3）运行有效的质量保证体系；4）训练有素的团队；5）优良的企业文化。

我国工程机械企业在提高产品质量和产品一致性方面均作了很多的工作，引进了先进的制造设备，制定了很多的法规和体系文件，但在外协件控制和体系运行方面缺乏一支训练有素的团队和一个良好的企业文化。

2. 重视健全的研发体系和试验体系建设

实现了产品的一致性，产品的故障分布就会集中，失效模式趋于固定，这就为解决问题创造了条件，方法也就有了针对性。同样，健全的研发体系和试验体系是解决问题的保障，这个体系可以是企业自身的，也可以是社会资源，但应纳入企业的管理体系。同时，针对工程机械产品液压系统和电气系统等关键零部件早期故障多的特点，配套件和主机企业均应重视试验技术研究，重视零部件可靠性试验台的建设，为新产品研发提供试验装备、试验技术和基础试验数据。

3. 重视对用户的培训与指导

影响工程机械早期故障率甚至影响机器寿命的因素还有使用环节，这也是常常被忽视的环节。工程机械的工作环境比较恶劣，正确的操作、定期维护保养对提高机器作业可靠性有着重要意义，很多大的故障，都源于平时错误的操作习惯及对机器的维护、保养不及时。国外机器在国内主要面向高端市场，这类用户管理规范，操作人员素质相对较高；国产机器主要面对的是中低端市场，这类用户管理水平参差不齐，操作人员多数素质较低，技术不熟练。企业本应对这类客户加强培训指导，可事实却是国外企业在售后服务中对机器操作、维护、保养的培训占有相当的比重，而国内企业的售后服务主要精力用在产品维修和解决质量纠纷上，认为使用与维护保养是用户的事情，而疏于对用户的培训和指导，使得国产机器使用维护不当，造成早期故障频发，甚至使用寿命大幅缩短。因此，我国的工程机械企业应研究编制一套适合国内用户、简洁、易懂、实用性强的《产品使用手册》，指导用户正确使用机器，同时，健全用户培训机制，杜绝或减少因使用和维护保养不当造成的故障、损坏、可靠性和使用寿命缩短等问题。

产品可靠性是一个系统性的综合问题，不仅与主机制造商有关，还取决于整个国家的工业水平。技术差距是客观存在的，我们应该正确看待，应充分发挥我们的服务优势，建立行之有效的服务体系，提高服务的及时性和有效性；还应充分利用工程机械主要配套件进口关税降低的契机，形成国际化配套局面，提高整机的可靠性水平以及继续利用价格优势进一步扩大市场份额。同时在优势的低端产品领域，应与国内配套商紧密联合起来，形成专业化配套化生产厂家群体，共同进行技术革新，应用新技术，借此进一步提升工程机械产品的可靠性。

四、工程机械试验检验情况

产品试验检验是产品从设计、研发、生产到投入市场的基本而重要的手段，无论是进入国内市场还是国际市场，产品都需要大量的试验检验验证。几十年来，以国家工程机械质量监督检验中心为代表的第三方检测机构，为我国工程机械产品技术质量的提高，行业的发展进步发挥了重要的作用。

试验检验作为政府监管的重要技术手段，在政府推行特种设备、3C认证、《汽车产品公告》等质量、安全监督管理的过程中，发挥着非常重要的作用。试验检验的类型多种多样，目前国家工程机械质量监督检验中心开展的检验类型有型式试验、强制性项目检验、特种设备制造许可试验、“3C”认证检验、产品质量抽查、质量鉴定、仲裁检验与司法鉴定、CE/e-mark/gost认证检验、零部件试验、科技成果国家级鉴定检测、国内外产品的比对分析试验、标准验证试验、军民用产品的招标试验、委托性试验等。2011年进行的各类试验检验5458项。其中特种设备制造许可检验和鉴定评审、“CE”认证、CQC标志认证是工程机械行业比较特殊的检验工作，除了对产品的质量控制以外，对制造资质、环境、质量体系等也提出了具体要求。

1. 特种设备制造许可检验和鉴定评审

从2003年起我国实施特种设备行政许可制度，有效地规范行业企业的生产经营活动、产品安全质量水平不断提升、年事故率不断下降。随着法律法规的健全与完善，特别是《中华人民共和国特种设备安全法》的颁布，标志着我国对特种设备安全监管在法制化的轨道上迈出了新步伐。随着许可制度的不断深入，近几年来获证企业的数量保持在一定规模，新申请企业数量逐步减少，新产品的开发推进步伐也趋于平稳。

2013年，国家工程机械质量监督检验中心在质检总局特种设备安全监察局（简称“特设局”）核准的范围内共完成特种设备境内外检验429台；特种设备制造条件鉴定评审127家企业，其中包括3 200t、3 600t履带起重机等超大型特种设备，覆盖了国内20多个省、市以及日、美、德等国。

为了更好地促进特种设备行政许可制度实施，使国家对厂车的特种设备行政许可管理更科学、更规范并更具有可操作性，作为技术支撑机构，国家工程机械质量监督检验中心积极配合特设局进行了《场（厂）内专用机动车辆安全监察规定》《场（厂）内专用机动车辆型式试验规则》《场（厂）内专用机动车辆制造许可规则》《起重机械型式试验规则》和《场（厂）内专用机动车辆作业人员考核大纲》等法律法规及相关文件的制修订工作。

2. “CE”认证

近年来，随着我国经济与国际接轨速度的加快，工程机械产品的质量不断提高，与国外先进国家的差距不断缩小，我国工程机械产品不再满足出口到第三世界，工程机械出口到欧盟市场的份额在迅速增大，CE 认证业务的需求越来越多。为了帮助行业主机厂产品进入欧盟走向世界，2009 年，国家工程机械质量监督检验中心与欧洲认证组织有限公司（ECO）及其中国分支洛阳意中技术咨询有限公司（以下简称 ECO 意中公司）合作，开展 CE 认证合作业务，质检中心也正式成为欧盟官方认可的 CE 认证签约实验室，为中国企业获得 CE 认证提供法规咨询、产品检测和产品认证的一条龙服务，使中国工程机械和车辆产品能够更加便捷地通过 CE 认证并快速进入欧盟市场，进一步推动中国工程机械产品出口事业的发展。至 2013 年底，经过四年多的 CE 认证业务开展，国家工程机械质量监督检验中心与 ECO 意中公司合作，进行了近 300 个型号的 CE 认证检验，并于 2012 年度在起重机领域颁发了首张 CE 认证证书。

3. “CQC 标志”认证

为了加强对土方机械产品的监管力度，促进与国际认证制度接轨。2011 年初，中国工程机械工业协会、中国质量认证中心和国家工程机械质量监督检验中心三家机构联合共同推动在土方机械行业开展“CQC”标志认证，编制了《土方机械认证规则》（CQC13-444201-2011），并于 2011 年 8 月，在北京举行了中国土方机械“CQC”标志认证新闻发布会。柳工、山推、龙工、日立、徐工、三一、玉柴等 7 家国内外龙头企业成为首批获证企业，涉及推土机、挖掘机、装载机、压路机等产品。

土方机械产品的“CQC”标志认证是自愿性认证，按照国际惯例，采用了“型式试验 + 初始工厂审查 + 获证后一致性监督”的模式。认证范围涉及挖掘机、推土机、平地机、压路机、吊管机、回填压实机、铲运机、水平定向钻机、自卸车、装载机、挖掘装载机、特殊土方机械等 12 大类土方机械产品。土方机械产品认证以加施 CQC 标志的方式表明产品符合相关的质量、安全、性能等认证要求。CQC 标志认证重点关注安全、性能等直接反映产品质量和影响人身和财产安全的指标，旨在维护广大客户利益，促进提高产品质量，增强国内企业的国际竞争力。

截至 2013 年 12 月，共有 30 家生产企业进行了 CQC 标志认证申请，其中已发证企业 18 家，发出证书 59 张。目前，还有 12 家企业的 25 个申请单元正在认证受理中。

CQC 标志认证在土方机械领域已取得阶段性成绩，产品质量稳步提升，受到政府部门及社会各界的广泛关注。2013 年的十二届全国人大会议上，李克强总理表示，本届政府下决心要再削减 1/3 以上的行政审批事项。可以说，土方机械标志认证的成功推出为政府行政许可项目转变与改革开创了先河。

CQC 标志认证作为符合国际通行惯例的第三方合格评定制度，在转变政府职能，行政许可项目调整时期，为规范土方机械行业发展开辟了新思路和新模式，帮助企业遵纪守规、自我学习、自我提高、自我约束，引导企业自觉提高质量意识和能力。最终实现一次检验。全球互认的宏伟目标。

土方机械 CQC 标志认证的开展为企业搭建了综合服务平台，为企业提供集成化、多元化的服务创造了便利条件，贯彻了国务院削减行政审批事项的宗旨，与 WTO 的自由贸易、可持续发展、公开、公正、公平原则相吻合，为推动第三方合格评定制度健康发展打下坚实基础，为产品进出口实现双边和多边的国际互认创造了有利条件。

五、结束语

我国工程机械技术质量提升之路走得艰辛坎坷

而又持之以恒，从引进、模仿国际先进产品到建立品牌，打入国际市场。尽管在液压件、发动机、控制技术等关键配套件方面仍然没有摆脱依赖进口的瓶颈，但不可否认，我国工程机械行业正在成长和壮大，我国工程机械技术质量水平和国际知名品牌的差距也正在快速缩小。有理由相信，技术的差距只是暂时的，依赖也是暂时的，打造中国工程机械高质量、高可靠性的国际品牌才是我国行业企业的不懈追求。

〔撰稿人：国家工程机械质量监督检验中心罗慧英、许炜、王青松、高永强、赵亮、李洪波、史文辉、范晓兰、刘中星、姜旭、杨文刚、陆明〕

2013 年中国工程机械行业年度十大新闻

由中国工程机械工业协会主办的“中国工程机械十大新闻”评审活动，至今已成功举办 18 届（1996—2013）。多年的坚持不懈，使该活动已经成为整个产业和市场最为重要的年度事件之一，成为业内人士梳理和总结过去一年产业和市场发展脉络的重要渠道。

2013 年 12 月 31 日，“2013 中国工程机械十大新闻”最终评审会议在京举行，经过来自中国工程机械工业协会领导以及行业主流媒体主编们的热烈讨论和投票，“2013 中国工程机械十大新闻”正式出炉。

1. 中国工程机械行业强化基础工作，践行产业转型理念

2013 年，中国工程机械市场需求降幅逐步收窄，部分产品实现正增长。根据国家统计局数据显示，10 月份行业营业收入实现累计正增长。在低迷的市场环境下，企业践行“坚定信心，转型升级，促进工程机械行业稳健增长”理念，注重内功提升和产业结构优化，为未来更好地抓住市场机遇打下了坚实基础。强化产业基础，特别是加强基础工艺、基础材料、基础技术、基础零部件等方面的工作；在大型数字化高端工程机械领域，行业企业持续取得突破，徐工 4 000 吨级履带起重机、中联重科 101m 碳纤维臂架混凝土泵车、2 000t 全地面起重机、三一重工的 86m 混凝土臂架泵车、柳工 E 系列挖掘机、安徽合力的 46t 叉车等的成功应用及鼎盛天工 DT660 型平地机的研发成功均树立了行业的新标杆。

2. 自主创新取得突破，重点项目成绩斐然

2013 年，处于调整期的工程机械企业大幅提升产品质量，大量节能减排、新材料、绿色制造、信息化和智能化等方面的科技成果较快地移植到产品上，企业申请和批准各类专利数量创历史新高。大型、高端、数字化项目推进实施，行业 6 项“863”项目正式启动。2013 年，三一重工“混凝土泵车超长臂架技术及应用”项目荣获 2012 年度国家技术发明奖二等奖；徐工集团“基于大型工程机械自主创新的徐工科技创新体系工程”荣获 2012 年度国家科学技术进步奖二等奖；中联重科“工程机械超高强钢臂架设计及制造关键技术研究与产业化”项目获得中国机械工业科学技术奖一等奖；另有 19 项工程机械产品及技术获得中国机械工业科学技术奖。此外，八达重工双臂救援机器人研制成功。

3. 中国企业坚持走出去战略，深化全球布局

2013 年，中国工程机械产品出口从粗放转为精耕细作，呈现出较大基数之上的稳健增长态势。根据中国工程机械工业协会统计，2013 年全年出口额有望超过 190 亿美元，同比有小幅提升。与此同时，中国工程机械企业坚持“走出去”理念，深

化全球布局，国际市场参与度提升。其中，徐工集团欧洲总部落成，中联重科全资并购德国M-TEC并完成对CIFA全资控股，三一重工完成对普茨迈斯特全资控股并与帕尔菲格交叉持股，潍柴对凯傲集团的持股比例从25%提升至30%，柳工收购波兰ZZN传动件厂，中铁装备收购德国维尔特硬岩掘进机及竖井钻机知识产权，此外，三一重工、徐工集团、山东临工等企业均在巴西投资建厂。

4. 信用等级评价体系成果显著，14家企业首次获评信用AAA级企业

"信用等级评价"是商务部和国资委为了整顿和规范行业信用秩序和竞争环境，共同组织开展的一项行业企业诚信经营信用等级评价工作。2012年7月30日，经商务部信用工作办公室和国资委行业协会联系办公室联合发文批准，中国工程机械工业协会取得合法信用评价资质。2013年11月28日，在中国工程机械工业协会四届三次会员代表大会暨第十二届中国工程机械发展高层论坛上，徐工集团、中联重科、山推股份、厦工、龙工、安徽合力、国机重工、山河智能等14家企业成为第一批被正式授予信用AAA级企业。这14家企业是由中国工程机械工业行业信用等级评价工作领导小组根据申报企业提交的材料，经中国工程机械工业协会初审、第三方综合评价、协会信用评价专家委员会审定而产生的。

5. 两化融合成果显著，标杆企业获国家认可

2013年，中国工程机械行业在信息化和工业化融合方面取得了突出成绩。骨干企业进一步加大了信息化建设的投入，在设计、制造、销售、服务和管理等方面的信息化水平明显提高。在信息化的支撑下，企业的研发周期加快，生产效率提高，服务能力增强。在2013年10月12日工信部召开的"两化深度融合专项行动计划重点工作推进大会"上，中国工程机械工业协会完成的《工程机械行业企业信息化和工业化融合发展水平评估报告》受到专家和领导的好评，徐工集团、中联重科、三一重工、天远科技、铁建重工、厦工股份、南方路机、惊天液压获得工程机械行业两化融合标杆企业。

6. 在市场持续低迷形势下，BICES 2013成功举行提振行业信心

2013年，中国工程机械市场延续了之前几年的走势，持续在低位运行。然而，于10月15—18日举办的BICES 2013却获得了圆满成功，仿佛秋日中的一抹暖阳，提振了行业信心。BICES 2013的展览面积达到了19万m^2，专业观众达10万人。展会更加强调展示产业文化，体现行业责任和担当的理念。展会期间，主办方举办了2013中国北京国际商用车博览会（IVEX 2013）、第二届国际应急抢险救援装备展、BICES 2013 第二届创意设计大赛、工程机械外观造型及质量评比等一系列特色活动。其中，参与第二届国际应急抢险救援装备展的许多企业及产品均参加了雅安地震的救援及灾后重建工作，谱写行业大爱。

7. 排放指标升级，工程机械行业稳步推进节能减排工作

2013年7月1日，国家第四阶段机动车排放标准全面实施，所有生产、进口和销售的柴油车和重型汽油车必须符合国Ⅳ标准才能注册登记。同年，北京等地发布非道路机械地方排放标准。工程机械企业积极履行企业义务，展开产品升级活动，并通过积极的技术储备迎接未来更加严格的节能减排挑战。行业协会积极推进对在用车的规范管理，稳步推进节能减排任务的实施。

8. 二手设备流通受到高度重视，二手设备专家委员会成立

截至2012年底，中国工程机械主要产品保有量突破560万台。随着工程机械市场保有量的增加，二手工程机械市场流通混乱、评估与定价体系缺失、交易税等相关法律法规不健全以及服务体系建设等问题日益凸显，引发了中国工程机械工业协会的高度重视。2013年7月11日，中国工程机械工业协会二手设备专家委员会在北京成立，将从二手设备管理、流通、序列号申报、身份识别、检测、评估、税收等方面解决二手工程机械市场存在的问题。中国旧货业协会设备租赁及二手设备专业委员会对二手工程机械市场商业模式、人员培训等问题也进行

了极大关注。2013年，利氏兄弟、易极等企业拍卖活动也极大地丰富了二手交易形式。

9. 行业技能比赛活动方兴未艾，彰显蓝领力量

2013年，人才培养理念在行业内得到充分重视。中国工程机械工业协会和企业纷纷开展针对基层员工的技能大赛等活动，其中较为突出的有："掘战达人"沃尔沃杯全国挖掘机操作手绿色节油挑战赛、"直通极限——柳工杯首届全国土方机械操作技能大赛"、"合力杯"全国第二届工程机械修理工（叉车）职业技能竞赛、山东临工"中国好司机"活动及徐工独家公益支持的"寻找最美养路工"活动等。这正是行业和企业重视人才、崇尚技能、彰显蓝领力量理念的重要体现。

10.《新快报》发布中联重科失实报道，行业企业展开维权行动

2013年9月9日，中联重科向长沙市公安局报案称，2012年以来，新快报连续发表多篇署名为记者陈永洲的文章，捏造事实对中联重科进行诬蔑诋毁，严重损害了企业的商业信誉并造成重大损失。经初步调查后，长沙警方于9月16日正式立案侦查。在掌握大量证据的基础上，10月18日，陈永洲被长沙警方以涉嫌损害商业信誉罪刑事拘留。

2014年度中国机械工业科学技术奖工程机械行业获奖情况

2014年7月15日，根据中国机械工业科学技术奖励工作办公室的统一安排，中国机械工业科学技术奖工程机械专业组在北京举行了一年一度的工程机械行业中国机械工业科学技术奖评审活动。来自工程机械行业协会、企业和专业院校、研究院所的18位行业专家集中到中国工程机械工业协会通过网络评审的方式参加了项目的初审工作。

2013年以来，工程机械行业在市场调整、增速下降的背景下，各骨干企业加大研发投入，以创新求发展，以质量赢市场。苦练内功，加快适应需求结构的变化和行业转型升级的要求，在不断提高工程机械产品数字化、智能化、信息化、绿色化水平的同时，进一步提高工程机械行业新技术、新材料、新工艺的应用水平，一批集成创新、自主创新产品涌现出来。

2013年度行业30多家单位通过网络申报系统独立或联合报送了47项评审项目，涉及起重机械、掘进机械、环卫机械、土方机械、路面机械、混凝土机械、高空作业机械、工业车辆、配套件等多类产品及制造关键技术。申报项目呈现出创新点多、技术含量高、社会效益和经济效益显著等特点。

经评委们严谨细致的评审，初审共推荐特等奖项目2个，一等奖项目2个，二等奖项目9个，三等奖项目13个。

2013年度确定3个申报项目因成果应用、鉴定及专利授权等原因缓评。

2014年9月23—24日，中国机械工业科学技术奖励工作办公室组织30位专家、院士组成评审组对机械行业14个专业评审组推荐的47项一等奖以上项目进行了终审。经答辩、评审，共有4个项目通过特等奖评审，30个项目通过一等奖的评审。其中工程机械专业评审组推荐的4个项目通过答辩，荣获2014年度中国机械工业科学技术奖一等奖。

2014年度中国机械工业科学技术奖工程机械行业获奖项目详见下表。

表　2014年度中国机械工业科学技术奖工程机械行业获奖项目

项目编号	项目名称	申报单位	推荐等级
1410046	面向工程机械机种特征的减振降噪共性关键技术与应用	广西柳工机械股份有限公司	一等奖
1410017	大型工程建设成套吊装设备关键技术与应用	徐工集团工程机械股份有限公司建设机械分公司	一等奖
1410014	NSQYPHFH1493型泥水气压平衡复合式隧道掘进机	中交天和机械设备制造有限公司、中交隧道工程局有限公司、中交第二航务工程局有限公司	一等奖
1410039	伸缩臂式叉装车关键技术及系列装备	总装备部军械技术研究所、泸州长起特种起重设备有限公司、河北工业大学、长沙中传变速箱有限公司、厦门嘉丰机械有限公司、清华大学	一等奖
1410040	挖掘机核心技术创新与应用	三一重机有限公司、上海交通大学、南京工业大学	二等奖
1410015	XCL800轮式桁架臂起重机	徐工集团徐州重型机械有限公司	二等奖
1410025	节能高效挖掘机电液控制关键技术及产业化应用	广西柳工机械股份有限公司	二等奖
1410043	ZLJ5250TXSE3/E4水循环再生强力洁净洗扫车	中联重科股份有限公司	二等奖
1410016	QAY1200全地面起重机	徐工集团徐州重型机械有限公司	二等奖
1410030	沥青碎石同步封层车（系列）关键技术研究及应用	浙江美通筑路机械股份有限公司、长安大学	二等奖
1410005	SD18-5履带式推土机关键技术研究及应用	山推工程机械股份有限公司	二等奖
1410013	XZ6600水平定向钻机	徐州徐工基础工程机械有限公司	二等奖
1410012	K系列混凝土成套设备关键技术及产业化	徐州徐工施维英机械有限公司	二等奖
1410045	高适应性混凝土湿喷台车及其关键技术	中联重科股份有限公司	三等奖
1410009	复合式土压平衡盾构设备研制及其应用	中国铁建重工集团有限公司、中南大学	三等奖
1410003	SAC3500全地面起重机关键技术研究及应用	三一汽车起重机械有限公司	三等奖
1410044	大吨位轮式起重机椭圆形吊臂关键制造技术研究与应用	中联重科股份有限公司	三等奖
1410037	SQS450K随车起重机	徐州徐工随车起重机有限公司	三等奖
1410018	XE900C液压挖掘机	徐州徐工挖掘机械有限公司	三等奖
1410010	工程机械关键零部件——电控变速箱及湿式驱动桥的研发及产业化	徐工集团工程机械股份有限公司科技分公司	三等奖
1410032	XD122、XD132、XD142双钢轮高频振动压路机平台研发及产业化	徐工集团工程机械股份有限公司道路机械分公司	三等奖
1410024	装载机绿色设计的关键技术攻关及产业化	广西柳工机械股份有限公司	三等奖
1410027	高效节能型A系列挖掘装载机关键技术研究及产业化	江苏柳工机械有限公司	三等奖
1410028	大吨位XF系列叉车	杭叉集团股份有限公司	三等奖
1410007	装载机用双变总成关键技术研究与应用	山推工程机械股份有限公司	三等奖
1410026	矿用重载大马力平地机研发及产业化	徐州徐工筑路机械有限公司	三等奖
1410008	凿岩设备关键技术研究及产业化	山河智能装备股份有限公司、中南大学	缓评
1410033	ET110步履式挖掘机	徐工集团工程机械股份有限公司道路机械分公司	缓评
1410042	53m大型高空救援云梯消防车	中联重科股份有限公司	缓评

〔供稿人：中国工程机械工业协会尹晓荔〕

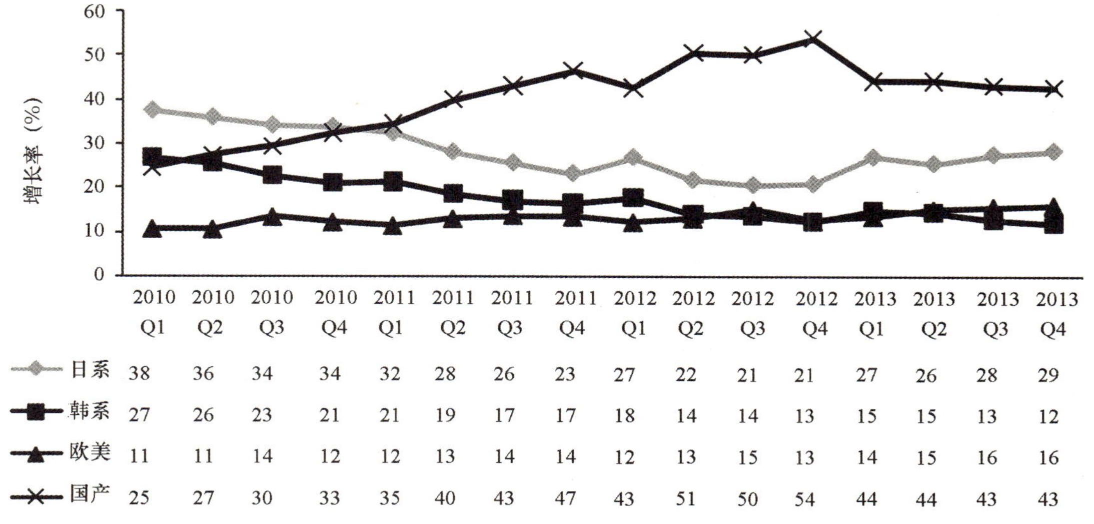

图 3　近四年中国挖掘机械市场格局走势

数据来源：中国工程机械工业协会挖掘机械分会。

日系品牌在 2013 年实现销量 30 420 台，较上年同期上升 3.6%，其中日系品牌中销量最大的小松中国实现销量 9 350 台，较上年同期上升 1.8%；韩系品牌在 2013 年实现销量 15 773 台，较上年同期下滑 1.3%，斗山中国作为销量最大的韩系品牌实现销量 8 241 台，较上年同期下滑 1.3%；欧美品牌在 2013 年实现销量 16 999 台，同比上升 2.0%，其中欧美品牌中销量最大的卡特彼勒实现销量 9 541 台，较上年同期增长 24.9%；国产品牌在 2013 年实现销量 49 212 台，同比下降 4.3%，其中销量最大的国产品牌三一重机共销售 15 682 台，较上年同期上升 0.4%。2013 年中国挖掘机械市场格局见表 2。

表 2　2013 年中国挖掘机械市场格局

品　牌	企　业	销量（台）	同比增长（%）	市场份额（%）	市场份额变化率（%）
日系	小松中国	9 350	1.8	27.1	3.6
	日立	8 447	0.8		
	神钢	8 063	3.5		
	久保田	2 471	-		
	住友建机	1 728	16.4		
韩系	斗山	8 241	-10.2	14.0	-1.3
	现代京城	3 937	-11.3		
	现代江苏	3 595	-12.4		

（续）

品　牌	企　业	销量（台）	同比增长（%）	市场份额（%）	市场份额变化率（%）
欧美	卡特彼勒	9 541	24.9	15.1	2.0
	沃尔沃	6 821	0.5		
	利勃海尔	404	6.0		
	阿特拉斯	175	-45.7		
	约翰迪尔	58	-		
中资	三一	15 682	0.4	43.8	-4.3
	柳工	4 895	-7.6		
	山重建机	4 547	0.2		
	玉柴	4 157	-24.4		
	山东临工	4 056	-0.9		
	福田雷沃	3 487	-13.0		
	山河智能	3 379	8.9		
	厦工机械	2 401	-30.3		
	力士德	2 289	-17.8		
	中联重科	1 250	-59.5		
	广西开元	807	-21.7		
	卡特重工	640	-43.9		
	熔盛机械	636	-43.3		
	詹阳动力	623	-17.2		
	彭浦机器厂	271	120.3		
	徐挖	92	1 214.3		

数据来源：中国工程机械工业协会挖掘机械分会。

3. 国内市场

根据中国工程机械工业协会挖掘机械分会秘书处2013年行业数据统计分析，纳入统计的30家主机制造企业2013年在国内市场（不包含出口和港澳地区）累计共销售各类型液压挖掘机产品104 867台，较上年同期下降2.6%。其中一季度销售30 629台，较上年同期下降27.8%，环比上年四季度上升73.3%；二季度销售34 016台，较上年同期上升5.3%，环比一季度上升11.1%；三季度共销售17 815台，较上年同期上升17.0%，环比二季度下降47.6%；四季度共销售22 407台，较上年同期上升26.8%，环比三季度上升25.8%。2013年挖掘机械各省、区（直辖市）销售情况见表3。

表3　2013年挖掘机械各省、区（直辖市）销售情况

地区	省市	销量（台）	同比增长（%）	市场占有率（%）
东部	山东	7 427	5.9	32.2
	江苏	6 965	22.4	
	浙江	3 826	9.0	
	河北	3 366	7.6	
	广东	2 603	20.9	
	北京	2 455	-7.8	
	福建	2 241	-0.7	
	辽宁	2 205	-35.9	
	上海	1 265	27.9	
	海南	850	4.9	
	天津	611	7.2	
	合计	33 814	4.9	
中部	安徽	6 045	-1.5	29.9
	湖北	5 610	-1.6	
	河南	5 260	-15.7	
	湖南	4 892	4.9	
	山西	3 777	-26.7	
	江西	2 750	-4.0	
	吉林	1 540	-8.3	
	黑龙江	1 415	-28.1	
	合　计	31 289	-9.1	

（续）

地区	省市	销量（台）	同比增长（%）	市场占有率（%）
西部	四川	7 826	21.7	37.9
	贵州	5 550	22.7	
	云南	4 432	-6.3	
	广西	4 065	-17.2	
	新疆	3 657	-13.2	
	重庆	3 583	26.9	
	陕西	2 967	-19.7	
	甘肃	2 941	10.9	
	内蒙古	2 002	-55.9	
	宁夏	1 177	-4.3	
	青海	987	16.5	
	西藏	577	43.2	
	合　计	39 764	-3.0	

数据来源：中国工程机械工业协会挖掘机械分会。

在国内销售的各机型挖掘机械中，小于6t的机型出现了34.0%的增长，而35t的机型下降了35.2%，40t的机型下降了13.1%。2013年中国挖掘机械国内市场分机型销量见表4。

表4　2013年中国挖掘机械国内市场分机型销量

机型	2013年		2012年		同比增长（%）	所占比重（%）
	销量（台）	比重（%）	销量（台）	比重（%）		
＜6 t	16 272	15.5	12 147	11.3	34.0	4.2
6～10t	29 198	27.8	30 606	28.4	-4.6	-0.6
10～15t	12 576	12.0	126 30	11.7	-0.4	0.3
20 t	7 009	6.7	6 083	5.7	15.2	1.0
21 t	11 954	11.4	12 479	11.6	-4.2	-0.2
22 t	6 746	6.4	7 871	7.3	-14.3	-0.9
25 t	7 451	7.1	7 675	7.1	-2.9	0.0
30 t	3 418	3.3	3 904	3.6	-12.4	-0.4
35 t	6 258	6.0	9 652	9.0	-35.2	-3.0
40 t	3 985	3.8	4 584	4.3	-13.1	-0.5
总　计	104 867		107 631		-2.6	

数据来源：中国工程机械工业协会挖掘机械分会。

产品对外贸易情况

根据中国工程机械工业协会挖掘机械分会秘书处 2013 年行业数据统计分析，纳入统计的主机制造企业 2013 年累计共出口各类型液压挖掘机产品 7 479 台，较上年同期下降 6.8%。其中一季度出口 2 185 台，较上年同期上升 27.6%，环比上年四季度上升 8.5%；二季度出口 2 105 台，较上年同期下降 5.6%，较一季度下降 3.7%；第三季度共出口 1 584 台，较上年同期下降 23.2%，较二季度下降 24.8%；第四季度共出口 1 605 台，较上年同期下降 20.3%，较三季度上升 1.3%。近五年中国挖掘机械市场出口变化情况见图 4。

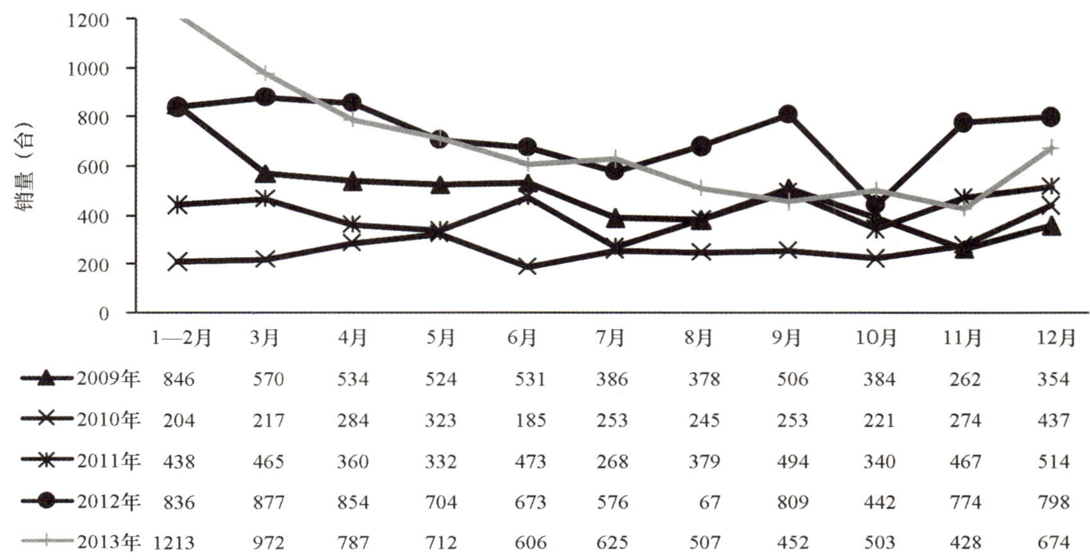

图 4　近五年中国挖掘机械市场出口变化情况

数据来源：中国工程机械工业协会挖掘机械分会。

从 2013 年的出口情况看，挖掘机出口市场进一步放缓，三一重工、柳工两家企业仍然占据主导地位。可见在国内市场不景气的情况下，越来越多的企业走出国门，开拓新兴市场。目前，中国挖掘机械出口市场以亚非拉等发展中国家为主，随着亚非拉经济的持续快速增长，亚非拉国家也制定了大规模的基础设施投资规划有望实施。这将有效拉动中国挖掘机械产品的出口增长。

各机型出口情况中，30t 机型增长最快，销量同比增长 100.7%，占比增长 2.0%。2013 年中国挖掘机械市场分机型出口情况见表 5。

表 5　2013 年中国挖掘机械市场分机型出口情况

（续）

机型	2013 年		2012 年		同比增长（%）	所占比重（%）
	销量（台）	比重（%）	销量（台）	比重（%）		
＜6 t	482	6.4	787	9.8	-38.8	-3.4
6～10 t	390	5.2	485	6.0	-19.6	-0.8
10～15t	556	7.4	665	8.3	-16.4	-0.9
20 t	1 168	15.6	873	10.9	33.8	4.7
21 t	1 912	25.6	2 046	25.5	-6.5	0.1
22 t	1 273	17.0	1 697	21.2	-25.0	-4.1
25 t	291	3.9	256	3.2	13.7	0.7
30 t	281	3.8	140	1.7	100.7	2.0
35 t	1 026	13.7	908	11.3	13.0	2.4
40 t	100	1.3	164	2.0	-39.0	-0.7
总　计	7 479		8 021		-6.8	

数据来源：中国工程机械工业协会挖掘机械分会。

〔撰稿单位：中国工程机械工业协会挖掘机械分会〕

铲土运输机械

行业发展概况

中国铲土运输机械行业已有 50 余年的发展历史。从 1986 年原机械部 140 万美元的装载机、推土机的技术引进项目，到消化吸收并创造出自己的专利技术，从 1992 年徐工装载机厂拿着装载机产品图片首次参加德国宝马展，到中国展团惊艳国际展会，有的企业通过走引进、消化、吸收之路，技术得到飞速发展，有的企业通过改制、转型、国际化，提升管理水平，实现高起点的飞跃。中国工程机械工业协会铲土运输机械分会自 1989 年成立至今，25 年来，见证了铲土运输机械行业通过技术改造，全面提升产品竞争力，使中小型装载机、推土机等产品在市场竞争中占据主导地位，也见证了行业企业在历经了国内同行的激烈竞争和国外产品的双重压力下，如何做出优势产品，打造出世界认可的知名品牌。

目前，我国铲土运输机械行业中，装载机生产企业 60 余家，推土机生产企业 20 余家，平地机生产企业约 15 余家，纳入中国工程机械工业协会铲土运输机械分会统计的装载机企业有 30 家，推土机企业有 17 家，平地机企业有 13 家，包含 800 多种不同型号和规格的产品。根据统计数据显示，2013 年我国铲土运输机械行业实现工业总产值 8 126 126 万元，实现利润总额 148 652 万元，资产保值增值率为 102. 05%，资产负债率为 68. 89%，年末从业人员合计人数 71 293 人。2013 年铲土运输机械行业部分企业主营业务收入、利润总额情况见表 1。

表 1　2013 年铲土运输机械行业部分企业主营业务收入、利润总额情况

序号	企业名称	营业收入（万元）	利润总额（万元）	经济效益综合指数	序号	企业名称	营业收入（万元）	利润总额（万元）	经济效益综合指数
1	临沂临工机械集团	1 711 554	142 759	269. 95	14	山东蓬翔汽车有限公司	155 057	-3 925	
2	湘电集团有限公司	133 982	2 151	157. 66	15	徐州徐工筑路机械有限公司	120 045	5 558	193. 91
3	广西柳工机械股份有限公司	1 258 469	42 287	162. 06	16	常林股份有限公司	115 037	-14 821	14. 04
4	山推工程机械有限公司	1 013 537	-37 929	240. 66	17	泰安航天特种车有限公司	113 254	1 455	101. 83
5	中国龙工控股有限公司	815 752	57 078	88. 58	18	河北宣化工程机械股份有限公司	37 266	535	36. 53
6	成都神钢工程机械(集团)有限公司	708 146	3 268	38. 57	19	本溪北方机械重汽有限责任公司	33 396	-295	88. 05
7	厦门厦工机械股份有限公司	649 741	-69 745	-7. 95	20	山东一能重工有限公司	16 800	1 100	109. 87
8	福田雷沃重工股份有限公司	454 249	987	107. 44	21	内蒙古一机集团大地工程机械有限公司	15 912		
9	三一矿机有限公司	391 110	31 754		22	徐州金正公路工程机械有限公司	9 962	904	
10	卡特彼勒（青州）有限公司	218 676	-22 300	105. 87	23	中环动力（北京）重型汽车有限公司	3 937	-2 669	-221. 81
11	内蒙古北方重型汽车股份有限公司	218 124	12 893	345. 64	24	北京首钢重型汽车股份有限公司	2 609	-1 525	
12	郑州宇通重工有限公司	182 477	-3 801	-21. 58		铲土运输机械行业合计	9 757 398	148 652	139. 35
13	天津建筑机械厂	179 027	2 933	132. 37					

数据来源：中国工程机械工业协会铲土运输机械分会年报。

市场销售情况

1. 装载机

据中国工程机械工业协会铲土运输机械分会统计，2013 年累计销售装载机 181 505 台，与 2012 年的 173 692 台相比，同比增长 4.50%。2013 年装载机行业一直持续表现低迷，自 4 月开始，装载机市场销量环比连续 9 个月保持同比正增长，12 月实现同比增长 31.56%，是 2013 年最大同比增长率。2013 年销量下降最多的是在 2 月，仅销售装载机 8 170 台，同比下降 54.09%。2012—2013 年我国装载机市场销量及同比增长情况见表 2。

表 2　2012—2013 年我国装载机市场销量及同比增长情况

月份	2012 年销售量（台）	2013 年销售量（台）	同比增长（%）	月份	2012 年销售量（台）	2013 年销售量（台）	同比增长（%）
1	7 092	8 704	22.73	7	11 713	12 496	6.68
2	17 797	8 170	-54.09	8	10 521	12 705	20.76
3	26 355	24 612	-6.61	9	11 271	13 176	16.90
4	21 844	22 695	3.90	10	11 195	12 795	14.29
5	16 754	19 045	13.67	11	11 681	13 798	18.12
6	14 994	16 897	12.69	12	12 475	16 412	31.56
上半年累计	104 836	100 123	-4.50	全年累计	173 692	181 505	4.50

数据来源：中国工程机械工业协会铲土运输机械分会。

5t 装载机是销售最多的产品，同比增长 7.80%，市场份额比 2012 年增加了 1.88 个百分点，其次是 3t 装载机，同比下降 0.49%，市场份额减少 1.28 个百分点，下降幅度最大的是滑移装载机和挖掘装载机，同比分别下降 35.90% 和 26.23%，市场份额分别减少 0.21 个百分点和 0.27 个百分点。除以上类型产品，只有 2 ～ 3t（含 2t）的产品市场份额增加了 0.11 个百分点，剩余类型产品市场份额略有下降，但下降幅度不大。2012—2013 年我国装载机市场各吨位销售情况见表 3。

表 3　2012—2013 年我国装载机市场各吨位销售情况

	2012 年销售量（台）	占总销量的比重（%）	2013 年销售量（台）	占总销量的比重（%）	同比增长（%）
＜ 1.5t	2 460	1.42	2 545	1.40	3.46
1.5 ～ 2t（含 1.5t）	11 363	6.54	11 619	6.40	2.25
2 ～ 3t（含 2t）	3 585	2.06	3 940	2.17	9.90
3 ～ 5t（含 3t）	48 223	27.76	48 110	26.51	-0.23
5 ～ 6t（含 5t）	103 197	59.41	111 245	61.29	7.80
6 ～ 7t（含 6t）	1 844	1.06	1 808	1.00	-1.95
≥ 7t	483	0.28	457	0.25	-5.38
滑移	936	0.54	600	0.33	-35.90
挖装	1 601	0.92	1 181	0.65	-26.23

数据来源：中国工程机械工业协会铲土运输机械分会。

2013 年装载机销售区域市场前五名为山东、河南、江苏、四川和内蒙古。装载机销量同比减少的地区为山东、河南、内蒙古、山西、河北、陕西，这六个地区同时也是 2012 年销量排名前 10 的地区；销量同比增幅超过 20% 的地区有西藏、海南、重庆、贵州、上海、天津、广东、江西，这些地区 2012 年销量较小。2013 年装载机生产企业加大了对潜力市场的开发力度，并取得了一定成绩。2012—2013 年我国装载机分地域销售情况见表 4。

表 4　2012—2013 年我国装载机分地域销售情况

地区	2012 年 销售量（台）	2012 年 市场占有率（%）	2013 年 销售量（台）	2013 年 市场占有率（%）	同比增长（%）	地区	2012 年 销售量（台）	2012 年 市场占有率（%）	2013 年 销售量（台）	2013 年 市场占有率（%）	同比增长（%）
北京	3 954	2.28	4 079	2.25	3.16	湖南	3 970	2.29	4 212	2.32	6.10
天津	2 156	1.24	2 798	1.54	29.78	湖北	4 325	2.49	4 688	2.58	8.39
河北	6 601	3.80	6 580	3.63	-0.32	河南	8 964	5.16	8 387	4.62	-6.44
山西	7 118	4.10	6 639	3.66	-6.73	海南	1 067	0.61	1 624	0.89	52.20
内蒙古	7 338	4.22	6 877	3.79	-6.28	四川	6 384	3.68	7 131	3.93	11.70
黑龙江	3 966	2.28	4 404	2.43	11.04	云南	4 924	2.83	5 721	3.15	16.19
辽宁	5 180	2.98	5 506	3.03	6.29	贵州	3 754	2.16	4 898	2.70	30.47
吉林	3 409	1.96	3 913	2.16	14.78	重庆	2 898	1.67	3 797	2.09	31.02
上海	1 538	0.89	2 000	1.10	30.04	西藏	731	0.42	1 256	0.69	71.82
江苏	7 286	4.19	7 427	4.09	1.94	陕西	6 591	3.79	6 254	3.45	-5.11
山东	13 036	7.51	11 162	6.15	-14.38	宁夏	3 276	1.89	3 624	2.00	10.62
安徽	4 886	2.81	5 159	2.84	5.59	甘肃	4 593	2.64	5 023	2.77	9.36
浙江	3 571	2.06	3 964	2.18	11.01	新疆	5 236	3.01	5 287	2.91	0.97
江西	3 618	2.08	4 414	2.43	22.00	青海	2 169	1.25	2 548	1.40	17.47
福建	4 187	2.41	4 757	2.62	13.61	出口	30 050	17.30	29 352	16.17	-2.32
广东	3 362	1.94	4 185	2.31	24.48	军工	85	0.05	23	0.01	-72.94
广西	3 469	2.00	3 816	2.10	10.00	合计	173 692	100.00	181 505	100.00	4.50

数据来源：中国工程机械工业协会铲土运输机械分会。

2013 年工程机械行业形势低迷，装载机产品量大利薄，且产品同质化情况严重，企业竞争不断加剧，市场格局重塑进程加快。一线品牌临工累计同比增长 0.28%，柳工下降 1.48%，龙工增长 0.82%，厦工增长 12.07%，徐工增长 49.30%。二、三线品牌中，德工、力士德、山东现代、安徽合力、金正、沃尔沃销量高于 2012 年销量，其余品牌产品均有不同程度的下降。2012—2013 年我国主要装载机生产企业销售情况见表 5。

表 5　2012—2013 年我国主要装载机生产企业销售情况

生产企业	2012 年销售量（台）	市场占有率（%）	2013 年销售量（台）	市场占有率（%）	同比增长（%）
山东临工工程机械有限公司	32 258	18.57	32 349	17.82	0.28
广西柳工机械股份有限公司	32 728	18.84	32 245	17.77	-1.48
中国龙工控股有限公司	25 754	14.83	25 964	14.30	0.82
厦门工程机械股份有限公司	21 777	12.54	24 406	13.45	12.07
徐工集团工程机械股份有限公司科技分公司	16 016	9.22	23 912	13.17	49.30
福田雷沃国际重工股份有限公司	6 919	3.98	6 692	3.69	-3.28
成工神钢工程机械集团有限公司	6 630	3.82	6 054	3.34	-8.69
卡特彼勒（青州）有限公司	7 958	4.58	7 211	3.97	-9.39
常林股份有限公司	5 838	3.36	5 250	2.89	-10.07

（续）

生产企业	2012 年销售量（台）	市场占有率（%）	2013 年销售量（台）	市场占有率（%）	同比增长（%）
山东德工机械有限公司	4 271	2.46	4 358	2.40	2.04
山东一能重工有限公司	2 615	1.51	2 487	1.37	-4.89
山推工程机械股份有限公司	2 460	1.42	2 378	1.31	-3.33
斗山工程机械有限公司	2 119	1.22	2 137	1.18	0.85
力士德工程机械股份有限公司	1 388	0.80	1 922	1.06	38.47
现代（山东）重工业机械有限公司	855	0.49	1 247	0.69	45.85
郑州宇通重工有限公司	1 113	0.64	1 049	0.58	-5.75
安徽合力股份有限公司重型装备工厂	721	0.42	781	0.43	8.32
徐州金正公路工程机械有限公司	239	0.14	243	0.13	1.67
小松（中国）投资有限公司	288	0.17	229	0.13	-20.49
凯斯工程机械（上海）有限公司	155	0.09	142	0.08	-8.39
沃尔沃建筑设备（中国）有限公司	72	0.04	107	0.06	48.61
利勃海尔机械服务（上海）有限公司	107	0.06	102	0.06	-4.67
国机重工（洛阳）有限公司	158	0.09	100	0.06	-36.71
约翰迪尔（中国）投资有限公司			52	0.03	
烟台工程机械有限公司	167	0.10	47	0.03	-71.86
卡特彼勒（中国）投资有限公司	134	0.08	41	0.02	-69.40
厦门市装载机有限公司	952	0.55			
山东云宇机械集团有限公司①	1 161		3 092		

注：1. 数据来源中国工程机械工业协会铲土运输机械分会。
2. 以上企业数据根据 2013 年月报数据整理。
①企业数据根据 2013 年年报数据整理。

2. 推土机

据中国工程机械工业协会铲土运输机械分会统计，2013 年累计销售推土机 9 511 台，与 2012 年 10 169 台相比，同比下降 6.47%。2013 年推土机市场形势较为严峻，全年仅 3 月销量表现好于 2012 年同期，2 月同比降幅最大，下降 36.86%，10 — 12 月三个月平均降幅高达 30%，10 月销量全年最低，仅销售 486 台。2012—2013 年我国推土机市场销售情况见表 6。

表 6　2012—2013 年我①国推土机市场销售情况

月份	2012 年销售量（台）	2013 年销售量（台）	同比增长（%）	月份	2012 年销售量（台）	2013 年销售量（台）	同比增长（%）
1	460	548	19.13	7	649	671	3.39
2	982	620	-36.86	8	714	745	4.34
3	1 185	1 421	19.92	9	758	787	3.83
4	1 075	1 206	12.19	10	724	486	-32.87
5	837	812	-2.99	11	800	624	-22.00
6	919	877	-4.57	12	1 066	714	-33.02
上半年累计	5 458	5 484	0.48	全年累计	10 169	9 511	-6.47

数据来源：中国工程机械工业协会铲土运输机械分会。

118kW（160hp）推土机产品是销售最多的产品，全年累计销售5 212台，同比增长3.76%，市场占有率54.80%，比2012年提高了5.41个百分点；同比增长最大的103～117kW（140～159hp）段的产品，累计销售355台，同比增长41.95%；大于294kW(400hp)的大功率产品在2013年同比下降72.34%，是同比下降最多的产品类型。169kW（230hp）以上的大功率产品市场占有率较2012年分别有不同程度的下降，推土机产品市场需求向中马力段产品转移，小功率段产品中73.5～87.5kW（100～119hp）段产品累计销售106台，同比下降55.46%，市场占有率下降1.23个百分点。2012—2013年我国推土机市场各功率销售情况见表7。

表7　2012—2013年我国推土机市场各功率销售情况

功率（hp）	2012年销售量（台）	占总销量的比重（%）	2013年销售量（台）	占总销量的比重（%）	同比增长（%）
＜100	55	0.54	65	0.68	18.18
100～119	238	2.34	106	1.11	-55.46
120～139	297	2.92	283	2.98	-4.71
140～159	236	2.32	335	3.52	41.95
160～179	5 652	55.58	5 913	62.17	4.62
180～229	1 946	19.14	1 628	17.12	-16.34
230～319	507	4.99	432	4.54	-14.79
320～399	1 144	11.25	723	7.60	-36.80
≥400	94	0.92	26	0.27	-72.34
总计	10 169	-	9 511	-	-6.47

数据来源：中国工程机械工业协会铲土运输机械分会

2013年推土机销售前五名的是湖北、江苏、安徽、山东、贵州。内蒙古是推土机销量减少幅度最大的地区，仅销售推土机152台，同比下降39.44%，其次是黑龙江同比下降34.69%，甘肃同比下降29.35%等。增幅较大的包括福建、重庆、宁夏、青海、湖南等省、市、区。2012—2013年我国推土机分地域销售情况见表8。

表8　2012—2013年我国推土机分地域销售情况

地区	2012年		2012年		同比增长（%）	地区	2012年		2013年		同比增长（%）
	销售量（台）	市场占有率（%）	销售量（台）	市场占有率（%）			销售量（台）	市场占有率（%）	销售量（台）	市场占有率（%）	
北京	121	1.19	178	1.87	47.11	湖南	136	1.34	195	2.05	43.38
天津	78	0.77	89	0.94	14.10	湖北	540	5.31	581	6.11	7.59
河北	148	1.46	176	1.85	18.92	河南	312	3.07	269	2.83	-13.78
山西	204	2.01	176	1.85	-13.73	海南	37	0.36	27	0.28	-27.03
内蒙古	251	2.47	152	1.60	-39.44	四川	145	1.43	162	1.70	11.72
黑龙江	418	4.11	273	2.87	-34.69	云南	189	1.86	139	1.46	-26.46
辽宁	176	1.73	166	1.75	-5.68	贵州	294	2.89	344	3.62	17.01
吉林	137	1.35	143	1.50	4.38	重庆	78	0.77	126	1.32	61.54
上海	88	0.87	123	1.29	39.77	西藏	34	0.33	36	0.38	5.88
江苏	382	3.76	433	4.55	13.35	陕西	125	1.23	119	1.25	-4.80

（续）

地区	2012 年		2012 年		同比增长（%）	地区	2012 年		2013 年		同比增长（%）
	销售量（台）	市场占有率（%）	销售量（台）	市场占有率（%）			销售量（台）	市场占有率（%）	销售量（台）	市场占有率（%）	
山东	445	4.38	387	4.07	-13.03	宁夏	105	1.03	181	1.90	72.38
安徽	297	2.92	418	4.39	40.74	甘肃	92	0.90	65	0.68	-29.35
浙江	126	1.24	147	1.55	16.67	新疆	190	1.87	199	2.09	4.74
江西	98	0.96	127	1.34	29.59	青海	40	0.39	58	0.61	45.00
福建	55	0.54	109	1.15	98.18	出口	4 149	40.80	3 275	34.43	-21.07
广东	274	2.69	276	2.90	0.73	军工	140	1.38	135	1.42	-3.57
广西	265	2.61	227	2.39	-14.34	合计	10 169	100.00	9 511	100.00	-6.47

数据来源：中国工程机械工业协会铲土运输机械分会。

2013 年主要推土机生产企业中宣工、国机洛阳、柳工、厦工、郑州宇通 5 家企业累计销量超过 2012 年。山推累计销售推土机 5 758 台，同比下降 8.95%，由于受到低迷经济形势等各类原因的影响，山推 10 月、11 月、12 月销量比 2012 年分别下降了 43%、25% 和 54%。由于山推一直占据推土机市场绝大部分的市场份额，所以山推销量直接影响 2013 年第四季度推土机市场的销售水平。2012—2013 年我国主要推土机生产企业销售情况见表 9。

表 9　2012—2013 年我国主要推土机生产企业销售情况

生产企业	2012 年销售量（台）	市场占有率（%）	2013 年销售量（台）	市场占有率（%）	同比增长（%）
广西柳工机械股份有限公司	319	3.14	373	3.92	16.93
国机重工（洛阳）有限公司	346	3.40	446	4.69	28.90
河北宣化工程机械股份有限公司	765	7.52	843	8.86	10.20
卡特彼勒（中国）投资有限公司	89	0.88	49	0.52	-44.94
内蒙古一机集团大地工程机械有限公司	350	3.44	261	2.74	-25.43
山推工程机械股份有限公司	6 324	62.19	5 758	60.54	-8.95
上海彭浦机器厂	394	3.87	347	3.65	-11.93
天津建筑机械厂	649	6.38	541	5.69	-16.64
厦门工程机械股份有限公司	121	1.19	127	1.34	4.96
郑州宇通重工有限公司	17	0.17	53	0.56	211.76
中联重科股份有限公司渭南分公司	795	7.82	713	7.50	-10.31
厦工（三明）重型机器有限公司①			130		

注：1. 数据来源中国工程机械工业协会铲土运输机械分会。
2. 以上企业数据根据 2013 年月报数据整理。
①企业数据根据 2013 年年报数据整理。

3. 平地机

据中国工程机械工业协会铲土运输机械分会统计，2013 年累计销售平地机 4 017 台，同比下降 4.38%。2013 年年初和年底平地机市场有较大的下降，最低销量在 2 月，实现销售 203 台，最大降幅在 12 月，同比下降 37.07%，最高销量在 4 月，实现销售 460 台，最大增幅在 9 月，同比增长 32.09%。2013 年平地机总体销售水平较差，是近三年来最惨淡的一年。2012—2013 年我国平地机市场销售情况见表 10。

表 10　2012—2013 年我国平地机市场销售情况

月份	2012 年销售量（台）	2013 年销售量（台）	同比增长（%）	月份	2012 年销售量（台）	2013 年销售量（台）	同比增长（%）
1	314	267	-14.97	7	272	288	5.88
2	297	203	-31.65	8	288	275	-4.51
3	479	425	-11.27	9	268	354	32.09
4	431	460	6.73	10	285	363	27.37
5	459	395	-13.94	11	294	336	14.29
6	377	376	-0.27	12	437	275	-37.07
上半年累计	2 357	2 126	-9.80	全年累计	4 201	4 017	-4.38

数据来源：中国工程机械工业协会铲土运输机械分会。

132kW（180hp）平地机是销售最多的产品，累计销售 1 270 台，同比增长 1.36%，市场占有率增加了 1.79 个百分点。125kW（170hp）以下的小功率型号装载机销量减少，154kW（210hp）及以上的大功率产品销量增加，平地机产品市场需求向大功率产品转移。2012—2013 年我国各功率平地机市场销售情况见表 11。

表 11　2012—2013 年我国各功率平地机市场销售情况

功率（hp）	2012 年销售量（台）	占总销量的比重（%）	2013 年销售量（台）	占总销量的比重（%）	同比增长（%）
＜ 130	3	0.07	0	0.00	-100.00
130 ～ 159	72	1.71	2	0.05	-97.22
160 ～ 179	1 275	30.35	967	24.07	-24.16
180 ～ 189	1 253	29.83	1 270	31.62	1.36
190 ～ 199	459	10.93	509	12.67	10.89
200 ～ 209	412	9.81	365	9.09	-11.41
210 ～ 219	511	12.16	597	14.86	16.83
220 ～ 249	201	4.78	273	6.80	35.82
250 ～ 299	11	0.26	16	0.40	45.45
≥ 300	4	0.10	18	0.45	350.00
总计	4 201	100.00	4 017	100.00	-4.38

数据来源：中国工程机械工业协会铲土运输机械分会。

2013 年平地机销售区域前五名是江苏、河南、新疆、山东、黑龙江，只有青海、北京、河南、广西、山东等 12 个地区实现了销量增长。2012—2013 年我国平地机分地域销售情况见表 12。

2013 年有 3 家企业实现了平地机销量的增长，三一销售 388 台，同比增长 68.70%，厦工销售 342 台，同比增长 51.33%，柳工销售 513 台，同比增长 0.79%。徐筑仍然是销量最大的品牌，市场占有率为 35.8%。2012—2013 年我国主要推土机生产企业销售情况见表 13。

4. 其他产品

2013 年我国铲土运输机械行业其他产品销售情况见表 14。

表 12　2012—2013 年我国平地机分地域销售情况

地区	2012 年		2013 年		同比增长（%）	地区	2012 年		2013 年		同比增长（%）
	销售量（台）	市场占有率（%）	销售量（台）	市场占有率（%）			销售量（台）	市场占有率（%）	销售量（台）	市场占有率（%）	
北京	66	1.57	83	2.07	25.76	湖南	55	1.31	42	1.05	-23.64
天津	39	0.93	21	0.52	-46.15	湖北	38	0.90	39	0.97	2.63
河北	84	2.00	66	1.64	-21.43	河南	112	2.67	133	3.31	18.75
山西	65	1.55	69	1.72	6.15	海南	18	0.43	13	0.32	-27.78
内蒙古	118	2.81	86	2.14	-27.12	四川	54	1.29	51	1.27	-5.56
黑龙江	81	1.93	87	2.17	7.41	云南	45	1.07	46	1.15	2.22
辽宁	85	2.02	59	1.47	-30.59	贵州	25	0.60	23	0.57	-8.00
吉林	45	1.07	28	0.70	-37.78	重庆	39	0.93	25	0.62	-35.90
上海	63	1.50	16	0.40	-74.60	西藏	29	0.69	6	0.15	-79.31
江苏	210	5.00	219	5.45	4.29	陕西	63	1.50	67	1.67	6.35
山东	98	2.33	114	2.84	16.33	宁夏	28	0.67	30	0.75	7.14
安徽	73	1.74	70	1.74	-4.11	甘肃	68	1.62	51	1.27	-25.00
浙江	51	1.21	15	0.37	-70.59	新疆	152	3.62	122	3.04	-19.74
江西	44	1.05	36	0.90	-18.18	青海	24	0.57	34	0.85	41.67
福建	46	1.09	41	1.02	-10.87	出口	2 188	52.08	2 241	55.79	2.42
广东	53	1.26	44	1.10	-16.98	军工	8	0.19	0	0.00	-100.00
广西	34	0.81	40	1.00	17.65	合计	4 201	100.00	4 017	100.00	-4.38

数据来源：中国工程机械工业协会铲土运输机械分会。

表 13　2012—2013 年我国主要推土机生产企业销售情况

生 产 企 业	2012 年销售量（台）	市场占有率（%）	2013 年销售量（台）	市场占有率（%）	同比增长（%）
常林股份有限公司	619	14.73	361	8.99	-41.68
成工神钢工程机械集团有限公司	12	0.29	11	0.27	-8.33
鼎盛重工机械有限公司	540	12.85	491	12.22	-9.07
广西柳工机械股份有限公司	509	12.12	513	12.77	0.79
国机重工（洛阳）有限公司	10	0.24	10	0.25	0.00
卡特彼勒（青州）有限公司	92	2.19	88	2.19	-4.35
卡特彼勒（中国）投资有限公司	73	1.74	72	1.79	-1.37
三一重工股份有限公司	230	5.47	388	9.66	68.70
山推工程机械股份有限公司	279	6.64	267	6.65	-4.30
天津山河装备开发有限公司	-	-	15	0.37	-
沃尔沃建筑设备（中国）有限公司	30	0.71	21	0.52	-30.00
厦门工程机械股份有限公司	226	5.38	342	8.51	51.33
徐工道路机械事业部	1 580	37.61	1 438	35.80	-8.99
总　计	4 201	100.00	4 017	100.00	-4.38

数据来源：中国工程机械工业协会铲土运输机械分会。

表 14　2013 年我国铲土运输机械行业其他产品销售情况

产品	生产企业	产量（台）	销售量（台）	库存量（台）
推耙机	山推工程机械有限公司	7	8	4
铲运机	郑州宇通重工有限公司		1	
非公路自卸车	泰安航天特种车有限公司	793	1 386	109
	湘电集团有限公司	18	19	7
	扬州盛达特种车有限公司	313	290	23
	山东临工工程机械有限公司	535	425	110
	三一矿机有限公司	120	128	11
	郑州宇通重工有限公司	400	439	20
	本溪北方机械重汽有限责任公司	2	2	0
	秦皇岛天业通联重工股份有限公司	48	34	15
	中环动力（北京）重型汽车有限公司	36	49	38
	卡特彼勒（中国）投资有限公司		56	
	沃尔沃建筑设备（中国）有限公司		39	
	北京首钢重型汽车制造股份有限公司	7	13	5
	内蒙古北方重型汽车有限公司	196	411	87
	华菱星马汽车（集团）股份有限公司	3 331	3 320	32
吊管机	山推工程机械有限公司	48	36	12
半挂车	广东力士通机械股份有限公司	57	57	0
洒水车	中环动力（北京）重型汽车有限公司	2	3	0
重型厢式运输车	重庆大江信达车辆股份有限公司专用车公司	11	11	0
改装汽车	山东蓬翔汽车有限公司	3 809	3 446	443
重型载货汽车	徐州工程机械集团有限公司	4 122	3 509	1 365

数据来源：中国工程机械工业协会铲土运输机械分会。

产品出口情况

2013 年累计出口装载机 29 352 台，同比下降 2.32%。2013 年装载机出口销量呈现阶段性变化，4—8 月有较大突破，高于 2012 年和 2011 年出口水平；1—3 月和 9—12 月低于 2012 年出口水平，但仍然高于 2011 年水平，表明我国装载机出口市场受国际经济环境影响，表现低迷但并未发生倒退。临工出口装载机 5 809 台，连续两年蝉联出口第一，徐工和柳工出口量相当。出口的产品中，滑移装载机和挖掘装载机表现出较大的降幅。

2013 年推土机累计出口 3 275 台，同比下降 21.07%，同时也低于 2011 年的水平。10 月仅出口 139 台，同比下降 55.16%，是 2013 年的最大降幅，同时也是近三年来的最低出口量。118kW（160hp）产品仍然是推土机出口的主要类型，74 ～ 117kW（100 ～ 159hp）的中小功率产品出口量较 2012 年有较大提升，尤其是 103kW（140hp）产品累计出口 184 台，比 2012 年的 9 台增加 175 台，直接原因是国机洛阳获得了大额的出口订单产品。

2013 年平地机累计出口 2 241 台，同比增长 2.42%。2013 年前三个月延续了 2012 年的低迷形势，销量持续下降，4 月平地机市场出现复苏迹象，6 月之后销量一度增长到 10 月的 222 台，同比增幅高达 65.67%。总体来看，2013 年下半年平地机销售情况好于 2012 年水平。其中 132kW（180hp）、140kW（190hp）以及 154kW（210hp）产品以上类型产品 2013 年销量比 2012 年有不同程度的增加，而占据 2012 年主要出口份额的 118kW(160hp) 平地机出口量大幅下降。2012—2013 年我国主要铲土运输机械产品出口情况见表 15，2013 年铲土运输机械分类产品进出口情况见表 16。

表 15　2012—2013 年我国主要铲土运输机械产品出口情况

产品名称	年份	出口销量（台）	占总销量的比例（%）	同比增长（%）
装载机	2012 年	30 050	17.30	19.40
	2013 年	29 352	16.17	-2.32
推土机	2012 年	4 149	40.80	18.37
	2013 年	3 275	34.43	-21.07
平地机	2012 年	2 188	52.08	-7.87
	2013 年	2 241	55.79	2.42

数据来源：中国工程机械工业协会铲土运输机械分会。

表 16　2013 年铲土运输机械分类产品进出口情况

税号	指标名称	进口量（台）	同比增长（%）	进口金额（万美元）	同比增长（%）	出口量（台）	同比增长（%）	出口金额（万美元）	同比增长（%）
84291110	履带式推土机，$P>235.36$kW（320hp）	74	-10.84	3 849.94	-35.73	215	-53.76	4 480.55	-51.14
84291190	其他履带式推土机	110	35.80	2 013.55	62.38	3 770	-4.73	35 021.80	-10.02
84291910	其他推土机，$P>235.36$kW（320hp）	7	-63.16	447.35	-67.93	18	-10	40.06	-67.91
84291990	未列名推土机					562	450.98	655.23	-24.72
84292010	筑路机及平地机，$P>235.36$kW（320hp）	8	0	999.14	70.14	28	86.67	856.61	346.06
84292090	其他筑路机及平地机	6	-73.91	257.06	-80.46	4 561	4 025.00	39 934.76	1.77
84293010	斗容量＞10m³ 的铲运机								
84293090	其他铲运机	32	-65.96	1 754.52	-58.98	421	-12.66	2 821.96	6.18
84295100	前铲装载机	310	-21.72	4 679.53	-38.43	41 820	0.47	169 110.60	-10.20
84295290	其他上部结构可转 360° 的挖掘机、装载机	1	-87.50	230.60	-52.97	20	11.11	293.11	-90.81
84295900	其他机械铲、挖掘机及装载机	56	-49.55	330.47	-50.15	3 677	10.89	6 585.31	-15.65
84306920	非自推进的铲运机	1	-97.92	0.05	-99.58	6 319	-45.76	841.98	-27.53
87041030	电动轮非公路用货运自卸车	18	-70.49	3 313.08	-75.41	1 001	-10.22	571.86	-79.46
87041090	其他非公路用货运机动自卸车	216	19.34	11 194.10	91.40	3 485	-58.96	24 046.90	-53.17

数据来源：海关总署。

科技成果及新产品

（1）斗山装载机研发中心竣工。2013 年 1 月 19 日，斗山工程机械（山东）有限公司装载机研发中心正式投入使用。该研发中心于 2012 年 3 月 7 日在山东烟台破土动工，占地面积 2 266m²、建筑面积 8 727m²、总投资 8 000 多万元，是斗山集团在中国的首家研发中心，将集新机种开发设计和可靠性检测试验于一体，在关键零部件驱动桥和变速箱研制工作基础上，力求在动力总成和油压实验等高端研发项目上取得突破，提升斗山装载机研发及测试水平，提高市场占有率和产品竞争力。

（2）龙工滑移装载机创造新的吉尼斯世界纪录。2013 年 2 月 16 日，CCTV-1“吉尼斯中国之夜”节目现场，龙工装载机试车员惠文育驾驶龙工滑移装载机前轮着地，创造了 1min 内原地 360° 旋转了 40 圈的记录，打破了由德国人加比在 2008 年创造，成绩为 1min 内原地旋转 26 圈的世界纪录。

（3）凯斯 521F 轮式装载机新品发布。2013 年春季，凯斯全新推出的 521F 凯斯轮式装载机，使用了选择性催化还原技术（SCR），拥有 Tier 4 预备等级发动机，达到了 Tier4 预备清洁排放等级要求。521F 同时配备了 4.5L 发动机，可提供高达 131hp（98 kW）的动力，属于 2.1yd3（1.61m^3）级别轮式装载机，操作重量达 10 367kg。

（4）现代 HL850S 新品装载机下线。2013 年 6 月 6 日，现代装载机新产品 HL850S 在现代（山东）重工业机械有限公司下线，该产品搭载了蓝擎二代 2 000r/min 的低速节能柴油机，配合重新匹配的大容量变矩器和箱、桥传动系统，结合重新优化设计的工作装置和冷却系统、配重装置等，因此具有油耗低、作业速度快、掘起力大和适合在复杂场地作业的优点。

（5）三一首台挖掘装载机 BL70C 下线。2013 年 11 月 20 日，三一首台挖掘装载机 BL70C 在三一重机昆山产业园 9 号厂房正式下线。BL70C 挖掘装载机是将挖掘机及装载机的功能集于一身，相当于一台 7t 的挖掘机和一台 2t 的装载机，主要针对巴西市场，在施工效率上，该产品比国际标杆产品提升了 5%；在节能方面，与常规液压系统相比降低了 10% 能耗。挖掘装载机是巴西市场容量最大的工程机械产品，其市场容量的增长速度很快。随着 2014 年世界杯和 2016 年奥运会的日益临近及巴西经济水平的持续增长，巴西将加大基础设施的投入力度，对挖掘装载机切入巴西市场是一个难得的契机。

（6）徐工欧洲有限公司暨欧洲研究中心、欧洲采购中心开业。2013 年 10 月 11 日，徐工集团欧洲有限公司新址启用暨徐工欧洲研究中心、徐工欧洲采购中心开业典礼，在德国北威州克雷费尔德市隆重举行。徐工集团欧洲有限公司是徐工集团在欧洲的全资子公司，是徐工集团在欧洲的区域总部，目前，该公司拥有 4 家子公司，分别是位于荷兰的 AMCA 公司，位于德国的徐工集团欧洲研究中心、徐工施维英控股有限公司和德国 FT 有限公司。徐工集团获得德国北威州 2013 年度最佳投资奖，成为首家获此殊荣的中国企业。

（7）柳工 CLG855N 轮式装载机获批为国家重点新产品战略性创新产品。根据国家科技部 2013 年度国家有关科技计划项目的通知，柳工 CLG855N 轮式装载机获批为国家重点新产品战略性创新产品。CLG855N 轮式装载机是由柳工独立开发的拥有自主知识产权的新产品，采用新行星式变速箱，传动比大，传递扭矩大，技术先进、可靠性高；采用满足国Ⅱ排放要求的柴油机，实现排放升级，在国内同行业处于领先地位。该产品还申请了 3 项发明专利（已授权 1 项）和 2 项实用新型专利（已授权 2 项）。

（8）山工机械开启了新征程。山工机械于 2013 年 3 月正式发布全新品牌形象，对品牌进行重新定位——“可靠专业，放心省力”成为山工内部经营理念与品牌建设的指导，“开疆拓土 山工同路”成为新的山工品牌口号。前半句体现出了山工强势稳健的品牌气势，后半句平实近人，体现出与客户的贴近和沟通。在突出品牌力量的同时，也令客户直接感受到山工给自己带来的价值。目前，山工的 logo 也已经重新设计，并且与品牌口号一起出现，强化了品牌视觉形象。

（9）河北宣工推出 SD6GLGP 推土机。SD6GLGP 推土机采用上柴技术的 CS11CB184G2B1 型发动机，扭矩储备系数大，液力机械变矩器高效区宽、效率高。采取转向、制动联动，制动液压助力的方式，承载能力高、使用寿命长，同时还采用轴承游隙免调整结构，维修方便，整机布局合理、驾驶舒适、视野开阔。2013 年宣工在巩固国内市场的同时，加大国际市场开发力度，采取直销、国内外贸代销、通过第三国代理销售等方式，扩大产品出口。

（10）山推推出新品 SD32plus 履带式推土机。2013 年是山推股份公司的金牌品质年，山推为全球市场隆重推出 plus 系列履带式推土机，该系列推土机主要包括 SD13plus、SD16plus、SD22plus、SD32plus 四款产品，plus 系列推土机广泛吸收当代推土机领域的先进技术，针对广大用户对推土机性能、配置的多样化需求，通过技术创新，采用新技术、新工艺，使主要技术参数、部件配置、可靠性、舒适性、维修性等都有了全面提升。

（11）鼎盛重工DT660成功下线。2013年由国机重工旗下鼎盛重工打造的世界最大功率平地机DT660成功下线。DT660平地机作为拥有自主知识产权的新产品，采用集中电子手柄控制技术、液压电比例控制与工作装置复合控制技术以及自制平地机专用后桥。主要性能指标：发动机功率405kW（550hp）、整机重量58t、铲刀长度7.3m、行驶速度40km/h。该机设计过程运用Pro/E进行三维建模设计，通过TC管理平台对项目过程进行管理，最大限度地满足设计可靠性要求；采用液压马达控制的散热形式，根据环境温度调节风扇转速，达到绿色环保、节能减排的目的；同时考虑传统驾驶方式，保留转向盘操作，使得转向具有双模式功能，减轻操作者的劳动强度，改善作业环境；价格仅为进口产品的2/3，将在区域市场具有较高的竞争优势。

〔撰稿单位：中国工程机械工业协会铲土运输机械分会〕

工程起重机

我国工程起重机（指流动式起重机，包括汽车起重机、全地面起重机、履带起重机、随车起重机、越野轮胎起重机和轮胎起重机）行业从2001年至2013年的十余年间经历着不平凡的发展阶段，整个行业在实现高速增长的同时，也承受着国际国内激烈竞争的考验和金融危机的挑战。工程起重机行业从2001年到2002年的产品年销量不足万台，2003—2006年的产品年销量开始突破万台，2007—2008年突破了2万台，2009年又突破了3万台，2010—2011年突破4万台，达到历史销量最高峰，行业销售纪录年年刷新。但是到了2012年，整个行业结束了高速增长的时代，开始直线下滑，年销量只接近2009年的市场销量水平。2013年，我国工程起重机行业的市场持续萧条，没有明显的回暖迹象，企业放慢了发展和扩张的步伐，整个产业链在跌宕的市场中艰难前行。2001—2013年工程起重机行业产品销量走势见图1。

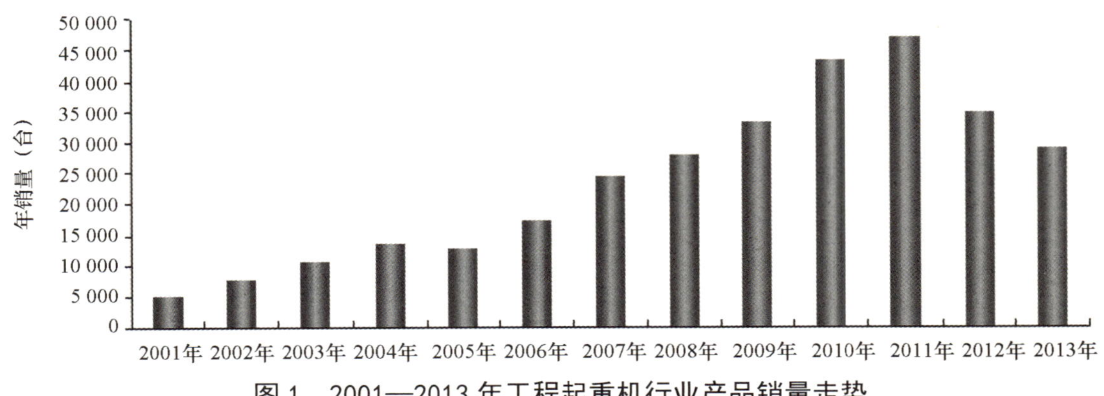

图1　2001—2013年工程起重机行业产品销量走势

随着工程起重机行业市场销量的下降，整个行业的效益水平也有所下滑，营业收入321.2亿元，同比下降了13.6%；工业增加值为55.5亿元，同比下降了10.5%；利润总额21.8亿元，同比下降了40.2%；从全年的数据来看，利润总额的下降幅度最大，相比2012年度企业的盈利能力正逐渐削弱。尽管2013年年底各企业的销量力度都有所增强，几项经济指标降幅也有所减少，但很大程度上是受库存产品进行大量消化的影响，行业中企业仍需寻找新的利润增长点。2013 年工程起重机行业主要经济指标见表 1。2013 年工程起重机行业主要经济指标走势见图 2。

表 1 2013 年工程起重机行业主要经济指标

年份 / 同比增长	营业收入（万元）	工业增加值（万元）	利润总额（万元）	产品销量（台）
2013 年	3 212 461	620 082	217 581	28 822
2012 年	3 720 019	555 005	363 812	34 786
同比增长（%）	-13.6	-10.5	-40.2	-17.1

注：表 1 产品销量中包含履带抓料机，不包含强夯机。

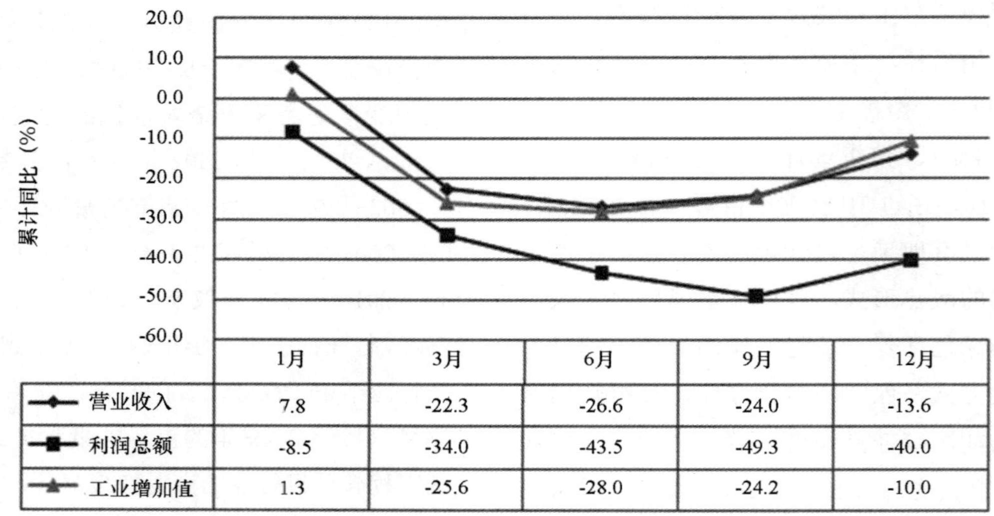

	1月	3月	6月	9月	12月
营业收入	7.8	-22.3	-26.6	-24.0	-13.6
利润总额	-8.5	-34.0	-43.5	-49.3	-40.0
工业增加值	1.3	-25.6	-28.0	-24.2	-10.0

图 2 2013 年工程起重机行业主要经济指标走势

主要生产企业概况

2013 年汽车起重机生产企业有 14 家，全地面起重机生产企业有 3 家，履带起重机生产企业有 12 家，随车起重机生产企业有 15 家。2013 年销售额在 10 亿元以上的企业有 5 家。龙头企业徐工集团徐州重型机械有限公司（以下简称徐重）2013 年营业收入达 170 亿元，同比下降 12.8%，占全行业营业总收入的 52.9%，与 2012 年所占比率基本持平；利润总额达 9.9 亿元，同比下降 40.4%，占全行业利润总额的 45.4%，与 2012 年的占比相同。

稳居行业第二位的中联重科股份有限公司工程起重机分公司（以下简称中联工起）的营业收入达到 61.2 亿元，同比下降 30.7%；利润总额达到 7.5 亿元，同比下降 51.3%，占全行业利润总额的 34.5%，比上年下降了 7.8 个百分点。

排名行业第三位的三一汽车起重机械有限公司（以下简称三一汽车）逆势上扬，几大经济指标都呈上升趋势，其中营业收入为 38.7 亿元，同比增长 11.2%；利润总额为 6.4 亿元，同比增长 10.3%。安徽柳工起重机有限公司（以下简称安徽柳工）营业收入有所上升，同比增长 25.8%；利润总额为负值，但相比 2012 年所有缓和。

四川长江工程起重机有限公司（以下简称四川长起）重回到了行业前 10 名，营业收入同比增长 28.7%，利润总额跌幅巨大。北起多田野（北京）起重机有限公司 2013 年的营业收入和利润总额都为负增长。

浙江三一装备有限公司（以下简称浙江三一）

尽管营业收入同比下降 7.0%，而利润总额同比增长了 69.4%。辽宁抚挖重工机械股份有限公司（以下简称抚挖）营业收入和 2012 年基本持平，而利润总额下降了 29.9%。

徐州徐工随车起重机有限公司（以下简称徐随）是国内第一大随车起重机生产企业，2013 年的营业收入和利润总额同上年基本持平，有小幅增长。该公司是唯一一家生产随车起重机能进入起重机行业前 10 名的企业，并继续占据行业排名第六位。

江苏八达重工机械股份有限公司（以下简称江苏八达）跃入行业前 10 名，主要经济指标都有较大幅度的增长。2012—2013 年营业收入前 10 位的企业主要经济指标见表 2。

表 2　2012—2013 年营业收入前 10 位的企业主要经济指标

序号	生产企业	营业收入（万元）		工业总产值（万元）		工业增加值（万元）		利润总额（万元）	
		2013 年	2012 年	2013 年	2012 年	2013 年	2012 年	2013 年	2012 年
1	徐工集团徐州重型机械有限公司	1 700 032	1 950 735	1 361 333	1 915 802	253 854	312 032	98 794	165 677
2	中联重科股份有限公司工程起重机分公司	611 793	883 182	592 706	859 963	126 084	161 705	75 158	153 897
3	三一汽车起重机械有限公司	386 625	347 719	405 956	229 155		25 580	64 218	58 071
4	浙江三一装备有限公司	120 223	129 226	137 363	109 040	47 189	20 101	5 217	3 080
5	辽宁抚挖重工机械股份有限公司	100 965	100 818	102 453	97 796	22 540	21 515	7 068	10 079
6	徐州徐工随车起重机有限公司	87 102	86 179	82 674	75 599	65 410	60 488	5 537	5 519
7	安徽柳工起重机有限公司	33 366	26 524	36 832	35 570	4 131	4 363	−7 037	−8 457
8	北起多田野（北京）起重机有限公司	22 849	28 279	13 440	32 077	2 427	4 117	−938	113
9	四川长江工程起重机有限责任公司	22 260	17 302	18 388	19 855	−1 555	3 453	−5 408	585
10	江苏八达重工机械股份有限公司	18 987	17 170	22 215	20 089	22 112	3 602	2 196	2 052

产品市场销售情况

2013 年流动式起重机产品累计销售 28 822 台，同比下降 17.1%。其中汽车起重机 2013 年销售 17 723 台，同比下降 22.2%；全地面起重机销售 166 台，同比下降 39%；履带起重机 2013 年销售 1 403 台（不包括强夯机），同比下降 3.0%；随车起重机 2013 年销售 9 337 台，同比下降 7.8%；轮胎起重机销量 193 台，销量较少的格局几年未变。汽车起重机销售量占流动式起重机总销售量的比例从 2011 年的首次低于 80%，到 2013 年仅为 61.5%，比 2012 年又下降了 4 个百分点。随车起重机销售比例 2011 年首次上升到 20%，2013 年占比达到 32.4%，相比 2012 年提高 3.3 个百分点，表明市场结构有较大改变，更趋于合理。全地面起重机和履带起重机的比例变化不明显。全行业由于汽车起重机及随车起重机两大类产品负增长的态势仍在延续，导致整个行业的全年市场销量降幅较大，行业形势依然持续走低。2013 年工程起重机各类产品销售情况见表 3。

表3　2013年工程起重机各类产品销售情况

产品名称	销售量（台）		同比增长（%）	各类产品占比（%）		
	2013年	2012年		2013年	2012年	2011年
汽车起重机	17 723	22 783	-22.2	61.50	65.50	74.80
全地面起重机	166	272	-39.0	0.58	0.78	0.43
履带起重机	1 403	1 447	-3.0	4.90	4.20	4.30
随车起重机	9 337	10 130	-7.8	32.40	29.10	20
轮胎起重机	193	154	25.3	0.62	0.42	0.47
合　计	28 822	34 786	-17.1	100	100	100

注：表中产品销量包含出口量，同时也包含履带式抓料机，不包含强夯机。

1. 汽车起重机

2013年汽车起重机总销量为17 723台，同比下降了22.2%，相比前三个季度的32.1%、29.5%、25.6%有小幅的回升，但两位数的负增长仍在延续。汽车起重机全年销量的累计同比和当月同比一直处于负增长，累计同比的负增长值一直高于20%，整个行业持续低迷，但发展态势随着年底的到来，并且受国Ⅲ和国Ⅳ排放标准的产品转换期的影响，销量在第四季度有所回升，当月同比负增长值在11月和12月降为10%以内，两个月的环比连续正增长，分别为27%和9.4%，但整个汽车起重机行业全年的销量在连续多年的高速发展后达到了最低，这种下滑的态势仍在持续，没有明显的回暖迹象。2013年汽车起重机销量走势见图3。

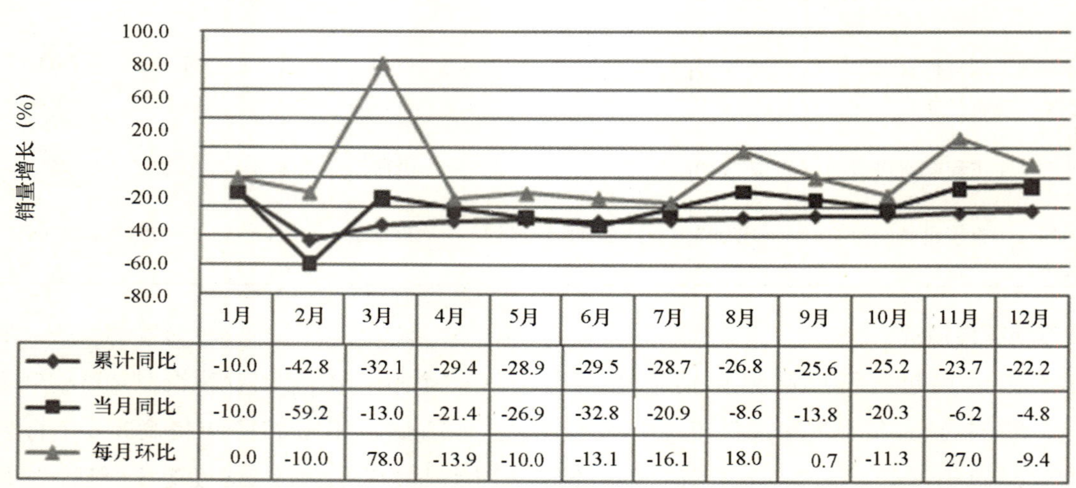

图3　2013年汽车起重机销量走势

从2013年销售数据来看，汽车起重机市场仍以小吨位产品为主，50t以下产品占到整个汽车起重机行业接近90%的市场份额，尤其是20～25t产品，累计销售所占比例为61%，其中25t的累计销量最高，市场占有率高达44.9%，充分反映汽车起重机行业的市场需求特点。最小吨位产品以8t销量尤为突出，销售所占比例为11.3%。中吨位以50t的销售最为火爆，所占比例达到5.6%。大吨位产品市场销售份额仅为1.0%。从四个季度的产品销量格局来看，8t产品相比前三季度的销售占比10.6%、12.4%、11.8%，有微幅的变化。50t产品的销量相比前三季度的占比6.6%、6.0%、5.7%，有很小的降幅。2013年全年各类产品的销售占比比较稳定，没有大的格局变化。2013年汽车起重机产品销量构成见图 4。

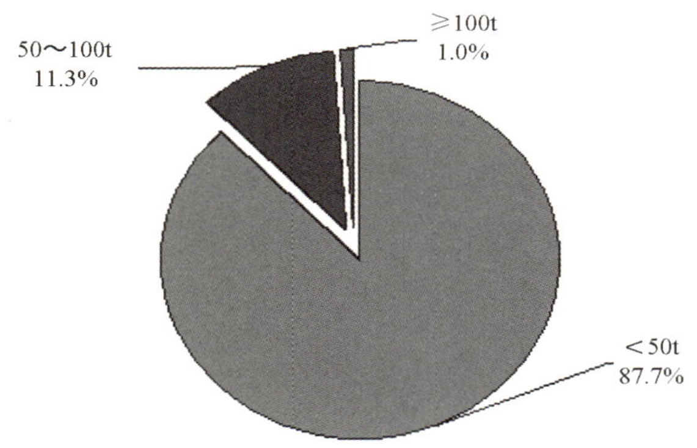

图 4　2013 年汽车起重机产品销量构成

2013 年全地面起重机累计销量为 166 台，从 3 月份以来，累计销量同比一直处于下降趋势，截至第四季度末累计下降 39%，下降趋势曲线持续平缓。因为对数据的变动较为敏感，所以当月同比和每月环比波动依然较大。全地面起重机共有 9 种机型实现了销售，但整个行业的大吨位销售业绩不太乐观，整机研发企业需根据市场需求及时调整研发战略。2013 年全地面起重机销量走势见图 5。

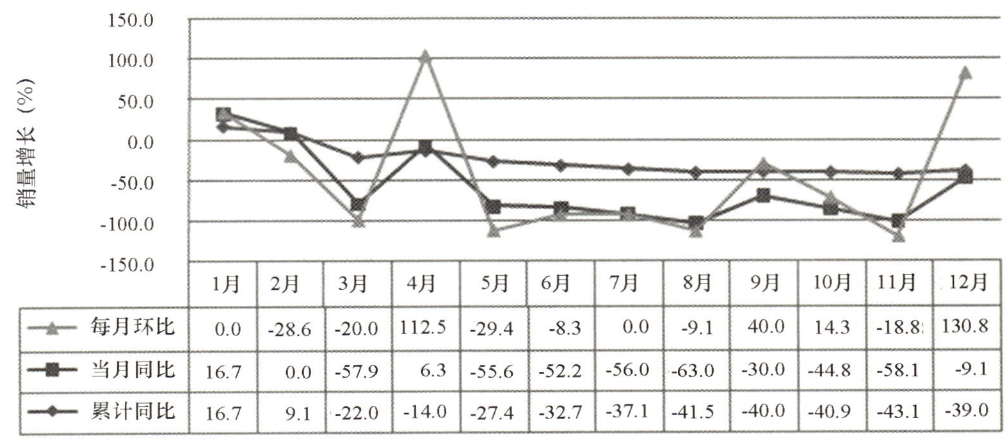

图 5　2013 年全地面起重机销量走势

2013 年汽车起重机年销量达到千台以上的企业为 3 家，分别是：徐重、中联工起、三一汽车。这三大企业的销售量达 1.5 万多台，占全行业汽车起重机销售量的 88.2%，销售台数占全行业的比例分别为 48.6%、26.1%、13.5%。在 14 个主要生产汽车起重机的企业中，徐重和中联工起销售量同比下降幅度最大，分别为 -30.2% 和 -22.1%。行业排名第一的徐重公司市场占有率从 2012 年的 54% 下降到 2013 年的 48.6%；三一汽车市场占有率表现为上升趋势，位列行业第三。2013 年全年反映出整个行业的市场需求疲软，主要生产企业产品销售量缩水，市场形势低迷。2013 年部分企业汽车起重机销售情况和市场占有率见表 4。

表 4　2013 年部分企业汽车起重机销售情况和市场占有率

企业名称	销量（台）		同比增长（%）	市场占有率（%）		
	2013 年	2012 年		2013 年	2012 年	2011 年
徐工集团徐州重型机械有限公司	8 695	12 452	-30.2	48.6	54	51.8
中联重科股份有限公司工程起重机分公司	4 669	5 992	-22.1	26.1	26	26.5
三一汽车起重机械有限公司	2 423	2 626	-7.7	13.5	11.40	9.9
安徽柳工起重机有限公司	695	648	7.3	3.9	2.80	4.1
四川长江工程起重机有限责任公司	391	197	98.5	2.2	0.85	1.4
泰安东岳重工有限公司	455	380	19.7	2.5	1.60	2.3
其他企业	561	760	-26.2	3.2	3.35	4.0
合　计	17 889	23 055	-22.4	100	100	100

注：表中汽车起重机数据包括全地面起重机。

2. 履带起重机

履带起重机产品2013年累计销量1 403台，相比2012年累计同比下降了3.0%，该类产品从下半年开始的负增长比例逐渐缩小。从第四季度开始，当月销量出现爆发式增长，同比增长超过了30%，11月的当月同比增长高达51.6%。由于该类产品的市场需求特点，每月的销量一般在100台左右，对数据的变化比较敏感，所以当月同比和环比数值波动较大，不过四季度的产品热销从某种程度上提振了企业对市场的信心。2013年履带起重机销量走势见图6。

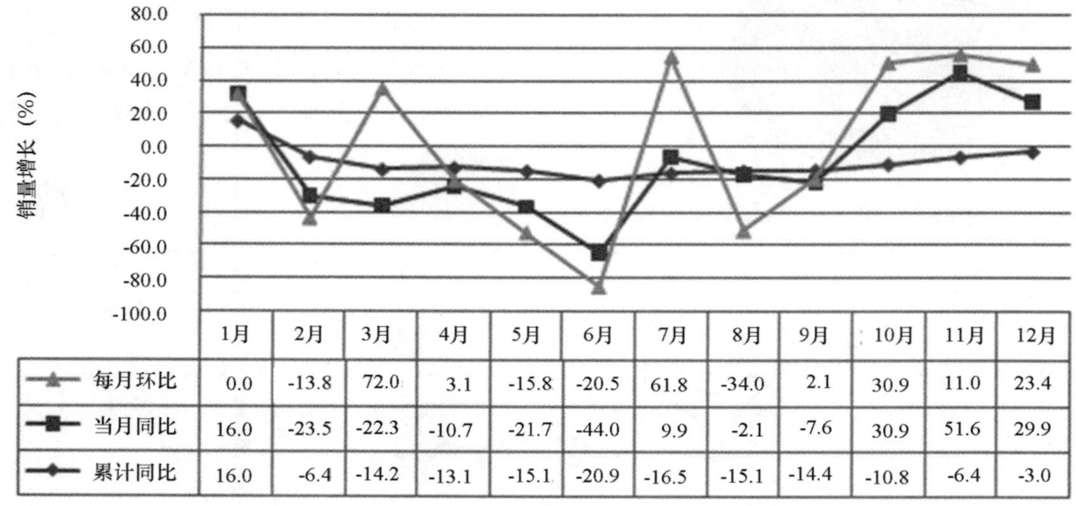

	1月	2月	3月	4月	5月	6月	7月	8月	9月	10月	11月	12月
每月环比	0.0	-13.8	72.0	3.1	-15.8	-20.5	61.8	-34.0	2.1	30.9	11.0	23.4
当月同比	16.0	-23.5	-22.3	-10.7	-21.7	-44.0	9.9	-2.1	-7.6	30.9	51.6	29.9
累计同比	16.0	-6.4	-14.2	-13.1	-15.1	-20.9	-16.5	-15.1	-14.4	-10.8	-6.4	-3.0

图6　2013年履带起重机销量走势

从2013年产品销售来看，100t及以下产品保持着最高销量，占据整个市场76.9%的份额，相比前三季度占比83.2%、78.1%、77.4%持续小幅下降。50t产品销售依然最大，所占比例高达27.9%；55t、70t和80t的销售比较景气，均超过百台。大吨位的产品占比一季度为2.7%，四季度达到5.2%，反映大吨位产品的销量提升，市场对高端产品的需求增大。履带起重机的延伸产品——强夯机的销量截至2013年也达到了218台，相比2012年的285台降幅为23.5%，尽管产品的发展空间很大，但市场需求已表现为放缓态势。2013年履带起重机产品销量构成见图7。

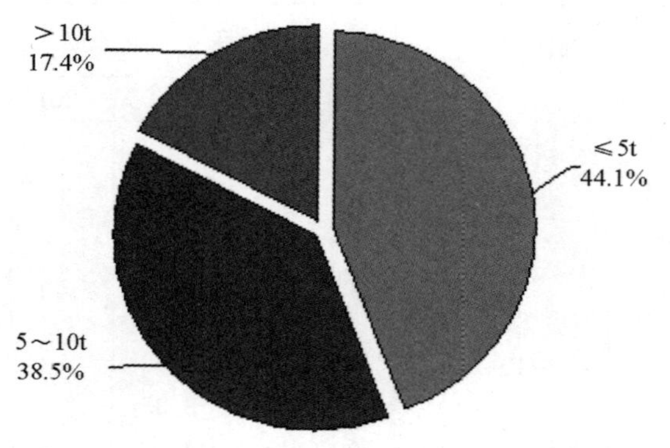

图7　2013年履带起重机产品销量构成

2013年履带起重机生产企业有12家，徐重、浙江三一、抚挖、中联工起4家企业的总销量占据全行业86.3%的市场份额，相比2012年的市场占比上升了3.6个百分点。郑州宇通2013年销量39台，相比2012年的96台下滑严重。北京南车时代机车车辆机械有限公司和天津山河装备开发有限公司2013年的年销量均达到10余台。江苏八达履带抓料机在2013年实现了105台的销售业绩。其中抚挖2013年销量上升比例最高为22.2%，而浙江三一销量下滑幅度较大，累计同比下降了16.3%。2013年履带起重机生产企业前4家销售情况见表5。

表5　2013年履带起重机生产企业前4家销售情况

企业名称	2013年（台）	2012年（台）	同比增长（%）
徐工集团徐州重型机械有限公司	359	320	12.2
浙江三一装备有限公司	328	392	-16.3
辽宁抚挖重工机械股份有限公司	297	243	22.2
中联重科股份有限公司工程起重机分公司	227	241	-5.8

注：表5履带起重机生产企业销量中不包含强夯机。

3. 随车起重机

随车起重机 2013 年累计销量为 9 337 台，同比下降了 7.8%，从全年的趋势看，累计同比一直在负增长 10% 左右，没有大幅度的波动。其中整机销售 3 124 台，同比上升了 10%，从前三季度的正增长占比 6.8%、6.4%、9.4%，表现为小幅的上升趋势；上车销售为 6 213 台，同比下降了 14.8%，相比前三个季度 24.6%、19.2%、25.7% 负增长趋势有所缓解，反映出市场对上车需求的变化。从整机和上车的当月销量来看，12 月份的上车销量 690 台，达到全年最高。从 2013 年以来随车起重机一直表现为两位数的负增长，但是四季度上车的销量一直保持上升态势，促使了整个产品全年销量负增长控制在了 10% 范围内。2013 年随车起重机销量走势见图 8。

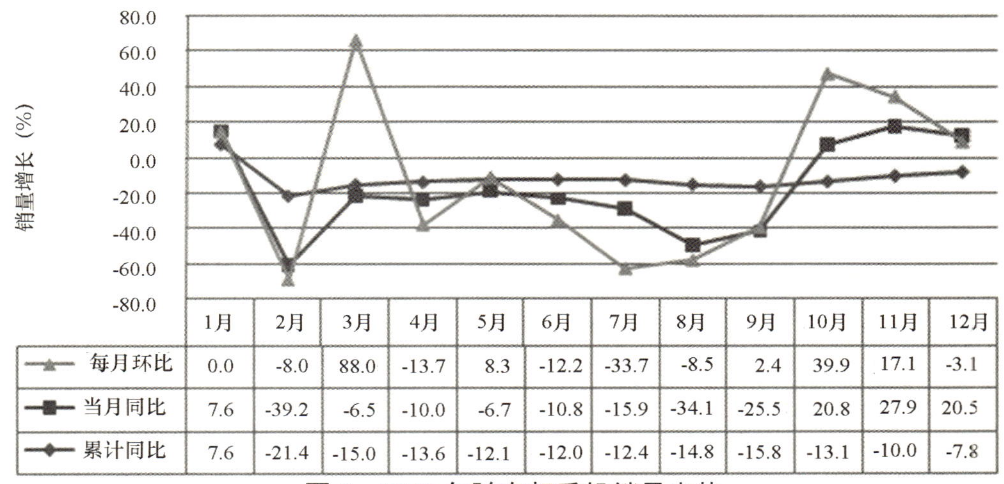

	1月	2月	3月	4月	5月	6月	7月	8月	9月	10月	11月	12月
每月环比	0.0	-8.0	88.0	-13.7	8.3	-12.2	-33.7	-8.5	2.4	39.9	17.1	-3.1
当月同比	7.6	-39.2	-6.5	-10.0	-6.7	-10.8	-15.9	-34.1	-25.5	20.8	27.9	20.5
累计同比	7.6	-21.4	-15.0	-13.6	-12.1	-12.0	-12.4	-14.8	-15.8	-13.1	-10.0	-7.8

图 8　2013 年随车起重机销量走势

2013 年，随车起重机上车小吨位和中吨位的销量较大，尤其是小吨位的市场占有率为 44.1%，相比前三季度有小幅的增长。其中以 5t 产品市场销售最好，所占份额达到 18.5%，相比二、三季度销量超过 16% 的市场占比有所上升；大吨位产品中的 12t 销量较大，达到 13.1% 的市场份额，四个季度的销量占比都保持在 13% 左右。从全年的产品销售格局看，各个产品系列的销量所占总销量的比例没有明显的起伏。2013 年随车起重机上车产品销量构成见图 9。

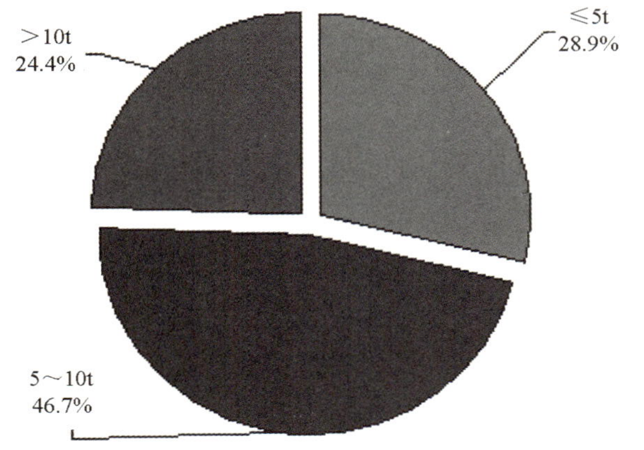

图 9　2013 年随车起重机上车产品销量构成

2013 年随车起重机整机表现为中吨位产品销量最大，并接近一半的市场份额为 46.7%，但相比前三个季度的市场占有率 56.6%、51%、49.3%，表现为明显的下降趋势。其中 6.3t 和 8t 产品的销量最多，均突破了 500 台，分别占行业比例 17% 和 17.7%。小吨位和大吨位的市场占有率数据接近，而且市场占比从季度数据看有上升的态势，其中大吨位中的 12t 销量最高，市场占有率达到 16.3%。从全年销量来看，市场对各产品的种类需求没有大的变动，尽管对中吨位产品的需求强劲，但对大吨位产品的需求也稍有改变。2013 年随车起重机整机产品销量构成见图 10。

随车起重机受大经济形势的影响，所受的市场冲击最小，但多年高速发展以来 2013 年首次出现负增长。其中徐随、石煤机和湖南大汉同 2012 年一样，保持了市场份额前三的位置，年销量都在 500 台以上。新进入的三一帕尔菲格公司发展态势迅猛，年销量也突破了 500 台。2013 年随车起重机除个别生产企业外，都有不同程度的降幅，尤其是牡丹江专汽，下降幅度高达 65.4%。随车起重机最大生产企业徐随没能延续2012年年销量超过5 000台的业绩，累计同比小幅下降7.3%。2013年随车起重机主要生产企业销售情况见表6。

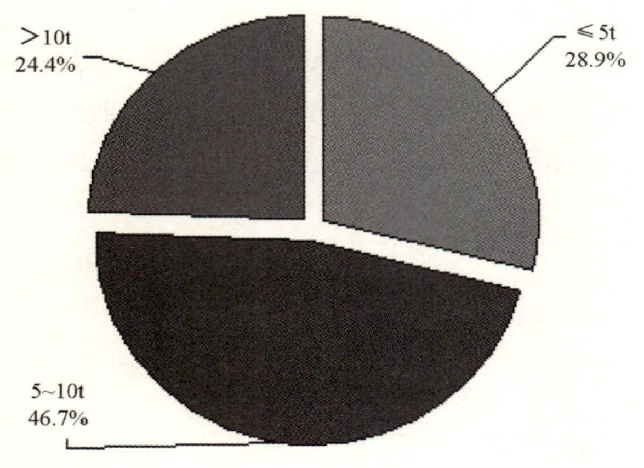

图10 2013年随车起重机整机产品销量构成

表6 2013年随车起重机主要生产企业销售情况

生产企业	销量（台）		同比增长（%）
	2013年	2012年	
徐州徐工随车起重机有限公司	4 854	5 236	-7.3
石家庄煤矿机械有限责任公司随车起重机分公司	1 637	1 634	0.2
湖南大汉起重科技有限公司	884	1 160	-23.8
三一帕尔菲格特种车辆装备有限公司	576		
泰安古河随车起重机有限公司	451	400	12.8
牡丹江专用汽车制造有限公司	259	749	-65.4
长春市神骏专用车制造有限公司	243	341	-27.3
辽宁青山重工机械股份有限公司	124	114	8.8

轮胎起重机产品2013年累计销售193台，而2012年销售量为154台，其中10t和25t产品销量最多，所占比例达到25%左右，整个行业市场销量一直平平，因市场需求的特殊性，多年来销量没有太大的变化。

产品出口情况

2013年工程起重机行业累计出口总量为3 935台，比2012年同比下降了6.2%，相比前三个季度的同比0.97%、4.4%、0.5%的小幅正增长态势到第四季度变为负增长，整个行业的出口势头有所减弱。其中汽车起重机同比下降8.2%，而前三个季度一直是正增长20%、11.23%、5.1%，汽车起重机的出口持续走低。履带起重机与2012年的出口总量基本持平，尽管前三个季度一直是负增长态势，但出口销售后劲十足，第四季度出口销量有所突破，实现了微弱的正增长。随车起重机企业出口只涉及徐工随车一家，同比下降4.3%，相比前三个季度负增长数值逐渐缩小。全地面起重机出口20台，相比2012年没有大的突破。全行业总出口金额为56.8亿元，同比下降10.1%。出口产品仍以汽车起重机为主，所占比例高达70.6%，但相比前三个季度所占全行业出口比例持续小幅下降。尽管全年履带起重机出口达到小幅的增长，但汽车起重机的出口量大并且所占全行业出口比重大，由于该类产品的出口严重下滑，使得全行业的出口总量和出口金额仍是出现了负增长。从2013年的产品出口发展态势来看，企业对于海外市场投资需理性和谨慎。2013年工程起重机行业产品出口情况见表7。2013年工程起重机行业产品出口量构成见图11。

表7 2013年工程起重机行业产品出口情况

产品名称	出口量（台）		同比增长（%）
	2013年	2012年	
汽车起重机	2 779	3 027	-8.2
全地面起重机	20	17	17.6
履带起重机	497	485	2.5
随车起重机	639	668	-4.3
总出口量	3 935	4 197	-6.2

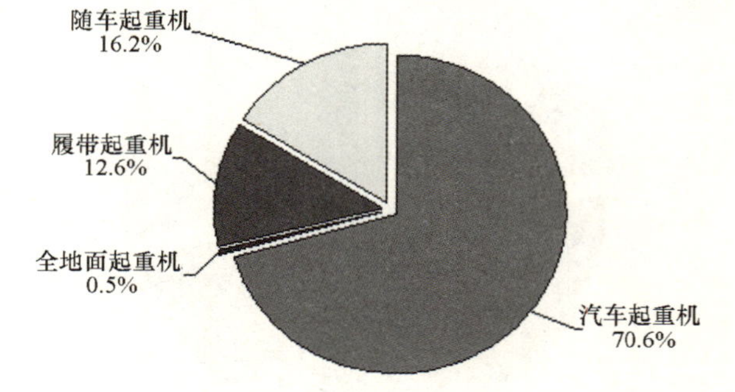

图11 2013年工程起重机行业产品出口量构成

汽车起重机出口仍以中小吨位为主，出口量最大的25t为1 151台，所占比例达到41.4%，市场需求强劲；其次是50t产品所占比例为12.8%；70t的产品销量也已超过200台，所占比例达到9.6%。另外全地面起重机出口为20台，相比2012年没有大的突破。

履带起重机出口产品主要集中在小吨位产品，其中以50t居多为126台，所占比例为25.4%，但相比前三个季度所占比例40%左右表现为大幅缩水；80t产品出口量也增大，所占比例为18.5%。大吨位产品出口有较大突破。

科技成果及新产品

2013年，工程起重机行业随着产业升级和市场的变化，企业更加注重自身产品研发和产品质量的提升，大力研发创新、节能、环保的高端产品，并且在信息化和智能化等方面也取得了丰硕的科技成果。2013年工程起重机主要生产企业新产品开发情况见表8。2013年工程起重机主要生产企业主要产品工作情况见表9。2013年度中国机械工业科学技术奖工程起重机行业初审推荐获奖项目见表10。2013年中国工程机械年度产品TOP50获奖工程起重机产品见表11。

表8　2013年工程起重机主要生产企业新产品开发情况

企业名称	新产品名称	产品特点
徐工集团徐州重型机械有限公司	QY25KQ、QY50KQ汽车起重机	率先在行业内推出了以天然气为燃料的系列汽车起重机，具有工作稳定、噪声低、可靠性高、经济性好等优点，可有效节约能耗30%以上，排放达到国Ⅴ阶段水平
中联重科股份有限公司工程起重机分公司	ZTC80V331（8t）汽车起重机	为满足市场需求、吸引新入行客户、完善系列产品型谱，公司研发了配置东风商用底盘的新型2桥3节臂的8t汽车起重机，吊臂长度领先行业同规格产品，并且具有起重性能好、整车重心低。作业可靠性高等特点
	QY55DF531、QY55VF531、QY70VF—R、QY130V633、QY160V633汽车起重机	QY70VF—R532是全球首创的四桥全轮转向，越野型汽车起重机，采用全地面起重机配置的14号规格的越野型大轮胎。QY160V633作为全球最大吨位的五桥汽车起重机，综合起重能力高出行业同吨级产品15%以上
	QAY200、QAY300全地面起重机	QAY300采用7节椭圆形主臂，上车奔驰发动机，下悬式活动组合配重。具有创新复合动作分合流技术，变幅自重下放设计，全新二次控制曲线的卷扬控制，自由滑转技术及先进的多桥转向系统等特点
三一汽车起重机械有限公司	STC750S混合动力起重机	在汽车起重机上创新采用串联式混合动力技术、多工况组合技术、发动机功率优化控制技术、高效电能分配技术、蓄电池配重技术五项专利技术。同时，上车作业成本降低45%，发动机维护费用降低30%，作业微动性提高20%，作业噪声降低45%，作业零排放、无声、环保可持续性
	S机型超级起重机	采用创新液压系统，超越式提升回转微动性和稳定性；采用国际领先的动力传动匹配优化技术、动态功率匹配控制系统；应用智能化故障诊断系统，整车还采用数字油门控制。在起重性能、行驶性能、使用成本、作业操控性、配置性价比、人机工程上进行全新设计
四川长江工程起重机有限责任公司	G系列汽车起重机	G系列驾驶室和操纵室由德国保时捷公司按欧洲标准设计，吊臂进行了优化设计，八边形、十边形截面形式，主起重臂选用低合金高强度钢制造
	CAC220全地面起重机	大量应用了公司技术研发攻关成果和专利技术。包括六节臂单缸插销式起重主臂及其伸缩控制、超高强度钢成形和焊接等国际主流新技术的运用。这也是公司建厂50年生产的额定起重量最大、性能最先进的全地面起重机
徐州徐工随车起重机有限公司	QZ700A折臂式随车起重	采用全进口核心零部件，具有自重好、机动性好、起升性能强劲、成本低等优点，具有极高的性价比
北京南车时代机车车辆机械有限公司	CQUY2600履带起重机	产品自主研发，填补了在履带起重机板块缺少大吨位产品的空白。

表9　2013年工程起重机主要生产企业主要产品工作情况

企业名称	产品名称	工作情况
徐工集团徐州重型机械有限公司	XGC88000履带起重机	全球最大能级的履带起重机（4 000吨级）在中石化烟台基地完成全球首吊，并完成了宁夏神华集团煤制油项目。该产品创造了全球唯一销售并进入实际施工应用领域的4 000吨级履带起重机
	XCA5000全地面起重机	调试工作完成，2013年9月进入实际工程应用。是世界上已经实现销售的最大吨位全地面起重机
	QAY650全地面起重机	作为我国首台第二代重载风电型全地面起重机，已经实现销售并投入实际应用
	XCL800轮式桁架臂起重机	完成3MW风机吊装12台次，石化合成塔吊装2台次，并在国家重点工程“南水北调”实际施工应用
中联重科股份有限公司工程起重机分公司	QAY2000全地面起重机	作为目前全球最大的轮式起重机，前期在北京西拨子试验场完成了为期两个月的道路行驶及定型试验。后期在工业园内完成了6 000t·m的最大额定起重力矩吊载试验
	ZCC3200NP履带起重机	各项指标测试均满足设计、试验要求，获得了国家质量监督检验检疫总局颁发的超大吨位履带起重机“特种设备制造许可证”及“特种设备型式试验合格证”
浙江三一装备有限公司	SCC16000履带起重机	完成茂名石化变换气吸收塔下段吊装作业，创造了三一履带起重机单件吊装重量新纪录，是我国唯一应用于第三代核电机组关重件吊装的履带起重机设备
	SCC36000A履带起重机	已正式获得“特种设备型式试验合格证”及“特种设备制造许可证”，具备了销售条件

表10　2013年度中国机械工业科学技术奖工程起重机行业初审推荐获奖项目

序号	项目编号	项目名称	申报单位	推荐等级
1	1310011	RT100越野轮胎起重机	徐工集团徐州重型机械有限公司	二等
2	1310001	千吨级全地面起重机关键技术研究及应用	三一汽车起重机械有限公司	二等
3	1310002	系列轮胎式起重机关键技术研究与产业化开发	中联重科股份有限公司	三等
4	1310042	工程起重机安全监测与控制	中联重科股份有限公司	三等
5	1310038	QAY500全地面起重机	中联重科股份有限公司	缓评

表11　2013年中国工程机械年度产品TOP50获奖工程起重机产品

获奖企业	获奖产品
中国工程机械年度产品TOP50金手指奖	
徐工集团徐州重型机械有限公司	XCL800轮式桁架臂起重机
中国工程机械年度产品TOP50获奖产品	
三一汽车起重机械有限公司	STC750S混合动力起重机
安徽柳工起重机有限公司	CLG TC250汽车起重机

〔撰稿人：中国工程机械工业协会工程起重机分会宋金云〕

工业车辆

从2011年下半年开始经过一年半的调整，2013年工业车辆市场需求量回升，国内外两个市场均实现较好增长，并再次刷新历史最好成绩，全年总销售量超过32万台，已连续五年保持全球第一大销售市场的地位。

生产发展情况

我国经济虽然增长速度放缓，但由于物流行业仍处于发展期，社会、民生的持续改善，生产效率的提升，机器代替人工的发展趋势等，使得全社会对物流装备中最基础的工业车辆的需求一直保持较高水平，根据中国工程机械工业协会工业车辆分会统计，2013年工业车辆产品分类及主要生产企业见表1。

表1　2013年工业车辆产品分类及主要生产企业

产品分类	企业名称
内燃叉车	安徽叉车集团有限责任公司、杭叉集团股份有限公司、大连叉车有限责任公司、龙工（上海）叉车有限公司、台励福机器设备（青岛）有限公司、广西柳工机械股份有限公司、安徽江淮银联重型工程机械有限公司、凯傲宝骊（江苏）叉车有限公司、厦门厦工机械股份有限公司、江苏靖江叉车有限公司、上海上力叉车有限公司、一拖（洛阳）搬运机械有限公司、宁波如意股份有限公司、浙江诺力机械股份有限公司、杭州友高精密机械有限公司、浙江美科斯叉车有限公司、浙江吉鑫祥叉车制造有限公司、安徽合叉叉车有限公司、杭州中力搬运设备有限公司、山推工程机械股份有限公司、芜湖瑞创叉车有限公司、山东光明机器制造有限公司、宝鸡双力叉车制造公司五厂、三一集团（三一港口机械有限公司）、山河智能装备股份有限公司、林德（中国）叉车有限公司、上海海斯特叉车制造有限公司、斗山工程机械（中国）有限公司、北京现代京城工程机械有限公司、丰田产业车辆（上海）有限公司、伟轮叉车（东莞）有限公司、小松（中国）投资有限公司、TCM（安徽）机械有限公司、青岛克拉克物流机械有限公司、卡哥特科（上海）贸易有限公司、三菱重工叉车（大连）有限公司
电动叉车（包括电动平衡重乘驾式叉车、电动乘驾式仓储叉车、电动步行式仓储叉车）	安徽叉车集团有限责任公司、杭叉集团股份有限公司、大连叉车有限责任公司、台励福机器设备（青岛）有限公司、凯傲宝骊（江苏）叉车有限公司、厦门厦工机械股份有限公司、江苏靖江叉车有限公司、上海上力叉车有限公司、一拖（洛阳）搬运机械有限公司、广西柳工机械股份有限公司、无锡汇丰机器有限公司、龙工（上海）叉车有限公司、无锡大隆电工机械厂、安徽江淮银联重型工程机械有限公司、宁波如意股份有限公司、浙江诺力机械股份有限公司、杭州中力搬运设备有限公司、杭州友高精密机械有限公司、浙江美科斯叉车有限公司、安徽合叉叉车有限公司、浙江吉鑫祥叉车制造有限公司、山推工程机械股份有限公司、芜湖瑞创叉车有限公司、林德（中国）叉车有限公司、永恒力叉车（上海）有限公司、丰田产业车辆（上海）有限公司、力至优叉车（上海）有限公司、北京现代京城工程机械有限公司、斗山工程机械（中国）有限公司、上海海斯特叉车制造有限公司、伟轮叉车（东莞）有限公司、TCM（安徽）机械有限公司、青岛克拉克物流机械有限公司、三菱重工叉车（大连）有限公司、科朗叉车商贸（上海）有限公司
轻小型搬运车辆（包括手动叉车）	杭叉集团股份有限公司、浙江诺力机械股份有限公司、宁波如意股份有限公司、无锡汇丰机器有限公司、无锡大隆电工机械厂、湖北金茂机械科技有限公司、湖北宏力液压科技有限公司

根据世界工业车辆统计协会规定，工业车辆分为机动工业车辆和非机动工业车辆，机动工业车辆又分为五大类，即第Ⅰ类电动平衡重乘驾式叉车、第Ⅱ类电动乘驾式仓储叉车、第Ⅲ类电动步行式仓储叉车、第Ⅳ类内燃平衡重式叉车（实心轮胎）、第Ⅴ类内燃平衡重式叉车（充气轮胎）。2012—2013年工业车辆主要产品产销存情况见表2。2013年工业车辆主要生产企业经济指标完成情况见表3，2011—2013年部分重点企业主要经济指标变化情况见表4。

表 2　2012—2013 年工业车辆主要产品产销存情况　（单位：台）

产品名称	产量		销量		库存量	
	2012 年	2013 年	2012 年	2013 年	2012 年	2013 年
电动平衡重乘驾式叉车	29 109	32 612	29 909	33 339	794	628
电动乘驾式仓储叉车	12 155	9 598	13 094	9 713	237	197
电动步行式仓储叉车	34 978	45 696	37 030	45 890	534	775
内燃平衡重式叉车	203 125	243 708	208 629	239 822	5 844	7 768

表 3　2013 年工业车辆主要生产企业经济指标完成情况　（单位：万元）

企业名称	工业总产值（当年价）	工业增加值	主营业务收入	利润总额
安徽叉车集团有限责任公司	766 958	173 508	1 285 703	67 918
杭叉集团股份有限公司	796 320	89 168	815 094	43 397
龙工（上海）叉车有限公司	120 185	107 440	103 946	4 395
大连叉车有限责任公司	44 810	10 466	35 086	-217
浙江诺力机械股份有限公司	104 534	15 775	116 568	8 462
浙江美科斯叉车有限公司	52 642	9 684	52 748	5 248
宁波如意股份有限公司	74 136	8 817	70 412	4 630
江苏靖江叉车有限公司	20 908	3 130	21 431	162

表 4　2011—2013 年部分重点企业主要经济指标变化情况

单位名称	年份	工业总产值（当年价）（万元）	工业增加值（万元）	产品销售收入（万元）	利润总额（万元）	从业人员平均人数（人）	工资总额（万元）	资产合计（万元）
安徽叉车集团有限责任公司	2011	713 669	144 634	642 096	51 527	7 487	34 955	491 185
	2012	646 060	141 919	606 604	44 814	7 622	38 728	529 724
	2013	766 958	173 508	1 285 703	67 918	8 081	43 162	577 872
杭叉集团股份有限公司	2011	648 159	65 164	837 361	19 383	2 555	14 082	268 561
	2012	753 266	67 963	748 948	31 881	2 195	17 776	284 030
	2013	796 320	89 168	815 094	43 397	2 407	14 073	321 964
大连叉车有限责任公司	2011	59 137	15 532	54 747	2 456	814	2 532	50 318
	2012	44 821	8 077	42 312	131	868	3 289	44 800
	2013	44 810	10 466	35 086	-217	731	3 096	45 958
浙江诺力机械股份有限公司	2011	134 072	40 137	129 549	8 782	2 040	7 391	77 537
	2012	123 151	33 098	122 578	8 552	1 661	6 828	74 356
	2013	104 534	15 775	116 568	8 462	1 140	6 570	82 679
宁波如意股份有限公司	2011	79 624	73 728	74 168	955	945	5 835	37 159
	2012	74 031	7 852	71 377	3 620	964	6 969	40 280
	2013	74 136	8 817	70 412	4 630	988	6 936	38 845

市场销售情况

2013 年工业车辆市场销售好于 2012 年，根据中国工程机械工业协会工业车辆分会 2013 年采录汇总报告销售量数据显示，参加工业车辆分会统计的机动工业车辆制造企业共销售 328 764 台，与上年同期的 288 662 台相比，增长了 13.89%；非机动工业车辆销售量为 1 247 040 台，与上年同期的 1 363 764 台相比，下降了 8.56%。2013 年机动工业车辆各月销售情况见表 5。

表 5　2013 年机动工业车辆各月销售情况　（单位：台）

类别名称 / 月份	Ⅰ类 电动平衡重乘驾式叉车	Ⅱ类 电动乘驾式仓储叉车	Ⅲ类 电动步行式仓储叉车	Ⅳ类 + Ⅴ类 内燃平衡重式叉车（实心、充气轮胎）	Ⅰ～Ⅲ类电动叉车	Ⅰ类 + Ⅳ类 + Ⅴ类平衡重式叉车	Ⅰ～Ⅴ类工业车辆
1	2 864	1 155	3 674	14 988	7 693	17 852	22 681
2	1 713	876	1 870	12 653	4 459	14 366	17 112
3	2 898	1 161	3 913	28 816	7 972	31 714	36 788
4	2 759	894	3 532	23 785	7 185	26 544	30 970
5	2 918	946	3 874	22 646	7 738	25 564	30 384
6	2 523	904	3 732	20 272	7 159	22 795	27 431
7	2 918	912	4 092	20 035	7 922	22 953	27 957
8	2 819	453	4 335	20 533	7 607	23 352	28 140
9	2 931	702	4 040	20 058	7 673	22 989	27 731
10	2 688	486	3 530	18 841	6 704	21 529	25 545
11	2 981	582	4 322	18 622	7 885	21 603	26 507
12	3 327	642	4 976	18 573	8 945	21 900	27 518
合　计	33 339	9 713	45 890	239 822	88 942	273 161	328 764

1．内燃叉车销售情况

2013 年，共销售内燃平衡重乘驾式叉车 239 822 台，与上年同期的 208 629 台相比，增长了 14.95%。其中：柴油叉车 224 266 台，汽油叉车（含双燃料）15 556 台。2013 年与 2012 年内燃叉车各月销售趋势见图 1。

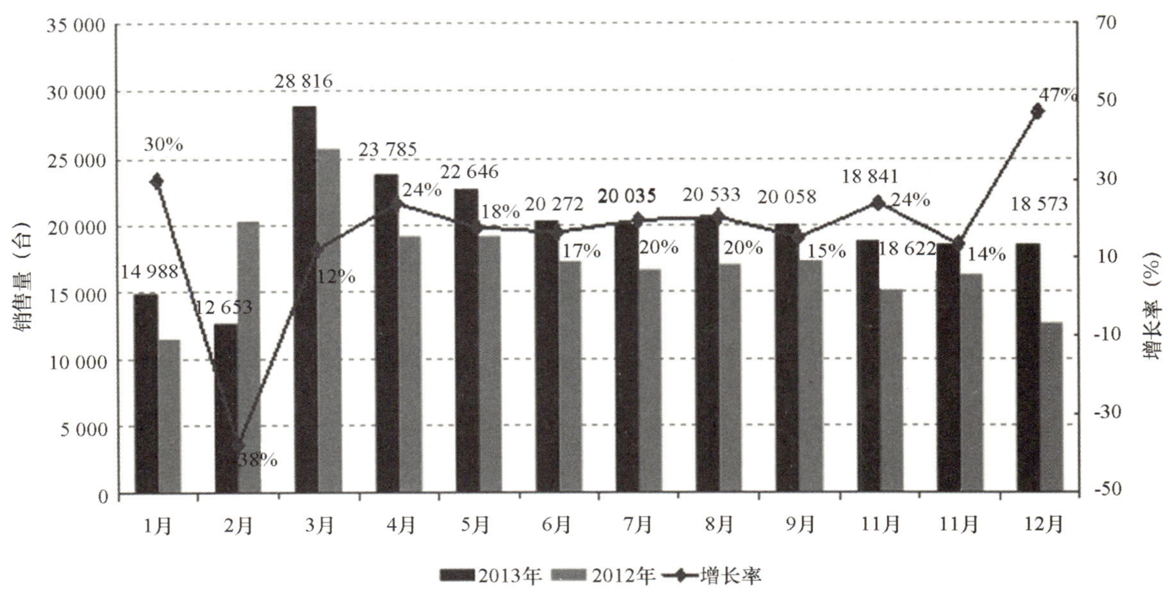

图 1　2013 年与 2012 年内燃叉车各月销售趋势

按销售量排在前十位的企业是：安徽叉车集团有限责任公司、杭叉集团股份有限公司、龙工(上海)叉车有限公司、台励福机器设备（青岛）有限公司、广西柳工机械股份有限公司、三菱重工叉车（大连）有限公司、安徽江淮银联重型工程机械有限公司、浙江吉鑫祥叉车制造有限公司、浙江省美科斯叉车有限公司、凯傲宝骊（江苏）叉车有限公司。排在前五位的企业销售量为 168 269 台（含贴牌），占内燃平衡重乘驾式叉车销售量的 70.16%；排在前十位的企业销售量为 200 089 台，占内燃平衡重乘驾式叉车销售量的 83.43%。

2. 电动叉车销售情况

电动叉车（包括电动平衡重乘驾式叉车和各类电动仓储叉车）2013 年销售量为 88 942 台，与上年同期的 80 033 台相比，增长了 11.13%。2013 年与 2012 年电动叉车各月销售趋势见图 2。

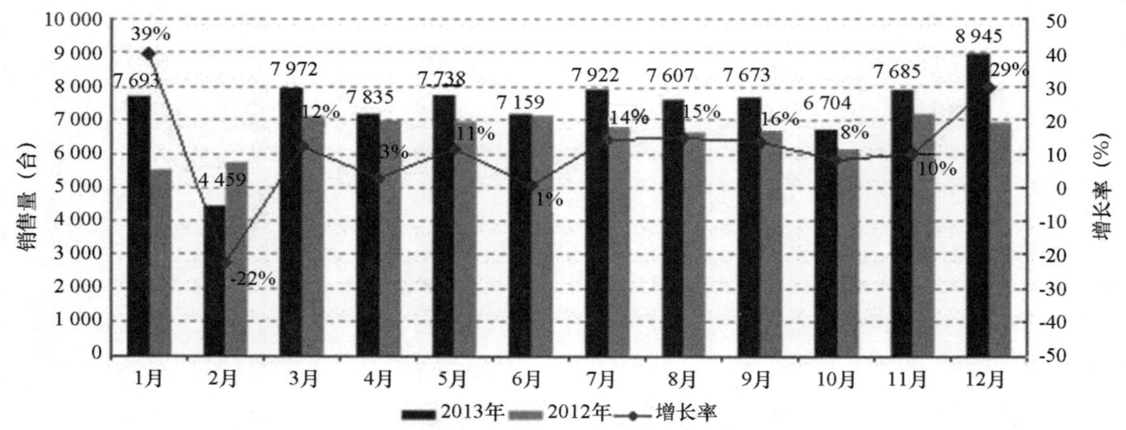

图 2 2013 年与 2012 年电动叉车各月销售趋势

(1) 电动平衡重乘驾式叉车分吨位销售情况。2013 年全国共销售电动平衡重乘驾式叉车 33 339 台，与上年同期的 29 909 台相比，增长了 11.47%。

按销售量排在前六位的企业是：杭叉集团股份有限公司、安徽叉车集团有限责任公司、林德（中国）叉车有限公司、丰田产业车辆(上海)有限公司、台励福机器设备(青岛)有限公司、力至优叉车(上海)有限公司。排在前三位的企业销售量为 17 549 台，占电动平衡重乘驾式叉车销售量的 52.64%。排在前六位的企业销售量为 24 130 台，占电动平衡重乘驾式叉车销售量的 72.38%。

电动平衡重乘驾式叉车按起重量吨位级分的销售情况如下：0.0 ～ 1.199 吨位级销量为 722 台，占总销量的 2.16%；1.2 ～ 1.999 吨位级销量为 13 919 台，占总销量的 41.75%；2.0 ～ 2.499 吨位级销量为 7 801 台，占总销量的 23.40%；2.5 ～ 2.999 吨位级销量为 5 255 台，占总销量的 15.76%；3.0 以上吨位级销量为 5 642 台，占总销量的 16.92%。

(2)电动仓储叉车(包括电动乘驾式仓储叉车、电动步行式仓储叉车等）。2013 年全国共销售电动仓储叉车 55 603 台，与上年同期的 50 124 台相比，增长了 10.93%。

按销售量排在前六位的企业是：杭州中力搬运设备有限公司、浙江诺力机械股份有限公司、安徽叉车集团有限责任公司、杭叉集团股份有限公司、林德（中国）叉车有限公司、宁波如意股份有限公司。排在前三位的企业销售量为 31 260 台，占电动仓储叉车销售量的 56.21%。排在前六位的企业销售量为 48 136 台，占电动仓储叉车销售量的 86.57%。

3. 各地区叉车销售情况

从 2013 年销售到国内各省、市的 242 217 台机动工业车辆的流向看，以往市场份额最大的华东地区下降了 4.24 个百分点，西南地区上升了 0.66 个百分点。2013 年机动工业车辆按地区销售情况见表 6。2013 年各省叉车销售量和占有市场份额情况见表 7。

表6 2013年机动工业车辆按地区销售情况

地区	销售量（台）	2013年市场份额（%）	地区	销售量（台）	2013年市场份额（%）
华东	107 150	44.24	西北	13 608	5.62
华南	34 733	14.34	西南	14 718	6.08
华中	26 767	11.05	东北	14 436	5.96
华北	30 805	12.72			

表7 2013年各省叉车销售量和占有市场份额情况

序号	地区	销售量（台）	2013年市场份额（%）	2012年市场份额（%）	市场份额同比增长（百分点）	序号	地区	销售量（台）	2013年市场份额（%）	2012年市场份额（%）	市场份额同比增长（百分点）
1	江苏	29 442	12.16	12.94	-0.78	17	湖南	4 821	1.99	1.81	0.18
2	广东	28 579	11.80	11.48	0.32	18	陕西	4 758	1.96	1.54	0.42
3	山东	26 268	10.84	10.91	-0.07	19	新疆	4 246	1.75	1.58	0.17
4	浙江	20 369	8.41	9.14	-0.73	20	吉林	3 695	1.53	1.76	-0.23
5	上海	13 846	5.72	6.86	-1.14	21	山西	3 639	1.50	1.47	0.03
6	河北	12 470	5.15	4.00	1.15	22	云南	3 513	1.45	1.26	0.19
7	福建	9 509	3.93	3.88	0.05	23	黑龙江	3 462	1.43	1.53	-0.10
8	河南	9 332	3.85	3.76	0.09	24	重庆	3 280	1.35	1.38	-0.03
9	安徽	7 716	3.19	3.17	0.02	25	内蒙古	2 738	1.13	0.89	0.24
10	辽宁	7 279	3.01	3.46	-0.45	26	甘肃	2 315	0.96	0.90	0.06
11	湖北	6 842	2.82	2.78	0.04	27	贵州	2 066	0.85	0.64	0.21
12	北京	6 565	2.71	3.16	-0.45	28	宁夏	1 456	0.60	0.36	0.24
13	江西	5 772	2.38	1.58	0.80	29	海南	1 124	0.46	0.50	-0.04
14	四川	5 589	2.31	2.09	0.22	30	青海	833	0.34	0.31	0.03
15	天津	5 393	2.23	3.04	-0.81	31	西藏	270	0.11	0.04	0.07
16	广西	5 030	2.08	1.77	0.31						

4．轻小型搬运车辆市场情况

2013年，中国工程机械工业协会工业车辆分会会员单位报告的非机动工业车辆销售量为1 246 753台（另外，贴牌134 634台，含贴牌总销售量为1 381 387台），与上年同期的1 363 764台（另外，贴牌200 302台，含贴牌总销售量为1 564 066台）相比，下降了8.58%。与以往不同，2013年在机动工业车辆增长的情况下，非机动工业车辆继续下跌，从统计数据看，下跌主要是非机动工业车辆的出口量下降造成的，国内市场略有增长。

5．固定平台搬运车销售情况

2013年，固定平台搬运车销售量为304台，与上年同期的44台相比，增长了690.90%。

6．牵引车销售情况

2013年，牵引车销售量为1 199台（其中电动牵引车为464台、内燃牵引车为735台），与上年同期的1 456台相比，下降了17.65%。

按销售量排在前五位的企业是：江苏靖江叉车有限公司、林德（中国）叉车有限公司、大连叉车有限责任公司、卡哥特科（上海）贸易有限公司、芜湖瑞创叉车有限公司。排在前三位企业的销售量为848台，占牵引车销售量的70.73%；排在前五位企业的销售量为1 001台，占牵引车销售量的83.49%。

进出口情况

2013年，出口叉车及装有升降或搬运装置的工业车辆共 1 792 298 台，与上年的出口量 1 783 947 台相比，增长了 0.47%；出口金额 1 683 613 101 美元，与上年的出口金额 1 569 407 754 美元相比，增长了 7.28%。这些工业车辆出口到了 184 个国家和地区。我国外贸进出口中工业车辆近年来出口情况见表 8。

表 8　我国外贸进出口中工业车辆近年来出口情况

年度	出口量		出口额		年度	出口量		出口额	
	数量（台）	同比增长（%）	金额（美元）	同比增长（%）		数量（台）	同比增长（%）	金额（美元）	同比增长（%）
2006	1 252 820	37.05	459 960 810	55.40	2010	1 580 085	67.69	756 331 867	62.19
2007	1 710 729	36.60	789 904 667	71.73	2011	1 870 262	18.36	1 321 538 437	74.73
2008	1 666 411	-2.59	1 032 741 549	30.74	2012	1 783 947	-4.62	1 569 407 754	18.76
2009	942 242	-43.46	466 315 333	-54.85	2013	1 792 298	0.47	1 683 613 101	7.28

1. 2013 年机动工业车辆出口情况

2013 年机动工业车辆出口为 112 703 台，与上年的 97 786 台相比，增长了 15.25%。其中：电动叉车（含巷道堆垛机）出口为 51 288 台，与上年的出口量 43 229 台相比，增长了 18.64%；内燃叉车（含集装箱叉车）出口为 61 415 台，与上年的出口量 54 557 台相比，增长了 12.57%。2006—2013 年机动工业车辆出口数量、金额情况见表 9，2006—2013 年机动工业车辆出口数量趋势见图 3。

表 9　2006—2013 年机动工业车辆出口数量、金额情况

年度	出口量		出口额		年度	出口量		出口额	
	数量（台）	同比增长（%）	金额（美元）	同比增长（%）		数量（台）	同比增长（%）	金额（美元）	同比增长（%）
2006	26 588	61.51	290 735 210	62.98	2010	47 143	71.07	517 832 892	67.36
2007	48 871	83.81	529 515 401	82.13	2011	84 249	78.71	1 014 556 246	95.92
2008	60 333	23.45	722 682 384	36.48	2012	97 786	16.07	1 251 750 489	23.38
2009	27 558	-54.32	309 421 396	-57.18	2013	112 703	15.25	1 369 437 533	9.40

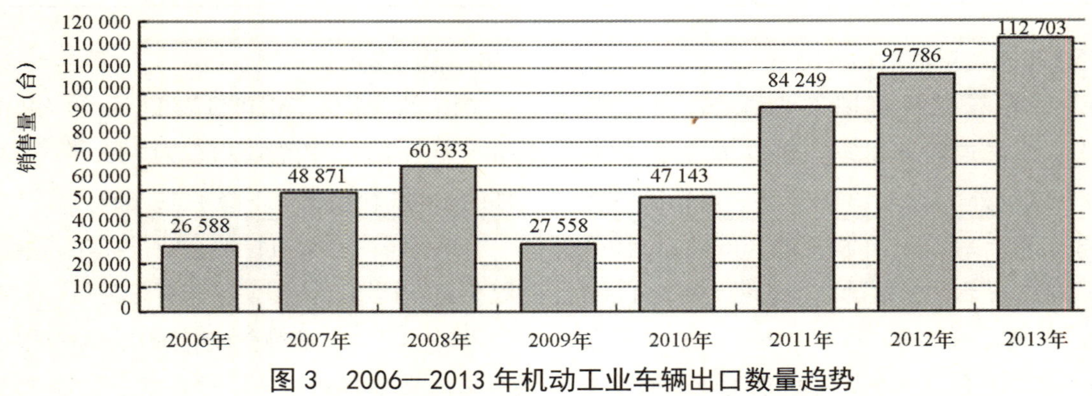

图 3　2006—2013 年机动工业车辆出口数量趋势

（1）机动工业车辆出口各洲数量比例情况。机动工业车辆出口 112 703 台中，美洲占 31.61%、亚洲占 28.29%、欧洲占 25.75%、非洲占 9.17%、大洋洲占 5.17%。其中：电动叉车（含巷道堆垛机）出口 51 288 台中，美洲占 41.17%、欧洲占 27.85%、亚洲占 23.72%、大洋洲占 4.46%、非洲占 2.80%；内燃叉车（含集装箱叉车）出口 61 415 台中，亚洲占 32.11%、欧洲占 23.99%、美洲占 23.63%、非洲占 14.49%、大洋洲占 5.78%。机动工业车辆出口各洲数量比例情况见表 10。

表 10　机动工业车辆出口各洲数量比例情况

洲名称	机动工业车辆		电动叉车		内燃叉车	
	台数（台）	占比（%）	台数（台）	占比（%）	台数（台）	占比（%）
亚洲	31 884	28.29	12 165	23.72	19 719	32.11
非洲	10 336	9.17	1 437	2.80	8 899	14.49
欧洲	29 016	25.75	14 284	27.85	14 732	23.99
拉丁美洲	15 233	13.52	3 666	7.15	11 567	18.83
北美洲	20 395	18.10	17 447	34.02	2 948	4.80
大洋洲	5 839	5.18	2 289	4.46	3 550	5.78
合计	112 703	100.00	51 288	100.00	61 415	100.00

（2）机动工业车辆出口各洲同期增长比例情况。机动工业车辆出口 112 703 台中，亚洲同比增长 21.79%、大洋洲同比增长 15.81%、非洲同比增长 14.56%、欧洲同比增长 14.12%、美洲同比增长 10.94%。其中出口电动叉车（含巷道堆垛机）51 288 台中各洲的同比增长情况分别是，大洋洲同比增长 47.96%、非洲同比增长 37.51%、亚洲同比增长 28.09%、美洲同比增长 16.91%、欧洲同比增长 9.20%；出口内燃叉车（含集装箱叉车）61 415 台中各洲的同比增长情况分别是，欧洲同比增长 19.34%、亚洲同比增长 18.20%、非洲同比增长 11.56%、美洲同比增长 3.26%、大洋洲同比增长 1.57%。机动工业车辆出口各洲同比增长情况见表 11。2013 年各种类型叉车出口前 5 位的国家见表 12。

表 11　机动工业车辆出口各洲同比增长情况

洲名称	机动工业车辆			电动叉车			内燃叉车		
	2013 年	2012 年	增长（%）	2013 年	2012 年	增长（%）	2013 年	2012 年	增长（%）
亚洲	31 884	26 180	21.79	12 165	9 497	28.09	19 719	16 683	18.20
非洲	10 336	9 022	14.56	1 437	1 045	37.51	8 899	7 977	11.56
欧洲	29 016	25 426	14.12	14 284	13 081	9.20	14 732	12 345	19.34
美洲	35 628	32 116	10.94	21 113	18 059	16.91	14 515	14 057	3.26
大洋洲	5 839	5 042	15.81	2 289	1 547	47.96	3 550	3 495	1.57
合　计	112 703	97 786	15.25	51 288	43 229	18.64	61 415	54 557	12.57

表 12　2013 年各种类型叉车出口前 5 位的国家

名次	电动叉车		内燃叉车		其他未列名叉车	
	国家	数量（台）	国家	数量（台）	国家	数量（台）
1	美国	16 848	俄罗斯	5 513	美国	396 318
2	德国	3 580	巴西	3 916	德国	153 566
3	泰国	2 231	土耳其	3 538	克罗地亚	145 660
4	俄罗斯	2 057	阿尔及利亚	2 993	俄罗斯	96 287
5	比利时	1 997	澳大利亚	2 970	土耳其	79 428

在机动工业车辆的出口中，电动叉车 51 288 台，占出口量的 45.51%；内燃叉车 61 415 台，占出口量的 54.49%。2013 年机动工业车辆出口构成比例变化情况见表 13。

表 13　2013 年机动工业车辆出口构成比例变化情况

年份	机动工业车辆合计（台）	电动叉车		内燃叉车	
		出口量（台）	所占比例	出口量（台）	占比（%）
2013	112 703	51 288	45.51%	61 415	54.49
2012	97 786	43 229	44.21%	54 557	55.79

2. 2013 年度非机动工业车辆（轻小型搬运车辆）出口情况

2013 年出口非机动工业车辆（轻小型搬运车辆）1 679 595 台，与上年同期的 1 686 161 台相比，下降了 0.39%。

（1）2013 年度非机动工业车辆（轻小型搬运车辆）出口各洲情况。2013 年非机动工业车辆（轻小型搬运车辆）出口各洲情况见表 14。

表 14　2013 年非机动工业车辆（轻小型搬运车辆）出口各洲情况

洲名称	出口量（台）	占比（%）	洲名称	出口量（%）	占比（%）
亚洲	386 311	23.00	美洲	555 159	33.05
非洲	48 478	2.89	大洋洲	35 155	2.09
欧洲	654 492	38.97	合计	1 679 595	100.00

从表 14 看出，欧美占非机动工业车辆（轻小型搬运车辆）出口总量的 72.02%，其中：欧洲占 38.97%，美洲占 33.05%；亚洲只占 23.00%。

（2）2013 年非机动工业车辆（轻小型搬运车辆）出口欧洲排列前 10 位国家的出口量和占比情况。2013 年非机动工业车辆（轻小型搬运车辆）出口欧洲排列前 10 位国家的出口量和占比情况见表 15。

（3）2013 年非机动工业车辆（轻小型搬运车辆）出口美洲排列前 10 位国家出口量和占比情况。2013 年非机动工业车辆（轻小型搬运车辆）出口美洲排列前 10 位国家出口量和占比情况见表 16。

表 15　2013 年非机动工业车辆（轻小型搬运车辆）出口欧洲排列前 10 位国家的出口量和占比情况

序号	地区（国家）	出口量（台）	占比（%）	序号	地区（国家）	出口量（台）	占比（%）
1	德国	153 566	23.46	7	瑞典	21 367	3.26
2	克罗地亚	145 660	22.26	8	乌克兰	21 021	3.21
3	俄罗斯	96 287	14.71	9	比利时	18 605	2.84
4	荷兰	32 357	4.94	10	意大利	17 750	2.71
5	法国	28 868	4.41	合　计		654 492	
6	英国	27 688	4.23				

表 16　2013 年非机动工业车辆（轻小型搬运车辆）出口美洲排列前 10 位国家出口量和占比情况

序号	地区（国家）	台数	占比（%）	序号	地区（国家）	台数	占比（%）
1	美国	396 318	71.39	7	秘鲁	6 306	1.14
2	巴西	39 653	7.14	8	哥伦比亚	5 491	0.99
3	加拿大	29 833	5.37	9	厄瓜多尔	4 198	0.76
4	墨西哥	28 486	5.13	10	巴拿马	3 688	0.66
5	智利	15 888	2.86	合　计		555 159	
6	阿根廷	14 789	2.66				

3.2013年中国工业车辆进口情况

2013年，进口叉车及装有升降或搬运装置的工业车辆共12 063台，与上年的进口量12 970台相比，下降了6.99%；进口金额为301 439 716美元，与上年的进口金额321 267 736美元相比，下降了6.17%。其中：电动叉车（含巷道堆垛机）为7 770台，与上年的进口量6 660台相比，上升了16.67%；内燃叉车为1 117台（其中集装箱叉车7台），与上年的进口量1 738台相比，下降了35.73%；未列名叉车4 332台，与上年的进口量4 572台相比，下降了5.25%。工业车辆近年来进口情况见表17。

表17 工业车辆近年来进口情况

年度	进口量		进口金额		年度	进口量		进口金额	
	数量（台）	同比增长（%）	金额（美元）	同比增长（%）		数量（台）	同比增长（%）	金额（美元）	同比增长（%）
2006	14 938	0.12	285 835 052	19.70	2010	14 644	51.72	389 169 560	32.54
2007	16 549	10.78	347 486 220	21.57	2011	15 632	6.75	368 447 853	-5.32
2008	13 807	-16.57	343 233 710	-1.22	2012	12 970	-17.03	321 267 736	-12.81
2009	9 652	-30.09	293 627 560	-14.45	2013	12 063	-6.99	301 439 716	-6.17

2013年，进口的工业车辆来自24个国家和地区。进口的机动工业车辆8 887台中，欧洲占48.30%、美洲占21.63%、亚洲占29.70%、大洋洲占0.38%。其中进口电动叉车（含巷道堆垛机）7 770台中，欧洲占52.23%、美洲占21.79%、亚洲占25.95%、大洋洲占0.04%；进口内燃叉车（含集装箱叉车）1 117台中，欧洲占20.95%、美洲占20.50%、亚洲占55.77%、大洋洲占2.78%。

科研成果及新产品

2013年工业车辆行业部分企业科技成果见表18。2013年工业车辆行业部分企业新产品情况见表19。

表18 2013年工业车辆行业部分企业科技成果

序号	获奖企业	项目名称	证书类别	获奖等级	批准机关
1	安徽叉车集团有限责任公司	12～46t高端运搬装备研发	国家火炬计划项目		科学技术部
		K系列CPC(D)20-25内燃平衡重式叉车	安徽省高新技术产品		安徽省科技厅
		QYCD30内燃牵引车	安徽省高新技术产品		安徽省科技厅
		ZL30G轮式装载机	安徽省高新技术产品		安徽省科技厅
		CPC(Q)D 2～4.5t内燃平衡重式叉车	安徽省重点新产品		安徽省科技厅
		K系列5～7.5t内燃平衡重式叉车	安徽省新产品		安徽省经济和信息化委员会
		CPQD50-70汽油平衡重式叉车	安徽省新产品		安徽省经济和信息化委员会
		CP（Q）YD50-70汽油液化气平衡重式叉车	安徽省新产品		安徽省经济和信息化委员会
		2～8t内燃牵引车研发及产业化	机械工业科技进步奖	三等奖	中国机械工业联合会

（续）

序号	获奖企业	项 目 名 称	证书类别	获奖等级	批准机关
2	杭叉集团股份有限公司	2～3t 站板式电动托盘车	浙江省机械工业科学技术奖	三等	浙江省机械工业联合会
		1～3.5t 电动叉车	2013 年浙江省工业设计大赛	银奖	浙江省推进工业设计发展工作联席会
		1～3.5t XF 系列节能环保型内燃叉车	浙江省省级工业新产品开发项目	通过验收	浙江省经济和信息化委员会
		大吨位 XF 叉车	浙江省省级工业新产品开发项目	通过验收	浙江省经济和信息化委员会
		液力传动侧面叉车	浙江省省级工业新产品开发项目	通过验收	浙江省经济和信息化委员会
		典型工程机械轻量化设计技术及应用	国家级项目	通过验收	机械科学研究总院、杭叉集团股份有限公司
		1～3.5t 电动叉车	中国企业产品创新设计奖	银奖	中国企业产品创新设计组委会
		A 系列蓄电池叉车	杭州市工业设计大赛产品组	铜奖	杭州市科学技术委员会
		GB/T 26949.1—2012 工业车辆 稳定性验证 第 1 部分：总则	2013 年度杭州市标准创新贡献企业和杭州市研制与采用先进技术标准奖励	三等奖	杭州市技术标准推进领导小组办公室
		2～3.5t 防爆内燃叉车	国内首台（套）重大技术装备项目	通过验收	杭州市经济和信息化委员会
		新型高效集装箱作业叉车	杭州市海洋经济产业项目	通过验收	杭州市发展和改革委员会
		全系列大型内燃叉车技术研究及产业化	杭州市重大科技创新专项	通过验收	杭州市科学技术委员会

表 19　2013 年工业车辆行业部分企业新产品情况

企 业 名 称	新产品名称
安徽叉车集团有限责任公司	CPCD80-100G 系列 8～10t 内燃平衡重式叉车
	CPCD20-35G Ⅱ系列 2～3.5t 内燃平衡重式叉车
	CPCD30-35 新 H 系列 3～3.5t 内燃平衡重式叉车
	CPD30-35G 系列 3～3.5t 高性能电动叉车
	CPD10-18G 系列 1～1.8t 交流平衡重式蓄电池叉车
	CPCD140-160 系列 14～16t 内燃平衡重式叉车
	QYCD20-25G 系列 2 ～ 2.5t 内燃牵引车
	QYCD40-45G 系列 4.5～5t 柴油液力牵引车
杭叉集团股份有限公司	CPD15H-C3C 教学用遥控电动叉车
	CPD50-JC2 系列 4～5t 高底盘电动叉车
	A 系列 CPCD45-AG34-S、CPCD75-AG36-S、CPCD115-AG17-S 型石材专用叉车
	CBD15-AMC1 系列 1.5t 迷你型电动搬运车 CDD10-AMC1 系列 1t 迷你型电动堆垛车
	CBD20-AEC1、CBD20-AEC1S 经济型托盘搬运车
	CCCD50-（A）G24/CCCD60-（A）G24 新款侧面叉车开发
	A 系列 CPD30-AC4、CPD30-AD2 电动叉车
台励福机器设备（青岛）有限公司	H 系列内燃平衡重式叉车
	托盘车系列
林德（中国）叉车有限公司	HT25-30D 2.5～3.0t 液力变矩内燃平衡重式叉车
	H18-20D/T 1.8 ～ 2.0t 静压传动柴油 / 液化石油气叉车
	L10P/L12P/L14P 1.0～1.4t 电动托盘搬运叉车（带可折叠站板）

（续）

企业名称	新产品名称
浙江诺力机械股份有限公司	LPT20G 电转向全电动搬运车
	ET10 蓄电池牵引车
	EPT15 经济款全电动搬运车
	CS15G 助力转向全电动堆高车
宁波如意股份有限公司	CBD10A3 半电动托盘搬运车
	QDD10M 迷你型小拖车
	QDD20H 站驾式牵引车
	OPSM 迷你型高空取料车
	CBD25Z 坐驾式全电动托盘搬运车
	CDDRD 单立柱经济型电动堆垛车
	CQD20R 前移式叉车
	OPTS 人上位式多向叉车
	CPD20SA-C 冷库用三支点叉车

2013 年行业涌现的新现象和需要重点关注的问题

2013 年，工业车辆行业在工程机械行业的表现突出，国内市场和出口实现了双增长，国内市场连续第五年位列世界第一大销售市场。物流业处于发展期、生产效率的提升、机器代替人工的大趋势等是支撑工业车辆行业需求量增长的根本因素，在目前和未来一段时间内工业车辆行业将继续保持增长态势。在这种大环境下，市场也在发生一些值得大家关注的变化。

首先，市场竞争进一步加剧，已经由内资企业间的竞争扩大到外资企业间。当前，进入中国市场的外资品牌已超过 18 家，近几年企业纷纷采取措施：提高生产能力、拓展销售渠道、加强合作、推出适合市场需求的产品，以增加自身的市场份额。对于未来国内市场的发展大家充满信心。以前，外资品牌占据高端市场，但经过多年的发展，外资品牌意识到经济型产品当前在中国和其他新兴市场需求更强劲，所以随势而动，参与其中。外资品牌与国产品牌在经济型产品方面的竞争将更加激烈。

其次，国产品牌出口增长出现较大下滑，需要引起业内企业的重点关注。多年来，除了国际金融危机的 2009 年和 2010 年，国内企业工业车辆年出口增长率一直保持在较高水平，但 2013 年年增长率已经由原来的 40% ～ 60% 下滑到 14%，2014 年这种趋势更加明显。除了人工成本增加、汇率波动使得国产产品性价比优势减弱外，更多的世界级品牌在中国或者其他生产成本更低的国家建厂，生产经济型叉车对国产品牌的竞争优势造成冲击也是其中重要的因素。

1．认清形势、主动调整

国产品牌产品优势在迅速削弱，迫切需要行业整体进行调整。

2．推动创新、完成转型

唯有创新才有生命力，产品特色、渠道拓展、品牌建设等一系列问题必须加快解决，形成新的国产品牌竞争力。

3. 加强主机与配套企业间的战略合作

各自研发机构缺乏沟通，合作和共同培育成长机制不健全，也是造成产品创新缓慢、难落地的根本原因。主机与配套企业间需要加强战略合作，实现共赢发展。

中国工业车辆行业与其他行业一样，已经进入发展的新时期，既是机遇又是挑战，需要全行业齐心协力、共同提升国产品牌的竞争实力，在国内和国际市场实现新的跨越发展。

〔撰稿人：中国工程机械工业协会工业车辆分会张洁、高山〕

（本文编辑：张珂玲）

路面与压实机械

2013 年，世界经济复苏缓慢，国内经济运行仍处在寻求新平衡的过程中。在国内外经济充满复杂性和不确定性的形势下，我国工程机械行业持续低迷，下行压力较大。但由于我国公路、铁路和城市道路等交通基础设施建设投资比上年有所增长，其中公路、水路基础设施投资同比增长 5.5% 左右，铁路固定资产投资和全国主要城市基础设施建设投资同比也都有一定增长，因此 2013 年，我国路面与压实机械行业企稳回升，取得了较好业绩。压路机、沥青混凝土摊铺机和路面铣刨机等主要产品销量温和增长，压路机和路面铣刨机市场走出低谷，沥青混凝土摊铺机市场已经触底。压路机主要生产企业全年销售压路机 15 726 台，同比增长 18.34%。其中内销 12 331 台，占总销量的 78.41%，同比增长 23.88%，内销依存度同比增加 3.51 个百分点；外销 3 395 台，占总销量的 21.59%，同比增长 1.80%，对外依存度同比减少了 3.51 个百分点。沥青混凝土摊铺机主要生产企业全年销售沥青混凝土摊铺机 2 066 台，同比下降 4.75%。其中内销 1 938 台，占总销量的 93.80%，同比下降 6.15%，内销依存度同比减少了 1.41 个百分点；外销 128 台，占总销量的 6.20%，同比增长 23.08%，对外依存度同比增加 1.41 个百分点。路面铣刨机主要生产企业全年销售路面铣刨机 241 台，同比增长 6.64%。其中内销 224 台，占总销量的 92.95%，同比增长 3.23%，内销依存度同比减少了 3.07 个百分点；外销 17 台，占总销量的 7.05%，同比增长 88.89%，对外依存度同比增加 3.07 个百分点。2013 年，路面与压实机械行业继续调整结构，加快转型升级，加大技术创新力度，开发了许多新产品和高档产品，产品质量进一步提升。全年路面与压实机械市场形势再次表明，我国路面与压实机械行业已经理性回归到正常的发展速度，今后在国家经济政策不发生较大变化的情况下，我国路面与压实机械行业将保持缓慢、平稳增长。

压 路 机

生产发展情况

1. 行业产品构成及生产企业

压实机械包括压路机、回填压实机（又称垃圾压实机）和夯实机械 3 大类机械。我国压实机械以压路机为主。压路机分为静碾压路机、轮胎压路机、振动压路机和冲击压路机 4 类产品。目前，我国压路机的生产企业有国有企业、民营企业和外资企业几十个，其中主要生产企业有 20 多个。压路机和回填压实机产品分类及 2013 年主要生产企业见表 1。

表 1 压路机和回填压实机产品分类及 2013 年主要生产企业

产品分类		企业名称
压路机	静碾压路机	徐工集团道路机械事业部、国机重工（洛阳）建筑机械有限公司、柳工无锡路面机械有限公司、山推工程机械股份有限公司、龙工（上海）路面机械制造公司、洛阳路通重工机械有限公司、江苏骏马压路机械有限公司、常林股份有限公司、山东临工工程机械有限公司
	轮胎压路机	徐工集团道路机械事业部、国机重工（洛阳）建筑机械有限公司、厦工（三明）重型机器有限公司、柳工无锡路面机械有限公司、龙工（上海）路面机械制造公司、山推工程机械股份有限公司、洛阳路通重工机械有限公司、三一重工股份有限公司、常林股份有限公司、山东公路机械厂、湖南江麓重工科技有限公司、青岛科泰重工机械有限公司、戴纳派克（中国）压实摊铺设备有限公司、宝马格（中国）压实机械有限公司、维特根（中国）机械有限公司、江苏骏马压路机械有限公司

（续）

产品分类		企业名称
压路机	振动压路机	徐工集团道路机械事业部、国机重工（洛阳）建筑机械有限公司、厦工（三明）重型机器有限公司、柳工无锡路面机械有限公司、中联重科股份有限公司、三一重工股份有限公司、龙工（上海）路面机械制造公司、山推工程机械股份有限公司、洛阳路通重工机械有限公司、常林股份有限公司、湖南江麓重工科技有限公司、鼎盛重工机械有限公司、江苏骏马压路机械有限公司、山东公路机械厂、青岛科泰重工机械有限公司、山东临工工程机械有限公司、合肥永安绿工程机械有限公司、卡特彼勒（中国）投资有限公司、卡特彼勒（青州）有限公司、沃尔沃建筑设备（中国）有限公司、宝马格（中国）压实机械有限公司、戴纳派克（中国）压实摊铺设备有限公司、维特根（中国）机械有限公司
	冲击压路机	厦工（三明）重型机器有限公司
回填压实机（垃圾压实机）		厦工（三明）重型机器有限公司、国机重工（洛阳）建筑机械有限公司、柳工无锡路面机械有限公司、山推工程机械股份有限公司、湖南江麓重工科技有限公司、青岛科泰重工机械有限公司

2. 压路机主要生产企业产品产销存情况

2013年，在国内外经济充满复杂性和不确定性的形势下，由于我国公路、铁路和城市道路等交通基础设施建设投资比2012年有一定增长，我国压路机市场走出低谷，实现了恢复性增长。压路机主要生产企业产品全年的产量和销量比上年都有一定增长，库存也有所增加。据中国工程机械工业协会路面与压实机械分会统计，2012—2013年压路机主要生产企业产品产销存情况见表2。

表2　2012—2013年压路机主要生产企业产品产销存情况

序号	企业名称	产量（台）			销量（台）			库存（台）		
		2013年	2012年	同比增长（%）	2013年	2012年	同比增长（%）	2013年	2012年	同比增长（%）
1	徐工集团道路机械事业部	4 237	2 393	77.06	4 228	2 393	76.68			
2	国机重工（洛阳）建筑机械有限公司	904	586	54.27	1 024	1 055	-2.94			
3	洛阳路通重工机械有限公司	1 486	1 312	13.26	1 492	1 312	13.72			
4	厦工（三明）重型机器有限公司	1 094	1 368	-20.03	1 626	1 455	11.75	187	148	26.35
5	常林股份有限公司	659	653	0.92	678	734	-7.63	105	77	36.36
6	柳工无锡路面机械有限公司	1 484	1 054	40.80	1 395	1 166	19.64			
7	三一重工股份有限公司	678	891	-23.91	678	891	-23.91	176		
8	中联重科股份有限公司	56	83	-32.53	108	161	-32.92			
9	山推工程机械股份有限公司	1 109	894	24.05	1 132	933	21.33	233	23	913.04
10	山东公路机械厂				74	43	72.09			
11	湖南江麓重工科技有限公司		47		24	58	-58.62		91	
12	鼎盛重工机械有限公司				8	11	-27.27			
13	龙工（上海）路面机械制造公司	580	698	-16.91	662	698	-5.16	154		
14	沃尔沃建筑设备（中国）有限公司				139	117	18.80			
15	维特根（中国）机械有限公司				354	254	39.37			
16	戴纳派克（中国）压实摊铺设备有限公司				321	385	-16.62			
17	卡特彼勒（中国）投资有限公司				21	16	31.25			
18	宝马格（中国）压实机械有限公司				198	195	1.54			
19	江苏骏马压路机有限公司	645			741	551	34.48			
20	山东临工工程机械有限公司	252	38	563.16	254	303	-16.17			
21	青岛科泰重工机械有限公司	318	402	-20.90	340	402	-15.42			
22	卡特彼勒（青州）有限公司	34	27	25.93	229	156	46.79			

国内销售情况

1. 压路机国内销售情况

据中国工程机械工业协会路面与压实机械分会统计，2013年，我国压路机主要生产企业产品国内销量同比有较大增长，2012—2013年压路机主要生产企业产品国内销售情况见表3。

表3 2012—2013年压路机主要生产企业产品国内销售情况

2013年		2012年		销量同比增长（%）
销量（台）	占比（%）	销量（台）	占比（%）	
12 331	78.41	9 954	74.90	23.88

2. 压路机月度销售情况

2013年我国压路机市场开局就带来了回暖气息，1月份销量同比增长13.36%，打破了自2011年4月份以来连续20个月销量同比下降的僵局。2月份虽然市场出现较大波动，销量同比下降35.49%，但3月份、4月份压路机销量连续大幅增长，很快进入销售旺季，4月份压路机销量达到全年销量的最高点。5月以后，压路机销量虽然持续下降，但每个月销量同比都保持不同程度增长，因而，2013年压路机市场总体实现了较大的恢复性增长。2013年与2012年压路机月度销售走势比较见图1。

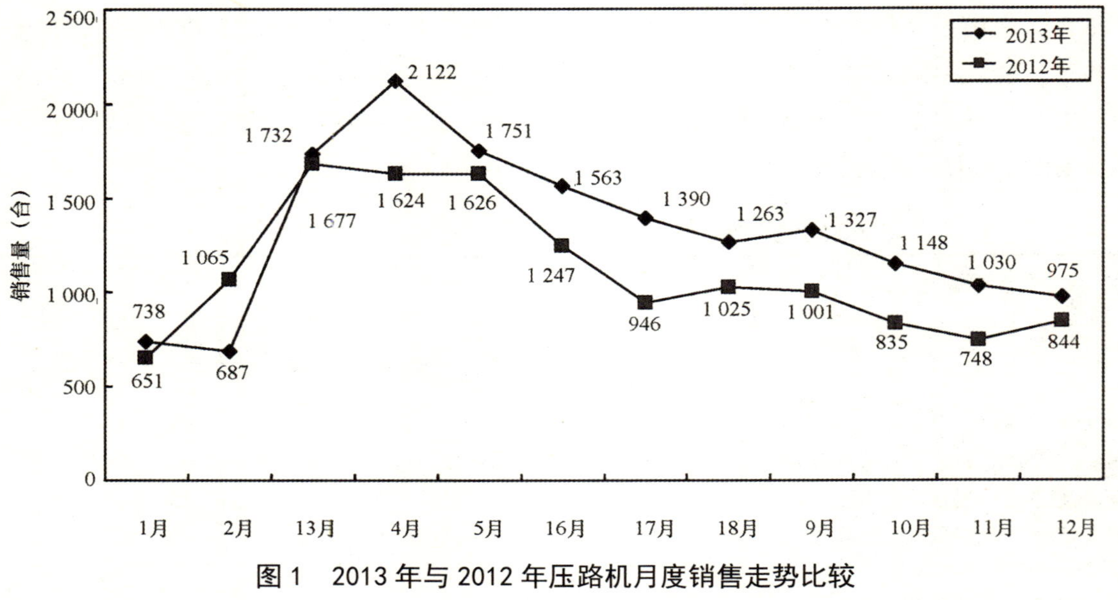

图1 2013年与2012年压路机月度销售走势比较

3. 压路机主要生产企业产品销售情况

据中国工程机械工业协会路面与压实机械分会的统计，2012—2013年压路机主要生产企业产品销售情况见表4。

表4 2012—2013年压路机主要生产企业产品销售情况 （单位：台）

序号	企业名称	静碾压路机			轮胎压路机			其他压路机		
		2013年	2012年	同比增长（%）	2013年	2012年	同比增长（%）	2013年	2012年	同比增长（%）
1	徐工集团道路机械事业部	210	86	144.19	589	342	72.22			
2	国机重工（洛阳）建筑机械有限公司	33	25	32.00	67	57	17.54			
3	洛阳路通重工机械有限公司	6	14	-57.14	156	130	20.00			
4	厦工（三明）重型机器有限公司				65	68	-4.41	157	136	15.44
5	常林股份有限公司	78	33	136.36	25	23	8.70			
6	柳工无锡路面机械有限公司	118	93	26.88	73	46	58.70			
7	三一重工股份有限公司				194	200	-3.00			

（续）

序号	企业名称	静碾压路机			轮胎压路机			其他压路机		
		2013年	2012年	同比增长(%)	2013年	2012年	同比增长(%)	2013年	2012年	同比增长(%)
8	山推工程机械股份有限公司	80	67	19.40	20	14	42.86			
9	山东公路机械厂				26	9	188.89			
10	湖南江麓重工科技有限公司				3	4	-25.00			
11	龙工（上海）路面机械制造公司	14	18	-22.22	32	5	540.00			
12	维特根（中国）机械有限公司				5	4	25.00			
13	戴纳派克（中国）压实摊铺设备有限公司				10	2	400.00			
14	宝马格（中国）压实机械有限公司				3	1	200.00			
15	江苏骏马压路机有限公司	264	152	73.68	2					
16	山东临工工程机械有限公司	2	7	-71.43		4				
17	青岛科泰重工机械有限公司				65	58	12.07			

序号	企业名称	机械驱动式单钢轮振动压路机			液压驱动式单钢轮振动压路机			双钢轮振动压路机		
		2013年	2012年	同比增长(%)	2013年	2012年	同比增长(%)	2013年	2012年	同比增长(%)
1	徐工集团道路机械事业部	1 923	1 162	65.49	632	296	113.51	342	210	62.86
2	国机重工（洛阳）建筑机械有限公司	375	375	0	20	19	5.26	82	93	-11.83
3	洛阳路通重工机械有限公司	335	411	-18.49	515	399	29.07	235	209	12.44
4	厦工（三明）重型机器有限公司	464	430	7.91	617	500	23.40	76	51	49.02
5	常林股份有限公司	486	610	-20.33	68	53	28.30	7	6	16.67
6	柳工无锡路面机械有限公司	857	716	19.69	224	255	-12.16	42	22	90.91
7	三一重工股份有限公司	0	162		285	281	1.42	199	239	-16.74
8	中联重科股份有限公司				52	79	-34.18	56	82	-31.71
9	山推工程机械股份有限公司	854	757	12.81	158	84	88.09	8	1	700.00
10	山东公路机械厂	17	1	1 600.00	4	5	-20.00	27	28	-3.57
11	湖南江麓重工科技有限公司				18	50	64.00			
12	鼎盛重工机械有限公司	8	11	-27.27						
13	龙工（上海）路面机械制造公司	478	503	-4.97	21	52	-59.62	15	24	-37.50
14	沃尔沃建筑设备（中国）有限公司				9	3	200.00	101	91	10.99
15	维特根（中国）机械有限公司				38	10	280.00	209	175	19.43
16	戴纳派克（中国）压实摊铺设备有限公司				66	52	26.92	163	227	-28.19
17	卡特彼勒（中国）投资有限公司				6	2	200.00	7	6	16.67
18	宝马格（中国）压实机械有限公司				64	20	220.00	59	99	-40.40
19	江苏骏马压路机有限公司	92	89	3.37	114	44	159.09	2	41	-95.12
20	山东临工工程机械有限公司	252	292	-13.70						
21	青岛科泰重工机械有限公司				163	267	-38.95	90	68	32.35
22	卡特彼勒（青州）有限公司	229	156	46.79						

（续）

序号	企业名称	5t以下振动压路机			垃圾压实机		
		2013年	2012年	同比增长(%)	2013年	2012年	同比增长(%)
1	徐工集团道路机械事业部	532	297	79.12		0	
2	国机重工(洛阳)建筑机械有限公司	440	469	-6.18	7	17	-58.82
3	洛阳路通重工机械有限公司	245	149	64.43			
4	厦工(三明)重型机器有限公司	229	232	-1.29	18	38	-52.63
5	常林股份有限公司	14	9	55.56			
6	柳工无锡路面机械有限公司	79	24	229.17	2	10	-80.00
7	三一重工股份有限公司	0	9				
8	山推工程机械股份有限公司				9	10	-10.00
9	湖南江麓重工科技有限公司				3	4	-25.00
10	龙工(上海)路面机械制造公司	102	96	6.25			
11	沃尔沃建筑设备(中国)有限公司	29	23	26.09			
12	维特根(中国)机械有限公司	102	65	56.92			
13	戴纳派克(中国)压实摊铺设备有限公司	82	104	-21.15			
14	卡特彼勒(中国)投资有限公司	8	8	0.00			
15	宝马格(中国)压实机械有限公司	72	75	-4.00			
16	江苏骏马压路机有限公司	267	225	18.67			
17	青岛科泰重工机械有限公司	18	6	200.00	4	3	33.33

4. 压路机销量构成

2013年，我国振动压路机销量约占压路机总销量的85%。机械驱动式单钢轮振动压路机仍然是我国压路机市场的主导产品，占压路机总销量的40.51%。销量居第二位的是液压驱动式单钢轮振动压路机，占压路机总销量的19.55%。2013年压路机各类产品所占总销量的比例与2012年相比有所变化，机械驱动式单钢轮振动压路机、双钢轮振动压路机和其他压路机占比均有所下降。机械驱动式单钢轮振动压路机占比比上年减少了2.19个百分点，下降最多。其余压路机占比增加了0.64～1.4个百分点。2013年压路机各类产品销量构成见图2。

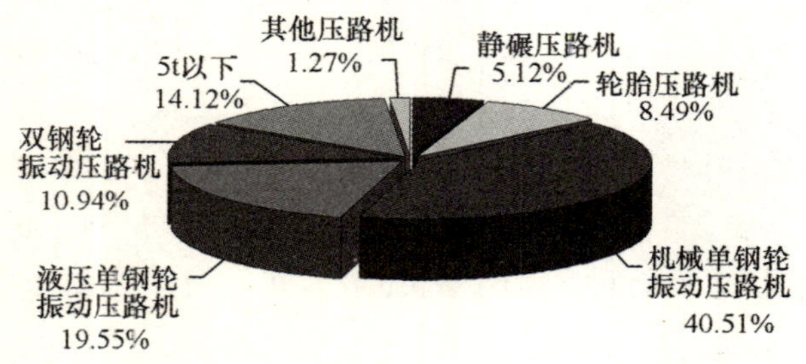

图2 2013年压路机各类产品销量构成

注：图中其他压路机包括垃圾压实机。

2012—2013年压路机产品销量构成见表5。

表5 2012—2013年压路机产品销量构成

产品	2013年		2012年		同比增长(%)
	销量(台)	占比(%)	销量(台)	占比(%)	
静碾压路机	805	5.12	495	3.72	62.63
轮胎压路机	1 335	8.49	967	7.28	38.06
机械驱动式单钢轮振动压路机	6 370	40.51	5 675	42.70	12.25
液压驱动式单钢轮振动压路机	3 075	19.55	2 471	18.59	24.44
双钢轮振动压路机	1 720	10.94	1 672	12.58	2.87
5t以下振动压路机	2 221	14.12	1 791	13.48	24.01
垃圾压实机	43	0.27	82	0.62	-47.56
其他压路机	157	1.00	136	1.02	15.44

5. 压路机主要生产企业产品市场占有率

2013年，在比较复杂的市场形势下，压路机生产企业产品销售情况差别比较大，约55%的生产企业产品销量同比增长，增幅为1.5%～76.7%；约45%的生产企业产品销量同比下降，降幅为2.9%～58.6%，这在一定程度上反映出生产企业的实力和抗风险能力的差异。2013年销售压路机1 000台以上的生产企业有：徐工集团道路机械事业部、厦工（三明）重型机器有限公司、洛阳路通重工机械有限公司、柳工无锡路面机械有限公司、山推工程机械股份有限公司、国机重工（洛阳）建筑机械有限公司。2013 年压路机主要生产企业市场占有率见图 3。

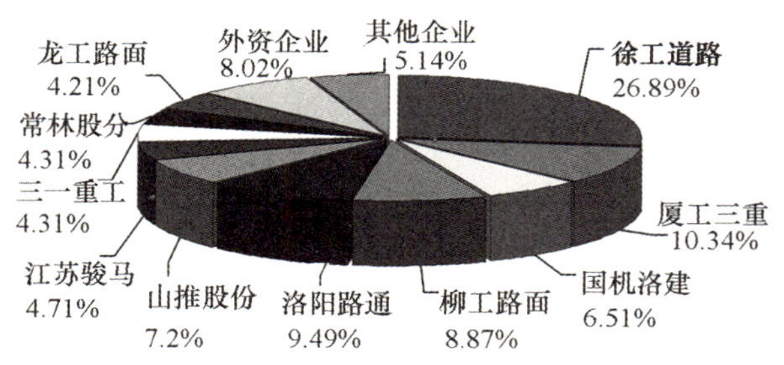

图 3　2013 压路机主要生产企业市场占有率

6. 压路机区域销售情况

2013 年，各区域压路机销量同比普遍有较大幅度增长，增幅为 11%～39%。华南地区同比增长最多，约 39%；中区约 26%；西南地区、西区和东北区约 24%；北区约 17%；东区增长最少，约 11%。2013 年压路机部分区域销售占比情况见图 4，2012—2013 年压路机部分区域销售情况见表 6。

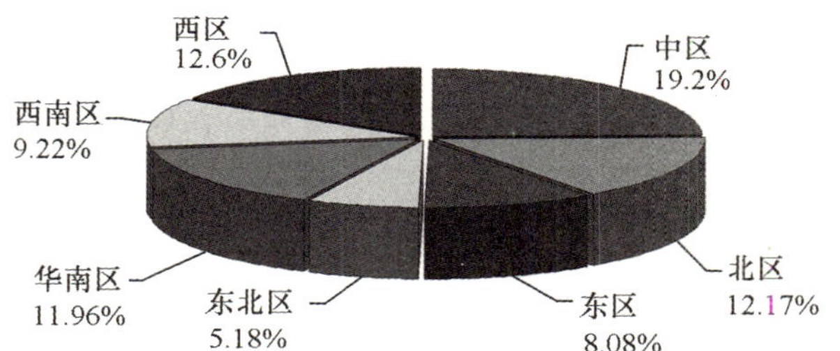

图 4　2013 年压路机部分区域销售占比情况

表 6　2012—2013 年压路机部分区域销售情况

区　域	2013 年		2012 年		同比增长（%）
	销量（台）	市场占有率（%）	销量（台）	市场占有率（%）	
中区　（江苏、安徽、山东、河南）	3 019	19.20	2 406	18.11	25.48
北区　（北京、天津、河北、山西、内蒙古）	1 914	12.17	1 642	12.36	16.57
东区　（浙江、江西、福建、上海）	1 271	8.08	1 148	8.64	10.71
东北区　（黑龙江、吉林、辽宁）	814	5.18	656	4.94	24.09
华南区　（广西、广东、湖北、湖南、海南）	1 881	11.96	1 351	10.17	39.23
西南区（四川、重庆、云南、贵州）	1 450	9.22	1 162	8.74	24.78
西区（西藏、新疆、甘肃、青海、宁夏、陕西）	1 982	12.60	1 589	11.96	24.73

2013 年，31 个省、自治区、直辖市中，除内蒙古自治区、上海市和陕西省压路机销量比上年下降外，其余各省、自治区、直辖市压路机销量同比都有不同程度的增长；江苏省压路机销量超过 1 000 台，居 31 个省、自治区、直辖市之首。青海省压路机销量同比增长最多，增长 117.76%。2012—2013 年各省、自治区、直辖市压路机销售情况见表 7。

表 7　2012—2013 年各省、自治区、直辖市压路机销售情况

省、自治区、直辖市	2013 年		2012 年		同比增长（%）	省、自治区、直辖市	2013 年		2012 年		同比增长（%）
	销量（台）	市场占有率（%）	销量（台）	市场占有率（%）			销量（台）	市场占有率（%）	销量（台）	市场占有率（%）	
江苏	1 062	6.75	714	5.37	48.74	广西	351	2.23	302	2.27	16.23
安徽	529	3.36	398	2.99	32.91	广东	464	2.95	357	2.69	29.97
山东	681	4.33	565	4.25	20.53	湖北	549	3.49	311	2.34	76.53
河南	747	4.75	729	5.49	2.47	湖南	388	2.47	255	1.92	52.16
北京	562	3.57	401	3.02	40.15	海南	129	0.82	126	0.95	2.38
天津	203	1.29	153	1.15	32.68	四川	464	2.95	442	3.33	4.98
河北	425	2.70	380	2.86	11.84	重庆	230	1.46	161	1.21	42.86

（续）

省、自治区、直辖市	2013年 销量（台）	2013年 市场占有率（%）	2012年 销量（台）	2012年 市场占有率（%）	同比增长（%）	省、自治区、直辖市	2013年 销量（台）	2013年 市场占有率（%）	2012年 销量（台）	2012年 市场占有率（%）	同比增长（%）
山西	446	2.84	387	2.91	15.25	云南	370	2.35	282	2.12	31.21
内蒙古	278	1.77	321	2.42	-13.40	贵州	386	2.45	277	2.08	39.35
浙江	366	2.33	330	2.48	10.91	西藏	75	0.48	70	0.53	7.14
江西	284	1.81	255	1.92	11.37	新疆	505	3.21	471	3.54	7.22
福建	431	2.74	352	2.65	22.44	甘肃	480	3.05	310	2.33	54.84
上海	190	1.21	211	1.59	-9.95	青海	233	1.48	107	0.81	117.76
黑龙江	291	1.85	199	1.50	46.23	宁夏	213	1.35	151	1.14	41.06
吉林	202	1.28	156	1.17	29.49	陕西	476	3.03	480	3.61	-0.83
辽宁	321	2.04	301	2.27	6.64						

进出口情况

1. 我国压实机械产品进出口情况

据中国海关总署统计，2013年我国压实机械产品进口量和进口金额同比都有较大幅度增长。压实机械产品出口量同比虽然有较大幅度下降，但出口金额同比略有增长。2012—2013年我国压实机械产品进出口情况见表8。

2. 我国压路机产品出口主要国家（地区）和出口量值

据中国海关总署统计，2013年我国压路机产品出口主要国家和出口量值见表9。

表8 2012—2013年我国压实机械产品进出口情况

名称	进口 数量（台）2013年	进口 数量（台）2012年	进口 数量 同比增长（%）	进口 金额（万美元）2013年	进口 金额（万美元）2012年	进口 金额 同比增长（%）	出口 数量（台）2013年	出口 数量（台）2012年	出口 数量 同比增长（%）	出口 金额（万美元）2013年	出口 金额（万美元）2012年	出口 金额 同比增长（%）
机重18t及以上压路机	46	14	228.57	477.13	127.74	273.52	1 004	1 061	-5.37	6 751.65	7 060.42	-4.37
其他机动压路机	432	365	18.36	1 065.02	1 039.17	2.49	12 232	11 553	5.88	30 241.5	28 617.43	5.68
未列名捣固机及压路机	7			11.11			19 683	32 599	-39.62	2 694.76	3 510.21	-23.23
压实机械合计	485	379	27.97	1 553.26	1 166.91	33.11	32 919	45 213	-27.19	39 687.91	39 188.06	1.28

表9 2013年我国压路机产品出口主要国家和出口量值

机重18t及以上压路机 国家（地区）	数量（台）	金额（万美元）	国家（地区）	数量（台）	金额（万美元）	其他机动压路机 国家（地区）	数量（台）	金额（万美元）	国家（地区）	数量（台）	金额（万美元）
蒙古	115	541.67	乌兹别克斯坦	26	172.85	德国	2 470	641.68	哈萨克斯坦	315	1 087.14
俄罗斯	77	377.26	阿根廷	22	100.04	美国	1 673	1 408.30	埃塞俄比亚	281	932.59
赞比亚	58	436.56	刚果	21	150.10	印度尼西亚	713	3 772.37	南非	193	733.96
尼日利亚	50	370.82	加蓬	21	167.10	日本	670	820.86	智利	182	279.23
阿尔及利亚	46	220.22	坦桑尼亚	20	128.09	法国	660	635.49	马来西亚	166	629.81

（续）

机重18t及以上压路机						其他机动压路机					
国家（地区）	数量（台）	金额（万美元）	国家（地区）	数量（台）	金额（万美元）	国家（地区）	数量（台）	金额（万美元）	国家（地区）	数量（台）	金额（万美元）
缅甸	42	168.13	埃塞俄比亚	20	137.48	俄罗斯	375	1 517.09	阿尔及利亚	139	591.55
安哥拉	36	310.26	印度尼西亚	19	172.74	泰国	361	1 421.73	越南	133	405.58
哈萨克斯坦	34	157.83	吉布提	19	149.25	巴西	359	1 309.64	阿根廷	126	371.59
乌克兰	30	231.71	柬埔寨	18	92.78	沙特阿拉伯	343	1 863.25	尼日利亚	123	612.32
肯尼亚	28	194.16	泰国	18	122.37	菲律宾	333	1 324.83	加拿大	117	74.73

未列名捣固机及压路机											
国家（地区）	数量（台）	金额（万美元）	国家（地区）	数量（台）	金额（万美元）	国家（地区）	数量（台）	金额（万美元）	国家（地区）	数量（台）	金额（万美元）
日本	9 406	648.80	丹麦	604	9.30	韩国	185	15.65	阿尔及利亚	120	66.11
阿拉伯联合酋长国	1 407	39.86	南非	469	25.49	安哥拉	161	121.23	尼日利亚	113	8.14
伊拉克	1 188	19.43	智利	331	12.06	肯尼亚	153	53.62	哥伦比亚	110	11.84
埃塞俄比亚	923	36.39	波兰	301	1.90	立陶宛	140	7.29	巴基斯坦	103	59.36
沙特阿拉伯	837	122.60	澳大利亚	267	19.27	委内瑞拉	139	160.77	印度尼西亚	98	56.73
俄罗斯	670	161.95	莫桑比克	262	59.12	巴西	131	313.25	乌克兰	85	4.54

3. 压路机出口量

由于世界经济复苏缓慢，压路机国际市场仍然低迷，2013年我国压路机出口量与上年相比略有增长。据中国工程机械工业协会路面与压实机械分会统计，2012—2013年压路机出口量见表10。

表10　2012—2013年压路机出口量

指　标	2013年		2012年		同比增长(%)
	数量（台）	占比(%)	数量（台）	占比(%)	
出口	3 395	21.59	3 335	25.10	1.80

4. 压路机出口量构成

2013年，出口的压路机产品中，液压驱动单钢轮振动压路机和机械驱动式单钢轮振动压路机占比仍然最高。与上年相比，轮胎压路机、5t以下振动压路机和双钢轮振动压路机出口量有较大幅度增长，其余压路机产品出口量都不同程度下降。2012—2013年压路机出口量构成见表11。

5. 压路机主要生产企业产品出口情况

据中国工程机械工业协会路面与压实机械分会统计，2013年压路机主要生产企业产品出口情况见表12。

6. 压路机主要生产企业产品出口国家（地区）和量值

据中国工程机械工业协会统计，2013年压路机主要生产企业产品出口国家和量值见表13。

科技成果与新产品

1. 压路机主要生产企业产品获奖情况

压路机主要生产企业产品获奖情况见表14。

2. 压路机主要生产企业新产品开发、专利技术和产品鉴定情况

2013年压路机主要生产企业新产品开发、专利技术和产品鉴定情况见表15。

表 11　2012—2013 年压路机出口量构成

产　品	2013 年		2012 年		同比增长 (%)
	数量（台）	占比 (%)	数量（台）	占比 (%)	
静碾压路机	37	1.09	41	1.23	-9.76
轮胎压路机	285	8.39	167	5.01	70.66
机械驱动式单钢轮振动压路机	1 155	34.02	1 298	38.92	-11.02
液压驱动式单钢轮振动压路机	1 323	38.97	1 325	39.73	-0.15
双钢轮振动压路机	187	5.51	152	4.56	23.03
5t 以下振动压路机	341	10.04	266	7.98	28.20
垃圾压实机	12	0.35	12	0.36	0.00
其他压路机	55	1.62	74	2.21	-25.68

表 12　2013 年压路机主要生产企业产品出口情况

序号	企业名称	2013 年		2012 年		同比增长 (%)
		出口量（台）	占比 (%)	出口量（台）	占比 (%)	
1	徐工集团道路机械事业部	752	22.15	634	19.01	18.61
2	国机重工（洛阳）建筑机械有限公司	152	4.48	195	5.85	-22.05
3	洛阳路通重工机械有限公司	291	8.57	246	7.38	18.29
4	厦工（三明）重型机器有限公司	693	20.41	632	18.95	9.56
5	常林股份有限公司	92	2.71	105	3.15	-12.38
6	柳工无锡路面机械有限公司	556	16.38	605	18.14	-8.10
7	三一重工股份有限公司	122	3.59	120	3.60	1.67
8	山推工程机械股份有限公司	288	8.48	413	12.38	-30.27
9	鼎盛重工机械有限公司	7	0.21	10	0.30	-30.00
10	龙工（上海）路面机械制造公司	239	7.04	161	4.83	48.45
11	维特根（中国）机械有限公司	10	0.29	11	0.33	-9.09
13	山东临工工程机械有限公司	38	1.12	19	0.57	100.00
14	青岛科泰重工机械有限公司	105	3.09	118	3.54	-11.02
15	卡特彼勒（青州）有限公司	50	1.47	23	0.69	117.39

表 13　2013 年压路机主要生产企业产品出口国家和量值

序号	企业名称	规格型号	数量（台）	金额（万美元）	出口国家
1	广西柳工机械股份有限公司	压路机	556	2 356.20	埃塞俄比亚、哈萨克斯坦
2	常林股份有限公司	3Y 系列静碾压路机	3	9.71	缅甸
		YZ16 机械驱动式压路机	3	11.14	俄罗斯、塔吉克斯坦
		8188 机械驱动式压路机	3	12.74	俄罗斯
		8208 机械驱动式压路机	4	19.56	柬埔寨、沙特阿拉伯
		小型液压驱动式压路机	2	7.29	俄罗斯
		YZ12 液压驱动式压路机	37	183.01	俄罗斯、菲律宾、肯尼亚、沙特阿拉伯、苏丹、突尼斯、印度尼西亚、哥伦比亚
		YZ14 液压驱动式压路机	48	165.05	俄罗斯、哥伦比亚、马来西亚、越南、柬埔寨

表 14　压路机主要生产企业产品获奖情况

企业名称	产品名称	奖励项目名称	获奖等级	获奖时间
徐工集团道路机械事业部	XS303 型全液压单钢轮振动压路机	中国工程机械年度产品TOP50	技术创新金奖	2014 年 3 月
	XS302 型振动压路机	2013 年度江苏机械工业科技进步奖	二等奖	2013 年 12 月
	XD142 型振动压路机			
	XP163/XP203 型轮胎压路机		三等奖	
	XS262J 型振动压路机			
	XD31/41 型双钢轮振动压路机	2013 年度徐州市科学技术奖		
国机重工（洛阳）建筑机械有限公司	LDD312H 型双钢轮振动压路机	中国工程机械年度产品TOP50	年度产品奖	2014 年 3 月
青岛科泰重工机械有限公司	KS202DS 型沙漠王全液压单钢轮振动压路机	中国工程机械年度产品TOP50	年度产品奖	2014 年 3 月

表 15　2013 年压路机主要生产企业新产品开发、专利技术和产品鉴定情况

企业名称	新产品开发	产品鉴定	专利技术
徐工集团道路机械事业部	XP263S/303S 轮胎压路机	XS183、XS183E、XS203、XS203E、XS203J、XS223、XS223E、XS223J、XS263、XS263J、XS303、XD82E、XD112E、XD122E、XD133、XD143、XMR15S 振动压路机和 XP163、XP203、XP263、XP303 轮胎压路机（2013 年 6 月徐州市科学技术局组织鉴定）	机械驱动式压路机机电液多档位变速系统（实用新型 2013 2 0003960.4）
	XMR303 轻型压路机		压路机档位选择器（实用新型 2013 2 0004513.0）
	CV122 单钢轮振动压路机		振动压路机用振动侧行走轴承座组件（实用新型 2013 2 0054957.5）
			双钢轮振动压路机的控制系统（实用新型 2013 2 0081979.0
柳工无锡路面机械有限公司	CLG6120E/6122E 机械驱动式单钢轮振动压路机	CLG6120 机械驱动式单钢轮振动压路机和 CLG6611E、6613E 全液压单钢轮振动压路机（2013 年 11 月江苏省经济和信息化委员会和江阴市科技局组织鉴定）	
	CLG6212E/6214E 双钢轮振动压路机		
	CLG6618/6620/6622 单钢轮振动压路机		
	CLG6608E T4f 单钢轮振动压路机		
	CLG6611E T4f 单钢轮振动压路机		
	CLG6516E/6520E 轮胎压路机		
	CLG6032 小型双钢轮振动压路机		
常林股份有限公司		8228-5 机械驱动式振动压路机（2013 年 7 月常州市科学技术局组织鉴定）	振动压路机用振动轮透气机构（发明专利，已授理）
			振动压路机用振动轮透气机构（实用新型 3162450）
			振动机构的动力连接机构（实用新型 3162080）
江苏骏马压路机有限公司	JMS08H 全液压振动压路机	JMS08H 和 YZC12HB 全液压振动压路机（2013 年 3 月江苏省质量技术监督工程建筑机械产品质量检验站组织鉴定）	防止建筑物损伤的压路机预警装置（发明专利 2013 1 0329224.2）
	JMD806H 全液压振动振荡压路机		一种压路机洒水系统（实用新型 2013 2 0244002.6）
	YZC12HB 全液压振动压路机	JMD806H 全液压振动振荡压路机（2013 年 4 月江苏省质量技术监督工程建筑机械产品质量检验站组织鉴定）	橡胶加水口盖（实用新型 2013 2 0242226.3）
			开口式检查门（实用新型 2013 2 0243394.4）

（续）

企业名称	新产品开发	产品鉴定	专利技术
合肥永安绿地工程机械有限公司	LSV200 单钢轮垂直振动压路机		
	LSV220 单钢轮垂直振动压路机		
	LSM220 单钢轮垂直振动压路机		
	LSM270 单钢轮垂直振动压路机		
	LDV150 双钢轮垂直振动压路机		
	LDH1501 双钢轮垂直振动压路机		

沥青混凝土摊铺机

生产发展情况

1. 行业产品构成及主要生产企业

我国沥青混凝土摊铺机行业产品主要包括履带式沥青混凝土摊铺机和轮胎式沥青混凝土摊铺机两大类。履带式和轮胎式沥青混凝土摊铺机按行走传动方式又分为液压驱动式和机械驱动式。目前在我国生产沥青混凝土摊铺机的主要生产企业有 10 多家。沥青混凝土摊铺机产品分类及 2013 年主要生产企业见表 16。

表 16　沥青混凝土摊铺机产品分类及 2013 年主要生产企业

序号	主要生产企业名称	机械驱动式							液压驱动式									
		≤4.5m		4.5～6m（含）		6～8m（含）		8.5m以上	≤4.5m		4.5～6m（含）		6～8m（含）		8～9.5m（含）		9.5～12m（含）	12m以上
		轮胎式	履带式	轮胎式	履带式	轮胎式	履带式	履带式	轮胎式	履带式	轮胎式	履带式	轮胎式	履带式	轮胎式	履带式	履带式	履带式
1	徐工集团道路机械事业部	●							●	●	●	●	●	●		●	●	●
2	江苏华通动力重工有限公司	●	●	●	●		●	●				●		●		●		●
3	鼎盛重工机械有限公司											●		●		●		
4	三一重工股份有限公司													●		●	●	
5	中联重科股份有限公司															●	●	●
6	中交西安筑路机械有限公司	●	●	●	●				●			●				●		
7	成都市新筑路桥机械股份有限公司													●		●	●	●
8	柳工无锡路面机械有限公司								●							●		
9	沃尔沃建筑设备（中国）有限公司															●	●	
10	维特根（中国）机械有限公司								●	●	●	●	●	●		●	●	●
11	戴纳派克（中国）压实摊铺设备有限公司									●					●	●	●	●
12	住重中骏（厦门）建机有限公司										●					●		
13	卡特彼勒路面机械有限公司													●		●		
14	陕西建设机械股份有限公司										●					●	●	●
15	北京天顺长城有限公司								●	●	●					●	●	●
16	天津山河装备开发有限公司													●		●		

注：打●的产品为企业 2013 年销售的产品。

2. 沥青混凝土摊铺机主要生产企业产品产销存情况

2013 年，我国公路、铁路和城市道路等交通基础设施建设投资比 2012 年有所增长，对路面与压实机械市场有所拉动，但因为沥青混凝土摊铺机是主要用于公路面层施工的专用设备，对交通基础设施建设投资增长的拉动比压路机小，而且滞后。因此，2013 年我国沥青混凝土摊铺机销量仍然处于同比负增长状态，未能走出低谷，产品产量下降，库存增加。2012—2013 年沥青混凝土摊铺机主要生产企业产品产销存情况见表 17。

表 17 2012—2013 年沥青混凝土摊铺机主要生产企业产品产销存情况

序号	企业名称	产 量（台）			销 量（台）			库 存（台）		
		2013 年	2012 年	同比增长（%）	2013 年	2012 年	同比增长（%）	2013 年	2012 年	同比增长（%）
1	徐工集团道路机械事业部				486	557	-12.75			
2	江苏华通动力重工有限公司	195			195	226	-13.72			
3	鼎盛重工机械有限公司				55	32	71.88			
4	三一重工股份有限公司				478	518	-7.72			
5	中联重科股份有限公司	269			202	192	5.21	52		
6	中交西安筑路机械有限公司	24	60	-60	36	47	-23.40			
7	成都市新筑路桥机械股份有限公司				47	45	4.44			
8	柳工无锡路面机械有限公司				12	16	-25.00			
9	沃尔沃建筑设备（中国）有限公司				75	88	-14.77			
10	维特根（中国）机械有限公司				232	170	36.47			
11	戴纳派克（中国）压实摊铺设备有限公司				85	111	-23.42			
12	住重中骏（厦门）建机有限公司				3	4	-25.00			
13	卡特彼勒路面机械有限公司				2	2	0.00			
14	陕西建设机械股份有限公司	122	154	-20.78	90	161	-44.00	44		
15	北京天顺长城有限公司				65					
16	天津山河装备开发有限公司				3					

国内销售情况

1. 沥青混凝土摊铺机主要生产企业产品国内销售情况

2013 年，沥青混凝土摊铺机国内市场继续向好的方向发展，主要生产企业国内销量同比稍有下降，国内销量占总销量的比例比上年略有下降。据中国工程机械工业协会路面与压实机械分会统计，2012—2013 年沥青混凝土摊铺机主要生产企业产品国内销售情况见表 18。

表 18 2012—2013 年沥青混凝土摊铺机主要生产企业产品国内销售情况

指 标	2013 年		2012 年		同比增长（%）
	数量（台）	占比（%）	数量（台）	占比（%）	
销售	1 938	93.8	2 065	95.21	-6.15

2. 沥青混凝土摊铺机主要生产企业产品月度销售情况

2013 年，我国沥青混凝土摊铺机市场开局形势不好，1 月销量基本持平，2 月销量大幅下滑，下降 25.77%。3 月销量虽然大幅增长，4 月、5 月销量又回到负增长状态。6 月销量略有增长，7 月销量开始持续下滑，而且一蹶不振，直到 12 月销量才出现较大幅度增长，但已无法扭转全年负增长的局面。2013 年与 2012 年沥青混凝土摊铺机主要生产企业产品月度销售走势比较见图 5。

3. 沥青混凝土摊铺机主要生产企业产品销售情况

据中国工程机械工业协会路面与压实机械分会统计，2013 年沥青混凝土摊铺机主要生产企业产品销售情况见表 19。

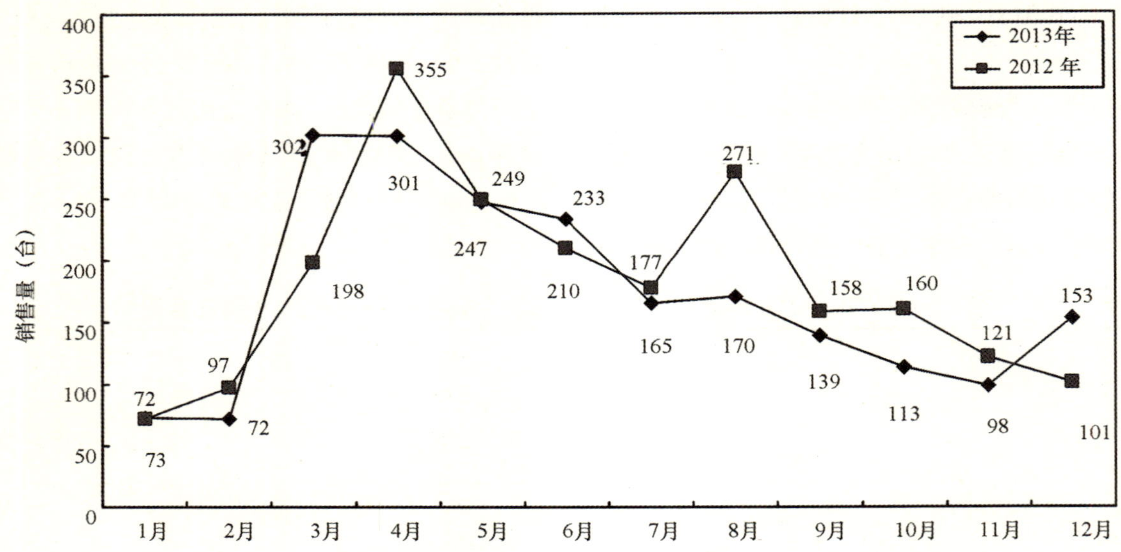

图 5　2013 年与 2012 年沥青混凝土摊铺机主要生产企业产品月度销售走势比较

表 19　2013 年沥青混凝土摊铺机主要生产企业产品销售情况　　（单位：台）

序号	企业名称	机械驱动式							液压驱动式										合计
		≤4.5m		4.5～6m		6～8m		8.5m以上	≤4.5m		4.5～6m		6～8m		8～9.5m		9.5～12m	12m以上	
		轮胎式	履带式	轮胎式	履带式	轮胎式	履带式	履带式	轮胎式	履带式	轮胎式	履带式	轮胎式	履带式	轮胎式	履带式	履带式	履带式	
1	徐工集团道路机械事业部	5							79	1	17	10	10	17		267	41	39	486
2	江苏华通动力重工有限公司	59	4	7	24		9	3				3		12		72		2	195
3	鼎盛重工机械有限公司											19		18		18			55
4	三一重工股份有限公司													29		284	165		478
5	中联重科股份有限公司															145	49	8	202
6	中交西安筑路机械有限公司	4	3	9	2				2			3				13			36
7	成都市新筑路桥机械股份有限公司													21		20	3	3	47
8	柳工无锡路面机械有限公司								1							11			12
9	沃尔沃建筑设备（中国）有限公司															59	16		75
10	维特根（中国）机械有限公司								6	6	1	1	1	13		133	14	55	230
11	戴纳派克（中国）压实摊铺设备有限公司									2					2	14	59	10	87
12	住重中骏（厦门）建机有限公司										1					2			3
13	卡特彼勒路面机械有限公司													1		1			2
14	陕西建设机械股份有限公司										2					40	37	11	90
15	北京天顺长城有限公司								1	1	1					15	40	7	65
16	天津山河装备开发有限公司													1		2			3

4. 沥青混凝土摊铺机主要生产企业产品销量构成

2013 年，8 ～ 9.5m 沥青混凝土摊铺机仍然是我国沥青混凝土摊铺机市场的主导产品，占总销量的一半以上。销量居第二位的是 9.5 ～ 12m 沥青混凝土摊铺机，约占总销量的 1/5。其余沥青混凝土摊铺机产品销量都比较少，只占沥青摊铺机总销量的 5% ～ 8%。2013 年沥青混凝土摊铺机主要生产企业产品销量构成见图 6。

与上年相比，2013 年轮胎式和液压驱动式沥青混凝土摊铺机销量占比有所增长，履带式和机械驱动式沥青混凝土摊铺机销量占比有所下降。沥青混凝土摊铺机各类产品中，≤ 4.5m 沥青混凝土摊铺机销量增长最多，增长 22%，表明 2013 年公路养护工程量多。8 ～ 9.5m 沥青混凝土摊铺机销量有所增长，增长 6%。其余沥青混凝土摊铺机销量均不同程度下降，其中＞ 12m 沥青混凝土摊铺机产品销量下降最多，下降了 32%，主要原因是 2013 年高等级沥青道路面层施工工程减少和沥青路面宽幅摊铺施工工艺有改进的趋势。2012—2013 年沥青混凝土摊铺机主要生产企业产品销量构成见表 20。

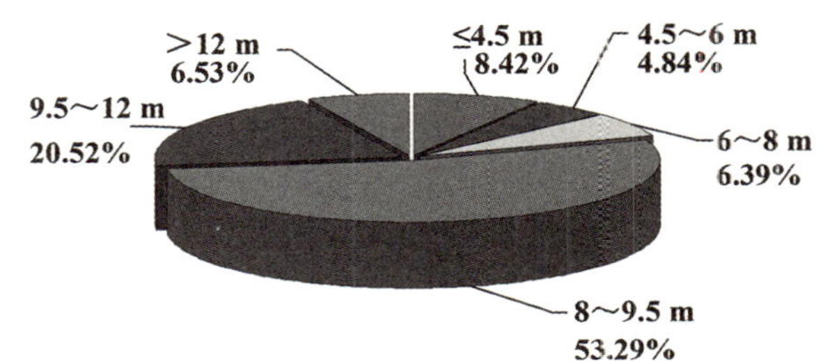

图 6　2013 年沥青混凝土摊铺机主要生产企业产品销量构成

表 20　2012—2013 年沥青混凝土摊铺机主要生产企业产品销量构成

产　品		2013 年		2012 年		同比增长（%）
		销量（台）	占比（%）	销量（台）	占比（%）	
按驱动方式	轮胎式	208	10.07	187	8.62	-11.23
	履带式	1 858	89.93	1 982	91.38	-6.26
按行走方式	机械式	129	6.24	145	6.69	-11.03
	液压式	1 937	93.76	2 024	93.31	-4.30
按摊铺宽度	≤ 4.5m	174	8.42	143	6.59	21.68
	4.5 ～ 6m	100	4.84	109	5.03	-8.26
	6 ～ 8m	132	6.39	151	6.96	-12.58
	8 ～ 9.5m	1 101	53.29	1 037	47.81	6.17
	9.5 ～ 12m	424	20.52	530	24.44	-20.00
	＞ 12m	135	6.53	199	9.17	-32.16

5. 沥青混凝土摊铺机主要生产企业产品市场占有率

2013 年，绝大多数沥青混凝土摊铺机生产企业销量同比下降，下降幅度为 8% ～ 44%，只有少数几家生产企业销量同比增长。其中鼎盛重工机械有限公司销量同比增长 71.88%，市场占有率同比增加了 1.18 个百分点。维特根（中国）机械有限公司销量同比增长 36.47%，市场占有率同比增加了 3.39 个百分点。2013 年销售沥青混凝土摊铺机 100 台以上的生产企业有：徐工集团道路机械事业部、三一重工股份有限公司、维特根（中国）机械有限公司、中联重科股份有限公司、江苏华通动力重工有限公司。2013 年沥青混凝土摊铺机主要生产企业产品市场占有率见图 7。

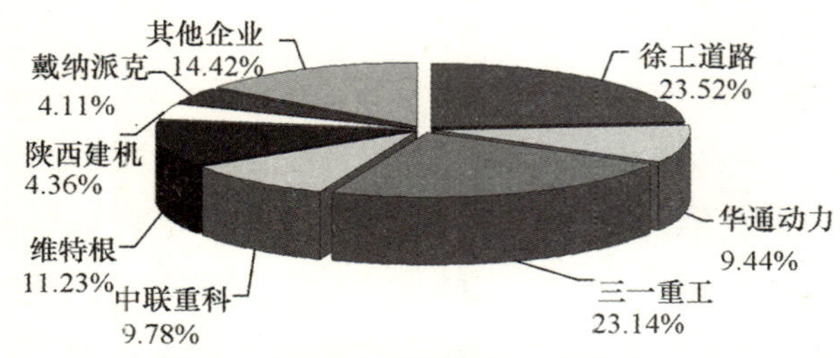

图 7　2013 年沥青混凝土摊铺机主要生产企业产品市场占有率

6. 沥青混凝土摊铺机主要生产企业产品区域销售情况

2013 年沥青混凝土摊铺机主要生产企业产品部分区域销售情况见图 8。

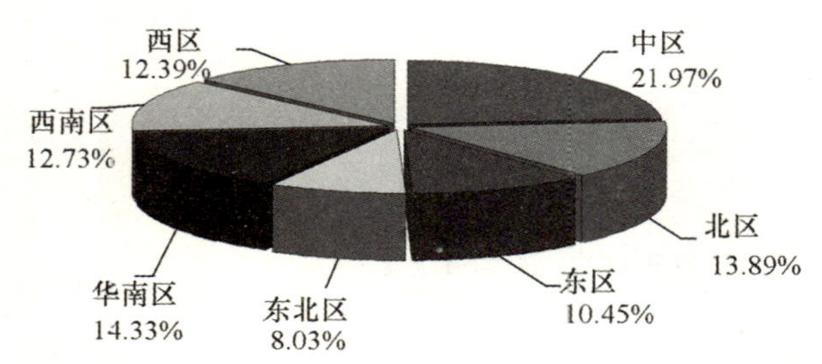

图 8　2013 年沥青混凝土摊铺机主要生产企业产品部分区域销售情况

2013 年，沥青混凝土摊铺机主要生产企业产品部分区域销量同比增减不一：华南区、东北区、北区和西南区销量同比增长，增长幅度为 0.4%～11%，华南区销量增长最多，增长 11.28%。东区、中区和西区销量同比下降，降幅为 28%～14%，东区销量下降最多，下降了 28.24%。2012—2013 年沥青混凝土摊铺机主要生产企业产品部分区域销售情况见表 21。

表 21　2012—2013 年沥青混凝土摊铺机主要生产企业产品部分区域销售情况

区　域	2013 年		2012 年		同比增长(%)
	销量（台）	市场占有率(%)	销量（台）	市场占有率(%)	
中区（江苏、安徽、山东、河南）	454	21.97	516	23.79	-12.02
北区（北京、天津、河北、山西、内蒙古）	287	13.89	269	12.40	6.69
东区（浙江、江西、福建、上海）	216	10.45	301	13.88	-28.24
东北区（黑龙江、吉林、辽宁）	166	8.03	155	7.15	7.10
华南区（广西、广东、湖北、湖南、海南）	296	14.33	266	12.26	11.28
西南区（四川、重庆、云南、贵州）	263	12.73	262	12.08	0.38
西区（西藏、新疆、甘肃、青海、宁夏、陕西）	256	12.39	296	13.65	-13.51

7. 沥青混凝土摊铺机主要生产企业产品省、自治区、直辖市销售情况

2013 年，31 个省、自治区和直辖市中，约有 61% 的省、自治区和直辖市沥青混凝土摊铺机销量同比增长，其余省、自治区和直辖市沥青混凝土摊铺机销量同比都有不同程度下降。2012—2013 年沥青混凝土摊铺机主要生产企业产品省、自治区、直辖市销售情况见表 22。

表 22　2012—2013 年沥青混凝土摊铺机主要生产企业产品省、自治区、直辖市销售情况

省、自治区、直辖市	2013 年销量（台）	2012 年销量（台）	2013 年市场占有率(%)	销量同比增长(%)	省、自治区、直辖市	2013 年销量（台）	2012 年销量（台）	2013 年市场占有率(%)	销量同比增长(%)
江苏	161	226	7.79	-28.76	广西	51	48	2.47	6.25
安徽	73	87	3.53	-16.09	广东	98	87	4.74	12.64
山东	125	104	6.05	20.19	湖北	64	60	3.10	6.67
河南	95	99	4.60	-4.04	湖南	63	54	3.05	16.67
北京	98	54	4.74	81.48	海南	20	17	0.97	17.65
天津	18	26	0.87	-30.77	四川	107	95	5.18	12.63
河北	59	72	2.86	-18.06	重庆	42	38	2.03	10.53
山西	68	59	3.29	15.25	云南	53	61	2.57	-13.11
内蒙古	44	58	2.13	-24.14	贵州	61	68	2.95	-10.29
黑龙江	55	40	2.66	37.50	西藏	10	11	0.48	-9.09
吉林	44	44	2.13	0.00	新疆	89	98	4.31	-9.18
辽宁	67	71	3.24	-5.63	甘肃	50	61	2.42	-18.03

（续）

省、自治区、直辖市	2013 年销量（台）	2012 年销量（台）	2013 年市场占有率（%）	销量同比增长（%）	省、自治区、直辖市	2013 年销量（台）	2012 年销量（台）	2013 年市场占有率（%）	销量同比增长（%）
浙江	74	112	3.58	-33.93	青海	21	26	1.02	-19.23
江西	45	64	2.18	-29.69	宁夏	30	13	1.45	130.77
福建	58	59	2.81	-1.69	陕西	56	87	2.71	-35.63
上海	39	66	1.89	-40.91					

进出口情况

1. 我国沥青混凝土摊铺机产品进出口情况

据中国海关总署统计，2013 年我国沥青混凝土摊铺机产品进口量和进口金额同比都有所增加。出口量同比大幅下降，出口金额也有所减少。2012—2013 年我国沥青混凝土摊铺机产品进出口情况见表 23。

表 23　2012—2013 年我国沥青混凝土摊铺机产品进出口情况

名　称	进口						出口					
	数量（台）			金额（万美元）			数量（台）			金额（万美元）		
	2013 年	2012 年	同比增长（%）	2013 年	2012 年	同比增长（%）	2013 年	2012 年	同比增长（%）	2013 年	2012 年	同比增长（%）
沥青混凝土摊铺机	239	202	18.32	3 598.05	3 492.98	3.01	313	446	-29.82	3 499.12	4 028.46	-13.14

2. 我国沥青混凝土摊铺机产品出口主要国家（地区）和出口量值

据中国海关总署统计，2013 年我国沥青混凝土摊铺机产品出口主要国家和出口量值见表 24。

表 24　2013 年我国沥青混凝土摊铺机产品出口主要国家和出口量值

国　家	数量（台）	金额（万美元）	国　家	数量（台）	金额（万美元）
俄罗斯	50	366.15	哈萨克斯坦	16	179.25
蒙古	34	520.22	缅甸	15	131.69
巴西	26	24.21	阿根廷	11	29.04
印度尼西亚	24	43.07	吉尔吉斯斯坦	9	62.78

3. 沥青混凝土摊铺机主要生产企业产品出口量

2013 年沥青混凝土摊铺机主要生产企业产品出口量同比有较大增长。据中国工程机械工业协会路面与压实机械分会统计，2012—2013 年沥青混凝土摊铺机主要生产企业产品出口量见表 25。

表 25　2012—2013 年沥青混凝土摊铺机主要生产企业产品出口量

指　标	2013 年		2012 年		同比增长（%）
	数量（台）	占比（%）	数量（台）	占比（%）	
出口	128	6.2	104	4.79	23.08

4. 沥青混凝土摊铺机主要生产企业产品出口国家和量值

据中国工程机械工业协会统计，2013 年沥青混凝土摊铺机主要生产企业产品出口国家（地区）和量值见表 26。

表 26　2013 年沥青混凝土摊铺机主要生产企业产品出口国家（地区）和量值

企业名称	规格型号	数量（台）	金额（万美元）	出口国家（地区）
广西柳工机械股份有限公司		1	17.6	土库曼斯坦
中交西安筑路机械有限公司	LTD450	1	6.3	印度尼西亚
	LTU600	1	10.8	俄罗斯
	LTU950	1	25.1	尼日利亚
	ZT150	1	11.7	科特迪瓦

路面铣刨机

生产发展情况

1. 行业产品构成及生产企业

我国路面铣刨机行业产品主要是自行式路面铣刨机。自行式路面铣刨机包括轮胎式路面铣刨机和履带式路面铣刨机两大类产品。目前，我国路面铣刨机的主要生产企业有 10 多家，生产 40 多种规格、型号的轮胎式和履带式自行式路面铣刨机。路面铣刨机产品分类及 2013 年主要生产企业见表 27。

表 27　路面铣刨机产品分类及 2013 年主要生产企业

序号	主要生产企业名称	主要产品型号	
		轮胎式	履带式
1	徐工集团道路机械事业部	XM50、XM100、XM101、XM100H、XM101H、XM103、XM130	XM200
2	江苏华通动力重工有限公司	LXZY500B、LXZ100D、LXH100D、LXH1300D、LXZY1000、LXZY1300	HM2100
3	中联重科股份有限公司		BG1000B、BG2000D、BG2100C
4	三一重工股份有限公司		SM2000、SM2000C
5	卡特彼勒路面机械有限公司		PM102、PM200、PM201、PM565B
6	鼎盛重工机械有限公司	LXL100、LXL1200、LXL1300	LX1300、LX200
7	戴纳派克（中国）压实摊铺设备有限公司	PL350、PL500	PL2000、PL2100
8	柳工无锡路面机械有限公司	563	568
9	中交西安筑路机械有限公司	LX120、LXD120	LX200、XM200
10	沈阳北方交通重工集团	KFX500、KFX1000、KFX1000DB、KFX1000QDB	KFX2000E、KFX220、KFX2000、KFX1300Q、KFX1000Q
11	陕西建设机械股份有限公司	CM1000	CM2000
12	西安宏大交通科技有限公司	HD1000	HD2000、HD2200

2. 路面铣刨机主要生产企业产品产销存情况

2013 年，由于我国公路和城市道路交通基础设施建设投资比 2012 年有所增长，公路和城市道路养护量也在增加。据不完全统计，2013 年我国改建高速公路 340 多 km，改建国、省干线 2.86 万多 km，改建农村公路 21 万多 km。因此，我国路面铣刨机行业在工程机械行业整体低迷的形势下，产量和销量双增长，库存大幅下降，取得了走出低谷、实现恢复性增长的较好业绩。据中国工程机械工业协会路面与压实机械分会统计，2012—2013 年路面铣刨机主要生产企业产品产销存情况见表 28。

表 28　2012—2013 年路面铣刨机主要生产企业产品产销存情况

项　目	2013 年（台）	2012 年（台）	同比增长（%）
产量	176	171	2.92
销量	241	226	6.64
库存	14	31	-54.84

2013 年，路面铣刨机生产企业产品产销量同比普遍增长，库存减少。据中国工程机械工业协会路面与压实机械分会统计，2012—2013 年路面铣刨机主要生产企业产品产销存情况见表 29。

表 29　2012—2013 年路面铣刨机主要生产企业产品产销存情况

序号	企业名称	产量			销量			库存		
		2013 年（台）	2012 年（台）	同比增长 (%)	2013 年（台）	2012 年（台）	同比增长 (%)	2013 年（台）	2012 年（台）	同比增长 (%)
1	徐工集团道路机械事业部	102	100	2.00	125	113	10.62	8	29	-72.41
2	鼎盛重工机械有限公司	2			2					
3	江苏华通动力重工有限公司				39	37	5.41			
4	中联重科股份有限公司	18	17	5.88	18	17	5.88			
5	三一重工股份有限公司	30	43	-30.23	29	42	-30.95	1	1	0.00
6	柳工无锡路面机械有限公司	9			6	5	20.00			
7	陕西建设机械股份有限公司	10	7	42.86	7	7	0.00	3		
8	卡特彼勒路面机械有限公司		1		6	1	500.00			
9	戴纳派克（中国）压实摊铺设备有限公司				6	2	200.00			
10	天津山河装备开发有限公司	5	3	66.67	3	2	50.00	2	1	100.00

国内销售情况

1. 路面铣刨机主要生产企业产品国内销售情况

2013 年，路面铣刨机主要生产企业产品国内销量同比略有增长，占比比上年减少了约 3 个百分点。据中国工程机械工业协会路面与压实机械分会统计，2012—2013 年路面铣刨机主要生产企业产品国内销售情况见表 30。

表 30　2012—2013 年路面铣刨机主要生产企业产品国内销售情况

2013 年		2012 年		同比增长 (%)
销量（台）	占比 (%)	销量（台）	占比 (%)	
224	92.95	217	96.02	3.23

2. 路面铣刨机主要生产企业产品月度销售情况

2013 年我国路面铣刨机市场开局比较好，1 月、2 月销量同比分别增长 60% 和 83.3%。3 月销量同比基本持平，4 月销量突然大幅下滑，下降 27.3%。5 月销量重返持平状态，6 月销量又略有下滑。7 月以后虽然已进入销售淡季，但市场形势继续向好的方向发展，下半年除 9 月和 12 月以外，每个月的销量都保持不同程度增长，实现了全年销量同比恢复性增长。2013 年与 2012 年路面铣刨机主要生产企业产品月度销售走势比较见图 9。

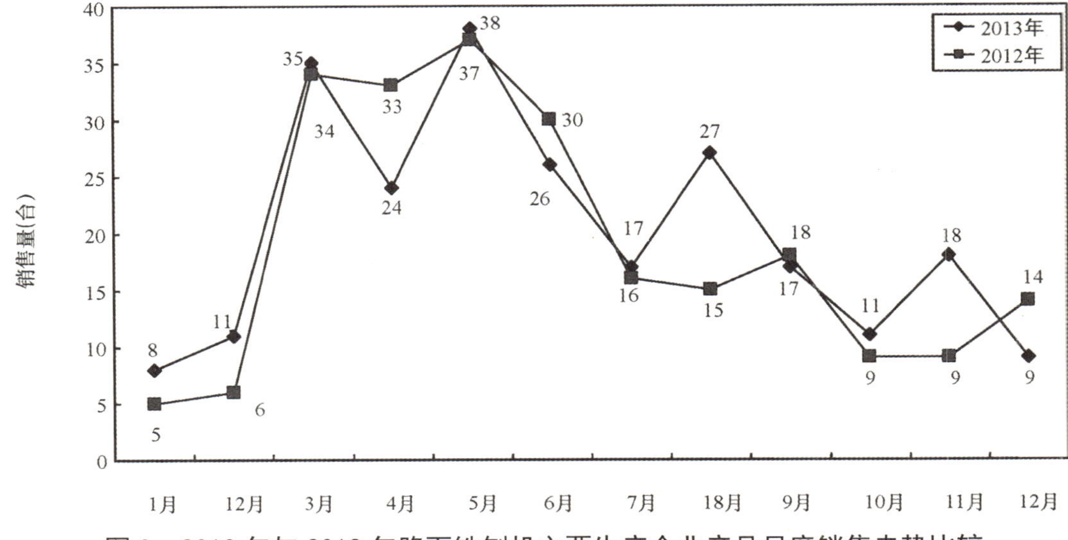

图 9　2013 年与 2012 年路面铣刨机主要生产企业产品月度销售走势比较

3. 路面铣刨机主要生产企业产品销售情况

2013年，除个别路面铣刨机生产企业销量同比下降外，大多数生产企业路面铣刨机销量同比都不同程度增长。据中国工程机械工业协会路面与压实机械分会统计，2013年路面铣刨机主要生产企业产品销售情况见表31。

表31　2013年路面铣刨机主要生产企业产品销售情况

序号	企业名称	销量（台）				
		1m以下	1m及相当于1m	1～1.5m（含）	1.5～2m（含）	2m以上
1	徐工集团道路机械事业部	25	79	12	3	6
2	鼎盛重工机械有限公司		2			
3	江苏华通动力重工有限公司	11	19	9		
4	中联重科股份有限公司		2	4	10	2
5	三一重工股份有限公司		1	7	21	
6	柳工无锡路面机械有限公司		6			
7	陕西建设机械股份有限公司				7	
8	卡特彼勒路面机械有限公司		1		5	
9	戴纳派克（中国）压实摊铺设备有限公司	1			5	
10	天津山河装备开发有限公司		3			

4. 路面铣刨机主要生产企业产品销量构成

2013年，我国路面铣刨机销量最大的产品仍然是1m及相当于1m路面铣刨机，其销量接近总销量的1/2。1.5～2m路面铣刨机销量居第二位，2m以上路面铣刨机销量最少，不到总销量的4%。据中国工程机械工业协会路面与压实机械分会统计，2013年路面铣刨机主要生产企业产品销量构成见图10。

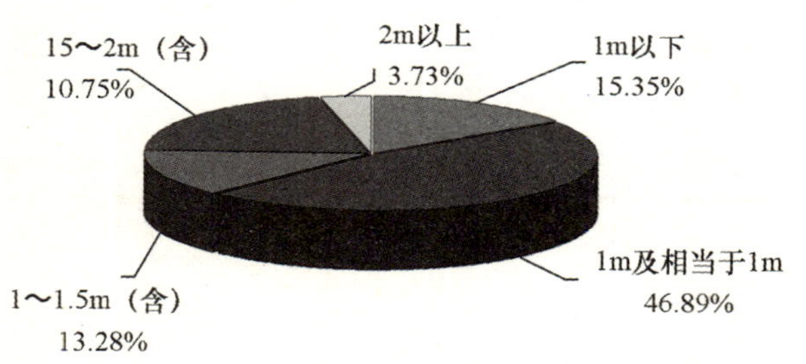

图10　2013年路面铣刨机主要生产企业产品销量构成

与2012年相比，1m及相当于1m路面铣刨机销量有很大增长，增长约79%，所占比例增加约19个百分点。1～1.5m路面铣刨机销量也有较大增长，增长约45%，所占比例增加了3.55个百分点。其他路面铣刨机产品销量都有所下降。其中2m以上路面铣刨机下降最多，下降约63%，所占比例减少了6.89个百分点，说明2013年大型路面养护工程减少。2012—2013年路面铣刨机主要生产企业产品销量构成见表32。

表32　2012—2013年路面铣刨机主要生产企业产品销量构成

产品	2013年		2012年		同比增长（%）
	销量（台）	占比（%）	销量（台）	占比（%）	
1m以下	37	15.35	55	24.34	-32.73
1m及相当于1m	113	46.89	63	27.88	79.37
1～1.5m（含）	32	13.28	22	9.73	45.45
1.5～2m（含）	50	20.75	62	27.43	-19.35
2m以上	9	3.73	24	10.62	-62.50

5. 路面铣刨机主要生产企业产品市场占有率

与上年相比，2013年路面铣刨机主要生产企业产品市场占有率只有个别生产企业明显下降，其他生产企业都没有太大变化。2013年路面铣刨机主要生产企业产品市场占有率见图11。

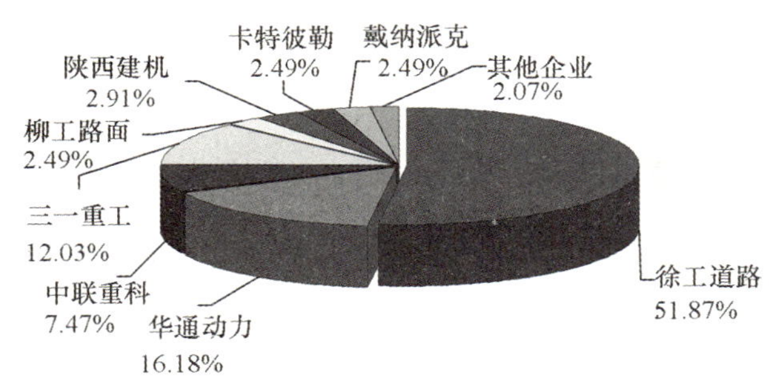

图 11　2013 年路面铣刨机主要生产企业产品市场占有率

出口情况

2013 年，路面铣刨机主要生产企业产品出口量与上年相比大幅增长。据中国工程机械工业协会路面与压实机械分会统计，2012—2013 年路面铣刨机主要生产企业产品出口量见表 33。

表 33　2012—2013 年路面铣刨机主要生产企业产品出口量

2013 年		2012 年		同比增长 (%)
数量（台）	占比 (%)	数量（台）	占比 (%)	
17	7.05	9	3.98	88.89

据中国工程机械工业协会统计，2013 年，路面铣刨机主要生产企业产品出口国家（地区）和量值见表 34。

表 34　2012 年路面铣刨机主要生产企业产品出口国家（地区）和量值

企业名称	规格型号	数量（台）	金额（万美元）	出口国家（地区）
徐工集团道路机械事业部	XM101	10		南美洲
	XM130	6		中亚
中交西安筑路机械有限公司	LXD120	1	17.7	津巴布韦

其他路面机械

1. 其他路面机械新产品开发情况

其他路面机械新产品开发情况见表 35。

2. 其他路面机械获奖情况

其他路面机械产品获奖情况见表 36。

表 35　其他路面机械新产品开发情况

企业名称	产品型号	产品名称	进度
山东公路机械厂	CZS1000	沥青路面冷再生机	2014 年 3 月进行工业性试验
	LZS600B	沥青路面冷再生机	2013 年 10 月进行工业性试验
	PS400	水泥路面破碎机	2014 年 3 月进行工业性试验

表 36　其他路面机械产品获奖情况

企业名称	产品名称	奖励项目名称	获奖等级	获奖时间
江苏华通动力重工有限公司	WTS95 型稳定土摊铺机	中国工程机械年度产品 TOP50	年度产品奖	2014 年 3 月
中交西安筑路机械有限公司	JD5000 型沥青混合料搅拌设备			
福建铁拓机械有限公司	TS2015 型沥青混合料热再生设备			
广东易山重工股份有限公司	CLYB—CY2000IV 型沥青路面综合养护车			
西安达刚路面机械股份有限公司	DL25000 冷再生机			

〔撰稿人：中国工程机械工业协会路面与压实机械分会吴竟吾〕

（本文编辑：张珂玲）

桩工机械

生产发展情况

2013 年，随着工程机械市场的逐渐回暖，桩工机械在经历连续 18 个月的“负增长”后，从一季度起，销量明显回升，与 2011 年同期相比基本持平，仍属于恢复性增长。2013 年的桩工市场新品持续推出，产品不断升级换代，营销关注的角度也开始向基层用户转变，大赛、活动等纷纷举行。根据中国工程机械工业协会桩工机械分会对行业内主要生产企业的统计，2013 年各类桩工机械销售 3 428 台。桩工机械行业产品分类及主要生产企业见表 1。2013 年桩工机械主要产品销售情况见表 2。

表 1　桩工机械行业产品分类及主要生产企业

序号	产品类别	主要生产企业
1	旋挖钻机	北京市三一重机有限公司、中联重科基础施工机械公司、北京南车时代重工机械有限公司、湖南山河智能机械有限公司、上海金泰工程机械有限公司、徐州徐工基础工程机械有限公司、福田雷沃重型装备工厂、湖南奥盛特重工科技有限公司、恒天九五重工有限公司、郑州川岛机械设备有限公司、郑州宇通重工股份有限公司、上海锐帆德机械有限公司、山东鑫国重机科技有限公司
2	长螺旋钻孔机	河北新钻钻机有限公司、郑州勘察机械有限公司、山东卓力桩机有限公司、威海市海泰起重机械有限公司、浙江振中工程机械有限公司、瑞安八达工程机械有限公司、河北新河华泰桩工机械公司、河北双兴桩机有限公司、郑州市鑫源桩工机械厂、河南省三力机械制造有限公司、辽宁建华重工有限公司、湖南有色重型机器有限责任公司
3	地下连续墙液压抓斗	上海金泰工程机械有限公司、徐州徐工基础工程机械有限公司、北京市三一重机有限公司、中联重科基础桩工机械公司、北京南车时代重工机械有限公司
4	多轴连续墙钻孔机	上海金泰工程机械有限公司、上海工程机械厂有限公司、中联重科基础施工机械公司、浙江振中工程机械有限公司
5	桩架	北京市三一重机有限公司、上海工程机械厂有限公司、浙江振中工程机械有限公司、上海振中机械制造有限公司、瑞安八达工程机械有限公司、河北新钻钻机有限公司、郑州勘察机械有限公司、山东卓力桩机有限公司
6	桩锤（柴油桩锤、液压桩锤、振动桩锤）	上海工程机械厂有限公司、广东力源液压机械有限公司、江苏东达工程机械有限公司、上海振中机械制造有限公司、东台市巨力机械制造有限公司、浙江振中工程机械有限公司、瑞安八达工程机械有限公司、湖南有色重型机器有限责任公司
7	静压桩机	山河智能装备股份有限公司、广东力源液压机械有限公司、恒天九五重工有限公司、湖南有色重型机器有限责任公司
8	地基加固：振冲器	江阴市振冲机械制造有限公司
9	工程钻机	上海金泰工程机械有限公司、郑州勘察机械有限公司

表 2　2013 年桩工机械主要产品销售情况　（单位：台）

序号	产品名称	销售量	序号	产品名称	销售量
1	旋挖钻机	2 391	6	液压打桩锤	41
2	其他钻机	268	7	振动打桩锤	242
3	液压抓斗	51	8	静压桩机	311
4	桩架	132	9	其他	55
5	柴油打桩锤	407	总计		3 898

国内销售情况

1. 旋挖钻机

2013 年国家与地方基础设施投资相对大，国家加大了铁路、公路和内河的建设力度，各项投资同比普遍增长。另外，交通运输网络加速布局，正在成为经济增长的强大引擎，国家新型城镇化战略的实施，许多重大建设工程和重点项目的落实，政府对西部地区基础设施建设的加快等，给旋挖钻机销售提供了有利的宏观市场环境，国内旋挖钻机市场需求逐步加大。

2013 年旋挖钻机总销售量达到 2 391 台，同比增长了 41%。其中三一集团有限公司（三一）实现销量第一，年销售量 672 台；徐工徐州筑路机械有限公司（徐工）年销售量 430 台，徐工实现产值第一；中联重工科技发展公司上海分公司年销售量 402 台；另外，北京南车时代重工机械有限公司、湖南山河智能机械有限公司、上海金泰工程机械有限公司、福田雷沃重型装备工厂 4 家企业年销量均超过百台，分别为 230 台、224 台、155 台和 104 台。

2. 地下连续墙液压抓斗

2013 年，地下连续墙液压抓斗总销量 51 台，同比增长了 50%。其中，上海金泰工程机械有限公司年销售量 41 台，徐工徐州筑路机械有限公司年销售量 10 台。

3. 静压桩机

2013 年静压桩机总销量 311 台，同比增长了 38%。湖南山河智能机械有限公司实现销量第一，其 ZYJ860B 桩机以其技术上的优越性能和高效环保节能的显著特点，自 2013 年研发成功以来，短短一年时间即实现销量 100 台的佳绩。

4. 柴油打桩锤

2013 年柴油打桩锤总销量 407 台，与上年持平。

5. 桩架

2013 年桩架总销量 132 台，较上年下降了 39%。

6. 其他桩工机械产品

其他各类钻机的销售量 55 台，较上年下降了 100%。

国外销售情况

国际市场方面，自 2005 年三一集团有限公司实现旋挖钻机出口以来，以山河智能、徐工、三一、宇通重工和金泰为代表的众多企业有效开拓了旋挖钻机销售的国际市场，都加大了出口的销售力度。

科研成果与新产品

2013 年 5 月，上海金泰自主研发的首台双轮铣 SX40 产品首次亮相于浙江区域的 100 多位用户面前，引起热切关注。SX40 双轮铣是上海金泰国内首创的新一代地下连续墙施工设备，主要应用于硬地层、岩石以及卵砾石等复杂地层的连续墙施工，是基坑围护、堤坝防渗、轨道交通、城市基础建设等施工领域又一个新的利器。该产品填补了国内在此领域的空白。

2013 年 9 月，恒天九五首台 JVR300Z 自制底盘旋挖钻机顺利下线，这意味着恒天九五重工已成为继徐工、中联及三一之后又一家能同时生产自制底盘和卡特底盘旋挖钻机的国内企业。JVR300Z 自制底盘旋挖钻机是根据市场需求自主研发的拥有完全自主知识产权的产品，该钻机生产周期较短，成本相对较低，具有很高的市场竞争优势。JVR300Z 拥有适应旋挖钻机施工工况的专用底盘，具有高强度、高稳定性及强劲动力等特点。同时，针对钻杆入岩状况，JVR300Z 设计了入岩动力头，极大地提高了钻机的施工灵活性及稳定性。其采用的折叠式运输方式，有效降低了运输的高度；当运输条件不充分时，可利用海运的灵活性，将整车整体运输，打破了旋挖钻机的物流限制。

2013 年 10 月，由南车北京时代自主研发设计的 TCM85 工法钻机成功下线。该产品的研制充分展示了南车北京时代在工程机械前沿科技领域所具备的较强综合实力和整体研发水平，为该公司在工程机械细分市场中再次拓展一片新领域。TCM85 工法钻机主要应用于 SMW 工法施工的新一代基坑围护和基坑加固施工，如高层建筑、地铁车站的深基坑围护，江河堤坝的防渗加固和软土地基的改良加固等工程施工，其应用非常广泛。

2013 年 12 月，福田雷沃重工旋挖钻业务秉承

“技术创造价值”的理念，在其进入此行业八周年之际，推出全新的雷沃 FR630D-V3 系列旋挖钻产品，成为雷沃旋挖钻家族中的又一悍将。雷沃 FR630D-V3 系列旋挖钻是雷沃 FR630D 旋挖钻的升级款，专门针对西南地区的硬岩工况，最大可钻进 100MPa 的岩层，相比雷沃 FR630D 旋挖钻入岩效率提升 13.5%、稳定性提升 10.9%，作业效能超过标杆产品 5%，是国产旋挖钻的入岩效率王者。

2013 年 12 月，首台 SR315RC8 旋挖钻机在三一顺利下线。该款产品主卷提升及下放速度快，比以前产品效率提高了 15%；设备工作平稳、成孔精度高，与之前产品相比稳定性提升 30%。特别是与竞争伙伴相比，该产品加压力高出 20%，可快速钻进 80MPa 岩层。SR315RC8 旋挖钻机采用“B-M-W”专业倒插式旋挖底盘，开创了国内旋挖底盘设计制造的先河；全新的工业设计造型、“人机互动”的设计导向、“神态化”的设计理念使机器在外观上实现了质的飞跃；“模块化”设计思路，使全新的智能操控系统稳定性更高，操作更便捷。

2013 年 12 月，徐工首台深井钻机 XSZ800 下线后，又一新型号 XSZ2000 深井钻机正式下线。该钻机可广泛应用于煤层气、页岩气、地热、深层地下水等资源勘探开采钻井工程，也可用于煤矿抢险救援、通风井、排水井等的施工。XSZ2000 深井钻机采用了国际市场比较流行、前沿的顶驱动力头驱动技术，整机技术水平处于国内领先状态，采用了全液压控制、顶驱动力头、伸缩式桅杆、自动换杆等先进的深井钻机技术；配置徐工专门开发的适合深井钻机工况的路况自适应智能全地面越野底盘，机动性好，满足各种恶劣路况作业。

目前，国内用户使用的车载全液压深井钻机大部分是进口美国雪姆、德国宝峨等厂家的产品，徐工 XSZ2000 深井钻机的成功试制，将打破国外高端钻机长期垄断的地位。

行业关注的热点议题

桩工机械细分种类不下百种。促进桩工机械多元化，满足日益多元化的市场需求，是桩工机械行业重要的发展方向。桩工机械，即使旋挖钻机，其功能到目前为止还远远没开发到位，尤其在多功能以及联合施工方面尚有很多空白，因此桩工机械市场具有极大的开发潜力。桩工机械领域需创造百花齐放的新气象。

〔供稿单位：中国工程机械工业协会桩工机械分会〕

（本文编辑：张珂玲）

混凝土机械

2013 年是我国混凝土机械处于正常、理性、有序发展的一年，特别是 2008 年中联重科兼并收购意大利 CIFA 公司，2012 年三一重工和徐工集团分别兼并德国普茨迈斯特（PM）公司和施维英（SCHWING）公司后，经过整合和相互融合已形成一支新的大集团式的混凝土机械新力军，为国际市场增添了新的活力，进一步提高了国际和国内市场的适应性和活力，行业综合实力明显增强。

2013 年，世界水泥总产量为 40 亿 t，而我国的产量就近 24 亿 t，占总量的 57.9%，其他亚洲国家占 21.9%，北美占 6.8%，非洲占 4.8%，欧洲占 6%，独联体占 2.6%。从水泥的产量可以看出，我国仍是世界混凝土机械的最大市场，其次是亚洲其他国家市场。欧美和非洲市场仅占世界市场的 1/5 左右。

一、混凝土机械产销情况

混凝土机械行业在工程机械产业中是发展最快、产品性能质量提升得较好、整体发展水平已赶上或达到了世界先进水平的产业。2011 年混凝土行业产值达 900 多亿元，约占工程机械行业的 1/6。2013 年，除混凝土泵和泵车外，其他品种产值均有不同程度的提高。根据中国工程机械工业协会统计：2013 年混凝土输送泵（拖泵）的总销量为 6 992 台（估计量），同比下降 37.8%，主要生产厂家为三一重工、中联重科、方圆集团、柳工鸿得利、福田雷萨等企业。混凝土泵车总销量为7 966台，同比下降26.7%，该产品集中度相对较高，年销售2 500台以上的有中联重科、三一重工，200台以上的有福田雷萨、徐工集团、柳工鸿得利等单位。混凝土搅拌站总销量为7 740台，2 500～3 000台的有中联重科、三一重工，200台以上的有方圆集团、南方路机、青岛新型、山东建友、徐工集团等企业。混凝土搅拌输送车年销量45 700台，其中年销量10 000台的有三一重工和中联重科，销量8 000～10 000台（不含）的有华菱星马，销量200～800台（不含）的有福田雷萨、中集凌宇、方圆集团、唐山亚特等单位。

2013年，除了混凝土泵车和混凝土输送泵外，搅拌站和搅拌车分别同比增长9.4%和2.6%。

2013年混凝土机械的保有量分别为：拖泵57 723台、泵车57 405台、搅拌站42 836台、搅拌运输车235 469台。

二、商品混凝土机械的发展情况

据中国工程机械工业协会统计，2013年全国预拌混凝土（商品混凝土）搅拌站共11 810台（不计重点工程、高铁和工程站等非商品混凝土站）。而2013年全国预拌混凝土量为22亿m^3，其中：华东3 970座（生产商品混凝土8.68亿m^3），华北1 878座（1.2亿m^3），东北980座（1.55亿m^3），中南2 684座（5.09亿m^3），西南1 224座（2.21亿m^3），西北1 074座（1.43亿m^3），总量为22亿m^3，若加上水泥砂浆中水泥的用量，预拌混凝土用量相当全国水泥用量的45%～50%。即我国商品混凝土率已从2006年的15%发展到45%～50%，这是一个举世瞩目的发展速度。随着我国西部大开发进程的加快和干粉砂浆的广泛应用，在今后十年中，我国完全有可能达到发达国家75%以上的比例。随着西南、西北、东北地区的开发，商品混凝土站将随之增多，这是发展的必然趋势。特别是水泥集团进入商品混凝土的生产和销售环节，预拌混凝土大集团的形成将是必然的发展趋势，这种趋势将逐步发展至世界。

三、混凝土机械技术的发展

十八大以后，特别是2012—2013年，随着国家对产业发展的调整，升级政策的实施，特别是一些大企业由于不良竞争带来了严重后果。在混凝土机械技术的发展和营销方面，各企业进行了深入总结，更加理性和务实，因此，逐步从数量之争走上质量竞争的良性循环之路，并在节能、环保、减排等先进技术方面有所突破。

在泵车方面，2013年我国几家大企业纷纷推出LNG产品，如福田雷萨推出的LNG47m泵车是国内首次采用新能源以及混合动力技术的产品，以双燃料混合燃烧技术为出发点，结合功率自适应等节能技术使泵车有较大的改进，该项目具有10多项专利技术。

三一重工的C8泵车是三一兼并PM后生产的新一代技术泵车，充分体现了双方的技术优势和市场优势，更能适应市场的需求。中联重科的APC泵送系统摒弃了原有系统的换向模式，解决了原有系统的缺点，改善了系统换向的稳定性，提高了泵送效率，降低了磨损和发热程度，提高了结构件寿命和安全性。

徐工兼并施维英后的新产品泵车实现了全球四桥最长臂架，新的全液压换向技术，避免了电器频繁接触离合带来的故障，提高了可靠性，泵车的远程监控技术也有了新的突破。

在泵车的共性技术方面，中联重科和三一重工在长臂架技术上都有所突破。

①混凝土分配阀的柔性换向技术和臂架主动减震技术的应用进一步提高了超长臂架布料时的平稳性。②一键式展、收臂技术的应用，通过臂架流量自适应分配技术和各种高精度、传感器精确测量，各臂架流量自适应专利技术，智能实现一键展、收臂的功能，提高了工作效率，避免了动臂的摆动。③三一、徐工、中联的泵车支腿支承技术，特别是多级独立伸缩支腿专利技术，在确保整车稳定性的同时，保证了工作的可靠性。④在双泵双动力高压泵送技术方面，中联重科自2010年将泵送压力提高到46MPa后，创造了可泵送C100、C120混凝土，

到 435m 的世界纪录后，三一重工 2013 年将泵送压力提高到 50MPa，并将 C150 混凝土送到 600 多米的高度，创造了新的世界纪录。

总之，混凝土泵车的技术发展仍代表着世界混凝土机械发展的风向标。

2013 年 8 月，三一重工在上海中心大厦施工现场泵送高度达 632m，创国内最高纪录；中联重科 2013 年在武汉中建中心工程用 101m 碳纤维结构臂架泵车，创世界最长臂架吉尼斯纪录；福田雷萨研制了高强钢的 88m 臂架式泵车。与此同时中小型混凝土成套设备也在全国各地雨后春笋般地发展起来，如青岛新型、青岛九合重工、长沙等地都有发展。为满足乡镇中小工地的需求，研制出 15 ～ 25m^3/h 的搅拌站，18m、21m、25m、28m 臂架式泵车，4m^3 和 6m^3 的搅拌输送车，以及搅拌输送泵（注：1 台锥形反转出料 200L 自落式搅拌机及 1 台 10 ～ 20m^3/h 的 S 阀输送泵组合而成）。三一重工也推出了适合于农村施工企业应用的 V8 型混凝土施工成套设备。

在搅拌主机方面，2013 年，山东圆友重工第一个国内最大的 6m^3 主机正式投入使用。同年，中联重科研制了国内最大的 8m^3 用于水电领域的搅拌主机，同时还推出了二位一体（干粉砂浆和制砂机）及三位一体（骨料的连续级配、制砂机及环保型商品混凝土搅拌站）的成套设备。中联重科在混凝土搅拌方面，特别是节能、环保方面推动了行业的技术进步。

四、混凝土机械节能、减排环保的发展的问题

2013 年，国家标委会混凝土机械分委员会先后在杭州和长沙召开会议，商定国际混凝土搅拌设备标准的替代可能性和国标 GB/T 10171《混凝土搅拌站（楼）》的修订，同时对环保型混凝土搅拌站国家标准的制定进行了广泛的探讨，对混凝土搅拌运输车标准的宣贯进行了深入的讨论。

混凝土机械行业最大的发展瓶颈是搅拌运输车行业大部分未按标准规定的搅拌容量执行：3 轴 25t 车的标准容量为 6m^3，而实际装载容量达到 8 ～ 12m^3，有的达到 15m^3，4 轴 32t 车标准装载容量为 8m^3，而实际已达到 16 ～ 18m^3，有的达到 20m^3，严重超过国家标准要求，2013 年生产的三轴 6m^3 搅拌运输车 50 台，国内几乎无人问津，均销到国外。

混凝土机械的搅拌运输车是用油大户，每年产量为 7 万多辆（上牌统计数），加上臂架式泵车和 1 万多台车载泵，共 8 万多台，这些柴油车均在城市内和周边工作，全国 28 万多台（包括在用混凝土机械用柴油机）对城市的污染相当严重。尽管目前很多厂商在节能减排方面（如 LNG）作了很多努力，但由于使用配套设施跟不上，尚难于推广。三一重工在与有关供气单位共同建供气站方面虽然跨出了一大步，但是，由于涉及面广、工程量大，遇到很多困难和阻力。

总之，混凝土机械在总体上已属于技术含量较高，附加值较大的产业，向数字化、网络化、智能化方向发展成为当务之急，需全行业进一步努力。

〔撰稿人：中国工程机械工业协会混凝土机械分会陈润余〕

（本文编辑：张珂玲）

凿岩机械与气动工具

生产和发展情况

2013 年，国家面对复杂多变的国际形势和国内经济运行出现的新情况、新问题，坚持稳中求进，着力稳增长、调结构、促改革，沉着应对各种风险和挑战。工程机械行业在国内外市场需求下滑的情况下，行业广大企业积极调整经营策略，加快产品结构调整和转型升级。凿岩机械与气动工具行业在国家政策的支持和市场的推动下，不断调整完善产品结构，生产出具有国内先进和国际领先水平的产品，并形成了具有一定知名度的品牌，行业基本形成了市场所需的产品体系。一年来 ，伴随着工程机械行业在国内外市场需求的下滑，凿岩机械与气动工具行业企业之间的竞争也日趋激烈。

从凿岩机械产品看，气动凿岩机产品国内市场已趋于饱和，国产品牌市场占有率已达 90% 以上，基本上替代了国外品牌产品，并有一定批量产品出口到发展中国家，其整体质量已达到国际先进水平，气动凿岩机是民族工程机械工业的一面旗帜。气腿式凿岩机国产品牌仍占据着市场主流地位。液压凿岩机、全液压凿岩钻车系列产品技术含量高，产品价格高，但具有节能环保，高工效特点，国产品牌国内市场占有率比较低。液压技术是一种颠覆性技术，能促进工程机械行业革命性发展。国产液压凿岩机、全液压凿岩钻车整体技术水平与国际水平相比，还存在比较大的差距，尤其缺乏自主知识产权和核心技术。然而，液压凿岩机、全液压凿岩钻车系列产品是国家一直鼓励发展的产品，符合国家产业发展政策。因此，该系列产品也是我国凿岩机械行业未来发展的方向。

从气动工具产品看，我国气动工具行业发展整体是比较好的，民营和家族式私营企业发展比较快，并多以中小型企业为主，已经形成了一定生产规模。我国气动工具行业生产企业的特点是：注重节能高效，外观精美，小巧玲珑，使用寿命长，安全性高，价格适宜，产品品种多，投入少，转型快，产品整体质量已跻身国际水平。

凿岩机械与气动工具行业围绕中国工程机械行业“十二五”规划提出的发展战略要求，进一步加强中国工程机械行业企业信用等级评价工作，加快行业企业信用体系建设。以行业信用等级评价为契机，形成以行业信用信息为平台，以行业自律为灵魂，以企业守信为表率，以加强市场监管为重点，以培育信用意识和能力为支撑，“守信光荣、失信可耻”的信用环境，逐步创建健康、有序的良好竞争氛围，树立中国工程机械行业良好的形象，增强企业在国际和国内的竞争力。凿岩机械与气动工具行业会同中国工程机械工业协会与企业共同致力于自主产品品牌的培育工作，加强了品牌建设的意识，提高了产品质量的稳定性，提升了行业企业自主品牌产品在国内外市场的竞争优势。我国凿岩机械与气动工具产品分类及主要生产企业见表 1。2013 年凿岩机械与气动工具行业主要生产企业经济指标完成情况见表 2。

表 1　我国凿岩机械与气动工具产品分类及主要生产企业

产品分类		主要生产企业名称
凿岩机械	气腿式凿岩机	天水风动机械股份有限公司、浙江衢州煤矿机械总厂股份有限公司、沈阳风动工具厂有限公司、湘潭风动机械有限公司、洛阳风动工具有限公司、浙江红五环机械有限公司、宜春风动工具有限公司
	手持式凿岩机	天水风动机械股份有限公司、沈阳风动工具厂有限公司、浙江衢州煤矿机械总厂股份有限公司、浙江红五环机械有限公司、湘潭风动机械有限公司
	内燃、电动凿岩机	洛阳风动工具有限公司、宜春风动工具有限公司
	凿岩钻架	天水风动机械股份有限公司、南京工程机械厂有限公司
	凿岩钻车	天水风动机械股份有限公司、南京工程机械厂有限公司、浙江红五环机械有限公司
	冲击器	天水风动机械股份有限公司、洛阳风动工具有限公司、南京工程机械厂有限公司、广州市天凿精机机械有限公司
	气动绞车	烟台市石油机械有限公司、黄石市黄风机械有限公司
气动工具	回转类产品	中航工业青岛前哨精密机械有限责任公司、天水风动机械股份有限公司、上海气动工具厂、上海约纳森工具制造有限公司、镇江丹凤机械有限公司、天津市柏益风动工具有限公司、徐州信义风动工具有限公司、徐州三刃风动工具有限公司、上海民生电器有限公司、上海上船利富船舶工具有限公司、镇江玛维克工具制造有限公司、上海山研机械科技有限公司、山东春龙风动机械有限公司、山东同力达智能机械有限公司
	冲击类产品	南京工程机械厂有限公司、天水风动机械股份有限公司、义乌风动工具有限责任公司、上海气动工具厂、上海约纳森工具制造有限公司、徐州三刃风动工具有限公司、宜春风动工具有限公司、徐州信义风动工具有限公司、上海山研机械科技有限公司、上海上船利富船舶工具有限公司、杭州风动工具制造有限公司、山东春龙风动机械有限公司、宁波市鄞州甬盾风动工具制造有限公司、天水风动机械配件有限公司

表2　2013年凿岩机械与气动工具行业主要生产企业经济指标完成情况

（单位：万元）

序号	单位名称	工业总产值（当年价）	主营业务收入	工业增加值（生产法）	利润总额
1	天水风动机械股份有限公司	37 335	20 769	12 862	2 373
2	南京工程机械厂有限公司	4 330	4 088	835	-1 021
3	沈阳风动工具厂有限公司	464	472	-13	-74
4	浙江衢州煤矿机械总厂股份有限公司	17 914	21 012	2 580	277
5	中航工业青岛前哨精密机械有限责任公司	9 647	12 829	3 990	2 347
6	湘潭风动机械有限公司	3 520	3 595	182	120
7	洛阳风动工具有限公司	8 722	7 440	3 036	296
8	徐州三刃风动工具有限公司	320	329		-43
9	上海气动工具厂	734	1 445	115	0
10	上海民生电器有限公司	2 393	2 447	332	33
11	烟台市石油机械有限公司	4 315	3 727	1 061	18
12	义乌风动工具有限责任公司	1 949	1 874	825	62
13	镇江丹凤机械有限公司	366	343	73	22
14	山东同力达智能机械有限公司	70 648	70 648	5 715	2 251
15	天水风动机械配件有限公司	549	643	137	56
16	天津市柏益风动工具有限公司	163	136	66	0
17	山东春龙风动机械有限公司	4 603	4 603	1 758	168
18	宁波市鄞州甬盾风动工具制造有限公司	1 491	1 449	384	77
19	通化市风动工具有限责任公司		57		-98
	合　计	169 463	157 906	33 937	6 864

根据行业协会统计，2013年有19家企业提供了相关数据，统计结果为：完成工业总产值（当年价）169 463万元，比上年增长10.84%，其中新产品产值10 988万元（占总产值比重6%），比上年下降36.81%；完成工业增加值（生产法）33 937万元，比上年下降11.96%；完成工业销售产值（当年价）158 278万元，比上年增长5.11%，其中出口交货值4 159万元，比上年下降40.26%；实现主营业收入157 906万元，利润总额6 864万元，分别比上年增长3.52%和下降28.43%。2013年凿岩机械生产676 680台（套），销售665 179台（套），年底库存88 488台（套），分别比上年下降32.82%、下降36.60%和增长17.92%。2013年气动工具生产535 572台（套），销售 534 929台（套），年底库存 89 189台（套），分别比上年下降12.05%、10.09%和4.76%。2012—2013年凿岩机械与气动工具行业主要产品产销存情况见表3。

表 3　2012—2013 年凿岩机械与气动工具行业主要产品产销存情况

产品名称	计量单位	2013 年			2012 年	生产量同比增长（%）
		生产量	销售量	年末库存量	生产量	
一、凿岩机械	台	676 680	665 179	88 488	1 007 200	-32.82
1. 凿岩机	台	132 173	132 951	24 225	108 858	21.42
（1）气动凿岩机	台	110 676	113 767	18 541	87 571	26.38
①手持式	台	3 958	4 241	1 886	3 927	0.79
②气腿式	台	68 902	66 748	9 562	72 712	-5.24
③向上式	台	880	689	245	800	10.00
④导轨式	台	1 005	865	336	900	11.67
⑤气腿	台	35 931	41 224	6 512	9 232	289.20
（2）内燃凿岩机	台	19 295	16 879	5 329	18 020	7.08
（3）电动凿岩机	台	2 202	2 305	355	3 267	-32.60
2. 凿岩钻车、钻架	台	308	292	102	293	5.12
3. 气动绞车	台	398	373	5	457	-12.91
4. 冲击器	台	150	80	260	19	689.47
5. 气马达	台	12 005	11 731	1 075	11 515	4.26
6. 其他	台	531 646	519 752	62 821	886 058	-40.00
二、气动工具	台	535 572	534 929	89 189	608 639	-12.00
1. 回转类产品	台	160 045	166 093	41 758	203 488	-21.35
（1）气钻	台	17 648	17 747	4 726	20 538	-14.07
（2）气砂轮	台	73 854	70 964	11 688	74 576	-0.97
（3）气扳机	台	68 543	77 382	25 344	108 374	-36.75
2. 冲击类产品	台	133 097	144 408	12 328	185 961	-28.43
（1）气镐	台	113 305	125 659	9 410	159 534	-28.98
（2）气铲	台	14 610	13 593	1 975	16 187	-9.74
（3）捣固机	台	5 182	5 156	943	10 240	-49.39
3. 其他	台	242 430	224 428	35 103	219 190	10.60
三、配件	t	694	568	586	677	2.51
附：空压机	台	24	58	164	4	500.00

由于部分企业暂未加入协会，故这些企业在行业数据统计中暂未涵盖进去。从上述数据统计来看，凿岩机械与气动工具的生产量、销售量都在下降。实际上，凿岩机械与气动工具行业生产企业主要是民营企业，从生产规模上，以中小型企业为主，由于资金投入少，企业较易进行产品结构调整或生产转型，因此，企业变动比较多。但从行业总体发展上看，经营状况呈平稳态势，行业企业整体仍然运行在正常轨道上。

产品出口情况

凿岩机械与气动工具行业近三年的产品出口情况见图表 4。

表 4　2011—2013 年凿岩机械气动工具行业产品出口情况

产品名称	2011 年			2012 年			2013 年		
	出口量（台）	出口额（万美元）	占比（%）	出口量（台）	出口额（万美元）	占比（%）	出口量（台）	出口额（万美元）	占比（%）
凿岩机械	8 469	224.93	22.08	16 170	501.28	60.59	14 120	513.42	71.49
气动工具	12 000	127.28	12.50	53	94.67	11.44	1 003	82.03	11.43
配件及其他	15 204	666.40	65.42	446 731	231.40	27.97	58 193	122.70	17.08
合　计	35 673	1 018.61	100.00	462 954	827.35	100.00	73 316	718.15	100.00

国内凿岩机械进口产品，主要用于国家重点工程，主要进口具有新技术、高性能、节能环保特点的全液压钻车、液压凿岩机产品，这也说明高新知识产权和核心技术仍然掌握在主要发达国家的国际知名企业手中。国内品牌的气动凿岩机、凿岩钻架系列产品和气动工具系列产品以其自身优势和适合国内市场客户使用的特点，基本上可替代进口。2013 年出口额有所下降，是国内外经济发展放缓所致，但这也反映了具有新技术、高性能、节能环保特点的国内品牌全液压钻车、液压凿岩机产品，在国内外市场上缺乏与国外品牌竞争的优势。提高全液压钻车、液压凿岩机产品的质量、可靠性，研发具有自主知识产权和核心技术的产品，研发具有自主品牌的全液压钻车、液压凿岩机产品，是整个行业与企业发展的必由之路。

我国凿岩机械与气动工具行业产品质量在竞争中得到不断提升，在产品的外观造型和表面质量、技术配置和可靠性，以及应用新技术、新工艺、新材料方面缩短了与国际先进水平的差距。尤其是气动工具产品，具有节能高效，外观精美，安全性高，价格适宜，产品品种多等优势，其中许多“迷你”型产品备受市场客户的青睐。行业多家企业荣获省级名牌产品和中国机械工业用户满意产品称号。凿岩机械与气动工具行业主要企业进一步提高了对产品升级换代和改善产品结构必要性和重要性的认识，根据企业自身特色模式和生产特点，以节能减排为目标，以传统产品的升级换代和产品结构调整为着力点，加快高新技术成果的转换和市场特需产品的生产，促进产品不断升级，并向行业之外的产品领域发展，产品结构逐步多元化。产品零件的专业化分工、社会化协作也有明显进展。

我国凿岩机械与气动工具行业是整个工程机械行业中的一支小行业，国家宏观经济政策的调整对行业影响比较大。另外，凿岩机械与气动工具行业国内生产企业的自主知识产权、核心技术及市场竞争力不强，产品更新换代迟缓，产品的同质化比较严重，部分假冒伪劣产品生产者铤而走险，假冒伪劣产品一直存在于市场上，造成残酷的价格战，制约了全行业的发展。凿岩机械与气动工具行业企业一直在不断挖掘市场需求，拓展针对细分市场的产品研发，提高企业抗风险能力，提升企业核心竞争力；凿岩机械与气动工具行业企业一直在大力开拓国内外市场，促进企业、全行业可持续、健康稳步发展。

〔撰稿人：中国工程机械工业协会凿岩机械与气动工具分会于洪刚〕

（本文编辑：张珂玲）

工程机械配套件

生产发展情况

工程机械配套件是工程机械行业发展的基础和支撑，政府部门高度重视工程机械配套件产业的发展，将其列为“十二五”规划的重点关注内容。“十二五”规划中明确指明将产业发展重心向基础技术和关键功能部件产品领域转移，集中力量提高工程机械配套用柴油发动机、机械传动部件、液压元件、信息化控制电子元件等关键零部件的技术水平和制造水平。

2013 年受工程机械市场回落的大环境影响，工程机械配套件行业的形势也乐观。产品销量整体下降，流动资金告急，甚至部分企业由于经营方式不合理及产品结构单一有被淘汰的可能。根据 2013 年对工程机械配套件行业主要企业的统计数据，2013 年完成工业总产值 1 981 982 万元；工业销售产值 1 939 158 万元；主营业务收入 1 909 479 万元；利润总额 129 761 万元。

2012—2013 年工程机械配套件行业主要经济指标完成情况见表 1。工程机械配套件行业产品分类及主要生产企业见表 2。2012—2013 年工程机械配套件产品产销存情况见表 3。2012—2013 年工程机械配套件行业主要生产企业经济指标完成情况见表 4。

表 1　2012—2013 年工程机械配套件行业主要经济指标完成情况

（单位：万元）

经济指标	2012 年	2013 年
工业总产值（当年价）	1 012 903	1 981 982
工业销售产值（当年价）	1 096 080	1 939 158
主营业务收入	1 052 394	1 909 479
工业增加值	221 115	509 282
出口交货值	108 077	216 286
利润总额	48 503	129 761

表 2　工程机械配套件行业产品及主要生产企业

产品分类	企业名称
液压件及液压附件	徐州徐工液压件有限公司、四川长江液压件有限责任公司、太重集团榆次液压工业有限公司、派克汉尼汾液压（天津）有限公司、浙江临海海宏集团有限公司、济南液压泵有限责任公司、合肥长源液压股份有限公司、中航工业贵州枫阳液压有限责任公司、苏州工业园区飞翔液压附件厂、伊顿流体动力（上海）有限公司、中航力源液压股份有限公司、泊姆克（天津）液压有限公司、山东锐驰机械有限公司、安徽惊天液压智控股份有限公司、浙江苏强格液压股份有限公司、博世力士乐（北京）液压有限公司、上海纳博特斯克液压有限公司、黎明液压有限公司、厦门银华机械厂、宁波市恒通液压科技有限公司、江苏江阴市液压油管有限公司、徐州瑞隆机械工业发展有限公司、福州大学液压厂、宁波广天赛克思液压有限公司、宁波江北宇洲液压设备厂、意宁液压股份有限公司、江苏恒立高压油缸股份有限公司、北京华德液压工业集团有限公司、浙江圣邦机械有限公司、卡尔森精密机械（昆山）有限公司、烟台江山工贸有限公司、江阴市长龄机械制造有限公司、江苏恒源液压有限公司、高邮市迅达工程机械有限公司、江阴市力隆液压机械有限公司、川崎精密机械商贸（上海）有限公司、济南高新华能气动液压有限公司、河北金建液压机械有限公司、安徽金达利液压有限公司、宁波赛维思机械有限公司、江苏国瑞液压机械有限公司、安徽博一流体传动股份有限公司、烟台星辉劳斯堡液压机械有限公司、烟台艾迪液压科技有限公司、宁波斯达弗液压传动有限公司、山东天一液压科技股份有限公司、张家口中航液压装备股份有限公司、徐州科源液压有限公司、上海合纵重工机械有限公司、太仓濂辉液压器材有限公司、斗山液压机械（江阴）有限公司、宁波中宁伟业液压有限公司、山东同力液压装备有限公司、安徽汉卓流体动力科技有限公司、林德液压（厦门）有限公司
变速器、驱动桥	杭州前进齿轮箱集团股份有限公司、中南传动机械厂、江西省分宜驱动桥有限公司、卡拉罗（中国）传动系统有限公司、徐州美驰车桥有限公司、徐州市振兴车桥厂、泰安金城重工科技有限公司、安徽六安金霞齿轮有限公司

（续）

产品分类	企业名称
液力变矩器	浙江临海机械有限公司、山推股份有限公司液力变矩器厂、成工集团液力变矩器厂、安徽合力股份有限公司蚌埠液力机械厂、大连液力机械有限公司、陕西航天动力高科技股份有限公司、中国船舶重工集团公司第七一一研究所变矩器厂、厦门亿统机械有限公司
回转支承、四轮一带等零部件	徐州罗特艾德回转支承有限公司、马鞍山方圆回转支承股份公司、烟台富野机械有限公司、亚实履带（天津）有限公司、山推工程机械股份有限公司履带底盘分公司、安徽宁国顺昌机械有限公司、山东省烟台市广兴履带厂、上海瑞吉机械传动技术有限公司、北京东山机械技术有限公司、铁岭市机械橡胶密封件有限公司、黄石赛福摩擦材料有限公司、浙江银轮机械股份有限公司、爱克奇换热技术（太仓）有限公司、莱州市莱索制品有限公司、山东彩桥驾驶室有限公司、山东山推工程机械结构件有限公司、徐州徐工集团金属结构件有限公司、浙江天成自控股份有限公司、芜湖盛力制动有限责任公司、宁波禾顺新材料有限公司、上海永信仪表有限公司、贵阳永青仪电科技有限公司、杭州中策橡胶集团有限公司、山东山工钢圈有限公司、无锡圣丰减震器有限公司、唐纳森无锡过滤器有限公司、济宁精益轴承有限公司、常州市武滚轴承有限公司、济宁山推石油化工有限公司、中国石油化工股份有限公司润滑油
回转支承、四轮一带等零部件	研发（北京）中心、马鞍山统力回转支承有限公司、爱斯科（徐州）耐磨件有限公司、济宁永生工程机械制造有限公司、摩纳凯齿轮（江西）有限公司、天津日标工程机械配件有限公司、北京中工北方石油化工有限公司、广西南宁精祥仪表有限公司、中国石油化工股份有限公司润滑油研发（北京）中心、浙江凌翔科技有限公司、江苏巨超重工机械有限公司、特利马克（徐州）汽车零部件有限公司、天津彼洋科技有限公司、上海金研机械制造有限公司、福建唐力电力设备有限公司、马夸特开关（上海）有限公司、南阳市红阳锻造公司、长沙华德科技开发有限公司、青岛成通源电子有限公司、江苏泰隆减速机股份有限公司、济宁亚得旺机械有限公司、米巴精密零部件（中国）有限公司、宁波博威合金材料股份有限公司、马鞍山市力和机械有限公司、河北亚大汽车塑料制品有限公司、瑞钢钢板（中国）有限公司、广州先旗电子科技有限公司、济南科发中美高级润滑油有限公司、上海奥达科股份有限公司、山东铭德机械有限公司、道依茨发动机北京办事处、杭州浙大奔月科技有限公司、无锡圣丰减震器有限公司、深圳市欧德里控制技术有限公司、双登集团股份有限公司、浙江双飞无油轴承股份有限公司、普莱斯工业小型驾驶室（苏州）有限公司、马鞍山市安耐特回转支承有限公司、河北雄县鑫海浮动油封厂、嘉善耐特精密机械有限公司、杰梯晞精密机电（上海）有限公司、吉凯恩中国投资有限公司

表 3　2012—2013 年工程机械配套件产品产销存情况　　（单位：台、件、套）

企业名称	产量		销售量		库存	
	2012 年	2013 年	2012 年	2013 年	2012 年	2013 年
液压元件						
四川长江液压件有限责任公司	118 892	103 182	119 271	104 982	13 280	9 741
太重集团榆次液压工业有限公司	465 995	90 122	514 871	75 760	312 294	113 089
徐州徐工液压件有限公司		322 166		2 514 507		210 559
中航工业贵州枫阳液压有限责任公司	29 640	23 967	29 231	26 424	27 278	24 821
中航力源液压股份有限公司	75 669	72 284	75 501	71 966	11 287	13 180
济南液压泵有限责任公司	313 381	302 602	315 552	293 509	53 701	51 247
合肥长源液压股份有限公司		881 128		860 703		272 888
江苏恒立高压油缸股份有限公司		225 505		210 879		36 512
苏州工业园区飞翔液压附件厂	456 225		431 636		201 862	
山东锐驰机械有限公司	57 960		58 349		10 303	
意宁液压段份有限公司		51 528		48 653		5 952
浙江苏强格液压股份有限公司		35 696 600		42 842 614		0
宁波广天赛克思液压有限公司		20 433		20 127		986
浙江台州先顶液压有限公司	53 261	66 781	52 291	64 766	7 547	9 562

（续）

企业名称	产量		销售量		库存	
	2012年	2013年	2012年	2013年	2012年	2013年
海盐管件制造有限公司	16 846 129	16 897 327	17 586 126	16 339 545	11 315 763	11 873 545
山东隆源液压科技有限公司	190 000	250 000	187 500	236 938	2 500	13 062
长沙华德科技开发有限公司	5 015		4 024		991	
烟台星辉劳斯堡液压机械有限公司	130 000	130 000	120 000	120 000	1 000	1 000
烟台艾迪液压科技有限公司	3 745	10 138	3 649	8 162	180	2105
合肥赛特液压科技有限公司		2 494		2 165		329
长治液压有限公司		311 739		350 788		76 440
浙江高宇液压机电有限公司		156 555		12 166		31 809
安徽金达利液压有限公司		45 140		44 730		410
黎明液压有限公司		1 110 610		792 825		126 456
圣邦集团有限公司		59 166		59 091		75
北京华德液压工业集团有限责任公司	870 131	879 038	893 565	867 600	188 689	134 562
海特克液压有限公司	203 880	756 324	197 278	759 006	9 386	6 704
液力变矩器						
浙江临海机械有限公司	9 547	12 608	10 880	12 099	4	
安徽合力股份有限公司蚌埠液力机械厂	458 607	565 968	443 129	572 400	39 097	31 631
驱动桥						
江西省分宜驱动桥有限公司		4 307		4 437		685
泰安金城重工科技有限公司	11 453	17 185	12 812	16 035	916	1 159
山东云宇机械集团有限公司	245 559	539 218	239 894	537 583	5 665	9 774
杭州前进齿轮箱集团股份有限公司		28 302		29 472		5 173
其他						
黄石赛福摩擦材料有限公司	6 850 000	7 040 000	6 630 000	7 440 000	1 990 000	1 830 000
烟台富野机械集团有限公司	171 130	186 382	182 314	182 985	16 444	19 841
济宁永生工程机械制造有限公司	253 166	196 845	421 868	251 854	2 411 162	406 464
芜湖盛力制动有限责任公司	1 630 000	1 693 569	1 730 000	1 663 568	100 000	130 001
浙江银轮机械股份有限公司	12 630 600		12 263 200		1 808 600	
中航工业长沙中传机械有限公司	40 537	51 273	42 289	48 640	4 782	7 095
潍坊恒安散热器集团有限公司	1 866 000		1 856 000		10 000	
河北冀工胶管有限公司	4 500 000	5 100 000	4 400 000	4 980 000	100 000	120 000
安徽惊天液压智控股份有限公司	4 170	1 815	3 594	1 526	1 159	87
马鞍山统力回转支承有限公司	21 155	26 620	22 056	27 837	3 883	3 203
常州市武滚轴承有限公司	10 580 000	10 580 000	8 850 000	12 220 000	9 030 000	1 240 000
马鞍山市力和机械有限公司	6 500		6 500			
马鞍山方圆回转支承股份有限公司		49 826		49 766		15 684
山东铭德机械有限公司		5 800		5 800		

表 4　2012—2013 年工程机械配套件行业主要生产企业经济指标完成情况　　（单位：万元）

企业名称	工业总产值（当年价）		工业增加值		主营业务收入		利润总额	
	2012 年	2013 年	2012 年	2013 年	2012 年	2013 年	2012 年	2013 年
液压元件								
四川长江液压件有限责任公司	18 459	180 584	5 915	44 304	20 423	204 636	-873	-2 374
太重集团榆次液压工业有限公司	29 454	9 293	6 367	1 208	37 564	9 309	-2 248	-171
徐州徐工液压件有限公司		68 213		24 053		11 837		3 220
苏州工业园区飞翔液压附件厂	1 962		223		1 875		7	
烟台艾迪液压科技有限公司	4 514	9 699	742	4 144	3 706	7 043	10	1 182
浙江苏强格液压股份有限公司		31 537		19 573		36 140		1 875
长沙华德科技开发有限公司	2 808	2 260	766	562	2 945	1 927	470	234
烟台星辉劳斯堡液压机械有限公司	5 730	5 635			4 900	4 149	267	170
意宁液压股份有限公司		33 925		11 874		37 232		9 267
中航力源液压股份有限公司	51 101	54 468	20 191	24 239	60 998	61 610	4 017	5 096
济南液压泵有限责任公司	24 248	23 752	8 609	7 300	26 411	21 158	463	3 901
江苏恒立高压油缸股份有限公司		118 334		4 362		109 245		26 992
海盐管件制造有限公司	2 696	2 404	985	931	2 578	2 388	184	174
中航工业贵州枫阳液压有限责任公司	16 715	18 389	8 290	9 195	16 087	17 801	430	650
宁波广天赛克思液压有限公司		25 677		19 392		22 766		9 395
圣邦集团有限公司		50 255		13 204		50 549		4 511
浙江高宇液压机电有限公司		22 499		4 815		16 138		3 137
安徽金达利液压有限公司		2 874		903		3 244		459
黎明液压有限公司		23 194		5 376		22 580		1 282
合肥赛特液压科技有限公司		4 599				3 865		762
中船重工重庆液压机电有限公司	17 086		4 093		12 599		-1 644	
山东隆源液压科技有限公司	22 166	14 749			21 112	13 914	1 990	1 107
浙江台州先顶液压有限公司	2 721	3 323	708	863	2 091	3 184	14	112
海特克液压有限公司	21 279	287 953	6 384	86 385	19 909	272 601	560	10 557
北京华德液压工业集团有限责任公司	60 334	48 622	25 577	14 561	78 469	68 630	3 069	367
液力变矩器								
浙江临海机械有限公司	6 701	8 968	961	2 362	6 707	8 609	-566	232
安徽合力股份有限公司蚌埠液力机械厂	32 646	40 620	10 754	14 083	31 651	41 016	4 403	6 002
驱动桥								
江西省分宜驱动桥有限公司		8 712		2 240		8 608		166
泰安金诚重工科技有限公司	16 000	24 963		24 963	17 937	21 592	239	198
杭州前进齿轮箱集团股份有限公司		137 887		38 744		157 603		1 693
山东云宇机械集团	160 000	190 000	4 850		155 663	185 000	12 000	13 498
其他								
马鞍山方圆回转支承股份有限公司	27 243	38 242	7 160	15 445	28 157	36 680	1 855	-4 036
黄石赛福摩擦材料有限公司	10 682	10 620	2 075	2 134	9 425	8 950	-98	-156

（续）

企业名称	工业总产值（当年价）		工业增加值		主营业务收入		利润总额	
	2012 年	2013 年	2012 年	2013 年	2012 年	2013 年	2012 年	2013 年
烟台富野机械集团有限公司	27 608	16 032	5 501	1 582	28 246	15 067	-66	-589
济宁永生工程机械制造有限公司	13 946	15 337			21 174	24 641	166	196
芜湖盛力制动有限责任公司	16 964	19 360	2 561	3 467	13 439	15 255	567	640
浙江银轮机械股份有限公司	115 186	140 826	27 032	35 535	129 886	157 237	4 066	12 468
莱州市莱索制品有限公司	26 354				22 100		1 441	
中航工业长沙中传机械有限公司	51 968	58 058	19 202	20 157	58 213	66 014	2 024	2 806
潍坊恒安散热器集团有限公司	56 862	62 598	13 647	11 123	56 805	62 543	1 848	1 925
河北冀工胶管有限公司	10 900	12 200	2 660	3 000	10 600	12 000	1 292	1 463
安徽惊天液压智控股份有限公司	17 563	11 723	6 147	4 103	15 681	10 467	3 889	816
马鞍山统力回转支承有限公司	11 534	11 980	3 806	2 572	9 210	10 464	981	876
常州市武滚轴承有限公司	7 229	8 305	1 631	1 975	6 199	7 841	915	1 273

产品进出口情况

中国海关总署2013年进出口统计数据显示，2013年我国工程机械进出口贸易额为242.66亿美元，比上年下降3.12%。其中进口金额47.35亿美元，比上年下降19.5%；出口金额195.30亿美元，比上年增长1.93%，贸易顺差147.95亿美元，同比扩大15.19亿美元。2012—2013年工程机械配套件产品进出口情况见表5。2013年工程机械配套件行业主要企业自营出口产品情况见表6。

表5　2012—2013年工程机械配套件产品进出口情况

序号	产品名称	进口			出口		
		2012 年（万美元）	2013 年（万美元）	同比增长（%）	2012 年（万美元）	2013 年（万美元）	同比增长（%）
1	8427 所列机械的其他零件	14 457.96	12 773.10	-11.65	51 216.09	45 785.80	-10.60
2	升降机、倒卸式起重机或自动梯的零件	13 894.09	12 169.80	-12.41	67 676.16	75 696.90	11.85
3	其他 8428 所列机械的零件	23 696.60	31 233.60	31.81	47 251.79	57 393.70	21.46
4	戽斗、铲斗、抓斗及夹斗	4 292.15	2 350.16	-45.25	10 852.01	11 964.20	10.25
5	推土机或侧铲推土机用铲	224.26	53.38	-76.20	410.52	624.50	52.12
6	凿井机械的零件	965.22	771.38	-20.08	5 312.90	3 931.83	-25.99
7	矿用电铲用零件	4 639.31	1 380.88	-70.24	4 464.41	6 499.16	45.58
8	8426、8429 及 8430 所列机械的未列名零件	145 715.21	109 800.00	-24.65	312 117.54	304 232.00	-2.53
9	手提式风动工具用的零件	2 743.87	2 492.14	-9.17	5 292.67	5 547.09	4.81
10	8474 所列机器的零件	12 705.32	16 091.70	26.65	85 746.43	88 792.80	3.55
11	短距离运货的机动车辆及站台牵引车的零件	801.86	1 015.41	26.63	497.08	909.79	83.03
	合　计	224 135.90	190 131.60	-15.17	590 837.60	601 377.80	1.78

表 6　2013 年工程机械配套件行业主要企业自营出口产品情况

公司名称	产品名称	单位	数量	金额（万美元）	销往国家（地区）
河北冀工胶管有限公司	工程机械专用各类低压橡胶管	万 m[①]	80	320.00	日本、美国、德国
烟台富野机械集团有限公司	履带链轨总成	条	4 282	448.32	
	支重轮总成	只	21 999	162.99	
	托链轮总成	只	360	2.97	
	其他	件	10 073	14.06	
泰安金城重工科技有限公司	驱动桥总成及配件	台	295	182.00	俄罗斯
	驱动桥总成	台	2	1.00	韩国
安徽惊天液压智控股份有限公司	液压锤	台	152	479.10	挪威、芬兰、阿曼、南非、澳大利亚、美国、秘鲁、乌克兰、阿拉伯联合酋长国
	属具及配件			333.40	芬兰、挪威、澳大利亚、南非、沙特阿拉伯、美国等
烟台星辉劳斯堡液压机械有限公司	液压缸	万支	9	539.00	全球（主要为北美洲、南美洲、欧洲地区）
北京华德液压工业集团有限责任公司	液压件	万件	2.4	183.00	美国、巴西、东南亚
黄石赛福摩擦材料有限公司	粉末冶金制品	万片	81	183.40	美国、英国、土耳其等
太重集团榆次液压工业有限公司	叶片泵	件	8 566	97.16	美国
马鞍山统力回转支承有限公司	回转支承	套	7 952	319.00	日本、欧洲、澳大利亚
意宁液压股份有限公司	INM 低速大转矩马达	台	131	22.00	东南亚
	IKY 液压系统及装置	台	999	240.00	东南亚、东欧
徐州徐工液压件有限公司	液压缸	件	4 361	794.20	东欧、北欧、南非
中航力源液压股份有限公司	柱塞泵	台（套）	9 489	379.99	加拿大、英国
	液压马达	台（套）	274	9.78	巴西
合肥长源液压股份有限公司	液压元件	台	9 015	136.00	
	齿轮泵	台	2 377	22.00	
	液压阀	台	1 396	10.00	
	液压缸	台	5 242	104.00	
宁波广天赛克思液压有限公司	SA1V018 变量柱塞泵	台	667	44.00	北美洲
	SA1V028 变量柱塞泵	台	1 324	92.00	北美洲
	SA1V045 变量柱塞泵	台	620	83.00	北美洲
	SPVH57/74 变量柱塞泵	台	1 560	171.00	北美洲
	SPVQ 变量柱塞泵	台	710	319.00	北美洲
	SA2F0 变量柱塞泵	台	414	220.00	北美洲

（续）

公司名称	产品名称	单位	数量	金额（万美元）	销往国家（地区）
江苏恒立高压油缸股份有限公司	高压油缸	条	29 916	18 790.80	北美洲、大洋洲、南美洲、欧洲、亚洲
	配件	件	350	281.90	北美洲、欧洲、亚洲
马鞍山方圆回转支承股份有限公司	回转支承	套	5 457	277.62	北美洲、欧洲、加拿大、美国、意大利等
烟台艾迪液压科技有限公司	柱塞泵	个	22	3.51	巴西、哥伦比亚、印度及中国香港地区
	液压马达	个	2	0.59	哥伦比亚

①此单位“万 m”是指统一为 25.4mm 直径时的数量。

新动向

为贯彻落实《机械基础件、基础制造工艺和基础材料产业“十二五”发展规划》，加快国家液压件及液压系统自主创新和产业化进程，2013 年 1 月 23 日，由工业和信息化部装备工业司、中国工程机械工业协会、中国液压气动密封件工业协会发起组建的工程机械高端液压件及液压系统产业化协同工作平台在天津宣告成立。会议确定了 42 家成员单位，广西玉柴重工有限公司、山东中川液压公司等 13 家企业在平台启动大会上签订了第一批产需对接协议，该协同工作平台的建立，对配套件的研究，特别在技术攻关方面打破进口液压件在中国市场的垄断，具有深刻的意义。

2013 年，在整个行业低迷的形势下，我国工程机械配套件企业仍然在努力前行，在国家鼓励工程机械配套件产业向高新技术产品方向发展的政策指导下，产业产品投资项目显著增多。

2013 年，杭州前进齿轮箱集团股份有限公司（以下简称杭齿）“风电、船用高端齿轮传动系统关键技术研究及产业化”项目获得 2013 中国机械工业科学技术奖一等奖；“纳米材料增强高性能摩擦片的研发及应用”项目获得 2013 年中国机械工业科学技术奖二等奖、杭州市政府科技进步奖三等奖、萧山区政府科技进步奖二等奖；“1200 系列重型重载船用齿轮箱”获得 2013 年萧山区政府科技进步奖三等奖。另外，“大功率工程机械机电液控制自动换挡变速器工业强基工程”项目顺利被列入国家首批工业强基示范工程。

2013 年 5 月，江苏恒立高压油缸股份有限公司（以下简称恒立）正式决定投资 15 亿元成立江苏恒立液压有限公司。恒立液压建成后，将成为国内规模最大的高端液压件产业园基地，其占地面积达 600 亩（1 亩 =666.7m^2），主要生产液压泵、液压阀等液压元件。该项目拥有来自德国、日本、美国和中国等数十位泵阀领域的专家，配有全球领先的研究设施和技术设备工艺。该项目不仅具有良好的经济效益，为恒立后续的高成长和可持续发展提供切实的可行性，而且还有利于实现高端液压件替代进口，改变中国装备制造业高端液压件长期受制于国外供应商的局面。2013 年，安徽惊天液压智控股份有限公司（以下简称惊天液压）自主研发的 GTC-15D 多功能遥控机器人研制成功。该机器人作为国内首款小吨位（机重 1.65t）电动机驱动的拆除机器人，与普通的工程机械有本质的不同。它集仿生技术、通信技术、控制技术、传感技术、机电液一体化技术、冲击振动技术于一体，是机器人技术从纯粹运动学领域向工程动力学领域的发展和跨越。该机器人可以在易燃、易爆、易坍塌的危险环境中灵活地进行全方位破碎、拆除作业。该机器人在造型设计上，力求形态与其结构、功能及使用要求相统一，线条简洁流畅，具有小型机的力度感和现代感。该机器人是惊天液压在拆除机器人研究领域中取得的又一重大突破。

在当前工程机械市场低迷的形势下，工程机械配套件企业应加快结构调整及技术升级，尽快解决产品同质化的问题，实现企业差异化发展，以专业打造企业实力；同时紧跟工程机械行业发展趋势，围绕节能减排、绿色环保进行产业结构调整，探究零部件节能技术，实现一机多用，通过对零部件技术的优化，实现整机节能的目的，促进工程机械行业健康发展。

〔供稿单位：中国工程机械工业协会工程机械配套件分会〕

（本文编辑：张珂玲）

掘进机械

掘进机械是工程机械的一类重要产品，主要应用于水平方向的隧道、巷道、管孔的机械化施工。根据中国工程机械工业协会标准《工程机械的定义和类组划分》的分类，掘进机械主要包括全断面隧道掘进机（盾构机、硬岩掘进机（TBM）、顶管机等）、水平定向钻、悬臂式巷道掘进机等产品，其主导产品是全断面隧道掘进机。

全断面隧道掘进机

全断面隧道掘进机是集机械、电子、液压、控制、信息技术于一体的复杂集成系统机械，由于其工作环境特殊，因此，对产品的稳定性、可靠性、适应性要求极高。在相当长的时间里，全断面隧道掘进机的研发制造和使用是我国制造业和施工企业的软肋。实际上，在21世纪初之前，我国全断面隧道掘进机市场和技术基本被美国、日本、欧洲等发达国家（地区）的专业公司（主要有德国海瑞克、维尔特，美国罗宾斯，日本三菱重工、日立造船、小松、川崎重工及石川岛等）垄断。

2005年以后，随着我国大规模基础设施建设的持续展开，尤其是城市地铁、引水工程、过江隧道等大量工程的开工建设，国内对全断面隧道掘进机的市场需求急剧增加，一方面市场的需求刺激了一批国内企业通过技术引进、合资合作全面进军全断面隧道掘进机产业；另一方面政府主管部门认识到全断面隧道掘进机产业的重要性和发展潜力，给予了足够的关注和支持，如把大型泥水平衡式盾构机的研发列入了科技部“863”课题计划，推动其设计、试验科研工作的开展。经过短短几年的发展，在激烈的市场竞争中，一批国内企业脱颖而出，一大批工程技术人员在大量的设计制造和施工实践中成长起来，我国企业基本掌握了常规的全断面隧道掘进机的设计制造和施工技术。截至2013年年底，国内企业的市场份额，已经占到全部市场的70%以上，几个顶尖企业的生产条件和制造能力，已经超过许多国际知名企业，基本具备了自主研发能力，掌握了自主知识产权，产品开始进入国际市场。我国全断面隧道掘进机产业规模和市场规模已位居全球首位。

经过几年的发展，全断面隧道掘进机产业进入洗牌阶段，一部分企业开始逐渐退出这个行业，也有一些企业新进入这个行业，总体上，行业处于上升的中期阶段。2013年国内全断面隧道掘进机产量及销售额较2012年增长16%左右。2013年国内全断面隧道掘进机主要生产企业销售情况见表1。

表1　2013年国内全断面隧道掘进机主要生产企业销售情况

序号	企业名称	销售量（台）	销售额（亿元）	备注
1	中铁隧道装备制造有限公司	47	16.00	复合式土压、泥水式
2	中国铁建重工集团有限公司	35	14.40	土压平衡式、泥水平衡式、TBM
3	北方重工集团有限公司	7	6.17	双护盾硬岩、复合式

（续）

序号	企业名称	销售量（台）	销售额（亿元）	备注
4	上海隧道工程股份有限公司	5	0.40	土压平衡式、泥水平衡式
5	秦皇岛天业通联重工股份有限公司	4	0.70	土压平衡式、泥水平衡式
6	徐工集团凯宫重工南京有限公司	4	2.50	复合式
7	上海力行工程技术发展有限公司	0	1.00	租赁
8	无锡盾建重工制造有限公司	2	未出厂	土压平衡式
9	海瑞克股份公司	37	23.90	土压平衡式、泥水平衡式、顶管机、TBM
10	小松公司	7	2.50	土压平衡式
11	中交天和机械设备制造有限公司	14	15.00	土压平衡式
12	北京市三一重机有限公司	2	0.65	
合　计		164	82.22	

全断面隧道掘进机主要企业情况：

（1）中铁工程装备集团有限公司。中铁工程装备集团有限公司是由原中铁隧道装备制造有限公司于2014年更名的公司。该公司是中国中铁股份有限公司的直属子公司，注册地为郑州。公司主要从事盾构及隧道施工系列设备的研发、设计、制造、组装调试、维修改造、租赁、掘进、技术咨询服务、配件销售、钢模具设计制造等，以盾构产业化为主线，能生产 $\phi4\sim12$m 的土压盾构机、泥水盾构机、复合盾构机、单/双护盾盾构机、敞开式硬岩盾构机等，以及系列隧道专用设备和各类配套产品，年产能达50台（套）以上。自2008年以来，已生产各类全断面隧道掘进机近140台。中铁工程装备集团有限公司于2013年12月成功收购了德国维尔特旗下的全断面隧道掘进机知识产权。

该公司技术力量雄厚，自主开发能力强，施工服务经验丰富，产品在国内占有率高，并且开始打入国外市场，是行业排头兵企业之一。

（2）中国铁建重工集团有限公司。中国铁建重工集团有限公司是中国铁建股份有限公司于2007年组建的工业机械制造专业化集团。公司总部设在长沙，在湖南、四川、河北、甘肃、北京及上海等地有多个制造基地和研究机构。其业务范围：研发制造各类全断面隧道掘进机，以及混凝土机械、桩工机械、矿山法隧道机械、特种施工装备和道岔、闸瓦、弹条扣件等轨道专用产品以及钢结构件。该公司厂房设备等硬件性条件好，具有较强的科研和自主开发能力，是国家“十二五”“863”计划重点项目“大直径全断面隧道掘进设备及重大工程机械设备”的牵头单位。该公司自成立以来，已生产各类盾构机80余台，是行业排头兵企业之一。

（3）北方重工集团有限公司。北方重工集团有限公司是由原沈重集团公司和沈矿集团公司合并重组组建的国有独资公司。公司下属的盾构机分公司是专门从事全断面隧道掘进机研发设计、生产制造、总装调试、施工服务的专业公司。2007年，公司并购了法国NFM公司；2010年，又从德国MTS公司引进了微型盾构技术，使公司的研发技术水平得到很大提升。公司的厂房、设备和配套能力较强，并建有全国最大的盾构机试验室。公司自成立以来，已生产各类土压式、泥水式、复合式盾构机和微型盾构机、顶管机、敞开式和护盾式硬岩掘进机等70余台，是行业排头兵企业之一。

⑷ 上海隧道工程股份有限公司。上海隧道工程股份有限公司创始于 1965 年，是我国软土隧道施工的开拓者。其下属的机械制造分公司，是我国最早研制生产盾构机的企业。2004 年隧道股份联合同济大学等 5 家科研院所，组建了上海盾构设计试验研究中心有限公司，并于同年研制出首台具有自主知识产权的 φ6.34m 土压平衡式盾构机。公司“十一五”期间完成了“863”项目“φ11.22m 泥水平衡盾构机”。多年来，公司与法国、日本、美国及德国等国家的多家国际知名企业进行合作和技术交流，积累了丰富的全断面隧道掘进机的研发、制造和施工经验，并生产了泥水平衡式、土压平衡式、复合铰接式、双圆盾构机，以及硬岩掘进机、矩形顶管机等各类全断面隧道掘进机共计 180 余台。此外，公司还具有较强的盾构机维修改制能力和地铁管片钢模制造能力，是行业排头兵企业之一。

（5）海瑞克股份公司（Herrenknecht AG）。海瑞克股份公司是目前全球最大的隧道施工设备专业制造公司，总部在德国，能生产直径 0.1 ～ 19m 的各类隧道掘进机械，并提供全方位服务。

自 2000 年以来，海瑞克股份公司陆续和我国多家公司开展合资合作、技术引进、技术支持，除在北京开办海瑞克公司代表处外，还分别在广州、成都、昆明、上海、武汉、无锡及香港开设了 8 家子公司，进行盾构机的组装、销售和服务。随着我国企业的发展壮大，海瑞克产品在我国市场的占有率逐年下降，但其在技术、质量和品牌上的优势依然存在，仍然具有相当强的市场竞争力，是国际知名企业。

（6）秦皇岛天业通联重工股份有限公司。秦皇岛天业通联重工股份有限公司是 2000 年成立的民营上市公司，公司业务包括装备制造、采矿、氟化工及工程服务等，其子公司北京华隧通掘进装备有限公司是从事掘进机械研发制造的专业公司。子公司和北方交通大学、石家庄铁道大学等高校深度合作，并先后引进日立造船、意大利塞利公司技术，自 2009 年起已生产各类全断面隧道掘进机 10 余台。由于 2013 年塞利公司倒闭，使子公司的发展受到影响。

（7）中交天和机械设备制造有限公司。中交天和机械设备制造有限公司是中国交通建设股份有限公司旗下的子公司。公司注册资本 5.6 亿元，是 2013 年成长最快的企业，2013 年该公司盾构机产量比 2012 年增长了 180%。公司主要从事全断面隧道掘进机的设计、研发与制造；船用机械、起重机械、桥梁及建筑用防震高阻尼支架的设计、研发与制造等。

⑻ 辽宁三三工业有限公司。辽宁三三工业有限公司是辽阳市装备制造业龙头骨干企业、国家和省重点扶持的科技型民营企业，其主导产品是全断面隧道掘进机和大型、超大型数控机床系列。2014 年 1 月 23 日，辽宁三三工业有限公司与卡特彼勒加拿大隧道设备有限公司正式签约，成功收购卡特彼勒加拿大设备有限资产。

水平定向钻

水平定向钻是在不开挖地表面的条件下，铺设多种公用设施（管道、电缆等）的一种施工机械，广泛应用于供水、电力、电信、天然气、煤气及石油等管线铺设施工中，适用于沙土、黏土、卵石等地况。一般用于管径 300 ～ 1 200mm；最大直径可达 2 000mm。最大铺管长度可达 1 500m，最大管线埋深可在河床下 18m。

水平定向钻施工的特点主要是：不破坏地表，对环境干扰小，施工速度快，穿越精度高，管线方向和埋深易于调整，施工成本低，安全可靠。我国水平定向钻的研发制造起步较晚，但近十几年来发展很快。据不完全统计，国内除徐工、三一、中联等大型工程机械企业已形成批量生产能力外，水平定向钻生产企业已达 30 余家，产品规格型号齐全，已研制出最大推拉力 8 000kN 的大型水平定向钻。另外还有相当数量的租赁和施工企业。从技术发展上看，水平定向钻正向大型化和微型化，适应硬岩作业，自备锚固系统，钻杆自动堆放提取，钻杆连接自动润滑，超深度导向监控等方向发展。目前全年总销售额约为 15 亿元。国内部分主要水平定向钻生产企业情况见表 2。

表 2　国内部分主要水平定向钻生产企业情况

序号	生 产 企 业	品牌	主要产品型号
1	徐工基础工程机械有限公司	徐工	XZ180、320、400、500、680、1000、1500、3000、5000
2	中联重科股份有限公司	中联	KSD15、18、25、25B
3	三一重机有限公司	三一	SD180、360、800、2000
4	上海谷登建筑机械制造有限公司	谷登	GD180、280、350、380、600、720、800、1100、1600、2100、2800、4000、5000、8000
5	沈阳北方交通重工集团	北方交通	ZDY3500F、3500L、3500LA、12000LF 等
6	恒天九五重工有限公司	恒天九五	JVD-200、280、320、380、450
7	无锡市安迈工程机械有限公司	安迈	MDL-150D、160G、135D、130DX、135G、120D1
8	桂林华力重工机械有限责任公司	华力	HL512B、518B、532B、580A、536B
9	深圳钻通工程机械股份有限公司	钻通	ZT-45D、12、10L、25A、105A、80D、60/85
10	北京中海恒通科技发展有限公司	中海恒通	HT-10C、16L/20L、25L、58L、42LB、120L
11	江苏德航工程机械装备有限公司	德航重工	DH550、150、280、320、380、800、1600B-L、8000-LL
12	德威土行孙工程机械有限公司	德威土行孙	DDW-6000、3000、4000、2000、1600、1200、600、320、280、230、180、150、110 等
13	美国威猛制造公司	威猛	PL8000、D7X11a、D10X15、D33X44D200X300D300X500 等
14	柳州固瑞机械有限公司	固瑞	GR6023、6030、6032、6038、9023、9030
15	南京地龙非开挖工程技术有限公司	地龙	DL280、320、380、450，DDL150、380、550、800A，DDL1800、4000、5015 等
16	秦皇岛市海天路矿工程机械有限公司	海天路矿	CZ-5、CZ-6、CZ-8
17	泰安市力士工程机械有限公司	力士	CTQ=D1000

悬臂式巷道掘进机

悬臂式巷道掘进机是用于开凿平直地下巷道的专用机械，它集切割、行走、装运、喷雾灭尘功能于一体，适于挖掘各种断面形状的巷道和隧道，具有安全高效，成巷质量好的特点。悬臂式巷道掘进机原仅用于煤矿巷道开挖和开采，自 20 世纪 60 年代以来，得以广泛应用，现已扩展到其他掘进领域。

我国悬臂式巷道掘进机产业的发展起源于技术引进，是在原来煤矿系统中煤机企业研发的基础上发展起来的。三一重型装备有限公司等大型制造业企业的强势介入，大大提升了产品水平和制造能力。目前全国生产该产品的企业已有 10 余家，能生产轻型、中型和重型的，包括适用于硬岩掘进的各类产品，年销售额约 50 亿元。国内主要悬臂式巷道掘进机生产企业情况见表 3。

表3　国内主要悬臂式巷道掘进机生产企业情况

序号	企业名称	产品型号
1	三一重型装备有限公司	EBZ100、132、160、200、200H、200G、230、260A、280、300A、318A、318H、360、418等
2	佳木斯煤矿机械有限公司	EBZ55、100、120、132、135、150、160、200、230、260、300，EBH350
3	北方重工集团有限公司（沈阳）	EBZ120、132、160A、200、240
4	沈阳北方交通重工集团	EBZ132、300、320
5	徐工集团	EBZ75、90、135、160、200、200R、230、260、320
6	南京航天晨光集团掘进机分公司	EBZ75A、75C、120C、132A、180、 220
7	石家庄煤矿机械有限责任公司	EBZ55、75、100、135、150、200、200A、160A、230A、260A、300A，EBH260A、300A
8	内蒙古北方重工集团有限公司	EBZ90、132、132C、160、230、260
9	太原矿山机器集团有限公司	EBZ132PY、EBZ90
10	上海科煤机电有限公司	EBZ75、120、160、200，EBH120

〔撰稿人：中国工程机械工业协会掘进机械分会宋振华〕

（本文编辑：张珂玲）

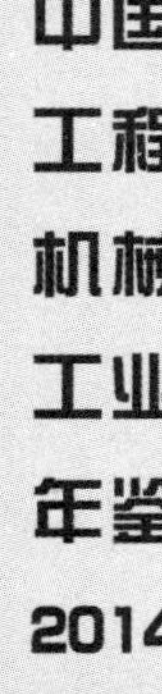

公布2013年工程机械行业主营业务收入超亿元企业综合排序，介绍行业主要企业转型、创新的最新成果

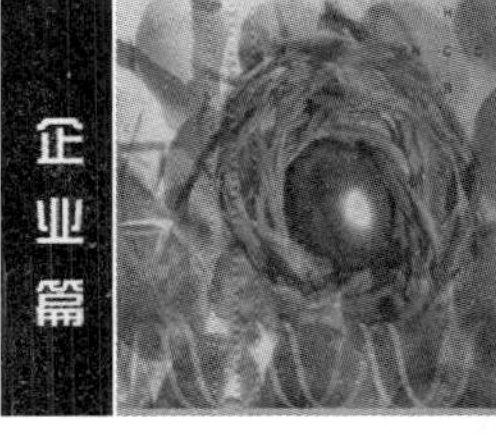

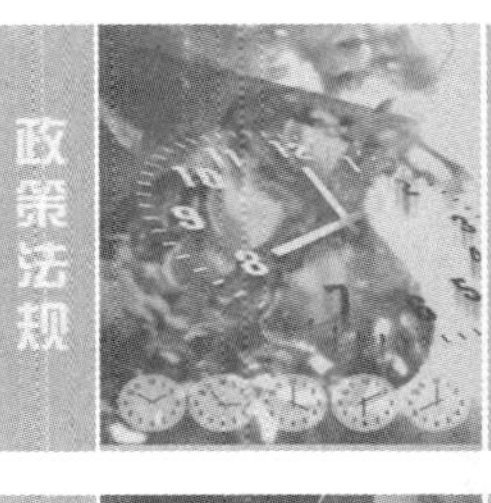

BUSINESS

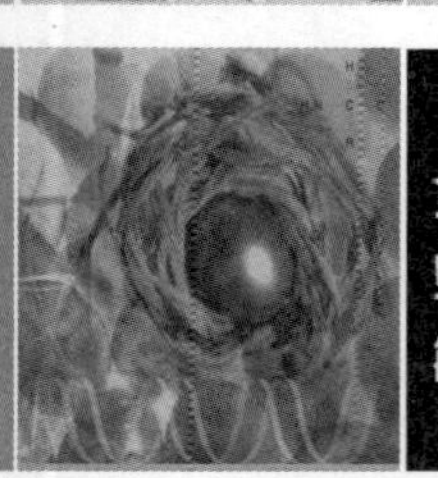

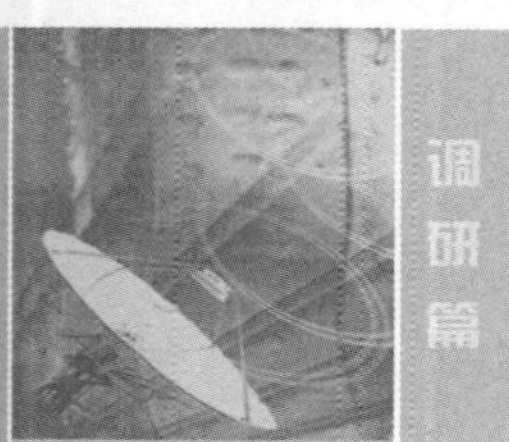

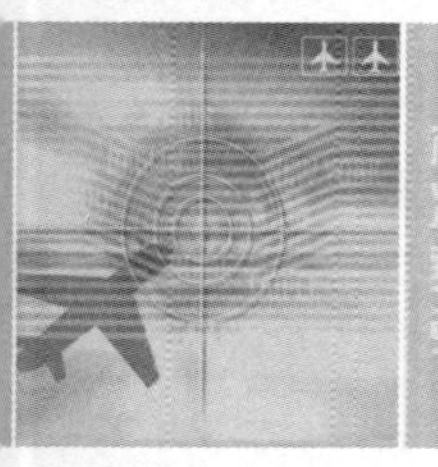

2013 年工程机械行业主营业务收入超亿元企业综合排序

序号	企业名称	营业收入		利润总额		综合指数	
		万元	排序	万元	排序	%	排序
1	徐州工程机械集团有限公司	9 302 287	1	207 337	3	193.76	33
2	中联重科股份有限公司	7 575 734	2	594 455	1	97.96	73
3	三一集团有限公司	7 224 984	3	401 619	2		
4	临沂临工机械集团	1 711 554	4	142 759	4	269.95	20
5	广西柳工集团有限公司	1 699 910	5	62 953	9	162.11	44
6	山东工程机械集团有限公司	1 299 427	6	-57 489	129	164.39	41
7	杭叉集团股份有限公司	1 033 539	7	43 397	11	353.62	10
8	日立建机（中国）有限公司	953 339	8	95 412	5	358.32	9
9	常林工程机械集团	820 729	9	-16 068	126	92.81	77
10	中国龙工控股有限公司	815 752	10	57 078	10	88.85	81
11	小松（中国）投资有限公司	811 065	11	64 458	7		
12	成都神钢工程机械（集团）有限公司	708 146	12	3 268	50	38.57	91
13	安徽叉车集团有限责任公司	670 252	13	68 678	6	265.82	21
14	厦门厦工机械股份有限公司	649 741	14	-69 745	130	-7.95	96
15	福田雷沃国际重工股份有限公司	454 249	15	987	79	107.44	65
16	华菱星马汽车（集团）股份有限公司	439 176	16	752	83	565.73	4
17	江麓机电集团有限公司	413 224	17	13 016	18	169.34	37
18	三一矿机有限公司	391 110	18	31 754	14		
19	山东鸿达建工集团有限公司	273 454	19	32 684	13	168.47	39
20	海特克液压有限公司	272 601	20	10 557	22		
21	卡特彼勒（青州）有限公司	218 676	21	-22 300	127	105.87	66
22	内蒙古北方重型汽车股份有限公司	218 124	22	12 893	19	345.64	11
23	方圆集团有限公司	211 586	23	18 751	16		
24	山河智能装备股份有限公司	208 718	24	7 089	30	311.72	13
25	四川长江液压件有限责任公司	204 636	25	-2 374	115	295.37	17
26	长治清华机械厂	200 945	26	6 814	33	144.34	49
27	成都神钢建设机械有限公司	200 235	27	2 441	57	238.45	25
28	山东云宇机械集团有限公司	185 000	28	13 498	17		
29	郑州宇通重工有限公司	182 477	29	-3 801	116	-21.58	97
30	重庆建工工业有限公司	179 439	30	2 822	55	67.00	86
31	天津建筑机械厂	179 027	31	2 933	54	132.37	56

（续）

序号	企业名称	营业收入		利润总额		综合指数	
		万元	排序	万元	排序	%	排序
32	杭州前进齿轮箱集团股份有限公司	157 603	32	1 693	67	138.31	53
33	浙江银轮机械股份有限公司	157 237	33	12 468	20	170.87	36
34	山东蓬翔汽车有限公司	155 057	34	-3 925	117		
35	广西玉柴重工有限公司	131 772	35	-15 812	125	-1 069.12	102
36	青岛新型建设机械有限公司	125 503	36	9 764	24	139.78	52
37	力士德工程机械股份有限公司	124 046	37	1 882	63	208.59	29
38	浙江省建设机械集团有限公司	122 460	38	5 961	36	648.67	2
39	北京现代京城工程机械有限公司	122 164	39	255	97	169.29	38
40	抚顺永茂建筑机械有限公司	120 450	40	9 863	23	256.40	23
41	浙江诺力机械股份有限公司	116 568	41	8 462	28	206.61	30
42	泰安航天特种车有限公司	113 254	42	1 455	69	101.83	70
43	广西建工集团建筑机械制造有限责任公司	112 530	43	1 320	72	128.07	57
44	江苏恒立高压油缸股份有限公司	109 245	44	26 992	15	196.49	32
45	抚挖重工机械股份有限公司	100 965	45	7 068	31		
46	山东华夏集团有限公司	93 705	46	768	82		
47	贵州詹阳动力重工有限公司	91 384	47	3 634	49	178.73	34
48	山东大汉建设机械有限公司	85 030	48	4 624	44	94.63	76
49	宁波如意股份有限公司	72 106	49	4 630	43		
50	山东同力达智能机械有限公司	70 648	50	2 251	60	303.73	14
51	北京华德液压工业集团有限责任公司	68 630	51	367	94	97.19	74
52	上海华东建筑机械厂有限公司	68 276	52	-2 089	113	103.35	68
53	长沙中传机械有限公司	66 014	53	2 806	56	136.43	55
54	潍坊恒安散热器集团有限公司	62 543	54	1 925	62	161.85	45
55	中航力源液压股份有限公司	61 610	55	5 096	42	154.10	47
56	中集车辆（集团）有限公司	57 500	56				
57	利勃海尔机械（大连）有限公司	55 499	57	671	87	44.54	89
58	浙江美科斯叉车有限公司	52 748	58	5 248	40		
59	圣邦集团有限公司	50 549	59	4 511	45	215.50	28
60	泰州市腾发建筑机械有限公司	48 738	60	4 177	47	150.14	48
61	杰牌控股集团有限公司	46 788	61	7 486	29	301.21	15
62	中交西安筑路机械有限公司	42 130	62	1 153	76	136.46	54
63	上海宝达工程机械有限公司	41 346	63	1 441	70	83.72	83
64	蚌埠液力机械有限公司	41 016	64	6 002	35	343.45	12
65	廊坊德基机械科技股份有限公司	40 233	65	8 521	27	448.21	5
66	愚公机械股份有限公司	39 785	66	6 616	34	281.52	18
67	河北宣化工程机械股份有限公司	37 266	67	535	92	36.53	92
68	意宁液压股份有限公司	37 232	68	9 267	26	368.64	7

（续）

序号	企业名称	营业收入		利润总额		综合指数	
		万元	排序	万元	排序	%	排序
69	马鞍山方圆回转支承股份有限公司	36 680	69	-4 036	119	95.93	75
70	浙江苏强格液压股份有限公司	36 140	70	1 875	64	273.33	19
71	大连叉车有限责任公司	35 086	71	-217	105	118.40	62
72	上海力至优叉车制造有限公司	34 059	72	3 077	53	259.75	22
73	山东明龙建筑机械有限公司	33 600	73	82	104	167.30	40
74	本溪北方机械重汽有限责任公司	33 396	74	-295	106	88.05	82
75	湖南大汉起重科技有限公司	33 366	75	-7 037	121	0.56	95
76	朝阳凌云建筑机械有限公司	30 287	76	7 053	32	299.97	16
77	江苏申锡建筑机械有限公司	27 651	77	1 866	65	230.64	26
78	徐州天地重型机械制造有限公司	26 112	78	-2 095	114	-71.69	100
79	中国长江航运集团电机厂	25 776	79	-674	111	202.68	31
80	济宁市永生工程机械制造有限公司	24 641	80	196	100	58.42	87
81	上海工程机械厂有限公司	23 989	81	298	95	91.68	79
82	北起多田野（北京）起重机有限公司	22 849	82	-939	112	79.88	84
83	宁波广天赛克思液压有限公司	22 766	83	9 395	25	593.67	3
84	黎明液压有限公司	22 580	84	1 282	74	139.87	51
85	四川长江工程起重机有限责任公司	22 260	85	-5 408	120	-64.48	99
86	泰安金城重工科技有限公司	21 592	86	198	99	423.14	6
87	江苏靖江叉车有限公司	21 434	87	162	102	125.57	58
88	济南液压泵有限责任公司	21 158	88	3 901	48		
89	安徽合叉叉车有限公司	21 021	89	238	98	161.23	46
90	浙江衢州煤矿机械总厂股份有限公司	21 012	90	277	96	101.91	69
91	四川邦立重机有限责任公司	20 826	91	147	103	91.77	78
92	天水风动机械股份有限公司	20 769	92	2 373	58	162.99	43
93	湖南奥盛特重工科技有限公司	20 000	93	1 738	66		
94	江苏八达重工机械股份有限公司	18 987	94	547	91	659.50	1
95	贵州枫阳液压有限责任公司	17 801	95	650	88	124.60	59
96	哈尔滨工程机械制造有限责任公司	17 251	96	677	85	120.41	61
97	云南冶金昆明重工有限公司	17 117	97	-3 949	118	-47.97	98
98	山东一能重工有限公司	16 800	98	1 100	78	109.87	64
99	马尼托瓦克东岳重工有限公司	16 343	99	1 307	73	77.92	85
100	厦门康柏机械集团有限公司	16 264	100	673	86	254.98	24
101	浙江高宇液压机电有限公司	16 138	101	3 137	52	361.75	8
102	北京京城重工机械有限责任公司	15 610	102	-7 415	123	-170.07	101
103	芜湖盛力科技股份有限公司	15 255	103	640	89	100.58	71
104	内蒙古一机集团大地工程机械有限公司	15 192	104				
105	重庆大江信达车辆股份有限公司专用车公司	15 163	105	-414	109	98.76	72

（续）

序号	企业名称	营业收入		利润总额		综合指数	
		万元	排序	万元	排序	%	排序
106	恒天九五重工有限公司旋挖事业部	15 110	106	1 208	75		
107	烟台富野机械集团有限公司	15 067	107	-589	110	21.03	93
108	四川强力建筑机械有限公司	15 000	108	164	101	40.63	90
109	哈尔滨东建机械制造有限公司	14 663	109	631	90	164.37	42
110	杭州爱知工程车辆有限公司	14 468	110	-365	107	123.69	60
111	山东隆源液压科技有限公司	13 914	111	1 107	77	110.28	63
112	青岛前哨精密机械有限责任公司	12 829	112	2 347	59	173.47	35
113	重庆大江本大工程机械有限责任公司	12 106	113	1 377	71		
114	河北冀工胶管有限公司	12 000	114	1 463	68	218.22	27
115	烟台海山建筑机械有限公司	11 430	115	-383	108	56.12	88
116	长治液压有限公司	11 159	116			12.26	94
117	张家港浮山建设机械有限公司	11 024	117	696	84	90.03	80
118	安徽惊天液压智控股份有限公司	10 467	118	816	81	142.32	50
119	马鞍山统力回转支承有限公司	10 464	119	876	80	104.34	67

〔供稿单位：中国工程机械工业协会〕

企业专栏

海外收入破百亿 三一国际化进入全面盈利时代

对于三一重工（600031，SH）董事长梁稳根来说，“如果没有国际化，三一最多就是个大一点的个体户而已”。现在这家中国工程机械巨头正朝国际化目标加速狂奔。数据显示，2013年公司海外销售收入再创新高，达到108.74亿元，占公司全年营收的29.92%。

2013年4月30日，三一重工发布2013年年报和2014年一季报。两份财报中，公司营业收入和净利润均处于同比下降趋势，与行业整体业绩走势基本吻合。从年报数据来看，三一重工在盈利能力下降的同时，表现出主业产品市场地位稳固，国际业务平稳增长，成本费用管控成效显著的特征，为后续业绩反弹提供支撑。尽管国内经济增速放缓，但三一从海外市场的全面突破获得了新动力。公司2013年出口增长率行业第一，三一美国实现盈利，中东、亚太、俄罗斯、南非、北非等海外大区实现盈利，全年国际业务逆势增长24.42%。这表明，随着海外营销服务体系进一步构建与完善，“世界的三一”正加速崛起。

亚太大区五年翻六倍

因地理位置和文化的接近性，三一重工首先在亚太大区迈出了国际化的坚实脚步。作为当地中国工程机械行业的“老大哥”，从2009年播下“种子”，三一亚太用5年时间将亚太新增工程机械市场划入中国版图，颠覆了传统由国际大佬把持的亚太市场格局。

对于“拓荒”，三一亚太总经理谢锋告诉笔者，在2009年之前，亚太地区的新增工程机械市场几乎都是由美、欧、日、韩等国际巨头把持，中国工程机械军团只是“小角色”。面对话语权的缺失，三一试图率先打破僵局。

2009年谢锋等一批公司的营销精英被派往亚太地区的多个国家，刚开始与客户打交道时，大家没少吃闭门羹。但三一通过本土化人才和代理商管理模式很快就在亚太地区“开荒扩土”，总部设在泰国的三一亚太大区也在2012年正式成立，当年销售额即突破10亿元，第二年提升至18亿多元，五年业绩翻了六倍。在泰国、印度、澳大利亚、缅甸、越南、新加坡几个重点市场，三一出口额位居中国同行业第一，三一汽车起重机在泰国的市场占有率已超过70%。

消息显示，中国与东盟国家领导人设定了到2020年双方贸易额达到1万亿美元。谢锋认为，亚太大区一直是三一国际化的排头兵，在未来的“钻石十年”合作期间，三一亚太的大跨越号角才刚刚吹响。

美国公司去年开始盈利

在全球占比1/4的工程机械制造、消费重镇美国，三一也在2013年首度实现盈利。

据了解，美国工程机械年产值约400亿美元。但蛋糕再大，对于三一这样的新兵来说，要啃下去还是很艰难。美国的工程机械市场相当成熟，三一不只要面对卡特彼勒、特雷克斯等本土强大对手，还要与小松、沃尔沃等其他外资品牌角逐。但在此之前，美国市场对中国产品的印象大体上就是价格低、质量差。

“本地化”是三一国际化的一贯战略。2011年三一重工投建的美国制造和研发基地正式投产，三一强调研发和营销方式的“美国化”特色，本地员工占比达到73%。针对欧美高端市场研发的“8”系列履带起重机、越野轮胎起重机等新品不断取得市场突破。其中，履带起重机在北美市场的占有率已排名前五位。此外，三一挖机销售稳步上升，港机业务正逐步开展。挖机是重要的工程机械产品，北美是全球单个国家销量第二的市场，三一重工认为，未来公司挖机产品还有较大的提升空间。

赛事经济拉动海外增长

巴西、俄罗斯也在去年业绩报喜，其中的一大关键因素是赛事经济。

巴西政府为世界杯和奥运会两项赛事共投入近千亿美元的公共财政，主要用于场馆建设、交通建设、机场改造以及住宿建设，这已成为拉动巴西经济平稳快速增长的 “双引擎”。在专家看来，世界杯和奥运会更像是巴西这块市场大蛋糕顶上的樱桃。巴西近年启动的大量涉及油气、能源行业的工程，港口、铁路和桥梁、水电等基础建设项目，才是蛋糕最大的部分。

海关总署统计数据称，2013年全年中国汽车起重机对巴西的出口额已经突破14 000万美元，比第二位的沙特阿拉伯7 000多万美元高出近1倍。中国品牌的汽车起重机已占据巴西当地85%的市场份额，其中三一起重机本地市场占有率达37%，连续两年位居第一。

另外，以三一为首的中国机械企业也在俄罗斯享受着赛事“红利”。2018年世界杯，俄罗斯将投资192亿美元用于场馆建设和基础设施建设。可以想象的是，俄罗斯不少城市每日都在工程机械的隆隆运作声中推进赛事设施建设。

三一方面介绍，公司针对俄罗斯高寒区域适应性及本地化语言进行了改进，目前已参与了莫斯科联邦大厦项目、瓦罗尼日核电站项目、索契冬奥会项目、国家石油天然气项目等多个重点施工项目建设，去年俄罗斯公司开始盈利。

或许盈利只是三一的第一步，未来俄罗斯市场还充满了巨大潜力。资料显示，近年来俄罗斯建筑市场设备需求平均每年增长超过12%。

国际化全面提速

在亲历了中国机械行业十多年的高速发展后，同国内其他工程机械企业一样，三一重工目前正徘徊在一个十字路口。面对国内市场饱和、增速乏力的现实，三一重工把更多目光放到了国际舞台。自2002年以来，在开拓海外市场的10余年里，三一重工依靠产品、人才的本土化以及聚焦产品、聚焦市场的“双聚战略”，除了直接出资在当地建厂外，还将德国普茨迈斯特购入囊中，并与奥地利的帕尔菲格成立合资企业。得益于这些战略举措，三一重工2012年海外收入提升到87.40亿元，占营业收入的两成。2011年至2013年，三一重工分别实现海外销售34.25亿元、87.40亿元、108.74亿元，同比分别增长60.72%、155.18%、24.42%。

三一重工在年报中对今年寄予厚望。公司认为，短期看，目前阻碍全球经济增长不确定因素依然存在。受国内宏观经济转型发展、固定资产投资增速回落等因素影响，行业仍将处于调整阶段，增速难有大起色，但作为先导的挖掘机械已率先企稳回升，道路、起重机械紧随挖掘机械之后启动，2014年行业有望进入企稳复苏通道。

中长期看，根据IMF预测，2014、2015年全球GDP增长将分别达3.6%、3.9%，出现金融危机以来首次“同步复苏”。美国经济增长向好趋势明显，欧洲经济弱复苏，主要新兴经济体虽面临一定的困难，但基本面良好。随着国内城镇化进程加速，由此带来的投资需求约42万亿元，加之保障房建设、铁路、城市轨道交通和水利设施建设，以及农村土地集约化经营等积极因素影响，工程机械行业的发展动力将得到增强。

三一重工董事会指出，“控风险、抓市场、降成本、选人才”依然是当前和今后一段时间的经营重点，这也是该公司走出行业低谷、赢得未来市场的关键举措。

〔撰稿单位：三一重工股份有限公司〕

日立建机　实现您的梦想

中国的改革开放，使中国的基础建设方兴未艾，这为日立建机在中国的发展提供了一个施展才华的大舞台。以此为契机组建的日立建机（上海）有限公司（简称：日立建机），成为其进入中国市场的新的里程碑。日立建机用橙色铁壁构筑梦想，为中国现代化建设服务！

日立建机株式会社作为日立制作所旗下的大型建筑机械制造商，创始于1970年，在世界著名液压挖掘机制造商中名列前茅，并享有极高的声誉。雄厚的技术实力、严密的生产管理、高度的质量保证、完善的售后服务，使日立建机保持着世界市场占有率在业界领先骄人业绩。日立建机（上海）作为其在中国的销售、服务中心，成绩斐然，为日立建机在中国事业的发展起到了极为重要的作用。

1995年，日立建机株式会社与日本三菱商事株式会社、香港暨永实业有限公司共同组建了日立建机（中国）有限公司，作为在中国的生产基地，依托日立建机制作所的设计能力和先进技术，生产的各系列液压挖掘机被广泛应用。日立建机不仅以中国的市场为中心，本地化的研发和生产在同步进行。在合肥工厂的研发中心，有着一个90余人的团队，将来自日本本部的技术转换为适用中国的技术，并负责设计和开发适用于中国市场的新产品，同时负责研究如何有效降低生产成本，以此提高产品的综合竞争力。日立建机的研发中心围绕此三方面有效地展开。

对于质量较为成功的控制，使得日立建机的“中国制造”实现了整机和部件的出口。2011年，日本地震带动了日本市场需求的上升，在日立建机（中国）出口的700多台挖掘机中，有250台运往了日本。得到向来要求严格的日本市场的接纳，直接证明了日立建机（中国）的设备经得起考验。此外，日立建机（中国）的挖掘机整机，还销往澳大利亚、俄罗斯以及东南亚，产品的部件则远达欧洲等地，此前这些部件的供货地一直是日本。

充满机遇和潜力的巨大市场是吸引日立建机进入中国市场的主要原因。随着经济水平的提高，基

维特根集团：拥有四大知名品牌，筑养路技术全球领导者

公司简介

维特根集团（Wirtgen Group）是德国一家制造筑养路机械设备及矿山开采设备的跨国公司。其产品以技术先进，品质优秀而享誉世界。

维特根集团自成立以来，一直秉承“追求新技术，开发新产品”的基本宗旨，在公路、铁路的维修、养护作业中，将环境保护的新概念融入高品质产品，使维特根集团得以持续地发展。

维特根公司成立于1961年，总部位于德国的维特哈根（Windhagen），现在正发展成为全世界著名的筑养路机械设备及矿山开采设备研究与制造的跨国集团公司。在短短50余年时间，维特根迅速成长为拥有世界4大知名品牌——维特根（Wirtgen）、福格勒（Vögele）、悍马（Hamm）、克林曼（Kleemann），55家分支机构，100多个全球代理商以及超过5 500名员工的跨国公司集团，除德国总部外还在中国、巴西和印度拥有生产工厂。

作为全球领先的筑路设备制造商，维特根集团能够为用户提供技术领先、质量可靠的自行式筑养路设备、采矿设备及有用矿料加工设备，产品涵盖冷铣刨机、水泥滑模摊铺机、冷再生机、热再生机、露天采矿设备、粉料撒布机、福格勒（Vögele）沥青摊铺机、悍马（HAMM）压路机以及克林曼破碎筛分设备等各种类别，其中铣刨机、摊铺机和压实机均属于世界前列。

在维特根集团的发展历程中，并购成为其迅速壮大的一个关键因素。继1996年维特根将全球领先的摊铺机制造商福格勒收至麾下后，2000年维特根集团收购世界知名的压实设备主要制造商悍马，迅速在全球道路设备领域确立起强大的市场地位。2006年，世界自行式破碎机及筛分技术的领先者克林曼又归至维特根集团旗下，维特根集团的产品线不断延伸。在业务规模不断扩大的同时，最近几年，维特根集团开始提升制造能力和制造水平，分别对其维特根、悍马工厂进行升级和扩张，同时为福格勒和克林曼建立新厂房，彰显了维特根集团对未来发展的信心，并为其未来更大的发展奠定了牢固的基础。

在不断加强自身能力的同时，近年来，维特根集团亦加快了市场拓展的步伐，其全球化布局不断提速，尤其是对海外市场的拓展力度日益加大。为了更好地贴近当地用户，维特根集团在不断地推动在新兴市场的本地化生产。在巴西，维特根集团建立起新工厂和现代化的培训中心，除了生产沥青搅拌站、悍马压实机和维特根冷铣刨机外，还成功推出其自有品牌的道路摊铺机，更好地满足拉丁美洲市场需求；在中国，2003年，维特根集团在廊坊成立了维特根（中国）机械有限公司，2004年独立的组装工厂落成并投产，目前主要生产维特根W1900和W2000大型铣刨机，W100H/W130H小型铣刨机，福格勒超级系列1800-2HD、1800-2L摊铺机以及悍马HD128、HD138沥青压路机，2013年，一座现代化的新工厂在廊坊开工建设，规模是原工厂的4倍，计划2015年初投入使用；在印度普纳，维特根集团新的销售和服务公司以及悍马压实机的组装工厂于2010年末建成并投入使用。

除了本地化生产，维特根集团在一些重要市场扩大了其销售和服务机构，以提高市场覆盖能力和渗透力。2009年，维特根集团在美国田纳西州纳什维尔成立新培训中心；在匈牙利，维特根集团接管前代理商的公司成立了自己的销售和服务公司Wirtgen Budapest；在土耳其，维特根成立了子公司……

维特根集团的全球足迹正不断扩大，其对全球资源的充分利用和整合有效地推动着维特根集团的整体发展。

四大品牌

品牌	成立时间	总部	产　品	核心技术
维特根	1961 年	德国 Windhagen	冷铣刨机、冷再生机、热再生机、滑模摊铺机、露天采矿机	切削技术、纵横坡控制、机器控制
福格勒	1836 年	德国 Ludwigshafen	轮式和履带式摊铺机、液压伸缩式和机械加长式熨平板、沥青摊铺用特殊设备	强夯技术、纵横坡控制、熨平板技术
悍马	1878 年	德国 Tirschenreuth	单钢轮压路机、串联式压路机、静碾压路机	振荡技术、压实控制、带 GPS 导航的压实控制及资料系统
克林曼	1857 年	德国 Göppingen	用于固定式或履带自行式破碎筛分设备上的反击式破碎机、颚式破碎机、二级破碎机	破碎及筛分技术、使用友好型机器的设计

发展历史

1961 年，Reinhard Wirtgen 成立了维特根公司；

1970 年，第一台热铣刨机投入使用；

1979 年，维特根实现技术升级，推出冷铣刨机；

1980 年，研制第一台用于露天采矿设备；

1986 年，研制冷再生机，开创了路面修复过程中环境保护的新时代，

1989 年，维特根重心放在滑模摊铺机，并成立独立的产品部门；

1996 年，福格勒被收购成为维特根集团旗下品牌；

2000 年，悍马被收购成为维特根集团旗下品牌；

2006 年，克林曼被收购成为维特根集团旗下品牌；

2006 年，维特根推出新一代小型铣刨机，9 种产品型号；

2007 年，维特根推出最新研发的 W150 大型铣刨机以及具有革命性的 WIDRIVE 机器控制系统，树立了铣刨技术的新标准；

2008 年，维特根推出 KMA220 移动式冷再生搅拌站，搅拌容量达到 220t/h；

2009 年，维特根推出高性能 4200SM 露天采矿机；

2010 年，维特根推出两款超高效的大型铣刨机，将冷铣刨机产品系列扩展至 17 种型号；

2011 年，维特根推出两款小型多功能水泥滑模摊铺机 SP15 和 SP25；

2012 年，维特根中国针对中国市场推出了全新的维特根 W100H/W130H 铣刨机，福格勒超级 1800-2HD/ 超级 1800-L 摊铺机和悍马 HD128/HD138 压路机；

2013 年，维特根推出全新冷再生设备 WR 250，福格勒推出全新一代“-3”系列摊铺机，悍马推出小型振荡压路机系列，克林曼推出了新一代移动颚式破碎设备 MC110Z；

2014 年，维特根中国推出全新一代福格勒“-3 L”系列摊铺机，悍马单钢轮压路机 320；

2014 年，维特根集团并购边宁荷夫（Benninghoven GmbH & Co. KG）70% 的股份，业务线进一步拓展至沥青拌和站领域。

维特根在中国

随着中国公路网建设的飞速发展，对于创新性道路施工工艺的需求也日益迫切。早在 1982 年，第一台维特根公司生产的铣刨机就被引进中国，并以优秀的产品质量、良好的售后服务及信誉，与用户建立了亲密的合作伙伴关系。

随后的多年中，维特根公司研发的一系列筑养路机械，以其先进的工艺，在中国的道路建设中得到了普遍的认可。其中，就地冷再生和就地热再生技术在路面的修复过程中，通过回收、利用旧路面材料再生新路面，不仅降低了成本，节省了资源，也大大缩短了工期，而且特别有益于环保。维特根公司的沥青铣刨料回收技术已在中国成功地应用了 10 多年，已有约 2 亿 m^2 的中国道路利用维特根公

司的高科技设备进行了再生保养，累计节约数亿元人民币的财政支出。

中国政府对循环经济及资源再生利用的日益重视，对固体废弃物再生利用的需求不断增加。维特根中国及时将克林曼移动式破碎筛分设备引入中国市场。由于克林曼设备拥有独特的技术优势，短时间内便受到中国市场的认可。克林曼是德国维特根集团的四大品牌之一，拥有150多年的历史，是世界领先的移动式破碎筛分设备专业制造商。

为了在中国市场实现更好的发展，更好地为合作伙伴提供服务，维特根在香港成立了德国维特根香港有限公司，并于2004年在廊坊成立了维特根（中国）机械有限公司，作为维特根集团在中国的总部，以及服务于整个亚洲区域的生产基地，为维特根遍布全国的设备提供更有力的保障。同时在广州成立了子公司，在北京、上海、西安、乌鲁木齐等地成立了联络处。为了配合维特根一直注重的售后服务，在广州、成都建立了配件仓库，并于2010年7月21日在安徽芜湖设立了具备配件中心、设备大修及新机展示等综合功能的分公司，从而为广大的中国用户提供更快速、便捷的服务。2013年，在廊坊开工建设的一座现代化的新工厂将是目前工厂的4倍，预计2015年初正式投入使用，以便维特根中国更好地为客户服务。

如今，已站稳中国市场的维特根在不断深进，实现其更远大的目标。

〔撰稿单位：维特根（中国）机械有限公司〕

恒天九五重工有限公司

企业发展历程

恒天九五重工有限公司（原湖南长天九五机械有限公司，以下简称“恒天九五”）自2007年2月租用3614兵工厂破旧厂房，从小型挖掘机起步，踏上了艰苦创业的征程。2008年7月，恒天九五小型多功能液压挖掘机项目得到长沙市政府正式立项。同年同月，公司从租用的3614兵工厂迁至国家级长沙经济技术开发区。2009年，全球金融危机的背景下，恒天九五凭借核心竞争力弯道超车，多个产业化项目快速发展：公司成立桩机事业部，第一台静力液压压桩机下线，公司的二期建设工程破土动工。2010年，恒天九五列入长沙市“小巨人”、“成长之星”计划；高效节能型全液压高适应桩工机械产业化项目、高效节能高适应自保护水力清淤机组项目获长沙市正式立项支持；长螺旋钻孔桩机列入了国家重点新产品目录。2011年，公司携国内首台创新技术桩工产品及其他大型工程机械产品重磅出击第11届中国（北京）国际工程机械展，公司演绎至尊品质、至上追求。2012年，首次亮相上海宝马展，在这亚洲最大的国际工程机械展会上获得了千万的订单，在当时行业冷淡的大背景下，逆市稳增长，更加巩固了自身的行业地位，为加快国际化进程奠定了更加良好的基础。2013年，公司水平定向钻签下一次性出口东欧的千万元订单，其他工程机械产品静力压桩机、旋挖钻机、长螺旋钻机、液压挖掘机也成为国际市场的畅销产品。2014年，公司旗下的国际营销公司更是在莫斯科成立办事处，基于过去良好合作的基础，依托莫斯科办事处搭建的良好平台，提高了客户的满意与信赖，将销售再跨一个新台阶。

恒天九五公司系国家重点高新技术企业、国家技术创新示范企业、国家火炬计划重点高新技术企业、湖南省推进新型工业化‘双百’工程项目企业、湖南省重点建设项目企业；公司拥有一个国家级技术中心分中心，3个省级技术中心，申请专利300多项，200余项已获授权；公司先后承担国家级、省级科研项目20多项，多次获得政府知识产权方面的奖励，多项科技创新成果居国内领先，多项产品获国家标准化委员会颁发的《采用国际标准产品标志证书》，先后主持和参与制定工程机械、纺织机械产品国家标准10多项。企业研发能力与生产能力、发展速度和高成长性在湖南省工程机械行业和全球纺织机械行业中名列前茅。

快速发展之道

在装备制造业发展中，这么短的时间，没有相当的技术、资金、人才沉淀，要想在如此短的时间内，在激烈的市场竞争中脱颖而出是十分困难的，恒天九五凭什么能做到？

“别人把人才当成本，我把人才当资本，没有做不好的事，只有做不好事的人！”这是公司总经理李新桥常挂在嘴边的一句话。他是一位营销专家出身的产业界不可多得的领军人才，他集睿智的战略思维、奔放的创业激情和丰富的人生阅历于一身。他视人才为企业生命，以独特的用人机制和独到的个人魅力，凝聚了一大批来自国内外知名企业的精英人才。这些人才将个人目标和公司目标紧密结合，从而为公司的长远发展奠定坚实的基础。在企业快速发展的同时，公司高层领导及核心技术人员，还出资组建了长沙迪普机械科技有限公司、湖南新鲁包装印刷有限公司、湖南新瑞基础工程有限公司、湖南益晟机械科技有限公司、湖南恒新重工机械有限公司、恒天创丰重工有限公司等多个全资子公司和控股公司，集团规模初步形成。

恒天九五拥有高素质的技术开发团队，荟萃了一批国内外知名工程机械企业的精英人才，处于行业领先水平。取得多项专利证书，并与多所高校的产学研合作，为企业的可持续发展提供强有力地保证。

恒天九五在探索中建立了适合自身发展的营销、售后模式，拥有强大的销售与服务队伍，以客户为首要服务目标。销售与服务网点布满中国及全世界各主要城市，形成了完善的销售与网络体系。以快捷的速度、过硬的技能、诚挚的态度赢得每一位用户的好评。

恒天九五拥有适合企业特色的经营理念，我们一切行动的准则，是用户的口碑，同时，这也是公司整合更大范围资源、迅速提高市场份额的重要利器。恒天九五立志于为股东创造效益，为客户创造价值，为员工创造机会，为社会创造财富。

恒天九五自成立后，依托恒天集团在资金、技术、国际合作等方面的资源优势，充分利用其在工程机械装备制造领域的产业基础，整合工程机械产业资源，着力打造恒天集团在湖南区域的经济支柱。公司同时着手上市前的运作，力争2015年形成60亿元的产业规模，进军资本市场，从而进入全国装备制造企业的第一方阵。

主营产品应用

公司在挖掘机械、桩工机械、非开挖设备、混凝土机械、起重机械等工程机械领域中成功开发出几十个规格的产品。主要有挖掘机、静力压桩机、长螺旋钻机、旋挖钻机、多功能钻机、水平定向钻机、混凝土输送泵、建筑起重机等。产品成熟稳定，性能可靠，“恒天九五”品牌赢得客户的广泛好评。

挖掘机械：恒天九五的目标是：做具有行业影响力的挖机制造商，2015年销量达到5 000台，市场占有率达到3.5%以上。现生产的挖掘机产品是吸取国外先进设计技术自主研发的新一代小型履带式液压挖掘机，原装进口康明斯动力和液压系统，配置冷暖空调，操作简易，使用方便。产品系统性能可靠，操作简便舒适，可配抓斗、破碎锤、液压钳等。产品广泛应用于小型土石方施工，路面修复，埋设电缆、水管，园林栽培，河沟清理等工程。产品畅销全国并出口海外。

桩工机械：恒天九五桩机发展目标是：做到全国领先，成为全球知名的品牌企业，其中长螺旋钻机保持行业龙头位置，旋挖钻机进入前五强。现生产的静力液压桩机是一种新型环保型建筑基础施工设备，具有无污染、无噪声、无振动、压桩速度快、成桩质量高等显著特点，代表未来桩工机械的发展方向，有60～1 200t等十多个型号的产品，其中1 200t静力压桩机为全球最大，在技术支持与实际运用上是基础施工领域上的一次跨越。JZ系列长螺旋钻孔机吸收了国外先进技术，既可实施CFG施工法，也可以实现超流态工法，具有高效节能、移动灵活、就位方便等特点，最大钻孔深度可达35m。该机根据用户需要还可以挂震动锤、筒式柴油锤等，真正做到一机多用。全球首创的多功能电旋挖钻机融合了桩工机械新技术和施工新工艺，发动机等关键配套件国际化采购，采用自主研制的伸缩式专用底盘，空间宽敞，稳定性明显优于采用通用底盘的同类钻机。采用了独特的偏转式平台，钻孔定位准确。自主研发的控制系统集成度高、功能强大。

非开挖机械：近年来，随着各大城市市政建设的力度加大，市政工程机械类产品市场日渐升温，水平定向钻机等基于“非开挖技术”理念，保护环境及现有建设设施的情况下，实现地下管道施工的工程机械开始热销。JVD系列水平定向钻机充分吸收国内外同类产品的优点，整机性能配置高，性价比高，采用液压先导控制及电池控制技术，操作方便、舒适；推拉系统采用高压齿轮泵驱动，承载能力强；动力头采用双速系统，工作效率高，三联泵系统，稳定可靠，维修成本低。该设备采用全液压及动力驱动技术，实现钻具的推进、回转、回扩、回托及行走装置驱动等功能，产品以高端的配置、精致的造型、靓丽的外观赢得了客商的高度评价。

混凝土机械：恒天泵车是通过引进国际先进技术，加上针对性的自主研发，技术含量达到国内高端水准。55m泵车是恒天创丰重工当下的主打产品，比国内所有的同类型的泵车更轻，泵送油耗比同类泵车低10%～15%。泵车的关键零部件均采用德国、日本国际顶尖的品牌，系统的可靠性高，采用全液压控制泵送系统，即使电气系统出现故障停止工作的情况下，仅靠液压系统就能完成送泵送等功能，这在国内也是首创。恒天泵车采用世界级的钢材，这使得泵车的使用更耐久、更高效。据统计，恒天泵车的易损件使用寿命比国内产品高出两到三倍，有效地减少了客户的使用和维修成本，此外恒天泵车的X支腿展开后的占地空间极小，非常适合狭窄空间内的作业。大部分油路零件是采用优质的镀锌油管连接，有效地节省了油管线的空间，泵车外观更整洁，使用更便利，臂架准备时间短。混凝土泵车是恒天九五一个历史新突破，大大增强了恒天九五重工的市场竞争力。

建筑起重机械：塔式起重机标志着恒天九五的工程机械产品已拓展到起重机械领域。2013年8月完成塔式起重机QTZ6015试验，同年11月顺利取得国家特检院颁发的A级《特种设备制造许可证》。上回转自升式塔式起重机，承载能力强，其臂长可分别组合为45m、50m、55m和60m，最大起重量为8t，适合于中高层建筑施工。根据建筑施工的需要，可以组成固定式和附着式两种形式的塔机，最大起升高度可达144m。起升机构、回转机构采用变频调速控制系统。具有可靠性、调速性能好、工作性能稳定、效率高、带载能力强、节电性能高等优点。操作室设在塔机回转上支承架右侧，视野开阔，联动台操作方便、舒适，塔身标准节为片式结构，便于长途运输，节省运费。传动机构部分大都采用了通用件和标准件，便于维修、更换。根据用户需求，可以采用可视操作控制。设备性能优良，可靠性高，是施工单位的第一选择。

展望未来，恒天九五将为中国和世界的工程建设行业提供一流的产品和服务，实现由中国制造向中国创造的跨越，积极进取，追求卓越，实现企业愿景。

〔撰稿单位：恒天九五重工有限公司〕

坚守安全生产红线 创新管理促进发展

安全生产事关人民生命财产安全，也事关企业的发展前途。因此，学习贯彻习近平总书记近期对安全生产工作所作的重要指示精神，牢牢坚守安全生产红线，创新管理促进发展，既是企业义不容辞的责任，也是企业发展壮大的根本途径。

浙江虎霸建设机械有限公司，其前身为海宁市建筑机械厂，创建于1985年，于2000年注册了“虎霸”商标，成立了浙江虎霸建设机械有限公司，2006年组建海宁虎霸集团有限公司，下设五个子公司。公司现占地32万m^2，资产1.5亿元，拥有员工近千名，其中各类专业技术人员100余名，经营人员80余名。公司拥有先进的涂装流水线4条、数控加工中心、数控相管线切割设备、自动化焊接机器设备及各类检测检验设备。公司主要生产“虎霸”牌塔式起重机系列、施工升降机系列，产品朝着市场需求的多型号系列发展，产品遍及全国 25 个省，并进入东欧、中东、北美、东南亚 50 余个国家。

公司在各级政府和行业领导的关怀下，在各施工企业和租赁公司的支持下，在全体员工注重产品质量、注重安全生产的理念中，以“品质创造未来”的发展宗旨，以“一流的品质、一流的服务”、“安全的产品”，创新管理，切实履行企业的社会责任。

一、安全管理系统化

公司成立以企业法人为主任的安全生产委员会，下设安全办公室，二名专职安全员，负责全公司安全生产管理和监督检查工作，以各车间、工段为主，成立安全检查监督组，车间主任、工段长为组长，班组长既是生产班组负责人，也是安全责任人。按下级对上级责任安全负责、上级对下级安全监督负责的要求，纵向签订安全责任状，横向检查安全管理网。以“6S”现场管理标识模块，责任到人，日自查，区监督，周专查，道路畅通，规范作业，保障安全。

二、安全生产常态化

公司自 2006 年起，聘请台湾健峰管理学院辅导老师，对公司生产一线、办公区域进行了现场评定，提出了如何做好“6S”现场模块化的措施方案，并对全体员工进行了职业安全的理论培训，以“6S”现场管理来提高安全生产的认识，安全生产是提高人身价值的观念。以每一个区域责任人为主，提出整改方案，突出安全，定期进行检查、评分，通过坚持不断的责任落实提升企业的安全水平。公司的生产环境变化了，员工生产作业的劳动强度降低了，安全事故也随之降低，保证了员工的人身安全，企业也提高了相应效益。

三、生产作业人性化

公司产品制作过程是一个劳动强度较高的行业。近年来，公司始终坚持以环境降低劳动强度，以工艺工装保障员工人身安全，以定时监督休息保证安全生产，每一工段设有员工休息区，特殊工种如涂装流水线员工在封闭的作业区工作，定时进行轮班作业。为使员工有良好的精神状况，确保安全生产，公司为单身宿舍的员工安装空调，为员工创造舒适的环境，“虎霸”产品是一个高风险的产品，公司强调的是每一个工序、每一个岗位必须树立下道工序是用户的理念，而下道工序是检验上道工序的质量判定员。这是社会赋予的责任，只有承担了这一责任，才能为用户提供安全产品。

四、产品质量标准化

浙江虎霸坚持以质量为重，认真对待每一件事，认真做好每一件事，不断提高自身素质，不断创新，精心打造高素质团队，企业荣获了国家高新技术企业、浙江省文明单位、浙江省高新技术企业、AAA 级企业称号和多项地方政府颁发的先进企业称号。产品荣获全国塔机十强品牌、浙江省名牌、嘉兴著名品牌，荣誉取得使企业团队更加担负起为客户提供各类高可靠性、高安全、高稳定产品的责任。在产品设计、制造过程中对关键零部件和关键工序采用 ISO 质量控制标准和技术要求，严格按照国家和行业标准，并及时更新新标准，确保产品质量的稳定。塔机主要部件在厂区内集中制造，制造过程可控，产品可靠性高、结构件安全耐用、塔机可维修性好、维护保养成本低。塔机产品钢结构原材料采用国内知名厂家如武钢、宝钢，对进厂的原材料进行取样化验，确保材质质量。塔机主要外购件选用国内知名品牌，电器元件采用国内外知名品牌，质量可靠。塔机出厂前对其三大机构和电控系统进行联动试验，确保机构和电控系统品质可靠。塔机各主要受力部件均采用经特别热处理的销轴或高强度螺栓连接，可保证塔机长期承受交变载荷。根据国家要求及行业趋势的发展，逐渐对所有型号的塔式起重机安装安全监控管理系统，为全面贯彻落实质检总局和安全监管总局的文件精神，为每台出厂的虎霸塔式起重机配置安全监控器，保障产品的安全使用。公司免费为用户提供所购设备的第一次指导安装调试和现场培训，免费提供用户操作维修人员上门或来厂专业技术培训，免费提供技术咨询，终身供应产品配件，及时为用户提供全方位的售前、售中、售后技术服务，满足用户全方位需求。只有客户用得放心，企业才会更安心。

安全生产只有起点，没有终点。浙江虎霸将以更加务实的作风和更加扎实的措施，全力以赴抓好安全生产各项工作，为建设“安全虎霸”、打造“虎霸安全”作出新的贡献。

〔撰稿单位：浙江虎霸建设机械有限公司〕

历史的缩影

——记誓做百年的方圆集团

历史的长河里留下一道道闪光的缩影，缩印了历史的瞬间，缩印了华夏儿女执著追求的精彩篇章，缩印了这个时代跋涉者殷实的足迹。

在烟台、在海阳，成长着这样一个企业。她，四十年前诞生之时，仅是一个依靠修修补补维持生计的村办小厂，历经磨砺，几度风雨，伴随改革开放的春风，焕发出勃勃生机，一跃成为我国建设机械行业的重点骨干企业，尤其在我国混凝土机械领域占据着举足轻重的主导地位——这就是在业界闻名遐迩的方圆集团。

今天，世人瞩目的方圆集团，以骄人的业绩赢得社会各界的普遍赞誉。然而，奇迹的出现绝非偶然，鲜花和掌声的背后，是创业的艰辛和跋涉的艰难。四十余年风雨征程，展现的是闪光的足迹，也是一幅波澜壮阔的历史画卷。

方圆集团的前身——“五七”农具修配厂，是遵照当年毛泽东同志向全国发出的“五七”指示精神，于1966年3月在海阳县凉山后片创立。诞生之时，是由一个磨房、一个油坊、四盘烘炉、一个草袋车间、一个麻袋车间和二人组成的修配组组成的小厂。与其说是个厂子，不如说就是个手工作坊，亦工亦农的二十几个人走到一起，靠零打碎敲维持至1970年，才拥有简陋的夹板锤及扁担锤，打制锨镢、锄头、镐头、镰柄、铁簸箕、农用犁头等手工农具，依靠修修补补维持生计，1970年完成销售收入仅4.6万元。

从固定资产1.8万元到25亿元，从占地面积3万m^2到180万m^2，从职工32人到3 000人，从拥有几台破旧设备到生产设备总数达到950台套、各类高精尖设备100台套，从年销售收入4.6万元到40亿元，从年实现利税5 586元到2.5亿元，从年上缴税金508元到1.4亿元，从人均年收入499元到5万元，从仅能打制镰刀、锄头到生产的产品价值过百万元、技术性能达到国际领先水平，从没有人才、依靠修修补补维持生计到各类专业技术人才汇聚，从十几间简陋的厂房到22层的方圆大厦，从名不见经传的作坊式小厂到闻名全国的企业集团，这是一个惊人的变化，一段不平凡的历史。在这翻天覆地的巨大变化中，可以看到方圆成长的历程、艰难跋涉的足迹和与时俱进、不懈追求的精神。

1970—1979年 艰苦创业，打下基础（第一阶段）

1980—1991年 注重积累，滚动发展（第二阶段）

1992—2000年 科技兴企，实现腾飞（第三阶段）

2001年—至今 持续发展，谋求稳健（第四阶段）

创业之初，漫长的日子里，厂子没有定型产品，没有明确的目标和方向，人员素质、技术能力、传统观念和外部大环境等多重因素的制约，把工厂定格在修配、农具、农机的框架里，把目光局限在农忙时放假下地种田、农闲回厂做工、亦工亦农、拼命寻求生存的狭小空间里。

1980年，高秀出任厂长时，工厂停业，人心涣散，企业濒临倒闭。上任以后，他将自己的前途命运与企业发展紧紧联系在一起，带领员工艰苦创业，开拓创新，滚动发展，使企业发生了奇迹般的变化。1984年方圆集团开始了建设机械的研制生产，从而企业保持着30余年的持续、稳步、健康发展。

在此期间，高秀同志带领全体方圆人创造出了多个行业第一：行业第一个成功推行集中综合下料的企业，行业率先通过ISO 9001、ISO 9002质量体系认证的企业，行业率先重奖销售、技术人员的企业，行业首家在人民大会堂召开代理商大会的企业，行业最早召开企业科技大会、国际商务大会的企业；方圆搅拌站成功应用核电建设，成为世界范围内在核岛混凝土浇筑中第一个被使用的中国自主品牌的混凝土搅拌站；行业内唯一不贷款、不上市，依靠自有资金不断发展壮大并保持30年长盛不衰的工程机械制造企业；1998年投入使用的方圆大厦成为当时烟台市企业（也是全行业）的第一高建筑；2013年方圆诚信金鼎荣登吉尼斯世界纪录，成为世界最大的鼎。

多年以来，方圆集团始终坚持“内抓管理”、“外拓市场”的经营举措，内外结合，协调发展。在强化企业内部管理方面，一是坚持推行集中下料制。所有原材料统一集中采购、统一集中下料、统一集中配送供给，发挥综合下料的优势，大大提高了原材料加工、流转效率，杜绝人为浪费，使企业钢材综合利用率连续多年保持在94.5%以上；二是企业内部流转市场化。公司推行“内部结算市场化”的运行模式，设立“内部银行”，划定各单位的流动资金，确定费用指标定额，经营业务往来直接采用现金交易的方式进行，业务核算以市场价格为参照，结合内部实际情况建立“买卖关系”，以各企业实际收支节余作为业绩考核、利益分配、干部奖惩的依据，大大增强子公司参与市场运营的积极性；三是建立质量问责制。公司坚持“以质量求生存，以品牌促发展，创名牌产品，建一流企业”的管理发展方针，推行质量监督、质量控制、质量管理层层把关制，质量隐患、质量问题、质量事故层层问责制，以工艺、装备和员工的精品意识保障产品质量，对于质量问题一追到底、直接到人、考核到位，确保产品质量持续提升。公司先后被评为全国建设机械行业优秀质量管理企业、全国建设机械行业用户满意先进企业、实施卓越绩效模式先进企业，荣获山东省质量管理奖、烟台市市长质量奖；系列产品连续被评为全国建设机械行业用户满意产品，混凝土搅拌站产品连续多次荣登中国工程机械年度产品TOP50榜单；“方圆及图”商标荣获山东省著名商标、中国驰名商标；四是坚持自我积累、稳健发展。公司在创业之初，便确立了“以小为本，艰苦创业，先忧后乐，为国为民”的企业精神，事事处处精打细算，从小处着眼，从点滴做起，在利益分配上不搞“分净吃光”，而是注重自我积累、自我膨胀、稳健发展，在企业投资、项目规划、产业拓展方面“精心调研”、“量力而行”、“谨慎而为”。企业在不上市、不贷款、不借款、不搞房地产的前提下，连续保持了30余年的持续、良性发展，30余年稳居海阳市财税贡献榜首位，名列烟台市“纳税大户”前茅。

在对外拓展市场方面，公司着力加强营销队伍建设，整合并优化资源配置。建立统一的市场营销队伍，统一划分销售区域，建立标准化的规章制度，实行统一的价格标准，在诚信经营的基础上，着力与各类用户建立战略伙伴关系，实现“共赢发展”。公司在全国大中城市设立营销机构80个，设立营销网点120个，形成全方位覆盖的营销网络和售后服务网络，实施对销售工作的集中统一管理和有效调度。与此同时，为顺应日益激烈的市场竞争，专门成立国际贸易公司，统一负责企业进出口业务和海外原材料供应及市场营销协调，形成了国内市场、海外市场的集中、统一、有效管理。目前，方圆产品遍布全国各地，并远销80多个国家和地区，在国内外重点建设工程施工中做出积极贡献，产品出口额逐年上升。

方圆集团高度重视技术创新和产品开发工作。公司设立了技术革新奖励基金，制定了《技术革新奖励办法》等一整套完善的技术创新管理制度、技术创新成果奖励办法及技术创新标兵评选办法，为技术创新工作创造了良好的政策环境。由技术中心牵头，创立起以成员公司为主体、市场为导向、产学研结合的技术创新体系，在明确了技术发展规划、产品发展方向、新品开发计划的基础上，不断完善自主创新的奖励机制。通过引进、消化、吸收、培养科技人才，提高研发水平，每年召开技术创新大会对做出突出贡献的人员予以奖励，大大激发了广大职工投身技术创新的积极性和主动性。公司把产品研制开发的方向定位于市场，市场需求什么，就迅速组织开发生产什么。几年来，方圆集团努力压缩小型建设机械的生产量，瞄准市场，积极开发技术含量高、附加值高、性能优良、操作便捷的大中型建设机械、工程机械产品，以适应大用户、大工程、国家重点建设项目的施工需求。通过持续不断的技术创新和产品研发，企业每年都有20个以上的自主创新产品投放市场，新产品产值率达30%以上。2013年，公司开发出TC6015、TC6015A型塔式起重机，LWBZ500型连续式矿用回填设备，SC100型井道专用施工升降机，LNG12立方搅拌运输车等新产品21项，5项新产品通过技术成果鉴定，技术性能指标达到国内领先水平。当年完成技术革新、技术改造、工艺优化178项，荣获国家专利13项、省级新产品奖3项、海阳市科技进步奖1项，产品设计、制造、宣传、运行的数字化工作顺利推进，产品运行数据实现远程传输，引起广泛认可和好评。

在工程机械领域不断拓展的同时，方圆集团自2005年以来，实施了“多元化”发展战略，调整产业结构，推进跨行发展步伐，相继建成烟台金鼎葡萄酒业有限公司、烟台大韩美味香粮油有限公司、烟台方圆大韩制粉有限公司、方圆典当投资有限公司等新产业公司，瞄准新领域，开创出多产业发展、多行业竞争、多领域突破、多层次跨越的新局面。几年来，方圆集团新产业发展平稳，市场覆盖面逐步扩大，品牌知名度显著提高，荣获全国绿色食品示范基地称号。

至此，方圆人用四十年的拼搏与奋斗，打造出了一个属于自己，也属于中国建机行业的卓越品牌。面对新的形势、新的挑战，集团确立了“目标国际化、经营多元化、性能卓越化”的产品结构调整方向，紧紧围绕国家确立的战略发展重点，因势利导，找准出路，寻求企业发展的新跨越。坚持面向国际领域寻求技术合作，开发具有高性能、高品质的产品。使集团的各类产品技术性能达到国际领先水平，为铸就世界品牌，振兴民族工业做出新的、更大贡献。

今天的方圆，占据一方天地，筑起雄伟的事业大厦。成就方圆事业大厦的基石，尽管打上了历史的烙印，但在实践新型工业化的征程上，这些经过验证的理念和思想愈发熠熠发辉。方圆的特色管理和特色文化，贯穿于企业经营管理的各个层面，闪烁着前瞻性、客观性、科学性、独创性的亮点，形成企业发展的强大推势。

今天的方圆，已不是简单意义的一个企业，而是一种荣誉，更是一项事业。方圆集团把“报效祖国，奉献社会”作为奋斗的最终目标，恪尽职守，与时俱进，光荣履行企业责任和义务，并用企业之义，培育员工之行，尽释“方圆”内涵。方圆集团是众人无限力量与智慧的聚集，又是面向用户，面向社会，面向未来的不懈奉献。

几十载风雨兼程，方圆伴随着改革开放的大潮茁壮成长，熔练了钢筋铁骨，写下了灿烂诗篇。而今，方圆集团秉承成功的经验、优良的作风、无畏的精神，以只争朝夕的姿态，着眼更加宏伟的目标，迎着“十八大”的春风，放飞“打造百年方圆”的梦想，展翅腾飞。

〔撰稿单位：方圆集团宣传部〕

上海金泰工程机械有限公司

一、上海金泰“定制化”诠释客户价值

面对国内市场持续低迷，上海金泰大胆布局国际市场，积极寻求突围路径，以其深厚的技术底蕴，差异化、定制化的市场策略以及稳定的产品性能和卓越的施工效率拓展海外市场初显成效。

本轮世界金融危机发生之初，上海金泰就开始布局海外市场，旋挖钻机首当其冲撬开了新加坡、泰国、马来西亚等东南亚国家的市场大门。随着金融危机的形势不断发酵反复，金泰旋挖钻机一枝独秀的出口局面悄然发生了变化。2014 年出口机型已由旋挖扩展到潜孔锤、地下连续墙抓斗、SE 小型旋挖以及液压打桩机等品种，出口区域也由东南亚扩大到俄罗斯、非洲、中东、南美洲等国家和地区，金泰的出口业务正在呈现“机型多样化、区域扩大化”的趋势。

上海金泰之所以能在行业集中度和寡头垄断日益凸显的趋势下，迅速占据国际市场的一席之地，是得益于金泰所执行的定制化产品策略。

桩工产品的卓越性体现在能否满足多样性地层和复杂环境下桩基础施工效率和成本控制的要求，这一点决定了桩工产品具有较强的“非标准化”特性，因此，真正卓越的产品“定制”所占的比例较大。在俄罗斯叶凯杰琳堡，金泰的工程师根据项目的工况和气候条件，为客户定制了一套 SD12—H3 液压打桩机，该设备既可用于旋挖桩施工，也可当做打桩机，特别适合俄罗斯高寒季节的施工，大大延长了普通旋挖钻机在当地可施工的时间；

曼谷市中心 TAKSIN ROAD 地下通道工程，设计全长 1.2km，通道主体位于地下 10m，为了保持侧墙的支护强度及同时完成防渗功能，施工方与金泰的技术人员共同制定了以 SG46 液压抓斗进行支护防渗施工工艺，这是泰国首次在公共建筑中采取此种工艺。SG46 不负众望，以日均完成 360m^3 的效率博得客户的赞赏；

上海金泰定制化的成功案例在海外市场不断“上演”。马来西亚 Sarawak Lawas 桥梁工程的硬岩地层、KUALA LUMPUR 的软土地层以及 ORSHORE MARINE PILING 海上移动平台的桩基工程，都正在书写上海金泰“定制化”所诠释的客户价值……。

二、上海金泰创新战略为低迷市场释放正能量

2014 年或许成为工程机械市场由“狂热”回归“理性”的拐点。工程机械企业开始反思过度依赖投资拉动增长的粗放型营销模式的困境，企业普遍意识到，面临有限的需求和产品同质化日益加剧的市场形势，技术创新远比过度促销更能为企业带来可持续发展的动力，差异化竞争和精细化服务才是撬动客户购买行为最有力的杠杆。作为柳工集团桩工板块的排头兵企业，上海金泰工程机械有限公司为低迷的市场持续释放着正能量。

“小众产品”成就大市场。桩基施工机械从诞生之日起就与建筑物基础设计和施工工艺紧密相连，几乎每一种桩基工艺都需要相应的设备与之匹配。我国幅员辽阔，地形多样，工程地质与水文地质条件复杂，各类桩型在我国都有合适的地层土质和施工需求，这给我国桩工机械的发展和创新提供了有利的条件。

桩工领域的许多产品起初是为满足某个工程的特殊桩基施工量身定做的“小众产品”，随着各种工艺的普及，日后逐渐演变为此类工法的主流设备，并呈现多功能化和系列化发展趋势，当初“小产品”造就了今日的“大市场”。柳工金泰的龙头产品 SG 系列地下连续墙液压抓斗就是从上海市地铁车站基坑连续墙施工起步，由最初的 SG30 发展到目前国内最大功率的 SG60 全系列产品，占据国内市场主导地位。

创新释放正能量。事实上，上海金泰的每个产品背后都有十分厚重技术积淀，每项研发成果都凝聚着金泰人对地下施工技术执著的精神。本轮宏观调控政策实施以来，行业销售一路低走，市场情绪持续低迷，与激情高歌、如火如荼的 2010 年相比

桩工企业着实体验了一回一夜入冬的感觉。然而，在这场冰火两重天洗礼中，上海金泰对新产品研发的热情显得有些与众不同。一直以来，上海金泰以研制具有自主知识产权的桩基施工机械为己任，以成为“国内领先、国际一流”基础施工成套设备供应商为目标，坚持实施创新战略，为低潮中的桩工市场呈现色彩缤纷的亮点。仅从2012年起至今已成功开发出多种适合不同地质条件和施工工艺的桩工新产品，包括基于挖掘机改造的SE系列旋挖钻机、SC系列液压铣削搅拌钻机、YKD液压扩孔钻机、SX40双轮铣槽机、SQ全液压循环钻机、SZ系列套管钻机和超深液压挤压钻具、冲击抓斗装置等，不断为国内桩工市场传播正能量。

“全息服务”模式透视精细化经营理念。目前上海金泰已形成16大系列近60个型号的产品集群，有超过700台各类桩工机械产品活跃在国内外施工市场。与众多路面机械不同，桩工机械市场“小批量、定制化”的特点，对技术服务提出了更高的要求。上海金泰的全息服务模式在业内堪称首屈一指。所谓“全息服务”是指在传统的“7×24全天候”售后服务基础上，将“为客户实现愿望”的服务理念进一步前移，并植入市场营销的全过程。金泰的营销团队从售前的技术咨询、投资分析，售中的施工方案、硬件配置、融资手续到售后的维修保养和应急响应，让客户感受到的是忠实贴心、细致周到的管家式、无缝隙服务体验。当今客户追求产品性价比和效率更高的价值取向，为金泰全息服务提供了广阔的施展空间。

上海金泰总经理林坚曾这样说道：“金泰的优势不只在于能为市场提供技术卓越的机械产品，更在于我们能为客户提供最专业的施工技术服务，最大限度地满足客户对施工效率和成本控制的需求、能够真正帮助客户实现价值……这是我们的优势，也是有别于竞争对手的重要法宝”。

〔撰稿单位：上海金泰工程机械有限公司〕

英轩重工专注成就未来

精通一科，神须专注，行有余力，乃可他顾。

依托于英轩集团的雄厚实力，英轩重工在短短两年间，经营规模和技术实力就实现了突飞猛进的跨越式发展。这与全员上下一心，专注于装载机的研发制造密不可分。“致力于打造装载机制造领域最可信赖的品牌”，已成为英轩重工坚定不移的奋斗目标。

专注于科研　以技见长

英轩装载机一经面世，就以其缜密的设计思路、精良可靠的配置、完美绝伦的性能、霸气新颖的外观和安全舒适的驾驶环境获得业内人士的一致好评。产品推入市场后又多次收到良好的反响，这自然离不开技术研发人员的潜心研制、专注制造。

技术是一个企业的精魂，是企业的生存根基。英轩重工发展之初，就积极组建国内高端研发团队，成立专门的试验队伍和CAE分析团队。通过收集各种恶劣工况的试验数据，结合计算机的应力分析，来确保高品质产品的完美输出。

英轩重工在研发人员的配备上不遗余力，在技术上更是精益求精。在积极借鉴工程机械领域成功的研发运营模式的同时，结合自身需求建立稳健的技术创新体系，从零部件选用到产品组建，每一个过程都细致入微，不差分毫。

目前英轩重工已具备自主研发能力，可针对客户需求灵活调整生产，整个开发过程将严格规范产品开发要素控制，确保开发产品性能与质量的优异性，以期达到既能符合国家标准安全范围，又满足客户需求的高品质装载机。

未来，英轩重工还将规划组建动力传动实验室、液压实验室、噪声实验室、电器实验室、耐久性试验室、工作装置试验室以及专业化的测试团队。全面丰富技术研发资源，确保将新技术、新工艺、新材料源源不断地应用到装载机产品中，以持续创新驱动为引领，切实推进装载机领域的革新发展。

专注于生产　以质取胜

质量是企业的生命，英轩重工自创业之始就与品质同行，打造企业核心竞争力，赋予“专注成就未来”更多意义。

在产品制造上，英轩重工采用“一个流”的生产模式，引进自动焊接机器人，数控火焰、等离子切割机，数控卧式铣镗床等领先机加工设备，可有效地保证加工质量，提高生产效率。凭借一流的品质与先进的技术，英轩重工顺利通过国家工程机械质量检验中心检测认证，并先后取得了 IS09001、GOST、CE 等专业体系认证。

“产品质量是生产出来的，不是检验出来的”，但是没有经过质量检验的产品，质量就不能有保证，用户就不能放心使用。在英轩重工，操作人员严格按照质量要求进行规范操作，并谨记“下道工序永远是上道工序的检验员”。车间内部操作人员通过自检、互检、班长专检的“三检”来为产品质量提供第一道保障；质量管理部跟线检验员的抽检，以其专业性与尽职尽责为产品质量竖起第二道防线；试车场上，爬坡、跑圈、做动作，试车员通过实际操作履行检验职责，确保每一款产品性能达到 100%，为产品质量提供第三道保障；精饰车间，为产品进行仔细清洗、细节装饰的同时，质量管理部的专职检验员在这里进行整车的最终检验，为产品质量再添一道保障。

今日的质量，明日的辉煌。英轩重工以“质赢天下”为经营理念，100% 选用优质性能件，高标准设计、高标准生产、高标准检验，100% 保证产品的性能高效可靠。

专注于服务　以诚立身

市场的竞争归根结底是对顾客的竞争，顾客的满意度才是检验营销工作成败的标准。售后服务的“服务营销”模式在日趋激烈的市场竞争中变得至关重要。英轩重工正是紧握这一市场命脉，在用户服务上竭尽完善，真正做到了快速、专业、优质、高效，切实提高顾客的品牌忠诚度。

众所周知，英轩重工有一个独具特色的“1567”服务政策，服务领域已形成 3 个“1”工程，“5”次强保，“6”次免费现场检测，“7”天内“真诚回访”等完善的服务保障体系，为用户提供全地域、全时段的服务支持。从快速响应的信息反馈到匹配优化的故障处理，从机器的反复检修到隐患的彻底消除，从贴心周到的整机保养到 24 小时无间断、一站式服务，分分秒秒、点点滴滴都渗透着英轩人“用户至上”的服务宗旨。尤其在“5 次强保”服务上，更是帮助客户将产品故障率控制到最低，进而提高整机的使用性能，大大地降低了易损性。

秉持“让客户满意”的服务理念，英轩售后服务团队坚持不吃客户饭、不喝客户水、不收客户礼等一系列服务原则，对非故障区域也免费进行检查，竭力帮助每位用户追求最大的经济效益。

专注于营销　以品得市

英轩重工始终把“以诚立身，以质取胜”作为企业的竞争理念，以诚信树商德，以品质求发展，并将其提升到企业文化和战略的高度。在销售过程中，英轩重工采用多种灵活的商务政策，价格定位、融资渠道多元化、服务、配件、促销支持力度等各方面都能做到行业内领先，从而在根本上确保客户的利润。

为充分减少代理商压力，英轩重工深耕市场，为代理商提供优于其他厂商的丰厚利润回报，使客户实惠真正落到实处。在此基础上，提供了多种多样的销售方式，包括全款、分期、融资、按揭等。其中，融资提供最长 24 个月的融资，同时还积极地成立自己的融资租赁公司，并且与各大银行都建有良好的合作关系，银行也表态提供符合行业的按揭方式。

其次，各种适配的装载机品种以及优质优价的配件产品，都将利益最大化的投放给了代理商和用户。英轩重工在产品质量、售后服务、配件供应、付款方式等方面的保证，在工程机械市场竞争日趋激烈的今天，显得尤为可贵。

专注决定高度，专注缔造品牌，专注成就未来。英轩重工，以“专注”为帆，正在全球化战略的壮阔征程中劈波斩浪，向着“装载机制造领域最可信赖的品牌”的企业愿景奋勇前行。

〔撰稿单位：英轩重工有限公司〕

不断创新赢得中国市场　持续创新迈进世界殿堂

2014 年，可能会成为中国经济自改革开放以来走向历史性转折的关键一年，其标志是中国经济增长越来越趋于理性、中低速的增长将成为常态。

对于企业来说，如何面对这种新常态就是未来的主要课题。在新常态下，转型升级逐渐成为中国工业增长主要动力，追求持续、健康、平稳增长成为越来越多工业企业发展的主题。在这种背景下，企业要主动适应大环境的改变，寻找结构调整、转型发展的立足点，瞄准国际标杆不断改进，逐步增强软实力，从而在新常态的市场竞争中继续保持竞争优势，实现可持续的、有效益的健康发展。

如何寻找结构调整、转型发展的立足点呢？对于我国的装备制造产业来说，通过引进技术的消化吸收，可以快速实现产业升级和产品技术水平的提升，但是到了一定发展阶段，这种产业升级方式就会面临越来越大的困难和阻力，而在其余的选择中，自主创新将会成为进一步转型发展的关键所在。

缺乏自主创新能力，对于一个企业乃至一个行业的长期健康发展来说是相当有害的。众所周知，在当前我国工业车辆乃至工程机械行业中，大量的企业缺乏自主创新能力，表现在市场上必然是同质化竞争盛行、行业整体产能过剩等恶性局面。

安徽合力自 1991 年开始，连续 23 年保持全国同行业第一，为我国叉车行业在世界崛起作出了不可磨灭的贡献。

合力目前可以自主研制开发 0.5 ～ 6t 内燃平衡重式叉车、0.5 ～ 7t 电动叉车、正面吊、堆高机、ZL30-50 轮式装载机、0.5 ～ 8t 内燃 / 电动牵引车、1 ～ 80t 平板拖车、变速箱、变矩器、驱动器、转向桥、液压油缸、属具产品等，在国内率先开展混合动力叉车和国内最大吨位的 8 ～ 10t 电动叉车研发等，形成了一批具有自主知识产权的核心技术，产品总体技术达到了国内领先水平，部分技术达到国际先进水平，核心技术自主控制权达到 90% 以上，叉车主要零部件均自行研发和制造，扭转了过去叉车关键零部件几乎完全依赖进口的被动局面。

合力是国家创新型企业，国家火炬计划重点高新技术企业，拥有全国首批、行业唯一的国家级企业技术中心。公司先后两次承担国家技术中心创新能力建设项目以及安徽省工业车辆重点实验室和机械工业叉车工程研究中心的建设，开展了整机和部件研发、试验过程中共性、难点问题的前瞻性研究。

通过开展基础技术理论和核心技术研究应用，合力以节能、环保、安全、智能化为重点，瞄准国际前沿技术，不断对主导产品进行全面升级。

（1）合力开展了新一代内燃叉车、电动叉车和混合动力叉车的研制，同时，优化老产品的结构和配置，形成高中低三个序列产品，提高市场竞争能力。近年来，合力加快了混合动力技术、能量回收技术、新能源等新技术的研究与应用，加大电动仓储车辆研究力度，先后开发交流前移叉车、拣选车等，不断提升交流电动车辆产品的性能和工作效率。

（2）合力以节能、轻量化设计、关键部件国产化和工艺装备研究应用为重点，持续完善重装产品系列，提高重装产品的技术性能和性价比，全面替代进口。

（3）合力不断加强特种车辆的研究与开发，广泛应用新技术、新材料、新工艺，提高牵引车、防爆车、扒渣车、军用车辆等特种工业车辆产品的技术层次，实现系列化、标准化、模块化开发，快速适应市场需求；合力还在工程油缸、变矩器、转向桥、属具、制动器、液压件、铸件等零部件的研究和应用方面达到国内领先水平。

合力在技术创新的同时，还以市场为导向，积极发展制造服务业，努力实现产业模式的创新，同时积极响应国家“走出去”的号召，加快了国际化的步伐。

2013 年，合力发起设立了我国工业车辆行业第一家融资租赁公司；2014 年，合力计划设立覆盖全国的工业车辆设备租赁公司；此外，合力还积极摸索尝试再制造业务的开展。

合力以“增强软实力”为指引，持续推进精益生产，导入并实施卓越绩效管理模式，深入开展“两化融合”，在运营模式上不断创新。

（1）合力持续开展精益生产，通过生产布局优化、流线化生产线改造、信息系统应用等手段，逐步提升制造过程的柔性化、自动化水平。

（2）合力导入并实施卓越绩效管理模式，分阶段、分步骤持续推进，不断诊断、改进公司经营活动，持续学习、整合先进的管理理念，相继获得合肥市政府质量奖、安徽省政府质量奖以及首届中国质量奖提名奖。

（3）合力借助和利用先进的信息技术，结合高效的管理、运营模式及 IT 管理体系，加速推进两化融合。合力以客户为核心，在营销、生产计划、生产制造、经营、管理方面，发展与利用数字化技术，缩短产品研制和生产周期，提高产品质量，提高企业经营管理水平和市场反应能力，为企业战略目标实现提供有力 IT 支撑。目前，已经初步构建了以 SAP-ERP 为核心的信息应用集成框架体系，并计划在 2016 年底前，实现整车业态、配件业态、服务业态全过程闭环，构建工业车辆行业顾客、员工、股东、供应商与合作伙伴及社会等全新生态系统。

合力将秉持提升未来的历史使命，为中国叉车行业的更好明天而不懈努力！

〔撰稿单位：安徽合力股份有限公司〕

杭叉：从单一制造走向产品多元化

当我们站在时间之流的此刻俯瞰往昔，会发现杭叉的灿烂蜕变，实际上有迹可循，尤其在改革开放之后，创新和务实是杭叉发展进入快速通道的驱动双轮。

经历：罗马不是一天建成的

当来宾徜徉在杭叉集团的厂区时，忍不住会赞叹对于一个叉车企业来讲，其面积之大近乎一个小城镇了。公司位于浙江临安经济开发区，占地面积达 427 000m^2，公司总建筑面积达 43 万 m^2。拥有 7 条叉车总装线、11 条部套装配线、5 条油漆涂装线和焊接机械手、激光切割机、机械加工中心等先进设备。不断的技改使其已具备年产 10 万台叉车和其他物流设备的生产能力。为国内领先、世界一流的现代化叉车研发制造基地。而另外一块规划占地面积达 400 000m^2 的厂区也已破土动工。

杭叉集团目前的注册资金 46 683.7 万元，其中民营成分控股，国有成分参股，经营技术管理骨干持股。杭叉集团是中国目前最大的叉车研发制造集团之一、中国制造业 500 强、中国民营企业 500 强、中国大企业集团竞争力 500 强，是全国“五一”劳动奖状和全国机械行业文明单位荣誉获得者。

在这些华丽的定义之前，因为其勃勃生机，人们或许会忽略杭叉集团是一家走过近 60 年旅程的企业，他曾经辉煌，也曾经沉寂，他在时势造英雄的大时代里，所迸发出的能力足以让人赞叹。

理想的美好，根植于底蕴的深厚：秉承 50 多年的历史之余，经过十多年的改革和创新，杭叉已成为中国叉车行业的排头兵企业，跻身世界叉车前列。在杭叉人看来，目前中国已经是世界叉车生产和销量第一大国，但不是强国。进一步做大做强，实现由大而强，是杭叉人追求的理想和目标。

目标：让搬运更轻松

杭叉集团是一家大企业，它下属 62 家控股子公司和 3 家参股子公司，共有员工 3 000 余人。

2013 年，杭叉实现各类叉车销量 76 265 台，约占全球叉车总销量的 7.6%。连续 9 年出口量保持行业第一，经济效益综合指数连续多年名列行业前茅。

要做到这一步，并非是信手拈来的，更多的是磨砺和拼搏。在杭叉听到最多的一句话是：让搬运更轻松。

的确，杭叉如是想，也如是做。在这一理念的支持下，杭叉确立了自己的企业价值观：诚信为本、效益优先、持续发展、回报社会。诚信是立业的根基，效益是生存的前提，发展是为了更好的生存，回报是企业的责任。

作为一家物料搬运设备制造企业，杭叉深知，企业不仅要提供优质、高效、环保、舒适的物料搬运设备，还要提供最佳的物料搬运解决方案，实现服务性制造，让搬运越来越轻松。

从杭叉的售后服务体系中可以略见端倪：不是简单的产品维修，而是强制保养、限时到位，这对生产企业来说，好像是一件吃力不讨好的事，但杭叉这样做，却诠释了它对于自己产品的维护和为用户着想的拳拳之心。

从 1974 年试制第一台叉车开始，到如今琳琅满目的多规格产品展示出了杭叉的斑斓多姿：从 1t 到 45t 的规格差异，其目的只有一个 —— 让搬运更轻松。

要做到这一步，需要从另外一个数据看到杭叉所做的努力：在企业 3 000 多名员工中，研发部门人员有 300 多人，在集团本部更是达到 16% 的比例，企业的政策在向知识倾斜。

在杭叉的产品展示厅中，各个时期各种规格的产品集聚一堂。近年的产品，从外观上形成了自己独特的风格，而从产品内蕴而言，“简洁、牢固、时尚”正是杭叉系列产品的追求。

杭叉坚持总成本领先，以差异化服务强化国际、国内营销网络建设，推进国际、国内技术合作，提升整机和零部件技术优势。

产品以人为本在杭叉的产品设计理念中，有一种理念深植于杭叉人的心中：产品设计的核心是让使用者身心愉悦。

随着企业的发展，杭叉集团信息化建设是以 PDM、ERP、EC 为核心系统，构建以总部为核心的业务信息平台，通过系统间的紧密集成，实现总部 - 研究所 - 生产型子公司 - 驻外销售公司的数据与业务协同。

而所有这一切的指向只有一个，就是让搬运更轻松。

现状：创新是企业的生命力

在杭叉，公司企业技术中心是一个亮点。

杭叉企业技术中心是国家认定企业技术中心，拥有 9 个研究所，并设有行业唯一的国家认可实验室，建有省级企业高新技术研发中心、博士后科研工作站。经多年研发，公司已形成 1 ～ 32t 内燃叉车、0.75 ～ 8.5t 蓄电池叉车、集装箱专用叉车、45t 集装箱正面吊、牵引车、搬运车、堆高车、越野叉车、伸缩臂叉车、登高车等全系列、多品种的产品结构。自主开发的新产品多次荣获全国机械工业大奖和省、市科技进步奖，并荣获全国用户满意产品称号，主导产品在行业中领先，属国家出口免验产品。

近年来，杭叉在国内同行业中率先研发了电动车辆防爆技术、电动叉车共泵技术、内燃车辆高效散热技术、符合欧III排放的清洁型动力系统、柔性传动系统、LED 灯光系统、液晶仪表显示系统、湿式制动系统、四油缸全自由起升系统等一批专有技术及关键零部件，填补了国内空白，促进了行业关键技术的提高。

减震降噪技术的研发成功，使得杭叉主导产品 2 ～ 3.5t 内燃叉车的辐射噪声功率级明显降低，座椅作用于操作者身体的振动加速度大幅下降，达到国内领先和国际先进水平，确保整车满足欧盟 2002/44/EC 振动指令及 2000/14/EC 噪声排放指令的相关规定。

车辆安全性是评价车辆技术水平的重要标志。杭叉集团一直把主动安全系统技术作为集团研发的重点，投入大量技术力量成功研发了“内燃车辆主动安全技术”，核心技术包括操作安全控制系统和速度控制系统，采用智能技术通过传感器、控制器、执行元件对车辆进行智能控制，从而实现当操作者未正确地坐在座椅上以及在室内或人员密集的情况下对操作者、车辆周围人员及设施的有效保护，该技术不仅奠定了杭叉集团主动安全控制的行业领先地位，而且相关成果也受到国家专利的保护，是目前国内唯一一家大批量投入生产的企业。

杭叉集团通过技术创新战略的实施，在技术创新领域取得了丰硕的成果，企业目前拥有有效国家专利141项，其中发明专利10项、实用新型专利88项。主持和参与制修订的国家及行业标准42项。公司有多个项目研究获得了国家、省和市级奖励。

正是这些技术上的支持，使得杭叉从单一的产品制造中蝶变，走向了产品的多元化之路。

展望：成为世界叉车前五强

根据杭叉的“十二五”发展规划，它的既定目标是成为世界叉车前五强。为此，在技术改造上，公司可谓不遗余力：

首先，为提升企业自主创新能力及国际合作需要，公司不断开展技术改造。在杭叉工业园原有基础上，二期改造总投入近3亿元，建设了大叉车生产厂房、变速箱合资公司生产厂房、外销保税及整机物流中心、杭叉试验检测中心（国家认可实验室）、新产品展示中心、10层楼的研发大楼。该项目的建成并投入使用对提升大叉车生产能力、高端变速箱配套以及整机及零部件的研发水平发挥了重要作用。

其次，公司控股的杭叉铸造于2013年3月建成投产，已形成每年2万套（约3.6万t）平衡重铸造能力和3万套平衡重的涂装能力包括抛丸、底漆和腻子、面漆，为公司高端叉车配套提供了基础。

目前，浙江省重点技改项目“年产5万台电动工业车辆项目”进入实施阶段。该项目以建设新型电动工业车辆生产为中心，形成单班年产5万台电动工业车辆及配套的车架、门架、前后桥、电控装置等零部件8万台套生产能力。项目规划总占地面积400 000m²（其中一期188 000m²已开始建设），新增建筑面积约23.6万m²，将于两年内建成投产。

公司“十二五”规划技改结束后，企业的生产能力将达到年产叉车整机12万台，部分零部件产能将达15万台套，成为世界最大的叉车整机及零部件制造基地，同时成为世界一流的工业车辆研发基地

公司在叉车行业率先通过ISO 9000和ISO 14000认证。至今质量管理体运行已达19年，环境管理体系运行已达11年，测量管理体系获认证机构认证也有3年之多。从管理基础、管理流程、管理标准、管理方法与管理工具等方面保证了三体系的运行和管理水平的不断提升。目前公司已建立了职业健康安全管理体系，并在公司全面实施。

杭叉正在向着自己的目标迈进。

〔撰稿单位：杭叉集团〕

转型着力突破　创新驱动发展

浙江高宇液压机电有限公司（以下简称高宇液压）创建于2006年，是一家专业生产工程机械、工程车辆液压零部件，集研发、制造、营销于一体的股份制企业。公司主要生产配套于装载机、叉车、挖掘机、推土机等工程机械车辆用多路换向阀、变速操纵阀、流量放大阀、转向控制阀等液压零部件产品，共30多个系列，200多种产品规格，是国家高新技术企业。

公司自成立以来，每年以60%的速度复合式增长，其中装载机用多路换向阀产品连续几年国内市场占有率达42%左右，为国内装载机液压阀第一品牌单位。

根据我国装备制造业普遍存在着中低端产能过剩、高端产品空白的现状，以及当前经济社会进入重大转型期，尤其是2012年以来国内机械行业持续低迷的状态下，高宇液压制定了产品转型升级的战略，确立了研发、生产中高端液压阀以拓展配套领域的思路，着力寻求新的经济增长点。

一、立足市场需求，坚持走创新之路

2006年，公司成立之初的短短6个月时间，就成功研发了具有自主知识产权的深度改型产品GDF32多路换向阀，有效地解决了国内目前3～5t装载机工作系统普遍存在的高温、高压、大流量下易出现阀杆换向液压卡紧、主机工作装置沉降大、

操纵力偏大、操作性不好等技术难题，投放市场后备受青睐，迅速代替了 DF32/25 多路换向阀，高宇液压成为诸多装载机重点生产厂家的战略供应商。

针对国内轮式装载机液压系统工作压力偏低，压力等级大多为 16Mpa，已不适应国内主机工作液压系统更新换代及技术改造的要求，公司充分运用现有研发力量，并与高校合作，研发了 GLV25 流量比例分配阀，结合主机工作液压系统其他元件承受能力，将液压系统等级提升至 25Mpa，从而使主机液压系统的控制精度得以全面提高，解决了国内工程机械系统工作控制原理及各项技术参数向国际先进水平靠近的技术核心问题，完全符合国内工程机械行业各种主机高效、节能、环保、多功能一体化的产品更新换代的需求。与 4THF5 比例先导阀组成高压多路换向阀组，可用于 5 ～ 10t 中大型装载机液压工作系统，它与主泵匹配，控制装载机的各个动作，性能达到国际同类水平，具有操作功效高、节能、高性价比等显著优点。填补了国内高压液压多路换向阀空白，实现了自主创新开发和国产化。本专利产品获得 2013 年中央投资产业振兴和技术改造专项项目资金支持。

公司立足市场需求，根据对未来市场的需求分析，制定并实施产品研发战略规划：研发研发 20 ～ 50t 轮式起重机用液压阀组、小挖用液压阀组、履带吊液压阀组、9 ～ 10t 装载机多路阀、130 ～ 160t 推土机多路阀的研制。这标志着高宇液压正跨入新的领域和新的空间，开创高宇液压多领域突破、多层次跨越的新局面。

二、建立创新机制，重视人才引进和培养

创新工作的核心是人才，高宇液压从物质和精神方面关怀技术人才，扶持创新工作。公司通过建立创新决策机制、投入机制、激励机制、人才引进和培养机制等一系列政策措施，从制度上保证对人才的重视和吸引力，形成了一支结构合理、老中青相结合的技术创新团队，该团队被评为 2013 年台州市企业重点技术创新团队。

1. 制定《科研项目立项和审批制度》，使科研项目实行制度化和科学化的管理，保证科研计划圆满完成，出成果、出人才、出效益，提高竞争力。技术研发人员实行项目负责制，设置项目奖和创新奖，激励了项目人员的创新动力。

2. 制定了《技术人员绩效考核制度》，明确了考核内容、成果评审、奖惩方案，以调动研发人员的工作积极性，加快新产品的开发速度，实现企业和技术研发人员的双赢。技术人员采用单独的薪酬制度，激励技术人员专注于技术创新。

3. 建立吸引人才、培养人才的环境，公司制定了一系列吸引人才、培养人才的优惠政策，建立具有公司特色的科技人员职业发展通道即《五级工程师制度》，打通科技人员晋升通道，平时注重科技人员的培训管理工作，加强继续教育工程，邀请专家到公司进行技术交流培训等教育活动。公司还多渠道的引进人才，其中 2012 年引进的高级人才入选台州市 500 精英人才计划。

三、搭建技术创新平台，开展产学研合作

企业要持续创新，创新平台才是催生成果的沃土，公司技术中心是技术研发创新的主要平台，由总经理亲自担任技术中心主任，公司领导亲力亲为的强力举措，调动了技术人员创新的积极性。中心内设产品研发、基础制造技术研究、产品性能试验研究、信息中心、新产品试制基地等机构，公司技术中心先后被认定为浙江省企业技术中心和高宇液压元件省级高新技术企业研究开发中心。

技术中心通过几年的运行，取得了多项科研成果和应用成果。2013 年，公司多项产品（GLV25 比例流量分配阀、4THF5 比例先导阀、DL20 多路换向阀、DL25 多路换向阀）通过浙江省省级新产品鉴定；目前公司拥有 13 项专利（其中 2 项发明专利），还参与了 JB/T 11303-2013 等 6 项行业标准的制定和修订工作。“3 ～ 5t 装载机新型多路换向阀组技术成果转化”获 2012 年度浙江省科技成果转化二等奖。

作为国家工信部装备司牵头的工程机械高端液压元件及液压系统产业化协同工作平台第一批成员单位，高宇液压以政产学研用相结合的开放式产业化协同工作平台为载体，通过政府引导，行业协会

组织协调，实现了多学科、跨行业、跨部门的耦合；目前公司所有研发项目均有后续升级挖潜能力，研发过程采用开放式的产学研技术合作；与平台成员单位开展铸造技术的合作攻关，与高校合作进行液压前沿技术的研究（浙江大学国家电液控制工程技术研究中心开展用于装载机、平地机用变速操纵系统的合作开发），与行业用户组织的产业化联盟。这种立体式的研发格调不仅有效缩短项目研发周期，而且进一步拉近了行业的上、中、下游的距离，促进了产品的研发、推广和产业化进程，投资回报速度更快。

四、注重生产工艺创新，提高生产效率

针对液压阀制造过程中的关键基础工艺技术，公司成立专门的项目组进行重点攻关，公司先设思路、出创新点，然后联合国内外顶级设备制造商共同开发适用于液压元件工艺制造的专用设备。目前在加工技术、产品清洁度、在线测量技术等方面取得了突破性的成果。

1. 研制了机器人高压定点清洗机，运用机器人三维运动和精确定位的特性，解决了长期困扰液压行业阀体零件内部油道污染物清洗和微小加工毛刺清除的难题，清洗压力达 25Mpa，并采用纯水清洗，实现了环保、节能、低成本、高效的柔性生产要求。

2. 针对试验油液污染度控制难题，创新性提出油液集中过滤新思路，研制出并联式油液集中过滤装置，使试验油液始终处于控制范围内，有效的保证出厂产品的清洁度。

3. 对主要产品阀体零件加工流程进行优化改造，淘汰了传统流水线模式，加工过程根据工艺特点分解成几个模块，采用数台数控机床和加工中心组成加工单元，工序集中、不同零件柔性变换、工序质量和加工效率有效提升。

五、培育以创新、质量为核心的企业文化，创行业品牌

公司积极创建以尊重创新、鼓励创新及勇于创新为主要内容的企业文化，促进创新型企业建设。积极营造“质量—企业的生命”的质量文化氛围，坚持“开拓创新、持续改进、追求卓越、顾客满意”的质量方针，建立健全质量管理体系，全面提升质量管理水平，紧紧围绕产品研发、生产、销售、服务的全过程建立控制程序，对确定的过程分解落实到相应的管理部门，分别形成质量记录，做到责任明确，为公司管理体系的运行提供了保障。高宇液压坚持为客户提供优质的产品和服务。

高宇液压作为一家工程机械液压配套件生产企业，从自身的企业特点和行业特点出发，树立独特的品牌经营形象，2012 年公司采用并注册了新的企业标志，该标志寓意着企业海纳百川的胸襟和踏实的工作作风。在公司不断发展的过程中，致力于“”品牌的建设推广，多次通过行业展会、行业会刊、网络等媒介加大对“”品牌的宣传，树立良好的企业形象。目前公司已形成“高、精、尖”的品牌优势，且为国内装载机液压阀第一品牌单位，已申报 2014 年台州市名牌产品。

公司坚持走专业化生产、精益化管理的道路，专注于工程机械液压零部件行业，加大中高端液压零部件的开发，在未来的发展道路上，不断开拓创新，积极进取，为中国工程机械行业的发展贡献自己的绵薄之力，以全新的姿态迎接市场的新挑战。

〔撰稿单位：浙江高宇液压机电有限公司〕

江苏自动化研究所（中船重工第七一六研究所）

第七一六研究所创建于 1965 年 5 月，是中国船舶重工集团公司（CSIC）所属的一个综合性研究所，主要从事电子信息系统、机械与工业自动化装备、能源与能源装备、建材与新材料、医药与医疗器械等的研发、生产、经营与服务。现有从业人员 2 300 余名，各类专业技术人员 1 200 余名。七一六所拥有完善的科研生产和经营管理体系，有 4 个行业测试中心、多个省部级工程技术研究中心；设有硕士点、联合博士点和博士后科研工作站；注册成立了江苏杰瑞科技集团公司，下辖 10 多个控股子公司，在北京、上海、青岛等地设有控股公司或分支机构。建所以来，共获得包括国家科技进步特等奖在内的科技成果奖350多项。拥有“杰瑞”、“JARI”等品牌商标，通过GJB9001B质量管理体系认证、一级军工保密资格认证、GJB5000A三级软件研制能力认证、GB/T24001-GB/T28001环境与职业健康安全管理体系认证，拥有设计施工一体化一级资质、安全技术防范工程设计施工一级等资质。先后获得全国精神文明建设工作先进单位、中国企业文化建设先进单位、江苏省文明单位标兵、江苏省五一劳动奖状、中央企业先进集体等荣誉称号。

第七一六研究所从80年代开始研制生产军用加固计算机产品，于2005年调整组织结构，整合资源，成立了以市场经营、研制开发、生产组织、调试试验、交付服务为一体的计算机事业部。发展至今业务方向包括抗恶劣环境计算机及抗恶劣环境计算机为核心的抗恶劣环境电子设备、部件、台柜级产品和移动机械装备控制系统及其核心配套部件。

第七一六研究所计算机事业部积累多年的市场基础，拥有丰富的人力资源和雄厚的技术力量，经过坚持不懈的努力，掌握了国内外领先的移动机械自动化控制技术，具有成熟的龙芯（MIPS）、飞思卡尔（PowerPC）、英飞凌（C166）、ST（ARM）处理器应用研发团队和德国3S软件公司CoDeSys软件应用开发团队。成功研制了挖掘机、高空车、框架车、连续墙抓斗机、履带起重机、全路面起重机、水平定向钻机、旋挖钻机、凿岩台车等数十个车型控制系统解决方案。开发了具有自主知识产权的JRCC系列控制器、JRCD系列显示器、遥控器、模拟驾驶仿真系统等产品。目前是芬兰EPEC、德国GRAF公司国内一级产品代理商，并在上海、徐州、长沙等地成立了办事处。

第七一六所计算机事业部始终坚持“先进可靠、经济适用、持续改进、终身服务”的质量方针，在为顾客提供先进可靠的产品的同时，及时提供周到的售前、售后服务技术支持。我们将通过与顾客的精诚合作，持续改进，实现顾客理想，超越顾客期望。

〔撰稿单位：江苏自动化研究所〕

廊坊德基机械科技股份有限公司

廊坊德基机械科技股份有限公司是一家先进装备制造企业，专业从事沥青混合料搅拌设备研发、设计和制造，专注于提供高端节能环保型全系列沥青混合料搅拌成套设备和废旧沥青混合料再生利用搅拌设备及服务。现在生产基地拥有超过150 000m^{2}的厂区，年产能超过50台套 。

德基机械定位为科技创新型企业，以技术创新和研发设计为企业核心，始终坚持技术领先一步的创新理念。德基机械早于2003年自行研发生产4000型大型高档沥青混合料搅拌设备，引领和推动了沥青混合料搅拌设备的技术进步和科技创新，打破了中国高端设备主要依靠进口的局面，成功演绎了以高端民族品牌替代进口品牌的民族制造业发展之路；其产品质量始终居国内同类产品市场的前列。至2012年，德基机械已研发并销售的高档沥青混合料搅拌设备中约70%是大型间歇式3000型（240t/h）、4000型（320t/h）和5000型（400t/h）沥青混合料搅拌设备；5000型设备更占据同档次同型号产品市场销售量领先位置。

德基机械生产的沥青混合料搅拌设备，在国内近30个省、市、自治区的高速公路、高等级公路和城市道路建设中发挥了巨大的作用，为中国道路建设做出了重要的贡献。除满足国内高等级公路和市政道路建设、养护需求外，德基机械于2004年开始开发海外市场，实行背靠祖国，面向国际的发展策略，致力开发国际市场，并取得了骄人的成绩。德基机械已在俄罗斯、印度、澳大利亚、阿拉伯联合酋长国、沙特阿拉伯、阿富汗、阿尔及利亚、肯尼亚、安哥拉、埃塞俄比亚、刚果、土库曼斯坦、哈萨克斯坦和蒙古国等国家销售了超过50台套沥青混合料搅拌设备，迅速打开了国际市场，并展示了美好的市场前景。

德基机械于 2008 年取得俄罗斯联邦机械产品的 PCT 认证，更于 2009 年获得欧盟 CE 认证。这些证书的取得，标志着德基机械产品质量已经达到欧洲和世界先进水平，同时为德基机械进入庞大的国际市场铺平了道路。

历经 10 余年的奋斗，德基机械已成为国内外客户公认的沥青混合料搅拌设备专业制造主导厂家之一。

作为一家集科技研发、设计、生产、营销、技术支持、海陆运输和售后服务为一体，提供整体解决方案的企业，德基机械始终以客户和市场的需求为导向，建立了快速、灵活、高效的运营体系，在设备的安装、调试、维修、保养和用户培训等方面积累了丰富的国内及海外操作经验。

德基机械成功研制出中国的废旧沥青混合料再生利用搅拌设备，以敏锐的行业触觉走在市场前端，并持续在此领域进行研发投入，积极推动技术创新和新工艺应用，为客户提供个性化的再生解决方案；以低故障率、高稳定性的设备，系统化的售后服务引领着废旧沥青混合料再生利用搅拌设备市场的发展。

德基机械推出了整体式沥青混合料搅拌设备，打破现有常规沥青混合料搅拌设备拌和楼结构的局限，对拌和楼重新设计，把再生部分作为设备的“标准配置”融入到新设计中去，根据生产再生沥青混合料的需要进行优化。

为简化 RAP 进锅环节，对拌锅的布置位置进行合理布局，由原来位于新骨料称量斗正下方向再生称量斗一侧偏移，以确保称量后的 RAP 可以直接卸入拌锅，而新骨料根据需要则可以通过溜槽结构顺畅进入拌锅，不存在黏结问题。

在常规 RAP 烘干滚筒的基础上增加“再生环”装置，对筛分后不同规格的 RAP 材料区别处理，其中：较粗规格 RAP 由滚筒端头处加入，全程加热；较细规格 RAP 则由滚筒“再生环”处加入，只参与部分加热过程。从而确保不同规格 RAP 加热工艺的合理性，在保证 RAP 加热效率的基础上，还可有效缓解沥青过热导致的老化和黏结等问题。

展望未来，一切源于专业和专注，德基机械将一如既往地进行废旧沥青混合料再生搅拌设备的研发和应用推广，继续为推进国家节能减排工作服务，为行业和国家循环经济的发展不断注入科技创新和活力。

〔撰稿单位：廊坊德基机械科技股份有限公司〕

追求卓越、创造精品

——河谷（佛山）汽车润滑系统制造有限公司

河谷（佛山）汽车润滑系统制造有限公司（下简称“河谷公司”）创办于 1989 年，属于中外合资经营企业，位于广东佛山市高新技术开发区罗格围一期工业区，主要经营生产销售机械集中润滑系统和上述产品的售后维修服务。

一、公司发展

河谷公司前身是日华油机（佛山）有限公司，2004 年 12 月，河谷公司与日本油机株式会社的母公司日本日和产业株式会社共同增资 500 万美元，成立河谷（佛山）汽车润滑系统制造有限公司。

河谷公司致力于汽车润滑制造系统的制造和研发，全部科技项目数达到 25 项，申请专利 9 项。公司引进一批国外原装 CNC 自动加工车床及一批原装 CNC 加工中心，有力地保证了润滑系统核心部件的质量和品质；并引进了国际先进的清洁工艺经验而专门订制了一套先进的自动清洁系统，使润滑系统部件能做到完全的无污无损。河谷公司现有科技人员 55 人，研发中心 35 人，其中大专以上学历 26 人，高级以上职称 2 人。强大的公司实力，先进的技术装备，高素质的科技人员，使河谷公司现已经成为国内润滑系统行业的领头和佼佼者。

公司对外的合作项目也硕果累累。如：2009 年 5 月 7 日东风底盘公司的东风装甲运兵车底盘集中润滑系统；2010 年 6 月 20 日湘电风能的

XE93 风力发电机组集中润滑系统；2011 年 12 月 28 日徐州重型机械公司的 QY100/QY260 系列汽车吊集中润滑系统。而且，河谷公司开发的 ZJ 系列高压柱塞油脂泵、SD 片式分配器以及 QY 系列汽车吊集中润滑系统，已广泛应用于三一重工、徐工集团、广东华锐风电、三一科技履带、十堰十运重卡等国内著名厂家的各种工程机械设备上。该产品控制要求：-40℃～+80℃，震动加速度为 5G，使用寿命为 20 年，适用压力 1.5～3MPa。现在，河谷公司系列润滑系统产品已经从中端走向高端，市场遍布海内外。

二、企业管理

河谷公司是一个位于高新技术开发区的制造型企业，技术研发是公司持续发展的关键，它对于公司产品的创新、公司在市场上的地位、公司在未来企业竞争中的格局具有重要影响。

1. 制度管理

2009 年公司就制定了《项目立项管理制度》《研发投入核算财务管理制度》《研究开发人员绩效考核奖励制度》。每项制度都有考核和奖惩，尤其是《研究开发人员绩效考核奖励制度》，坚持公平、公正、重绩效的原则，量化与定性指标相结合，形成了一套严格的考核办法。

（1）项目研发考核评价采用百分制办法，将项目考核分为进度考核、质量考核、成本控制考核三大块，为提高项目开发人员的积极性，体现奖优罚劣的原则，在进度考核方面设有提前奖励，在成本控制方面设有节省奖励。

（2）项目研发考核评价执行：技术研发中心依照以上评分标准对项目完成情况（包括阶段进度、质量、成本、产品技术水平、市场效益预测等）进行考核评价，考核评价结果经人力资源部和主管技术副总审核后，向员工公布。

（3）项目奖励基金的计提：按照该办法计提项目奖金，实际可计发项目奖金 = 项目奖励标的额 × 项目评价总得分 /100。

（4）项目研发奖金的发放：研发中心获得计提奖金后，由项目组根据参与人员承担工作的权重，提交分配结果经研发中心批准后报公司财务部，公司在完成项目开发的次年年会（员工大会）上向全体研发人员发放奖金。

2. 科技管理

公司设置专有科技管理专员一名，通过了解政府的优惠政策，结合本公司的实际情况，申报合适的项目，包括公司的专利申请、高新技术产品及高新技术企业的申报、企业技术中心的申报等。以便使国家鼓励企业创新的政策落地生根，促进公司进一步的研发和创新。

3. 研发管理

公司研发采取依托企业领导下的主任负责制，全面负责中心日常行政管理，提出研究开发课题，制定奖励办法，选聘和邀请研发人员，决定内部组织设置，编制和执行财务预算，制定主要管理制度等。

研发中心下设技术委员会与管理小组，管理小组由产品研究组、设备研究组、市场调研组、品控组、核算组组成。产品研究组是研发中心的关键部门，它负责新产品的应用、新产品设计、新技术的攻关，整个中心的人力和物力也基本投入于此。

研究经费管理，由主任和总经理决定当年的研发费用收支预算，技术部财务独立核算，实行专款专用。主要研发经费来源于公司，按销售收入比例用于研发经费，由依托财务部监督资金的使用，技术部主任和项目负责人需要接受相关部门的费用审计。项目负责人根据研究的需要向技术研发中心申请使用。

三、产品应用

河谷（佛山）汽车润滑系统制造有限公司集中润滑系统主要有干、稀油两大系列各种润滑方式产品，包括油脂泵系列、油脂分配器系列、油脂补给装置及附件。

公司产品广泛应用于数控机械、加工中心、电梯、生产线、机床、锻压、铸造、纺织、塑料、木工、橡胶、矿山、冶金、建筑、印刷、食品等领域。公司产品销往全国各地，在全国主要城市设立了办事处；产品返销日本，并销往美国、德国、韩国、印度、巴西等国家和中国香港、台湾地区。

河谷公司一直致力于产品研发，2012 年 2 月，公司生产的容积式集中润滑系统产品被广东省科学技术厅评定为广东省高新技术产品；2012 年 7 月，河谷公司被广东省评为高新技术企业。公司发展越来越快，涉及领域也越来越广。目前，河谷公司正在进军军品产品领域，拓展更大的发展应用空间。

河谷公司秉承“追求卓越、创造精品”的理念，依靠规模生产和精良工艺设备，生产出质高、稳定的产品。河谷公司将会令您的机械润滑更有保障！

〔撰稿单位：河谷（佛山）汽车润滑系统制造有限公司〕

坚持自主创新　建一流装备制造企业

——中交天和机械设备制造有限公司

中交天和机械设备制造有限公司于 2010 年 4 月 2 日在江苏常熟注册成立，由中国交通建设股份有限公司、中交天津航道局有限公司和中交中和物产株式会社共同出资，公司注册资本金 60 000 万元，由中国交通建设股份有限公司控股。

公司的前身是上海真砂隆福机械有限公司和上海港机重工有限公司，自 2003 年开始从事掘进机的制造，在自有的生产基地建成之前，主要利用中交股份下属的上海振华重工（集团）股份有限公司、上海港机重工有限公司、上海真砂隆福机械有限公司的资源进行制造。2007 年，公司通过引进、消化、吸收和再创新，全面掌握了隧道掘进机核心技术，拥有完全的自主知识产权，先后完成驱动部、刀盘、电控系统、液压系统等关键性技术的研制，拥有 3 项发明专利和 1 项实用新型专利，运用这些技术成功地制造出不同大小和不同形式、种类的隧道掘进机。2009 年，为进一步响应工信部、科技部、财政部、国资委颁布的《重大技术装备自主创新指导目录》和财政部、发改委、工信部、海关总署、国税总局颁布的《国家支持发展的重大技术装备和产品目录》，将我国具有自主知识产权的隧道掘进机发展壮大起来，于 2010 年 1 月中交股份下发中交股规字〔2010〕53 号文批准成立专业的隧道掘进机制造商“中交天和机械设备制造有限公司”。

公司专业从事各种类型的盾构机系统集成设计、研发与制造；全断面硬岩掘进机（TBM）系统集成设计、研发与制造；船用机械及部件、起重机械及部件、桥梁及建筑物用防震高阻尼支架的设计、研发与制造；销售自产产品，从事船用机械及部件、起重机械及部件、桥梁及建筑物用防震高阻尼支架的批发及进出口业务。从事隧道掘进机的安装、维修、租赁、咨询、技术等服务。占地面积 3.1 万公顷，厂房建筑面积 7.25 万 m^2，建有结构车间、机加工车间、装配车间等。公司配备有制造大型盾构机的一流生产设备，江苏省最大的加工直径达 18m、加工重量达 600t 的单柱数控立式铣车床，国内可数的卷板宽度达 4 600mm、厚度 120mm 数控万能卷板机，200mm 落地镗铣床，日本进口 4m 高精度数控龙门铣等各类盾构专用制造设备百余台。总装车间起重能力达 250t，宽度达 36m，可以同时组装最大直径达 17m 的超大型盾构机 2 台。具备年产盾构机 40 台、大型钢结构 5 万 t 的生产能力，是国内目前大型专业盾构机制造厂商之一。

公司将经营区域分为华南、华东、东北、西北 4 大组，同时在广州、厦门、哈尔滨等重点区域设立办事处，所生产的产品广泛应用于上海、南京、苏州、杭州、宁波、无锡、沈阳、天津、北京、昆明、南水北调等地的地铁、市政管网、电力隧道、核电站、公路工程，掘进在砂卵石、黏土、硬岩的隧道中，累计掘进里程达 200km 以上。

2011 年公司荣获亚洲制造业协会颁布的中国制造业十大创新企业，成为我国隧道掘进重大技术装备行业的标杆企业。2012 年 6 月，公司获得 ISO 90001 质量管理体系认证；2013 年 1 月，公司获得 ISO 14001 环境管理体系和 GB/T 28001 职业健康安全管理体系的认证。为加强行业内的技术交流，2012 年 7 月，公司加入了中国工程机械工业协会掘进机分会。2012 年 8 月，公司经江苏省科技厅、江苏省财政厅、江苏省国家税务局及江苏省地方税务局联合认定为高新技术企业，并有 4 项产品获得江苏省高新技术产品认定。2012 年，公司获得了 4 项江苏省高新技术产品认定，几乎覆盖了公司主导产品的 90% 以上。2013 年 3 月，公司加入苏州市高新技术企业协会，成为理事单位。 2013 年 5 月，公司获得 2012 年度“RT TOP50”轨道交通创新力企业奖。2013 年 10 月，公司获得了苏州市创新先锋企业认定，可享受增值税、营业税和企业所得税年度新增税收的减免，用于公司研发投入、人才培养引进和自主创新项目，同年又获得工信部认可，取得了盾构机制造进口零部件免税政策的支持。2014 年 5 月，公司又加入了江苏省机械行业协会，成为江苏省机械行业协会常务理事单位。

公司在成立之初就设有企业技术研发中心，2012 年 6 月，该工程技术研发中心经苏州市科学技术局认定为苏州市盾构机工程技术研究中心，2013 年 9 月，经江苏省科学技术厅认定为江苏省盾构机关键技术工程技术研究中心，2014 年年初又被江苏省科技厅认定为江苏省重点研发机构。中心所配备的检测实验设备 20 余台套、检测计量工具 270 余套，所配备的设备和工具能够充分满足公司正常的隧道盾构机设备的设计、研发需要。除自立科研项目 7 项外，还承担了江苏省重大科技成果转化项目、交通部西部课题项目、交通厅科研项目等科研立项。公司自成立以来就非常重视自主知识产权和自主研发，现拥有授权专利 25 项，其中发明专利 12 项、实用新型为 13 项。同时与大连理工大学、武汉理工大学建立了长期合作关系。

公司自主研发的国产首台套 φ14.93m 泥水气压平衡复合式隧道掘进机通过了江苏省机械行业协会专家组的新产品鉴定，得到了工信部第 72 期国家重大技术装备攻关简报专门报道，获 2012 年度轨道交通行业十大创新产品奖。2013 年 8 月 φ14.93m 泥水气压平衡复合式隧道掘进机通过了江苏省经信委首台（套）认定，同年 11 月又获得了江苏省科技厅的重点新产品认定，2014 年 4 月，公司自主研发的国产首台套 NSQYPHFH 1493 型泥水气压平衡复合式隧道掘进机经中国机械工业联合会组织的专家组鉴定，认为整机技术达到了国际先进水平，其中刀盘伸缩装置、备用可推出式滚刀技术和氦氧饱和换刀技术达到了国际领先水平。2013 年 9 月，复合式土压平衡隧道掘进机获得了科技部火炬计划立项。

一直以来，公司始终坚持以科技为本，走知识产权化、技术标准化之路，不断加大在科研开发、引进人才、技术标准创新等方面的投入。公司是中国工程机械工业协会掘进机分会标准化委员会成员单位，承担了隧道盾构机系列标准的制定工作。目前，关于隧道盾构机尚无国家标准，仅有一项关于软土用土压平衡盾构机的城镇建设行业标准（CJ/T284-2008），一项 EN 标准和两项 JIS 标准。为此，公司在技术中心专门成立了标准化工作组，在进行新产品研发的同时也进行标准化的制定工作，2011 年和 2012 年参照公司产品的技术特点和现有标准制定了 3 项企业标准，并通过苏州市常熟质量技术监督局的备案，公司还配有专项资金及多名专业技术人员，从事公司日常的标准化工作，为公司的深层次标准化发展奠定了基础。

中交天和将一如既往地坚持自主创新，为建一流装备制造企业而努力，愿与各界同仁携手发展，共创辉煌！

〔撰稿单位：中交天和机械设备制造有限公司〕

深入推进自主创新　加快盾构产业升级

上海隧道工程股份有限公司机械制造分公司是上海隧道股份的全资直属企业，分公司获得瑞士SGS颁发的国际质量、环境、职业健康安全管理体系认证，是专业从事盾构掘进机、顶管掘进机、钢模、管模等地下施工装备的高新技术企业。

企业紧紧围绕“以信为本、以特为主、以技夺优、以质取胜”的宗旨，秉承“科技创新，转型升级”的方针，形成了集研发设计、加工制造、组装调试、技术服务、施工反馈、维修保养改制为一体的产业链。产品覆盖全国各大城市及香港、台湾地区，并出口日本、新加坡、马来西亚、印度等国。

一、持续技术创新，增强核心竞争力

创新驱动发展战略是企业发展的核心战略，围绕“国产盾构产业基地”的目标，大力推进技术创新、产品创新、品牌创新、企业创新，坚定“做大产业，做强企业”的发展定位，以自主创新为持续驱动力，全面增强自主创新能力，构建特色鲜明的科技创新体系，为产业基地建设提供核心驱动力。

为了进一步提升企业研发实力，依托企业内部改革，公司将机械装备类设计、试验、研发力量进行有机整合，形成了技术中心和盾构试验中心两大设计研发中心，装备有大型下沉式隧道盾构综合模拟试验平台、盾构掘进模拟试验平台、超长距离隧道盾构对接模拟装置、下沉式管片试验平台、结构试验平台等设备，形成了集基础研究、产品研发、工艺开发、应用研究、工程试验为一体的科技创新体系。该体系的有效整合，对提高公司地下施工装备技术研究的自主创新和核心竞争力，促进地下施工装备及衍生产品的研发，起到了重大的支撑和推动作用。

1. 盾构掘进机

自1958年起，企业就开始盾构技术的研究。从1965年自主研制并应用于中国第一条越江隧道——打浦路隧道的 ϕ10m 网格挤压式盾构到1990年获得国家科技进步一等奖的 ϕ4.35m 加泥式大刀盘土压平衡盾构；从20世纪90年代起为取排水隧道、电缆隧道、共同沟、污水处理管道等地下工程研发适用于不同断面、不同直径的土压平衡、泥水平衡盾构掘进机到2004年成功研制国家“863”项目——中国首台具有完全自主知识产权的“先行号”土压平衡盾构，一举打破洋盾构垄断中国市场的局面；从2008年国家“863”项目——首台具有完全自主知识产权的 ϕ11.22m 大型泥水平衡盾构并成功应用于上海世博会配套工程打浦路复线越江隧道到2009年起自主研制的符合英国BS标准的复合铰接式土压平衡盾构成功销往新加坡、印度及中国香港等国家和地区。公司时刻把握行业脉搏，突破自我，秉承不断创新的理念，始终立足于行业前列。

在分析总结国内外盾构设计技术的基础上，对相关设计集成技术进行攻关。通过盾构模拟试验取得设计数据，建立了一套针对各类型隧道地质条件的盾构设计理论和系统集成方法，形成了完全自主创新的核心技术。公司“盾构装备自主设计制造关键技术及产业化”科研项目，攻克了盾构自主设计制造关键技术，研发的盾构系列产品累计形成87项核心专利。成果推动了我国掘进装备制造产业的科技进步，实现了盾构产业的跨越式发展。2012年该课题获得国家科学技术进步一等奖。

国产盾构先后获得国家重点新产品、国家自主创新产品、中国国际工业博览会金奖、上海市科技进步奖、上海市首台重大技术装备等荣誉。

2. 异形隧道掘进机

随着城市地下空间的大规模开发，有效利用地下空间资源是目前大城市必须解决的主要问题。随着经济发展对地下空间开发利用的需求增加，掘进机发展掀起了异形断面掘进机技术的高潮。

20 世纪 70 年代起公司开始了顶管掘进机的技术研究，先后研制了圆形、正方形、矩形、马蹄形等各种类型的顶管掘进机，广泛应用于自来水管道、排污管道、输气管道、电缆管道、地下人行通道、地铁旁通道等工程。尤其是隧道断面利用率最高的矩形隧道掘进机及施工技术的研究，迄今已完成四代产品的开发。

第一代：1995 年开发研制了国内首台矩形隧道掘进机 ——2.5×2.5m 可变网格式矩形隧道掘进机，并进行了 60m 的试验隧道推进，获取了第一手的资料，为今后的工程应用打下了基础。

第二代：1999 年研制开发了 3.8×3.8m 大刀盘加仿形刀式矩形隧道掘进机，在上海地铁 2 号线陆家嘴 5 号通道工程应用中获得了成功。此设备目前已经施工推进了 10 条隧道。尤其是当昆山的业主得知隧道股份有这样一台设备后，根据该设备修改了设计规划，建成了昆山市长江南路地下人行地道，实现了业主方和施工方的双赢。

第三代：2003 年，在原有的矩形隧道掘进机应用工程的基础上，公司研制了 4×6m（内径 3m×5m）偏心多轴式刀盘土压平衡矩形隧道掘进机，该掘进机在宁波市开明街 —— 药行街地下通道工程中得到应用；此后又在上海、南京、武汉等地完成了 22 条地铁的出入口和行人地下过街通道工程。

第四代：2011 年研制了 4.2×6.9m（内径 3.3×6m）大刀盘加偏心刀盘组合的土压平衡矩形顶管机，2012 年 7 月份首次应用于上海市轨道交通 10 号线伊犁路站 3 号出入口，获得成功。该设备已用于 4 条隧道施工。

2012 年，研制了当前世界截面积最大的 7.5×10.4m 圆刀盘加偏心刀盘组合的大断面土压平衡矩形顶管机，应用于郑州中州大道下穿公路隧道工程，现已完成 2 个区间的掘进。

随着矩形隧道掘进机技术研究的不断深入，企业已拥有偏心多轴多刀盘式掘进机、偏心多轴式掘进机的刀盘驱动装置、组合刀盘式土压平衡矩形顶管机等相关专利技术及施工工艺 10 项。矩形隧道掘进机产品荣获中国国际工业博览会铜奖、上海市科技进步二等奖、建设部科技成果推广转化指南项目、华夏建设科学技术二等奖、上海市优秀发明选拔赛一等奖等荣誉。

3. 隧道装备衍生产品 —— 高精度管片钢模

隧道装备衍生产品 —— 高精度管片钢模是浇捣钢筋混凝土管片的专用设备，是盾构装备施工配套产品的关键部件之一 。自 1958 年研制生产上海隧道试验段钢模以来，先后设计制造了大型火力发电厂给排水隧道、原水工程隧道、合流污水隧道、地铁隧道、越江公路隧道、电力能源隧道、西气东输隧道等直径为 2.4 ～ 15m 各种规格、各种类型的单圆、双圆、矩形、异型隧道管片钢模。

近年来，公司在积累多年的设计制造经验、调研国外同类钢模技术基础上进行自主创新开发，开展了插入式振荡高精度管片钢模的系列化与产业化、超大直径双楔型高精度管片钢模研制和管片制作工艺研究、隧道异型管片钢模、附着式振荡高精度管片钢模、钢模及管片生产流水线设备、隧道管片钢模的自动化整体振动装置研发等科研攻关，主持编制了上海市插入式振捣高精度管片钢模产品标准（标准号：Q/PSAE-27-2008），并参与编制国家标准 GB50446-2008 盾构法隧道施工及验收规范（其中涉及管片模具的技术要求），形成了具有自主知识产权的钢模及流水线设计和制造工艺，打破了钢模长期依靠进口的局面，以国产钢模替代进口、以自主创新形成高精度钢模的产业化。

高精度钢模荣获上海市科技进步二等奖、上海市重点新产品、自主创新产品等荣誉。产品遍布国内各大省市和香港、台湾地区，远销日本、新加坡、马来西亚、印度等国，产品质量赢得国内外用户认可。

二、立足国内根基，拓展海外市场

分公司坚持“立足上海、面向全国、走向世界”的经营方针，将目标瞄准国际市场，积极实施“走出去”战略。

2009 年自主研发国内首台符合英国 BS 标准的 φ6.67m 复合型铰接式土压平衡盾构，不仅关键核心技术与国外先进技术相媲美，而且将安全保障、环境保护、人性化设计作为重点。该盾构成功应用于新加坡地铁 C902 工程，成为首台出口海外的中国盾构，实现了国产盾构角逐国际舞台，进军海外市场。

得益于 φ6.67m 复合型铰接式盾构的完美表现，机械制造分公司随后一举囊获了新加坡政府采购的 6 台地铁盾构生产订单，实现了国产的首次批量出口。分公司还承接了 1 台中国香港昂船洲污水处理工程 φ4.72m 复合铰接式土压平衡盾构、2 台印度钦奈地铁 φ6.68m 复合铰接式土压平衡盾构和 1 台印度德里地铁工程 CC-05 标 φ6.57m 复合铰接式土压平衡盾构设计制造，进一步拓展了海外市场。2013 年，分公司持续实现海外销售，承接了 3 台新加坡地铁工程 Thomson Line T206 φ6.6m 复合铰接式土压平衡盾构设计制造。

在海外施工现场，员工们克服了人员少、工期紧、高温酷暑、语言沟通等种种困难，顺利实现业主规定的各个节点任务。6 台新加坡地铁已全部进入现场施工阶段，其中 2 台已完成全部 4 个区间的推进任务；印度钦奈、德里盾构也顺利施工。海外项目取得了阶段性成果，国产盾构在海外的地下空间大放光彩，为分公司继续深化海外市场奠定了基础。

三、提升服务质量，打造精品盾构基地

在努力提升产品质量的同时，公司贯彻“持续经营”理念，时刻关注客户需求，以顾客满意为焦点，强化产品服务体系的建立，逐步开发了“售前服务—产品设计—产品制造—安装调试—售后服务”全过程的综合解决方案技术支撑体系。

超前的研发投入和充分的技术储备，为客户提供全方位的技术咨询；开展操作培训，采取理论与实践相结合兼备的培训模式，为产品使用提供了保障；自主研发的盾构远程监控系统，具有盾构程序远程监控、调试、修改，盾构故障远程实时报警和异地远程诊断功能，“足不出户”的专家服务，大大提高了盾构施工效率；做好备品备件储备，解决客户的后顾之忧；完善售后服务制度，加强对客户的质量回访，推动企业从生产型制造业向服务型制造业转变，提升企业综合竞争力，逐步实现由产品制造向提供全程技术支持和整体解决方案转变，推动了国产盾构产业升级。

经历了半个多世纪的风雨砥砺，上海隧道工程股份有限公司机械制造分公司在“只进不退”的盾构精神指引下，在国产盾构产业基地建设征途中树立了一座又一座里程碑。今后，公司将继续贯彻创新驱动发展战略，推动自主创新，促进地下施工装备产业再升级，为中国地下空间开发和社会发展做出积极贡献。

〔撰稿单位：上海隧道工程股份有限公司机械制造分公司〕

专业敬业　成就事业

——马鞍山统力回转支承有限公司

马鞍山统力回转支承有限公司是集设计、开发、制造于一体的回转支承专业化生产公司，拥有马鞍山精一工程机械有限公司、蚌埠统力回转支承有限公司两大全资子公司。秉承“专业敬业、成就事业”的企业精神，始终致力于以精湛技术、卓越品质、完善服务满足客户需求，创造为之满意和尊重的产品服务。

公司技术实力雄厚，是国家火炬计划重点高新技术企业，拥有一支代表国内一流技术水平的研发队伍，其中包括 20 世纪 70、80 年代起就从事回转支承生产设计工作的技术骨干、4 名回转支承标准起草人和荣获国家科技进步奖的项目负责

人。设有专门的科研与产品开发机构——回转支承研究所。自主创新成果显著，拥有多项专利。公司三大产品系列包括回转支承、回转机构、回转立轴。已形成年产6万套、直径达4m的生产能力，各种结构型式、2 000余种规格回转支承，除广泛为国内各类挖掘机、汽车吊、塔吊、随车吊、高空作业车、环保机械、轻工机械、风力发电设备、太阳能发电设备等主机配套外，还批量出口欧洲、美洲、亚洲等地区，出口比例为30%，为马鞍山市回转支承出口基地。各类进口和国产挖掘机、汽车吊用回转支承也为广大用户和配件商提供了有力支持。

先进生产设备、精良加工工艺、完善检测手段、三十年只做回转支承的专业团队，将助力公司成功打造“中国第一、世界知名”品牌。走遍世界任何角落，都能找到“中国制造”的印记，曾有篇描述美国人生活的文章，里面充满了中国制造产品，可以说已经深入到他们生活的方方面面。是的，中国制造无疑在繁荣壮大，以至于被众多媒体称为“世界加工厂”。越来越多的“中国制造”销往世界各地。 但我们不能仅仅只充当一个加工者的角色。要在国际上站稳脚跟，自主创新是唯一的出路，只有如此，才能化被动为主动，才能真正站起来。

一、椭圆轨道回转支承

今天的统力人18年前已开始椭圆滚道回转支承研究，今天科学的计算方法——有限元法，终于验证了18年前的设想——椭圆滚道比圆弧滚道承载能力高。计算结果表明，承载能力提高30%，使用寿命增加一倍以上。继单排球式回转支承替代交叉滚柱式后，椭圆滚道回转支承突破了统治市场十余年的观念和格局，使滚道从圆弧过渡到椭圆，占领了新的技术制高点，亦代表了回转支承革命性技术进步，国际尚未见报道，处于全球领先水平。 它结束了中国回转支承长达30年消化吸收国外技术、核心关键技术受制于人的历史，实现了从跟随者到领先者的超越，将中国回转支承技术推向世界之巅，在回转支承行业率先将“中国制造”变为“中国创造”。椭圆滚道还给行业带来一股新的驱动能量，对我国回转支承产业的发展将产生积极的促进作用，有利于加速产业转型升级。椭圆滚道是低碳经济的科学大道，钢铁材料是人类社会最重要的基础性、功能性材料，同时也是高能耗、高排放、高污染的行业，节能减排任务艰巨。而椭圆滚道承载能力的提高，直接实现了回转支承“高精度、高承载、长寿命、轻量化”的特征，若新选用主机全部使用椭圆滚道回转支承，将节约成本15%以上，节约钢材20%左右，大大降低能耗，是对绿色经济、低碳经济做出的重大贡献，创造出良好的经济效益、社会效益。 秉承“专业敬业、成就事业”的企业理念，统力致力于以技术创新谋持久发展，加速品牌建设，打造中国一流、世界知名品牌，推进国际化进程，正是依靠技术创新所产生的源动力，统力已成为回转支承领域高速发展的领军企业，并又一次率先在回转支承领域实现了中国制造向中国创造品牌上的转变，以品牌促发展，“中国创造”必将站得更稳、走得更远！

二、柔性齿回转支承

公司新产品——柔性齿回转支承于2013年6月获实用新型专利，是在齿轮进行感应淬火时，将齿轮加热区段分成正常硬区、过渡区和软区3段，这样，大小齿轮啮合产生挤压时，上端面的软区产生挤压塑形变形而不会挤断。经过后市场1年时间验证，没有发生断齿现象，很好地解决了断齿难题，社会效益和经济效益显著。

柔性齿回转支承是对回转支承断齿情况进行概述，根据不同的断齿情况、断齿原因进行详细的分析，滚道受载后，钢球和滚道的挤压接触情况，大小齿轮啮合时齿侧间隙的变化，回转支承径向间隙对大小齿轮侧隙的影响，根据以上现象找到断齿产生的根源。对于断齿，这么多年一直不断地寻找解决方案，前期是控制回转支承与主机装配时大小齿轮啮合间隙不小于0.06倍模数，后来选用37°斜角回转支承，对于解决断齿问题取得一定成效。柔性齿回转支承对于断齿来说，是一次革命性的突破，在大量理论研究的基础上，进行科学的试验，经过2 000台回转支承产品投放市场，未出现一套断齿问题，论证了柔性齿回转支承能很好地解决断齿问题。

柔性齿回转支承是对挖掘机、旋挖钻等工程机械断齿问题的一次革命性突破，彻底解决了断齿问题，是对行业做出的又一重要贡献。该产品成功接住了椭圆滚道的接力棒，再续公司国内领先的技术实力，亦加快了追赶和超越世界的步伐。

〔撰稿单位：马鞍山统力回转支承有限公司〕

系统论述及分析国内、国际工程机械市场总体状况和发展趋势，概述工程机械行业上市公司的发展动向。以及工程机械代理商的市场调查情况

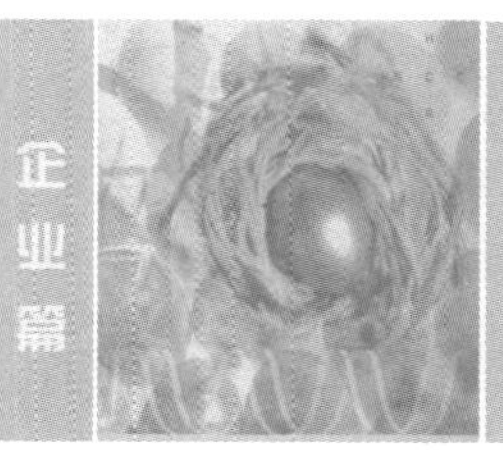

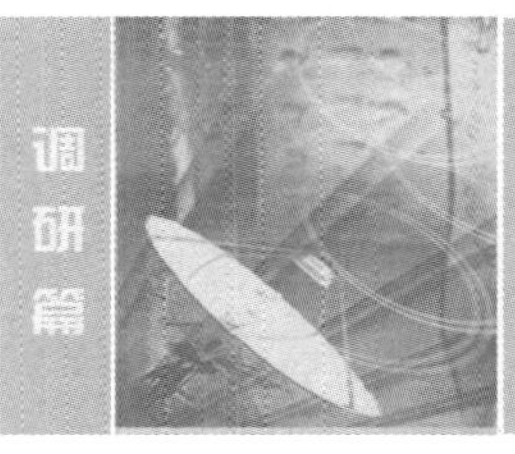

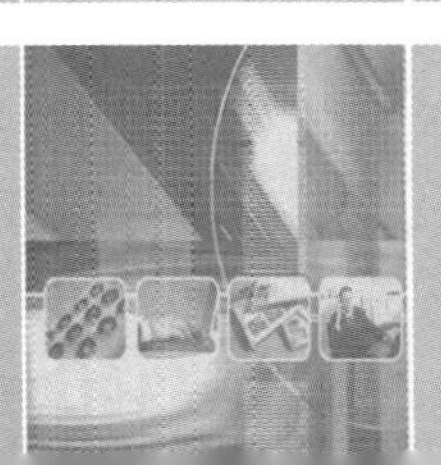

综述篇

行业篇

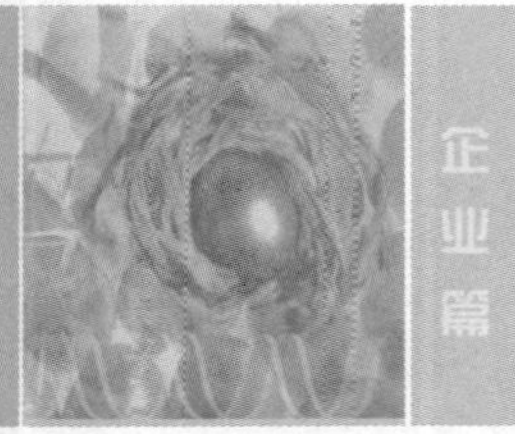

企业篇

市场篇

调研篇

统计资料

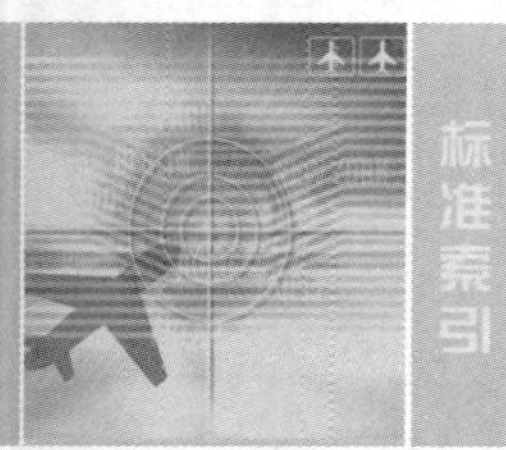

标准索引

政策法规

大事记

中国工程机械工业年鉴2014

市场篇

2013 年工程机械产品进出口贸易情况分析

据海关总署统计，2013 年我国工程机械进出口贸易额为 242.66 亿美元，比上年下降 3.12%。其中进口金额 47.35 亿美元，比上年下降 19.5%；出口金额 195.3 亿美元，比上年增长 1.93%；贸易顺差 147.97 亿美元，比上年扩大 15.19 亿美元。

一、2013 年工程机械进口下降幅度逐步收窄

与 2012 年相比，2013 年进口情况有明显好转，各月进口额累计同比降幅由年初的 40% 以上，到 12 月止收窄到 20% 以内，与 2012 年各月进口额累计同比降幅均超过 30% 相比明显不同。尤其是 2013 年四季度，各月进口额扭转下降态势，同比增幅逐月扩大，好转的迹象明显。尽管进口降幅呈收窄态势，但总体上进口的降幅还是较大的。国内企业转型升级、能力提升形成了部分进口替代仅是原因之一，国内需求不振仍然是最主要的因素。

二、出口总体保持高位微增长态势

2013 年，各月累计的出口额始终保持较低增幅，其中6—10月增幅不足1%，全年增幅仅为1.93%，这与前两年的情形反差巨大，在连续 33 个月出口高速增长之后仍然保持出口增长非常不易，同时也预示我国工程机械产品出口面临严峻形势，出口进一步增加的困难较大。2013 年后 3 个月增幅逐步扩大与 2012 年同期月度出口额下降有很大关系。在主要出口产品中，履带挖掘机、装载机、推土机作为工程机械最主要的整机出口产品，受主要市场经济发展滞缓、需求下降的影响，已经出现数月的负增长局面，全年出口额降幅均超过 10%，成为我国工程机械出口增长乏力的主要因素。2013 年工程机械产品各月进出口情况见表 1。

表 1　2013 年工程机械产品各月进出口情况

月份	进口						出口					
	2013 年当月（万美元）	2012 年当月（万美元）	同比增长（%）	2013 年累计（万美元）	2012 年累计（万美元）	同比增长（%）	2013 年当月（万美元）	2012 年当月（万美元）	同比增长（%）	2013 年累计（万美元）	2012 年累计（万美元）	同比增长（%）
1	37 768	44 454	-15.0				142 813	151 534	-5.76			
2	26 134	62 890	-58.4	63 902	107 344	-40.5	131 343	105 512	24.5	274 156	257 047	6.66
3	44 990	72 241	-37.7	108 892	179 547	-39.4	157 311	167 474	-6.07	431 467	424 553	1.63
4	54 487	52 664	3.46	163 283	232 178	-29.7	177 676	163 627	8.59	608 867	588 192	3.52
5	46 471	67 620	-31.3	209 746	297 894	-29.6	173 545	174 986	-0.82	782 394	759 355	3.03
6	33 304	43 619	-23.6	243 026	343 857	-29.3	173 542	189 745	-8.54	955 873	952 864	0.32
7	42 281	46 933	-9.91	285 518	390 936	-27.0	184 360	178 726	3.15	1 140 116	1 131 122	0.80
8	38 619	50 375	-23.3	324 105	441 447	-26.6	167 285	166 056	0.74	1 307 356	1 297 108	0.79
9	39 953	42 709	-6.45	364 019	484 161	-24.8	170 350	177 029	-3.77	1 477 359	1 473 958	0.23
10	33 107	32 734	1.14	397 143	517 053	-23.2	150 551	141 087	6.71	1 627 842	1 614 946	0.80
11	36 362	34 685	4.83	433 490	551 836	-21.4	164 548	148 408	10.9	1 791 745	1 763 350	1.61
12	39 977	36 855	8.47	473 473	588 453	-19.5	161 422	153 078	5.45	1 953 131	1 916 212	1.93

三、零部件进口降幅趋缓，部分整机产品进口下降明显

2013年，零部件进口19.12美元，比上年下降14.7%，占进口总额的40.4%；整机进口28.23亿美元，比上年下降22.5%，占进口总额的59.6%；

上半年零部件进口额同比下降27.4%，7—12月各月进口额累计降幅分别为24.66%、23.4%、21.2%、19.7%、17.9%和14.7%，同比降幅呈单调收窄态势。

进口下降较多的整机产品主要有：履带挖掘机、大功率推土机、筑路机及平地机、铲运机、沥青搅拌设备、大吨位全地面起重机、塔式起重机、集装箱叉车、手动搬运车、打桩机及工程钻机等。进口增长较多的产品有：摊铺机、履带起重机、随车起重机和内燃叉车等。

四、履带挖掘机进出口双下降，显示该产品需求状况仍未明显好转

在2011年、2012年履带挖掘机出口增幅连续翻番的基础上，2013年履带挖掘机出口额下降18.53%。同时进口额在前两年下降的基础上，2013年又下降35.58%。

值得注意的是，2013年进口挖掘机平均单价为7.40万美元/台，与此对应的出口平均单价9.71万美元/台，其中反映出的现象值得我们深入分析研究。2009—2013年工程机械产品进出口均价对比见表2。2013年工程机械产品进出口分类汇总见表3。

表2 2009—2013年工程机械产品进出口均价对比　　（单位：万美元/台）

产品名称	进口均价					出口均价				
	2009	2010	2011	2012	2013	2009	2010	2011	2012	2013
挖掘机	6.5	7.6	9.47	10.98	7.40	9.3	8.5	9.86	10.73	9.71
装载机	7.6	12.5	8.32	16.30	13.69	3.5	3.7	4.31	4.36	3.86
推土机	20.5	15.4	30.19	47.13	33.04	10.1	9.7	10.89	10.80	8.81
压路机	4.1	2.9	3.19	3.08	3.23	3.7	2.8	3.12	2.83	2.79
铲运机	35.6	30.9	48.75	45.51	54.83	5.4	7.3	7.13	5.94	6.70
筑路机及平地机	29.6	12.3	33.52	61.39	89.73	7.2	8.4	8.79	8.98	8.89
摊铺机	16.4	16.2	17.06	16.74	15.11	4.4	6.8	5.80	5.45	6.73
沥青搅拌设备	46.8	14.0	25.51	15.88	19.53	7.6	3.3	16.68	9.47	21.85
汽车起重机	196.0	271.8	302.06	328.80	289.27	14.4	14.9	15.46	17.71	15.87
履带起重机	329.8	148.0	364.58	318.46	237.16	34.8	47.6	43.72	36.85	33.96
随车起重机	1.2	0.6	1.88	2.10	2.21	2.9	0.7	0.97	1.31	1.48
塔式起重机	97.4	104.8	78.03	132.94	55.21	11.9	13.7	14.52	14.26	13.21
叉车	3.9	3.6	3.01	3.43	3.39	1.1	1.1	1.20	1.28	1.22
手动搬运车	0.9	0.7	0.71	0.72	0.60	0.0		0.02	0.02	0.02
牵引车	2.1	1.2	1.17	1.52	1.35	0.1	0.1	0.13	0.13	0.20
凿岩机及隧道掘进机	103.4	98.9	143.36	155.07	143.38	0.3	0.3	0.77	0.86	1.22
打桩机及工程钻机	61.7	50.5	56.08	36.25	16.05	0.4	0.6	0.52	0.58	0.67
混凝土机械	4.2	3.6	6.44	6.52	1.60	0.1	0.1	0.07	0.27	0.10
电梯及扶梯	8.9	7.7	7.64	8.20	10.16	3.1	2.8	2.74	2.76	2.75
其他工程车辆	43.2	41.8	42.48	39.09	60.71	9.4	11.0	13.17	7.78	6.77

表 3　2013 年工程机械产品进出口分类汇总

序号	货品名称	数量单位	出口				进口			
			数量	增长(%)	金额(万美元)	增长(%)	数量	增长(%)	金额(万美元)	增长(%)
1	履带式挖掘机	台	12 674	-12.73	125 507	-18.53	13 323	-4.23	98 307	-35.58
2	轮胎式挖掘机	台	477	66.20	2 936	26.36	170	100.00	1 365	86.21
3	其他挖掘机	台	161	23.85	854	-78.26	1		231	
4	装载机	台	45 497	1.23	175 696	-10.42	366	-27.81	5 010	-39.37
5	$P>$ 235.36kW(320hp) 推土机	台	233	-51.96	4 521	-51.37	81	-20.59	4 297	-41.81
6	其他推土机	台	4 332	6.73	35 677	-10.34	110	35.80	2 014	62.38
7	筑路机及平地机	台	4 589	4.53	40 791	3.45	14	-54.84	1 256	-33.99
8	铲运机	台	421	-44.75	2 822	-37.65	32	-65.96	1 755	-58.98
9	非公路用货运自卸车	辆	4 486	-53.30	24 619	-54.52	234	-3.31	14 507	-24.91
10	压路机	台	13 236	4.93	36 993	3.69	478	26.12	1 542	32.16
11	其他压实机械	台	19 683	-39.62	2 695	-23.23	7		11	
12	摊铺机	台	680	-23.94	4 575	-6.09	261	22.54	3 943	10.56
13	沥青搅拌设备	台	591	-56.09	12 911	1.32	52	-10.34	1 016	10.23
14	起重量＞100t 全路面汽车起重机	辆	53	76.67	4 891	89.68	2	-75.00	579	-79.70
15	其他全路面汽车起重机	辆	994	-8.05	11 654	-8.98	0		0	
16	起重量＞100t 的汽车起重机	辆	81	-69.55	4 459	-77.44	0		0	
17	其他汽车起重机	辆	4 426	12.08	67 133	13.47	0		0	
18	履带式起重机	台	929	8.91	31 546	0.35	12	71.43	2 846	27.67
19	塔式起重机	台	2 967	24.93	39 182	15.72	38	8.57	2 098	-54.91
20	随车起重机	台	267	-8.87	396	3.03	337	4.66	745	10.32
21	其他起重机	台	10 093	-27.85	28 882	9.19	978	5.39	9 526	-18.08
22	堆垛机	台	1 147	54.17	826	0.42	495	59.16	3 832	9.18
23	电动叉车	台	50 141	18.02	32 767	9.33	7 275	14.58	14 163	12.03
24	内燃叉车	台	61 155	12.57	98 497	9.28	1 110	-34.86	12 088	-1.97
25	集装箱叉车	台	263	14.85	4 859	14.44	7	-79.41	73	-79.16
26	手动搬运车	台	167 9595	-0.39	31 418	-1.10	4 332	-5.25	2 585	-21.51
27	牵引车	台	21 795	-15.56	4 427	33.99	2 104	-1.03	2 835	-12.50
28	凿岩机及隧道掘进机	台	34 796	19.06	42 366	68.15	172	-12.69	24 662	-19.27
29	风动工具	台	14 308 455	-4.20	29 797	4.26	582 902	5.54	8 432	-3.00
30	打桩机及工程钻机	台	22 104	-4.05	14 813	10.55	115	9.52	1 846	-51.51
31	混凝土泵	台	2 049	-24.56	6 990	43.52	4 249	1 805.38	1 373	94.22
32	混凝土泵车	辆	452		10 790		1		40	
33	混凝土搅拌机械	辆	903 816	19.27	42 709	12.89	2 086	8.36	8 670	-12.92
34	混凝土搅拌车	台	5 771	22.16	31 841	21.52	2		89	
35	电梯及扶梯	台	65 968	20.12	181 152	19.46	1 614	-17.23	16 390	2.47
36	其他工程车辆	台	4 703	-14.38	31 862	-25.40	157	-16.93	9 531	29.0
37	其他	台	1 198 367	9.62	126 761	44.30	5 658	-5.65	24 660	-11.1
38	零部件	t			602 516	1.98			191 157	-14.7
	合　计				1 953 131	1.93			473 473	-19.5

注：1. 数据来源于中国工程机械工业协会工程机械进出口月度监测系统。

2. 2013 年海关税则调整后，“混凝土泵车”从“其他工程车辆”中分列出来。

五、2013年工程机械进出口贸易总额低于2012年

2013年，在我国工程机械产品进口持续较大幅度下降情况下，出口未能呈现前两年的大幅度增长局面，全年出口均呈低速增长态势，导致2013年我国工程机械进出口贸易额合计比2012年下降。相关国际机构也得出了类似结论：我国工程机械市场和产品份额有所下降。2013年各月累计工程机械进出口总额见表4。

各主要区域经济体中，东盟同比增长10.2%，中国香港、日本、韩国也保持较好的增长势头。对东盟的出口市场比重比2012年上升了1.33个百分点；对美国出口也保持增长。俄罗斯、印度和欧盟市场比重则分别下降1.36、0.29和0.17个百分点。2013年我国工程机械出口全球区域市场分布见表5。

表4　2013年各月累计工程机械进出口总额

月份	2013年 进出口合计	同比增长 (%)	月份	2013年 进出口合计	同比增长 (%)
1月	180 581	-7.86	1—7月	1 425 635	-6.34
1—2月	338 058	-7.23	1—8月	1 631 461	-6.16
1—3月	540 359	-10.6	1—9月	1 841 379	-5.96
1—4月	772 150	-5.88	1—10月	2 024 986	-5.02
1—5月	992 140	-6.16	1—11月	2 225 234	-3.89
1—6月	1 198 900	-7.54	1—12月	2 426 604	-3.12

表5　2013年我国工程机械出口全球区域市场分布

全球区域 市　场	出　口			进　口		
	出口额 （万美元）	同比增长 (%)	占出口 总额比重 (%)	进口额 （万美元）	同比增长 (%)	占进口 总额比重 (%)
美国	176 021	1.82	9.01	46 814	-31.8	9.89
欧盟合计	172 958	-0.02	8.86	158 598	-19.4	33.50
中国香港	24 558	18.6	1.26	237	3.35	0.05
日本	94 760	5.58	4.85	138 427	-20.7	29.24
韩国	50 085	4.33	2.56	72 617	-27.8	15.34
东盟合计	344 771	10.2	17.65	8 881	4.46	1.88
俄罗斯联邦	110 776	-17.8	5.67	719	502.1	0.15
印度	52 438	-8.02	2.68	4 512	-10.4	0.95
非洲拉美	463 656	-2.93	23.74	2 583	-12.1	0.55
其他	463 110	7.79	23.71	40 084	28.7	8.47

在进出口贸易主要国家中，对日本扭转了此前进出口双下降局面，而进口额降幅仍超过进出口总额降幅；从美国的进口额下降幅度超过日本、德国和韩国。在主要出口市场中，我国工程机械对俄罗斯、印度、澳大利亚、阿拉伯联合酋长国、德国呈不同程度下降；对沙特阿拉伯、马来西亚等国出口增幅明显，排位有所上升。2013年我国工程机械进出口前20位国家（地区）排序见表6。

表 6　2013 年我国工程机械进出口前 20 位国家（地区）排序

序号	国家（地区）	进口额（万美元）	同比增长（%）	国家（地区）	出口额（万美元）	同比增长（%）	国家（地区）	进出口总额（万美元）	同比增长（%）
1	日本	138 427	-20.7	美国	176 021	1.82	日本	233 187	-11.8
2	德国	80 741	-0.6	俄罗斯联邦	110 776	-17.8	美国	222 835	-7.7
3	韩国	72 617	-27.8	日本	94 760	5.6	韩国	122 703	-17.4
4	美国	46 814	-31.8	沙特阿拉伯	72 227	49.1	俄罗斯联邦	111 494	-17.4
5	瑞典	17 212	-15.7	巴西	72 026	0.6	德国	110 462	-2.7
6	奥地利	14 266	9.4	印度尼西亚	67 548	3.58	巴西	74 137	0.8
7	中华人民共和国	12 034	376.2	泰国	63 833	5.1	沙特阿拉伯	72 227	49.1
8	意大利	8 840	-35.4	马来西亚	58 776	56.1	印度尼西亚	68 093	4.2
9	澳大利亚	8 198	-24.9	新加坡	53 861	12.3	泰国	64 809	5.1
10	法国	7 960	-32.9	印度	52 438	-8.0	马来西亚	64 223	49.3
11	加拿大	6 756	103.1	澳大利亚	52 066	-18.9	澳大利亚	60 264	-19.8
12	荷兰	6 193	-67.8	韩国	50 085	4.3	印度	56 950	-8.2
13	英国	6 092	-47.0	南非	40 953	3.0	新加坡	55 281	11.1
14	马来西亚	5 448	1.5	哈萨克斯坦	40 161	23.1	南非	41 206	2.5
15	芬兰	5 158	-29.7	阿拉伯联合酋长国	34 747	-12.4	哈萨克斯坦	40 161	23.1
16	中国台湾	4 837	-3.5	越南	33 659	18.5	阿拉伯联合酋长国	34 750	-12.5
17	印度	4 512	-10.4	土耳其	30 137	11.6	越南	34 036	19.2
18	西班牙	4 346	56.4	阿尔及利亚	29 850	15.5	荷兰	32 766	-13.1
19	瑞士	4 301	17.3	德国	29 721	-7.9	土耳其	30 568	11.3
20	挪威	2 223	-9.5	菲律宾	27 437	13.5	加拿大	30 040	3.3

在各大洲中，亚洲仍然是我国工程机械最重要的出口市场，出口额达到 91.62 亿美元，同比增长 10.4%，占我国工程机械出口总额的 46.9%。欧洲虽然出口额下降 6.7%，但仍以 30.89 亿美元的出口额位列出口市场第二位，占我国工程机械产品出口的 15.8%。排在第三位的非洲出口额为 26.93 亿美元，同比增长 7.4%，占 13.8%。北美洲 19.93 亿美元，同比增长 0.3%，占 10.2%。南美洲 19.44 亿美元，同比下降 14.3%，占 10.0%。大洋洲 6.51 亿美元，下降 17.7%，占 3.3%。

从整机产品的市场分布看，主要出口到欧盟、美国、日本、韩国以外的国家，而美国、日本成为我国工程机械零部件的主要市场。海关进出口统计数据中包括转口和外资品牌的出口，所以只能以此做定性分析。2013 年工程机械产品出口市场分布（出口额 5 亿美元以上）见表 7。

表 7　2013 年工程机械产品出口市场分布（出口额 5 亿美元以上）

（单位：万美元）

序号	货品名称	美国	俄罗斯	日本	沙特阿拉伯	巴西	印度尼西亚	泰国	马来西亚	新加坡	印度	澳大利亚	韩国
1	履带式挖掘机	3 321	2 786	980	4 793	5 149	3 949	8 152	3 168	1 218	1 086	759	469
2	轮胎式挖掘机		27.7			4.2	23.4	11.7		3.6	10.5		
3	其他挖掘机	1.40	35.8		6.03		16.8	2.0	21.0	157.0		10.49	
4	装载机	1 247	27 409	67	8 443	9 652	5 480	6 083	2 521	375	1 918	2 670	1 016

（续）

序号	货品名称	美国	俄罗斯	日本	沙特阿拉伯	巴西	印度尼西亚	泰国	马来西亚	新加坡	印度	澳大利亚	韩国
5	$P>$ 235.36kW(320hp)推土机		923.9		72.4		9.3		3.9		126	292	
6	其他推土机	27.3	11 456	1.1	912.4	378.2	397.8	212.7	53.7	2.5	331	186.5	
7	筑路机及平地机	470	3 268		1 354	1 125.6	1 678	698.4	309.0		1 020	113	159
8	铲运机	0.5	659.5			42.9	24.0	2.0		0.2	106	0.90	
9	非公路自卸车	8.2	2104		73.0	96.6	122.2	189.0	2 436	186.1	345	109.3	57.5
10	压路机	1 408.3	1 894	821	1 879	1 342.4	3945	1544	637.8	315.2	25.5	368	216
11	其他压实机械	4.1	162.0	648.8	122.6	313.3	56.7	9.0	28.4	2.1	1.2	19.27	15.6
12	摊铺机	4.4	403.3		38.1	24.2	52.4	82.4	15.6	19.0	22.4		
13	沥青搅拌设备	1.4	1981		566.9	0.2	1 381	55.9	220.4	295.7	297	547.7	0.9
14	起重量＞100t 全路面汽车起重机		231.4	61.1		1 305	76.7	851.3		96.6			
15	其他全路面汽车起重机		3 860		142.1	190.8	304.3	195.5	38.2	1.8	14.7	51	
16	起重量＞100t 的汽车起重机		312.0		322.0	2 023.8	185.5	736.5		1.2			
17	其他汽车起重机	1 337.8	2 333		6 959	10 920	2 485	5 948	591.7	552.9	941	111	
18	履带式起重机	1 165.0	449.6	28.5	647.2	1 328.6	2 444	1 703	1 057	2 413	333	1 624	1 554
19	塔式起重机	18.7	3040		895.3	755.6	2 963	1 925	4 134	3 364	1 337	147	2 194
20	随车起重机		28.3		19.0		111.9	89.1			15.9		
21	其他起重机	428.4	2 115	65.9	567.0	1 945.4	2 603	1 170	950.6	1 799	997	1 557	857
22	堆垛机	22.3	33.9		7.8	15.5	12.6	48.9	19.4	14.7	11.7	63.36	190.1
23	电动叉车	6 893.1	1 473	657.8	356.4	1 228.3	1 533	1 979	480.8	1 370	469.1	2 138	606
24	内燃叉车	6 278.1	6 629	70.0	4 148	5 680.5	3 488	2 925	1 901	2 057	1 155	5 710	272
25	集装箱叉车				164.0	315.5	331.9	359.9	790.2	418.9		141.1	40
26	手动搬运车	6 616.8	1 586	591.3	204.1	1040.5	620.7	572.8	426.9	407.5	638	934	814
27	牵引车	216.9	46.3	98.5	310.6	260.9	230.5	84.1	93.3	149.2	289.6	137.9	211.2
28	凿岩机及隧道掘进机	1 337.3	614.4	6.9	13.4	991.1	9.1	49.6	7 239	13 905	6 778	25.7	7.1
29	风动工具	15 186	590.7	328.0	121.9	804.4	198.3	448.5	241.4	356.8	166.0	826	188
30	打桩机及工程钻机	1 024.2	1 133.7	141.3	21.2	101.1	2647	423.7	988.4	365.6	521.1	89.4	8
31	混凝土泵		524.9		48.7	383.4	352.1	127.8	651.8	190.9	123.3	127.0	3
32	混凝土泵车		172.8										
33	混凝土搅拌机械	1 199.7	4 962.5	79.9	941.3	135.1	2 491	1 265	838.8	1 230	405.6	729	171
34	混凝土搅拌车	658.1	632.2	79.5	90.1	330.6	922.7	412.9	324.4	47.1	838.8	118	157
35	电梯及扶梯	178.4	7 902.7	263.1	3 508	1 708	8 960	8 472	8 916	7181	6 603	6 110	6 434
36	其他工程车辆	2 181.5	4 595	158.2	5 118	3 466	3 117	2 051	2 447	2 200	35 937	1 352	4 907
37	其他	28 419	4 835	557	22 568	792	1 484	1 025	1 190	427	412	819	1 003
38	零部件	96 366	9 566	89 055	6 794	18 175	12 842	13 926	16 040	12 737	21 504	24 161	28 535
	合　计	176 021	110 776	94 760	72 227	72 026	67 548	63 833	58 776	53 861	52 438	52 047	50 084

〔撰稿人：中国工程机械工业协会吕莹〕

2013 年全球工程机械市场回顾和展望

一、全球工程机械市场形势概观

进入 21 世纪以来，全球工程机械市场已经历了两次周期性变化。2007 年，总销售量达到第一个峰值。之后，由于金融危机的冲击，市场需求大幅度回落，但是由于以中国为代表的新兴市场的强劲增长，全球销售量在 2011 年迅速回升到历史新高点。然而，这种主要受宽松信贷推动的高速增长并未持续多久，近两年来市场销售量处于回落态势。2004—2013 年全球工程机械市场销售量及 2014—2016 年趋势预测见下图。

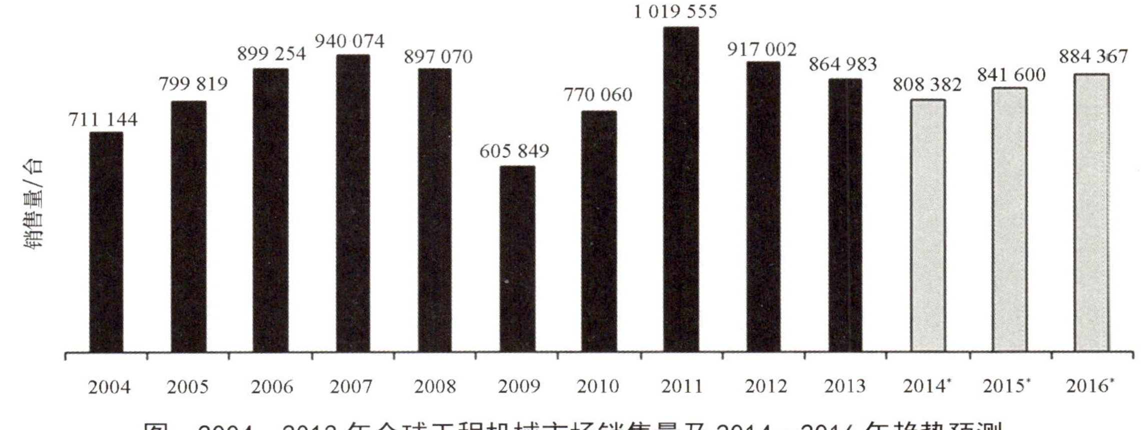

图　2004—2013 年全球工程机械市场销售量及 2014—2016 年趋势预测

注：1. 统计范围包括：装载机、挖掘机、推土机、平地机、沥青混凝土摊铺机、铲运机、越野叉车、滑移—转向装载机、挖掘装载机、非公路自卸车，后同。

2. 数据来源于：英国工程机械咨询有限公司。

在 2013 年全球销售量中，中国市场的比重保持在 32%，仍然是全球最大单一市场；以欧盟、美国、日本为代表的传统发达市场比重继续回升，达到 41%；其他新兴市场的比重为 27%。2008 年市场的下滑主要发生在传统市场，而 2012 年的回落主要是由于新兴市场形势的转折所造成。在各地区市场先后经历了周期性变化之后，预计全球市场的地区结构将在一段时期内保持相对稳定，形成传统市场大致占四成、新兴市场大致占六成的格局。从这一点来看，有利于中国制造商发展的市场空间仍然十分巨大。

从世界范围来看，各国政府放松信贷、增加投资是工程机械市场增长的主要推动力。但是，当前主要经济体内部的深层次问题仍未得到充分解决，政府应对衰退的刺激计划难以长期持续，对信贷规模的扩张必须加以调控，以防范新的金融风险。同时，一些国家和地区所出现的难以调和的政治矛盾和冲突还给经济复苏造成了重重困难。因此，与经济景气密切相关的工程机械市场仍然处于高度的不确定性之中，甚至可以说是处在变化莫测程度最大的时期。

从销售量变化趋势来看，当前全球市场正处于 21 世纪以来第二个变化周期的底部，新兴市场的高速增长已经回退，而传统发达市场的回升总体来看仍然乏力且难以持续。考虑到不同区域市场周期性变化的叠加影响，预计全球市场需求在当前的水平上将出现一个徘徊时期，但重新出现数年前大幅度下跌局面的可能性不大，未来有可能出现比较温和的增长；但是，由于政府经济刺激政策逐步退出，重现高增长的可能性也不大。

二、区域市场分析

2013 年全球工程机械市场销售量持续回落，下降到 86.5 万台，即回到了 2007 年以前上升期的水平；以销售额计算，则较上年下降 7%，为 938 亿美元。市场销售额的回落幅度大于销售量的回落，反映了大型产品需求量缩减程度较大的情况。2011—2013 年全球工程机械市场分地区销售量见表 1。2011—2013 年全球工程机械市场分地区销售额见表 2。

表 1　2011—2013 年全球工程机械市场分地区销售量

区域	2011 年（台）	2012 年（台）	2013 年（台）	2013 年增长率（%）
中国	430 120	290 205	273 691	-6
北美	123 840	144 550	153 950	+7
西欧	123 640	118 848	111 479	-6
日本	47 085	64 860	90 830	40
印度	54 060	50 794	42 741	-16
其他地区	240 810	247 745	192 292	-22
全球合计	1 019 555	917 002	864 983	-6
增长率（%）	32	-10	-6	

注：数据来源于英国工程机械咨询有限公司。

表 2　2011—2013 年全球工程机械市场分地区销售额

区域	2011 年（亿美元）	2012 年（亿美元）	2013 年（亿美元）	2013 年增长率（%）
中国	354	242	223	-8
北美	205	249	265	+6
西欧	120	121	120	-1
日本	32	43	57	32
印度	31	24	20	-16
其他地区	320	328	252	-23
全球合计	1 062	1 007	938	-7
增长率（%）	49	-5	-7	

注：数据来源于英国工程机械咨询有限公司。

中国市场在 21 世纪以来保持了十多年的持续增长。但是，随着经济刺激计划的退出，工程机械需求在 2012 年出现大幅度下跌；2013 年市场仍处于下滑态势，同比下降幅度为 6%（按价值计算则跌幅为 8%）。中国仍然是全球最大单一市场，但是目前的需求水平已经退回到高峰前的水平。虽然行业期待新一届政府出台新的加快经济增长的刺激政策，但这种期待并不现实；相反，尽管自 2013 年以来仍然有许多新项目启动，但是由于资金不足和实施进度延误，它们并未对拉动工程机械需求产生明显的实际效果。在巨大的现有设备保有量的压力下，整个市场仍然处于饱和的状态。机主的投资回报下降，购买信心受到冲击，付款违约情况普遍发生，使制造商和经销商的经营风险持续扩大。

销售量最大的轮式装载机和液压挖掘机等土方机械产品需求在 2013 年继续下滑，这直接导致整个市场的持续回落。由于矿山领域需求不振，刚性自卸车销售量下降到自 2007 年以来的最低水平。道路机械市场虽然受到建设投资增加的支撑，但是由于存在大量新设备，购买需求仍然徘徊不前。另一方面，以小型挖掘机、滑移—转向装载机和挖掘装载机为代表的小型机械市场出现小幅增长，这反映了市场需求结构的微妙转变。

在调低经济增长目标和调整经济结构、控制投资增长的政策思路引导下，预计中国的工程机械市场很难再受到大规模投资增长的驱动，未来数年将保持在相对稳定的水平上，增长潜力主要取决于更新需求，市场即使出现回升也将是比较温和的。

西欧不少国家都出现了新的经济复苏迹象，但工程机械市场仍处于不确定性之中。2013 年整个地区的销售量同比继续下滑 6%，而上一年的降幅为 4%。目前德国、英国、法国和北欧国家市场仍然保持占据较大比重，但是 2013 年仅英国市场上升了 5%，以意大利、西班牙、葡萄牙和希腊为代表的南欧国家市场仍处于低迷状态。从产品门类来看，除铰接式自卸车需求继续增长、挖掘机市场保持稳定以外，其他产品需求大都下降。在各国都努力推动经济回升、但前景仍不明朗的形势下，预计欧洲市场仍将在底部徘徊，虽然持续下跌的趋势有望扭转，但上升的空间十分有限。因此，欧洲制造业的增长将更加依赖于海外市场。

北美市场自2009年跌入谷底以来，一直保持着回升趋势。2013年市场同比增长幅度达到7%，与2009年水平相比，市场需求回升幅度则已经达到100%。当然，目前的绝对销售量仍明显低于前期的高峰水平。美国经济在金融危机后持续回升带动了工程机械市场需求。2013年，租赁公司继续增加采购，直接促使销售量增加；但市场的主要增长点是以小型挖掘机和伸缩臂叉装机为代表的小型机械，其他产品领域则相对平稳。未来近期内北美市场的前景仍然较为乐观，其增长的持续性好于原来的预期。但是，在“量化宽松”政策逐步退出的过程中，美国经济是否能够保持复苏的势头仍存在一定的不确定性，因此对工程机械市场的长期持续增长仍不能过于乐观。

日本工程机械市场在2013年继续强劲增长，同比增幅达到32%，销售量超过9万台，是进入21世纪以来的最好年份。在政府实施的新经济政策影响下，投资增加，来自个体买家和制造业的机械设备订单都有所增长。另外，由于2014年起实施更严格的4B阶段排放标准，也刺激了部分提前购买需求。日本市场结构特征十分明显，履带式挖掘机和小型挖掘机合计比重达到81%，装载机比重为15%。尽管当前的市场需求受到极大的推动，但是由于日本政府债务负担深重，在进一步提高消费税后，经济增长能否持续存在变数。因此，预计工程机械市场的持续增长将受到经济波动的影响，在2015年前后可能出现较大幅度的调整。

印度市场一直被认为具有巨大的增长潜力。但是，在经历2010—2011年的强劲回升后，近两年来却出现脱离预期的连续下滑。2013年市场需求同比下降16%，回落到低于2010年的水平。除了经济增速下降给工程机械市场带来的压力以外，政府决策的拖延和低效被认为是导致市场徘徊不前的重要原因。在2014年选举产生新政府之后，这种情况或将有所改变，预计印度市场将重新回到上升通道。印度也是一个结构特征明显的市场，在其2013年销售量中，挖掘装载机占65%，履带式挖掘机（6t以上）占24%。在基础建设需求上升的推动下，今后挖掘机销售比重可能达到30%以上，挖掘装载机的比重则相对下降，而轮式装载机的比重将保持在5%左右。

三、中国工程机械行业处于战略转型期

2013年初，中国制造商仍然普遍对重拾销售增长抱有较高的预期，但是全年市场的实际走势与此相悖，大部分企业的营业收入都持续下降。海外销售虽然仍保持增长，但增幅并不足以弥补业绩的下滑，而且出口业务有达到阶段性顶部的迹象。在这种情况下，各公司普遍调低了对2014年业绩的预期。目前，新增需求仍不足以推动新机销售的回升，应用市场仍然处于相对饱和状态。客户违约问题不断积累，严重影响经销商和制造商的运营。在整个行业产能过剩而市场形势持续低迷的情况下，企业应收账款和库存居高不下，赢利能力下降，经营风险不断增加。规避风险、提高竞争力并寻求新的发展途径是企业当前面临的主要课题。

中国经济当前正处于调整产业结构、转变增长途径的关键时期，经济形势的急速转折使工程机械市场进入了前所未有的下降周期。制造企业必须在市场大幅度震荡的形势下求取生存之道，并面向未来做出新的战略选择。新一届中央政府强调必须依照充分市场化的原则来实现资源的合理配置和利用；同时，中国经济将变得更加开放，在更高层次和更高水平上参与全球化竞争。在市场总规模增长空间有限的情况下，企业必须突破依靠总量扩张的发展模式，从结构变化中寻求新的机会。

未来工程机械行业结构性变化的一个基本方向是过剩产能需要向市场新生需求转化或淘汰，整个行业乃至各个产品专业领域的集中度将继续提升。从企业层面的产业链来看，建立和提升关键部件自主供应能力是平衡整机产品生产能力的关键，这对于企业依靠技术进步提高长期竞争力具有重要意义；另一方面，企业必须更加重视提高后市场业务的贡献，改变营业收入过度依赖新机销售的局面。

当前，中国不少企业已经进入国际市场，他们仍面临着品牌认知度低、客户支持能力薄弱的问题，但是，中国制造商已经普遍认识到要从全球市场来布局未来业务的必要性。这些结构调整问题相互交织，交叉影响，企业要从中找到自己的途径，通过优化业务结构来稳固和加强自己的实力。

〔撰稿人：英国工程机械咨询有限公司北京代表处史杨〕

2013 年工程机械行业上市公司发展情况

一、上市公司基本情况

截至 2013 年 12 月 31 日，我国以工程机械整机为主营业务的上市公司有 20 家，其中 A 股市场 18 家，香港市场 2 家（中联重科在内地、香港两地上市）。其中以土方机械为主的主要有柳工、厦工股份、徐工机械、中国龙工、常林股份、山推股份、河北宣工、山河智能，以建筑机械为主的包括三一重工、中联重科和建设机械共 3 家；专业叉车企业有安徽合力 1 家；路面机械企业有达刚路机、森远股份 2 家；施工起重运输设备企业有 *ST 天业 1 家；高空作业车企业海伦哲 1 家；矿山机械企业北方股份 1 家；路桥机械企业新筑股份 1 家；专业液压缸生产企业恒立油缸 1 家；回转支承生产企业方圆支承 1 家。2013 年 12 月 31 日，20 家工程机械上市公司年末总市值 1 723.07 亿元，比年初开盘 2 436.51 亿元减少了 29.28%。

2013 年有 5 家工程机械上市公司有意实施再融资。成功实施 2 例：山推股份成功增发 1.02 亿股，募集资金 4 亿元；建设机械成功增发 1 亿股，募集资金 5.23 亿元。证监会审核通过 1 例：新筑股份非公开增发 1.7 亿股。工程机械上市公司主要产品见表 1。

表 1　工程机械上市公司主要产品

股票代码	股票名称	地址	上市时间	主要产品
000157.SZ 1157.HK	中联重科	长沙市	2000.10.12 2010.12.23	混凝土机械（混凝土泵车、拖泵、混凝土搅拌站、搅拌车）、起重机械、环卫机械、路面及桩工机械、土方机械、物料输送机械和系统、融资租赁等
000425.SZ	徐工机械	徐州市	1996.08.28	装载机、起重机械、铲运机械、工程机械备件、混凝土机械、压实机械、路面机械、消防机械
000528.SZ	柳工	柳州市	1993.11.18	轮式装载机、履带式液压挖掘机、压路机、路面机械、工程机械备件
000680.SZ	山推股份	济宁市	1997.01.22	推土机、压路机、挖掘机、平地机、工程机械配套件
000923.SZ	河北宣工	张家口市	1999.07.14	装载机、推土机、挖掘机、松土器等
002097.SZ	山河智能	长沙市	2006.12.22	挖掘机、旋挖钻机、计算机控制凿岩台车、液压静力压桩机、液压破碎锤、一体化液压潜孔钻机、配件及阀门
002147.SZ	方圆支承	马鞍山市	2007.08.08	电液锤、回转支承、空气锤
002459.SZ	*ST 天业	秦皇岛市	2010.08.10	铁路和公路桥梁架运设备、非公路运输设备、起重设备、无砟轨道铺装设备、隧道掘进设备
002480.SZ	新筑股份	成都市	2010.09.21	桥梁支座、预应力锚具、桥梁伸缩装置，多功能道路材料摊铺机、搅拌设备
300103.SZ	达刚路机	西安市	2010.08.12	沥青脱桶设备、沥青运输车、智能型沥青洒布车、同步封层车、稀浆封层车、沥青改性设备、乳化沥青设备

（续）

股票代码	股票名称	地址	上市时间	主要产品
300201.SZ	海伦哲	徐州市	2011.04.07	高空作业车、电源车、工程抢修车、军用抢修车
300210.SZ	森远股份	鞍山市	2011.04.26	路面除雪和清洁设备、沥青路面就地再生设备、预防性养护设备
600031.SH	三一重工	长沙市	2003.07.03	混凝土机械（混凝土泵车、拖泵、混凝土搅拌站、搅拌车）、挖掘机、汽车起重机、履带起重机、旋挖钻、桩工机械、路面机械、融资租赁等
600262.SH	北方股份	包头市	2000.06.30	侧卸式混凝土运输车、铰接式自卸车、矿用洒水车、履带式破碎机、煤斗型自卸车、挖掘装载机、越野卡车、岩斗型自卸车、自行式铲运机
600710.SH	常林股份	常州市	1996.07.01	平地机、扫路车、随车吊、摊铺机、挖掘机结构件、挖掘装载机、压路机、装载机
600761.SH	安徽合力	合肥市	1996.10.09	电瓶叉车、内燃叉车、牵引车、托盘叉车、阳极运输车、堆垛车、堆高机、叉车配套件、铸件、装载机等
600815.SH	厦工股份	厦门市	1994.01.28	装载机、叉车、挖掘机、路面机械等
600984.SH	建设机械	西安市	2004.07.07	摊铺机、稳拌机、翻斗车、结构件等
601100.SH	恒立油缸	常州市	2011.10.28	叉车液压缸、车辆液压缸、大型液压缸、多级液压缸、工程液压缸、工业拉杆液压缸、海事液压缸、千斤顶液压缸、挖掘机液压缸、冶金液压缸
3339.HK	中国龙工	龙岩市	2005.11.17	轮式装载机、压路机、挖掘机、起重叉车、驱动桥、变速器、齿轮、液压缸、管道

截至2013年12月31日，20家上市公司总资产和净资产总额分别为29 583.00亿元和1 303.28亿元，较上年同期分别增长0.98%和2.92%。其中中联重科、三一重工、徐工机械总资产规模分别为895.37亿元、638.67亿元和490.97亿元，列行业总资产前三名；净资产列前三名的亦为中联重科、三一重工和徐工机械，分别为420.51亿元、250.01亿元和197.12亿元。工程机械上市公司2013年资产规模及变化见表2。

表2　工程机械上市公司2013年资产规模及变化

股票代码	股票名称	总资产（万元）			净资产（万元）		
		2013年	2012年	同比增长（%）	2013年	2012年	同比增长（%）
000157.SZ	中联重科	8 953 715.7	8 897 446.0	0.63	4 205 157.0	4 118 896.0	2.09
000425.SZ	徐工机械	4 909 674.3	4 535 893.5	8.24	1 971 217.0	1 752 301.3	12.49
000528.SZ	柳工	2 217 990.0	2 258 392.4	-1.79	936 862.8	932 869.4	0.43
000680.SZ	山推股份	1 258 007.0	1 330 569.9	-5.45	476 394.8	491 091.3	-2.99
000923.SZ	河北宣工	152 729.4	144 496.8	5.70	52 252.6	59 714.7	-12.50
002097.SZ	山河智能	562 993.6	530 861.7	6.05	170 943.0	169 342.2	0.95
002147.SZ	方圆支承	146 812.6	121 134.3	21.20	87 926.8	93 353.2	-5.81
002459.SZ	*ST天业	162 330.6	235 273.4	-31.00	51 720.0	96 080.5	-46.17
002480.SZ	新筑股份	380 895.6	370 470.4	2.81	189 124.0	185 901.7	1.73
300103.SZ	达刚路机	94 066.7	86 581.4	8.65	77 707.5	72 351.7	7.40
300201.SZ	海伦哲	100 696.3	90 032.7	11.84	66 162.1	65 299.7	1.32
300210.SZ	森远股份	121 332.5	97 338.6	24.65	76 098.0	67 122.4	13.37
600031.SH	三一重工	6 386 778.3	6 446 140.0	-0.92	2 500 883.7	2 461 346.4	1.61
600262.SH	北方股份	337 995.6	349 017.7	-3.16	109 382.4	103 955.1	5.22
600710.SH	常林股份	280 193.5	308 576.8	-9.20	187 710.6	209 370.0	-10.35
600761.SH	安徽合力	507 272.2	466 448.9	8.75	356 988.8	316 526.9	12.78
600815.SH	厦工股份	1 160 527.8	1 174 238.5	-1.17	413 287.0	475 081.5	-13.01
600984.SH	建设机械	106 335.9	101 154.8	5.12	71 246.0	29 160.1	144.33
601100.SH	恒立油缸	385 407.7	381 470.5	1.03	347 180.0	339 271.2	2.33
3339.HK	中国龙工	1 354 334.9	1 367 412.7	-0.96	684 540.3	624 468.1	9.62
合计/平均		29 580 090.2	29 292 951.0	0.98	13 032 783.9	12 663 503.3	2.92

二、工程机械上市公司 2013 年经营情况

1. 上市公司收入普遍减少

对于中国工程机械行业而言，2013 年，是困难重重的一年，下游需求不足，行业产品产能过剩，竞争依旧激烈，全行业盈利继续下降。2013 年，工程机械行业的发展处于从快速增长逐渐过渡到稳定增长的过程中，尽管行业很难再恢复到 2011 年以前的高速增长水平，但大起大落现象将会很少出现，工程机械行业发展态势正日趋稳健。2013 年，经历了大起大落之后，进入了一个相对稳定时期。

而从宏观发展角度来看，2013 年全国固定资产投资额同比增速 19.6%，低于 2012 年的 20.6% 及 2011 年的 23.8%，增速持续放缓。房地产及基建投资增速主要受货币政策及财政政策的影响，有继续下滑风险，将影响机械设备行业的整体需求。

但即便如此，行业企稳也有迹可循，并日渐明晰。2013 年中国市场上主要工程机械产品销量相比 2012 年同期，降幅正逐步收窄。挖掘机是工程机械行业的重要产品，堪称行业的晴雨表。2013 年，挖掘机市场一直徘徊在同比转正的路上，同比降幅逐月缩窄。经过两年多的低位运行，在 2013 年岁末，工程机械行业开始触底反弹，释放企稳信号。行业净利润从 2013 年三季度开始同比降幅也有所收窄。从公司规模看，特种工程机械小规模公司增长，传统工程机械大公司继续调整。

2013 年，20 家上市公司完成营业收入 1 498.00 亿元，同比减少 14.31%；实现营业利润 81.52 亿元，同比减少 55.45%；实现净利润 79.45 亿元，同比减少 51.04%。

行业竞争趋于激烈，多数上市公司利润增幅低于收入增长水平，但路面机械和矿山机械等产品盈利能力有所上升。20 家上市公司中有 8 家公司归属母公司的净利润增长，山河智能、安徽合力和中国龙工增长超过 30%，有 6 家公司降幅超过 50%。我们可以看到，在行业出现调整的时期，工程机械行业分化持续加剧，整体利润大幅下降。工程机械行业上市公司 2013 年业绩增长情况见表 3。

表 3　工程机械行业上市公司 2013 年业绩增长情况

股票代码	股票名称	营业收入（万元）	同比增长（%）	营业利润（万元）	同比增长（%）	归属母公司股东净利润（万元）	同比增长（%）
000157.SZ	中联重科	3 854 177.50	-19.82	453 423.65	-49.10	383 897.28	-47.63
000425.SZ	徐工机械	2 699 474.30	-16.12	161 024.45	-34.69	150 851.73	-38.12
000528.SZ	柳工	1 258 468.70	-0.36	32 729.32	66.12	33 516.85	20.41
000680.SZ	山推股份	1 013 537.10	-3.33	-42 998.67	-715.92	-32 703.30	-1 168.14
000923.SZ	河北宣工	37 266.49	-12.52	522.20	-55.32	410.07	-24.04
002097.SZ	山河智能	211 284.73	9.06	-3 180.99	21.58	2 731.00	200.75
002147.SZ	方圆支承	36 679.23	6.38	-4 641.74	-419.99	-3 483.15	-723.32
002459.SZ	*ST 天业	66 419.22	34.64	-43 413.53	-24.25	-42 919.58	-34.97
002480.SZ	新筑股份	124 724.34	63.73	-12 204.78	26.47	978.47	114.25
300103.SZ	达刚路机	53 387.36	120.75	7 330.30	25.91	6 394.50	19.85
300201.SZ	海伦哲	39 905.29	30.35	173.26	-93.06	555.55	-77.63
300210.SZ	森远股份	45 522.07	49.15	9 621.26	8.43	10 318.48	20.60
600031.SH	三一重工	3 732 789.00	-20.29	274 761.20	-54.94	290 359.50	-48.94
600262.SH	北方股份	218 124.02	-14.60	10 861.19	-23.45	11 831.28	-29.90
600710.SH	常林股份	115 003.23	-15.93	-20 718.93	-349.39	-21 623.63	-2 348.47
600761.SH	安徽合力	655 335.08	9.67	55 187.00	34.73	50 207.60	43.69
600815.SH	厦工股份	649 741.49	-20.28	-75 594.93	-756.58	-58 997.27	-563.32
600984.SH	建设机械	45 237.42	-35.82	-10 777.67	-2463.33	-9 985.15	-1 555.17
601100.SH	恒立油缸	122 973.99	17.66	23 104.88	-24.05	22 140.13	-19.56
3339.HK	中国龙工	815 752.30	3.31	57 078.20	107.06	48 004.60	216.89
合计 / 平均		15795802.86	-14.31	872285.67	-55.45	842484.96	-51.04

从经营效率来看，2013 年工程机械上市公司整体水平与上年相比下降。20 家上市公司净资产收益率超过 10% 的公司只有森远股份、三一重工和北方股份 3 家公司，较上年减少 5 家，且没有一家超过 15%。可见公司运营效率持续维持在低位。 工程机械行业上市公司 2013 年经营效率情况见表 4。

表 4 工程机械行业上市公司 2013 年经营效率情况

股票代码	股票名称	总股本（万股）		每股收益摊薄（元）		净资产收益率（%）	
		2013 年	2012 年	2013 年	2012 年	2013 年	2012 年
000157.SZ	中联重科	770 595.40	770 595.40	0.50	0.95	9.13	17.80
000425.SZ	徐工机械	206 275.80	206 275.80	0.73	1.20	7.65	13.91
000528.SZ	柳工	112 524.20	112 524.20	0.30	0.25	3.58	2.98
000680.SZ	山推股份	124 078.70	113 874.60	-0.28	0.03	-6.86	0.62
000923.SZ	河北宣工	19 800.00	19 800.00	0.02	0.03	0.78	0.90
002097.SZ	山河智能	41 145.00	41 145.00	0.07	0.02	1.60	0.54
002147.SZ	方圆支承	25 852.18	25 852.18	-0.13	0.02	-3.96	0.60
002459.SZ	*ST 天业	22 230.00	22 230.00	-1.93	-1.43	-82.98	-68.69
002480.SZ	新筑股份	28 000.00	28 000.00	0.03	-0.25	0.52	0.25
300103.SZ	达刚路机	21 173.40	21 173.40	0.30	0.25	8.23	7.37
300201.SZ	海伦哲	35 200.00	17 600.00	0.02	0.14	0.84	3.80
300210.SZ	森远股份	13 473.00	13 473.00	0.77	0.64	13.56	12.75
600031.SH	三一重工	761 650.40	759 370.60	0.38	0.75	11.61	23.10
600262.SH	北方股份	17 000.00	17 000.00	0.70	0.99	10.82	16.23
600710.SH	常林股份	64 028.40	64 028.40	-0.34	0.02	-11.52	0.46
600761.SH	安徽合力	51 401.44	51 401.44	0.98	0.68	14.06	11.04
600815.SH	厦工股份	95 897.00	79 897.00	-0.62	0.13	-14.28	2.68
600984.SH	建设机械	24 155.60	14 155.60	-0.52	0.05	-14.02	2.35
601100.SH	恒立油缸	63 000.00	63 000.00	0.35	0.44	6.38	8.11
3339.HK	中国龙工	428 010.00	428 010.00	0.11	0.04	7.34	2.40
合计 / 平均		2 925 490.52	2 869 406.62	0.27	0.56	6.10	12.82

2. 工程机械出口前景稳定

国际货币基金组织预测 2014 年全球经济增长率将为 3.7%，较 2013 年增长 0.7 个百分点。欧美经济将缓慢复苏，工程机械市场相对饱和，增长潜力有限；全球工程机械市场需求增长点主要来自俄罗斯、巴西、印度、越南、泰国等新兴经济国家及非洲市场基础设施的投资增长。

年报显示，2013 年 20 家上市公司海外销售额 262.54 亿元 ，同比下降 5.36%；其中徐工机械、山推股份和柳工均出现较大幅度的下降，柳工表示由于统计口径不一样，2013 年出口数据与 2012 年出口数据不具备可比性，其他公司并没有特别分析出口额下降的原因。如果不是因为统计口径的原因，则可认为企业资金紧张在一定程度上抑制了海外销售。由于海外市场相对国内市场比较稳定，出口占销售收入比重从 2012 年的 15.19% 提高到 16.62%，提高了 1.43 个百分点。工程机械行业上市公司 2013 年出口情况见表 5。

表5　工程机械行业上市公司2013年出口情况

股票代码	股票名称	海外收入（万元）		增长（%）	海外收入占比（%）	
		2013年	2012年		2013年	2012年
000157.SZ	中联重科	278 657.04	276 889.94	0.64	7.23	5.76
000425.SZ	徐工机械	461 610.11	672 532.10	-31.36	17.10	20.93
000680.SZ	山推股份	155 476.59	235 906.81	-34.09	15.34	22.50
000528.SZ	柳工	244 017.09	315 362.77	-22.62	19.39	24.97
000923.SZ	河北宣工	13 117.80	11 510.25	13.97	35.20	27.02
002097.SZ	山河智能	13 099.65	12 922.09	1.37	6.20	6.67
002147.SZ	方圆支承	1 654.23	1 268.78	30.38	4.51	3.68
002459.SZ	*ST天业	11 211.56	5 199.57	115.62	16.88	10.54
002480.SZ	新筑股份	361.70	906.50	-60.10	0.29	1.19
300103.SZ	达刚路机	40 206.02	9 306.08	332.04	75.31	38.48
300201.SZ	海伦哲	0.00	0.00	–	–	–
300210.SZ	森远股份	1 219.99	0.00	–	2.68	–
600031.SH	三一重工	1 087 361.44	873 857.78	24.43	29.13	18.66
600262.SH	北方股份	19 740.22	40 967.91	-51.82	9.05	16.04
600710.SH	常林股份	37 939.57	54 828.89	-30.80	32.99	40.08
600761.SH	安徽合力	100 528.40	107 742.21	-6.70	15.34	18.03
600815.SH	厦工股份	72 576.12	79 297.89	-8.48	11.17	9.73
600984.SH	建设机械	0.00	0.00	–	–	
601100.SH	恒立油缸	19 282.32	13 451.03	43.35	15.68	12.87
3339.HK	中国龙工	67 300.00	62 000.00	8.55	8.25	7.85
合计／平均		2 625 359.86	2 773 950.60	-5.36	16.62	15.19

注：柳工2013年年报表示，公司2013年出口数据与2012年统计口径不一致，其中2013年数据不包括代理销售。

3. 毛利率下降，三项费用比率上升

一方面，产品结构变动（包括高毛利率的混凝土机械收入占比下降、挖掘机等部分产品销售结构小型化等）、市场竞争加剧、规模效应下降（包括产能利用率明显下降等）使得毛利率下行压力很大；另一方面，原材料成本维持低位以及人民币汇率稳定走高等因素支撑着毛利率空间。综合影响之下，整体销售毛利率已连续两年同比下行，但当前仍与2012年同期相当，下行压力有限。2013年20家工程机械上市公司的平均毛利率23.17%，较2012年的24.44%下降了1.27个百分点。

20家工程机械上市公司的平均净利率5.30%，较上年的9.28%下降了3.98个百分点；三项费用比率18.78%，较2012年的18.48%上升了0.30个百分点。

在行业景气不佳的背景下，只有6家公司毛利率同比上升，其中4家小幅上升；仅有4家公司净利率同比上升，新筑股份上升最为明显。其中仅有路面机械企业森远股份净利率维持在20%以上，盈利能力仍然处于高位。工程机械行业上市公司2013年利润率与费用比率见表6。

表6　工程机械行业上市公司2013年利润率与费用比率

股票代码	股票名称	毛利率（%）		净利率（%）		三项费用比率（%）	
		2013年	2012年	2013年	2012年	2013年	2012年
000157.SZ	中联重科	29.17	32.30	10.25	15.66	14.14	11.72
000425.SZ	徐工机械	21.80	21.75	5.73	7.67	13.72	11.88
000528.SZ	柳工	20.66	16.61	2.64	2.21	14.89	13.73
000680.SZ	山推股份	11.85	13.94	-3.84	0.22	16.08	13.56
000923.SZ	河北宣工	9.46	12.48	1.10	1.27	22.81	21.19
002097.SZ	山河智能	25.78	27.73	1.23	0.28	25.40	28.40
002147.SZ	方圆支承	20.89	23.41	-10.57	0.68	27.95	23.81
002459.SZ	*ST天业	8.64	4.10	-67.22	-67.11	42.14	55.77
002480.SZ	新筑股份	22.15	20.55	0.56	-9.01	29.59	44.93
300103.SZ	达刚路机	18.16	30.00	11.98	22.06	2.85	4.71
300201.SZ	海伦哲	29.85	30.60	1.37	7.86	27.62	21.63
300210.SZ	森远股份	41.94	45.73	22.67	28.03	17.14	13.79
600031.SH	三一重工	26.19	31.75	8.29	12.84	16.92	18.58
600262.SH	北方股份	20.14	21.86	4.62	6.51	14.09	13.21
600710.SH	常林股份	6.27	18.06	-18.83	0.71	17.61	13.63
600761.SH	安徽合力	19.59	10.74	8.25	6.36	10.82	10.79
600815.SH	厦工股份	9.81	23.79	-9.17	1.51	15.21	12.88
600984.SH	建设机械	10.18	38.84	-22.07	0.97	27.07	18.38
601100.SH	恒立油缸	34.21	32.30	18.05	26.43	15.60	9.23
3339.HK	中国龙工	23.58	19.37	5.89	1.92	13.32	15.89
平均		23.17	24.44	5.30	9.28	18.78	18.48

4. 资产营运效率下降

2012年，各大厂商为抢占市场份额，采取了比较激进的销售手段，同时融资租赁也开始在工程机械销售中发挥更大的作用。2013年，应收账款增幅仍然居高不下，主要原因是部分子行业最终用户经营情况没有改善，导致相应的主机企业回款情况得不到改善，前两年透支市场所导致的不良后果进入集中爆发期。20家上市公司应收账款比率由2012年的38.01%上升至54.73%，大幅上升了16.72个百分点，反映出下游客户付款能力的减弱，回款周期的延长。20家上市公司中仅有7家公司应收账款比率下降，其中*ST天业下降最快，建设机械上升最快。

20家上市公司存货比率基本保持2012年的35.30%，整体存货控制在与上年同期基本相当的水平。20家公司中有6家公司存货比例上升，大部分公司出现了下降，反映出企业对存货控制的改善，其中*ST天业和新筑股份改善超过50%。

20家上市公司固定资产比率从2012年的14.45%上升至15.53%，上升了1.08个百分点，其中有5家公司固定资产比率下降。上市公司资产质量见表7。

表 7　上市公司资产质量

股票代码	股票名称	应收账款比率（%）		存货比率（%）		固定资产比率（%）	
		2013 年	2012 年	2013 年	2012 年	2013 年	2012 年
000157. SZ	中联重科	72. 15	39. 32	32. 04	36. 05	6. 01	5. 14
000425. SZ	徐工机械	77. 02	55. 12	31. 95	25. 95	12. 48	12. 93
000528. SZ	柳工	22. 15	17. 10	40. 93	43. 93	13. 88	11. 61
000680. SZ	山推股份	23. 33	25. 96	28. 22	27. 67	18. 54	19. 27
000923. SZ	河北宣工	84. 01	54. 70	116. 93	94. 07	9. 46	10. 22
002097. SZ	山河智能	77. 58	83. 66	78. 80	97. 22	19. 11	11. 03
002147. SZ	方圆支承	58. 69	54. 47	48. 29	58. 62	39. 66	48. 28
002459. SZ	*ST 天业	46. 21	95. 78	85. 62	139. 66	27. 76	20. 24
002480. SZ	新筑股份	70. 89	79. 29	48. 24	102. 89	18. 24	18. 02
300103. SZ	达刚路机	31. 20	24. 57	15. 74	30. 12	12. 58	6. 71
300201. SZ	海伦哲	56. 74	53. 35	73. 27	84. 82	22. 30	19. 99
300210. SZ	森远股份	60. 42	69. 20	73. 65	75. 61	8. 37	11. 55
600031. SH	三一重工	50. 17	31. 98	34. 18	32. 89	25. 35	23. 14
600262. SH	北方股份	27. 61	22. 09	55. 95	61. 67	14. 47	13. 47
600710. SH	常林股份	49. 20	33. 98	40. 88	43. 99	20. 45	18. 23
600761. SH	安徽合力	10. 73	10. 73	19. 84	20. 52	33. 27	33. 15
600815. SH	厦工股份	68. 02	50. 83	42. 80	34. 84	12. 25	12. 17
600984. SH	建设机械	106. 89	59. 94	61. 30	33. 11	17. 41	20. 59
601100. SH	恒立油缸	19. 33	21. 78	51. 55	52. 06	33. 95	26. 87
3339. HK	中国龙工	36. 03	37. 29	37. 56	42. 90	27. 85	27. 28
平均		54. 73	38. 01	35. 30	35. 30	15. 53	14. 45

注：应收账款比率为应收账款占营业收入的比率，存货比率是存货占当年营销成本的比率，固定资产比率为固定资产占总资产的比率。

和资产质量相关的指标是公司的经营效率指标。从存货周转率、应收账款周转率以及经营活动现金流等指标来看，在行业景气下行、需求萎缩的背景下，2013 年工程机械上市公司较高的应收账款问题仍未得到缓解，20 家公司平均应收账款周转天数 177 天，比 2012 年上升了 20 天；存货积压问题有所缓和，20 家公司平均存货周转天数 187 天，比 2012 年下降了 12 天；20 家公司的每股经营活动现金流从 2012 年的 0. 12 元上升至 0. 22 元，上升了 0. 10 元，体现了现金流状况有所改善。

20 家公司中，应收账款周转天数大幅上升的有中联重科、徐工机械、河北宣工、厦工股份、建设机械和中国龙工；应收账款周转天数在 100 天以下的则有柳工、山推股份、达刚路机、北方股份、安徽合力和恒立油缸。存货周转天数下降的有 10 家，大幅下降超过 100 天的有 *ST 天业和新筑股份。每股经营活动现金流上升的有 9 家，经营活动现金流为负的则有徐工机械、河北宣工、海伦哲、森远股份、常林股份和建设机械。上市公司经营效率见表 8。

专题

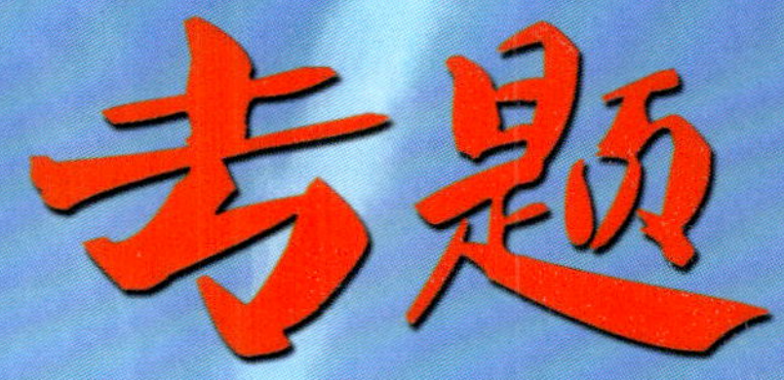

讲述品牌背后的故事，展示转型升级、改革创新的企业实力，“品牌故事”“转型升级创新”从不同角度诠释企业开拓国内外市场的真实实力。

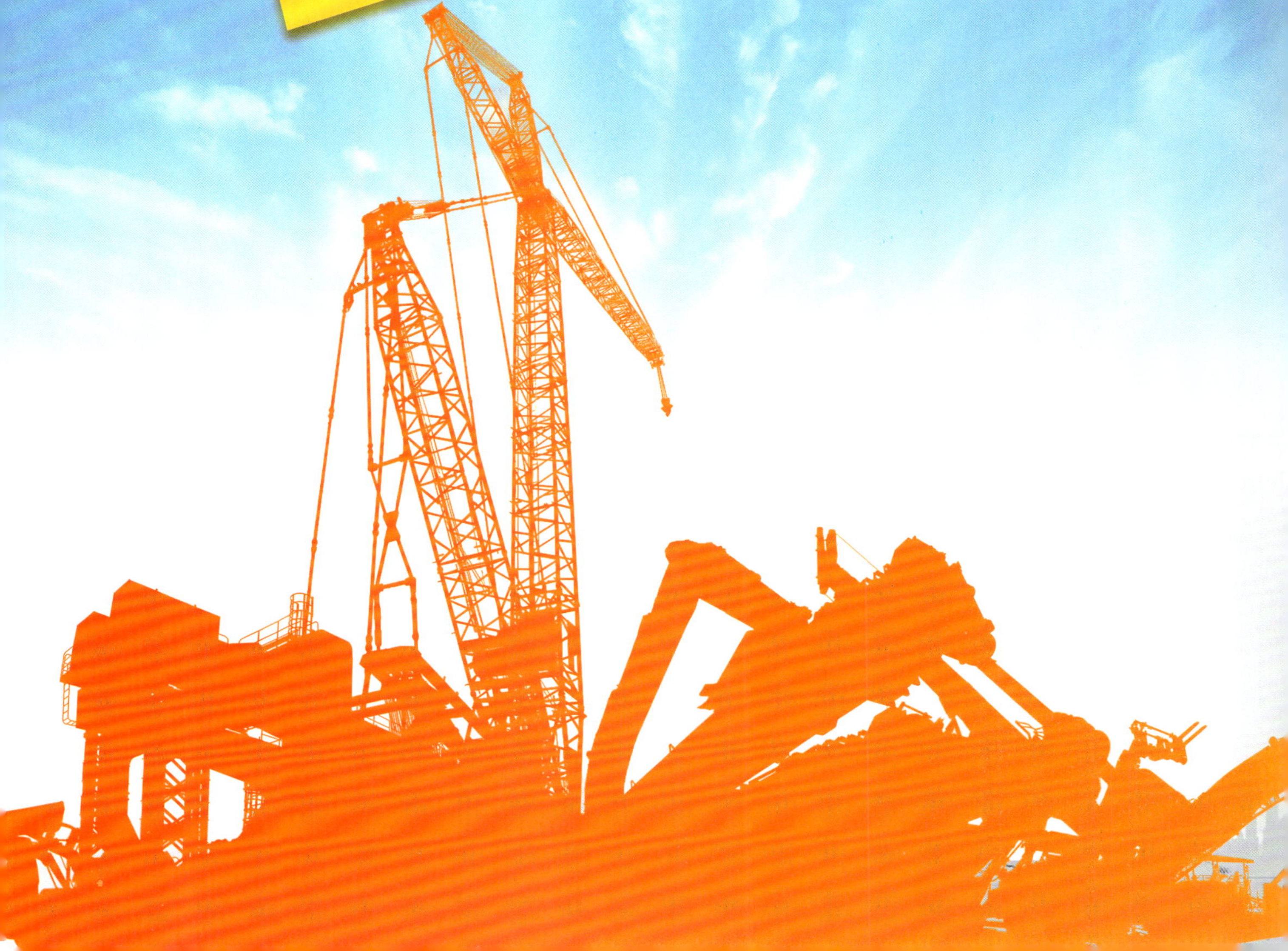

专题索引

品牌故事

广西柳工机械股份有限公司

上海金泰工程机械有限公司

厦门厦工机械股份有限公司

转型升级创新

陕西建设机械股份有限公司

福建晋工机械有限公司

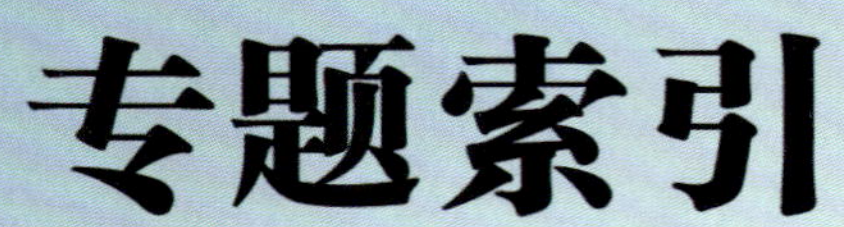

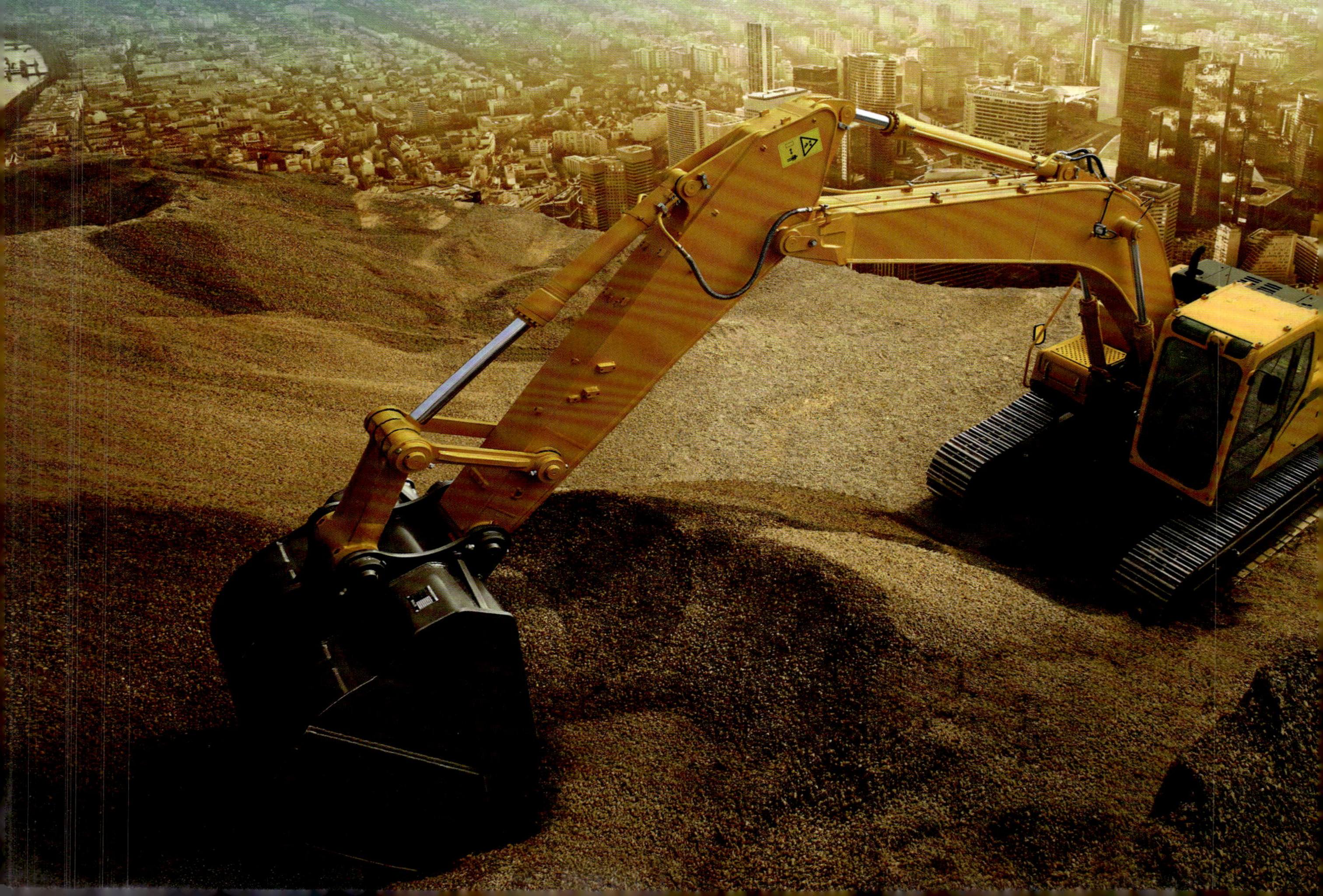

品牌故事

一个品牌记录着一段企业成长的历史，诠释着企业经营的理念和发展目标，承载着企业文化的内涵和价值，传递着企业一致的声音，连接着客户的欲望、信任与共鸣，展示着企业竞争的实力。

品牌因故事而生动，品牌因故事而精彩。品牌故事不但可以使品牌饱满，还能为产品增加附加值，提高溢价能力。

倡导、相信品牌的力量，让每个知名品牌背后动人的故事变为强大的发展动力，让品牌故事激发出的正能量助推更多品牌快速崛起！

柳工856H装载机
王者风范

柳工作为中国装载机产业的一面旗帜，几十年的厚重积累，始终传承着高效、经典的品质。几十年，在历史长河中也许只是一瞬间，但对于一个企业来说，彰显的是实力与荣誉。最近升级换代的LG856H正是对柳工装载机经典的诠释。

整机外观

初见LG856H，一定会被它硬朗的外观所吸引。铲斗采用新型耐磨材料，使用过程中耐磨性能大幅提高。如果你认真观察铲斗的焊缝，焊接精度无可挑剔。铲斗参数进行了优化升级，铲斗插入更为轻松，为节油和提升工作效率奠定了基础。铲斗标配斗容 $3m^3$。

LG856H动臂加厚升级，延长了工作装置使用寿命。为适应不同工况需求，装配超耐磨轮胎提高了可靠性。在整机尾部，采用超大散热栅设计，并采用具有专利技术的单层并排布置的散热器，为整机的高负荷运作提供了保障。

操作体验

步入驾驶室，给人的第一感觉是简约、大方。整个驾驶室操作空间非常大，全景驾驶室视野广阔。当关闭车门后，驾驶室内非常安静，隔声效果出色。在设备仪表盘上，你想掌握的数据一目了然。LG856H的空调系统相比之前产品增加了后吹风、脚步吹风口，实现全方位送风，设计更人性化。五月，南方的天气较为闷热，启动空调，在很短时间内驾驶室温度就感觉到凉爽，这对于驾驶员来说是再好不过的福利。对于大多数装载机来说，电气控制开关多布置在方向盘下侧或者右操纵箱内，而LG856H的电气控制开关采用立柱式设计，操作更加便捷。驾驶室前方加装了遮阳卷帘，人性化设计，有效地提高了驾驶员工作效率。当然，安全对于每个产品来说都是至关重要的，LG856H的安全性也尤为突出，翻滚及落物保护结构驾驶室，超大逃生窗、配备灭火器、无门槛驾驶室将安全系数大幅提升。

如此机械，是不是已经迫不及待地想启动啦。在这里要提醒大家在设备启动之前一定要检查周围环境，检查设备基本情况，这样不仅能确保安全操作，而且可以养成良好的操作习惯，延长机器的使用寿命。机器启动之后，你会发现LG856H的液压机构动作非常流畅，相比液压操纵杆，先导操纵杆相对简单、灵活。LG856H还配备自动找平功能，装载效率会更高。

日常维护

毫无疑问，大家一定希望日常维护成本低且保养便捷。一起来看看LG856H是怎么做到的，它又有什么技术亮点吧？首先前翻机罩使维修、维护操作空间加大。对发动机、三滤（空滤、机油滤、燃油滤）、散热器、空调冷凝器可以轻松无阻地进行维修与保养。其次，地面站立式维护，维护更便利。驾驶室顶盖增加环绕型扶手，结合上下车的辅助功能，使得360°环绕整机进行维修保养成为可能。大容量全流和旁通组合式机油滤清

器，合二为一，滤清效果更完美，并且延长了发动机使用寿命，使维护成本下降。

动力性

全面升级的 LG856H 配备康明斯 6LTAA9.3 发动机，该发动机专为 LG856H 量身定制，在驾驶过程中，你会明显感受到其强劲的动力。这款发动机带涡轮增压器，空—空中冷器。强劲的芯动力为不同工况操作提供可靠保障。康明斯发动机技术与柳工装载机技术完美匹配，工作效率大幅提升。设备油耗是大家比较关心的问题，LG856H 也为之作出努力：升级工作装置技术，优化液压系统，发动机与变矩器的合理匹配，这些升级改进相信可以为用户节省更多的成本。

液压系统

液压系统是装载机工作装置工作的动力源，装载机动力输出，操作指令的完成都依靠液压系统。发动机与液压泵匹配得不合理，工作装置的设计得不合理等都会影响设备的工作效率。此外，CLG856H 采用定变量液压系统、动力匹配技术、负荷传感技术等，为设备在使用过程中提供高效可靠的保障。在日常使用过程中，液压管路的泄漏是比较常见的故障。但 CLG856H 所有管路采用 24°锥密封，管路布置清晰顺畅，管路交叉少。这些优化设计对于减少液压系统使用过程中的泄漏有很大帮助。

从细节出发，优化设计，提高工作效率，提供更多的维护便利与操作体验，以客户为本，这样才会超越客户期望值，这也正是柳工所追求的产品品质。

柳工全新 E 系列高效挖掘机 E代精品 E往无前

柳工的产品专家曾晓蓉曾这样说：“每一个新的 E 系列挖掘机都是源于柳工的承诺：可靠性，安全性和服务！我们成功地满足新的排放标准，再加上人体工程学特性和众多有吸引力的设计。我们相信柳工挖掘机在客户中的形象将得到改善和提高。”

汇聚全球 100 多位专家智慧，历经多年研发，精心打造出国内领先、国际一流的柳工全新一代 E 系列高效挖掘机。

高效 —— 强劲动力 创造高效

康明斯《DiversityInc》公布的 2014 年多元化企业 50 强，康明斯是柳工的战略合作伙伴，为柳工 E 系列挖掘机量身打造出世界级原装进口发动机。六缸直列，扭矩更大、功率更强，强劲心脏勃发超然动力。KPM 高效低噪声液压泵通过改进内部零件的间隙使泄漏最小化，新型节能主控阀，阀内压力损失减小、最大限度开发了挖掘机器潜能。柳工 E 系列挖掘机铲斗挖掘力比旧机型提升 15%，是工程作业效率提高的强力保证。E 系列配备全球领先的 IPC（Intelligent Power Control）控制系统，智能管理整机各项动力特性，使发动机与各液压部件之间达到最佳匹配，从而在提高作业效率的同时降低燃油消耗。

节能 —— 重视燃油、创造财富

E 系列挖掘机可在液晶监控器上非常方便地进行 P、E、F、L、ATT 多种作业模式的切换，P 模式重视生产效率，E 模式重视燃油经济性，面对各种工况在实现高作业效率的同时降低了不必要的燃油损耗。

柳工 E 系列挖掘机如果在 1s 内没有液压请求信号时发动机转速自动减少 100r/min, 在 3s 内没有液压请求时发动机将自动降低至 1 250r/min. 当重新开始作业时，发动机将迅速恢复至当前油门设定转速。

易操控 —— 操控一流，随心所欲

E 系列全面采用柳工、川崎联合研发的新型主控阀，主控

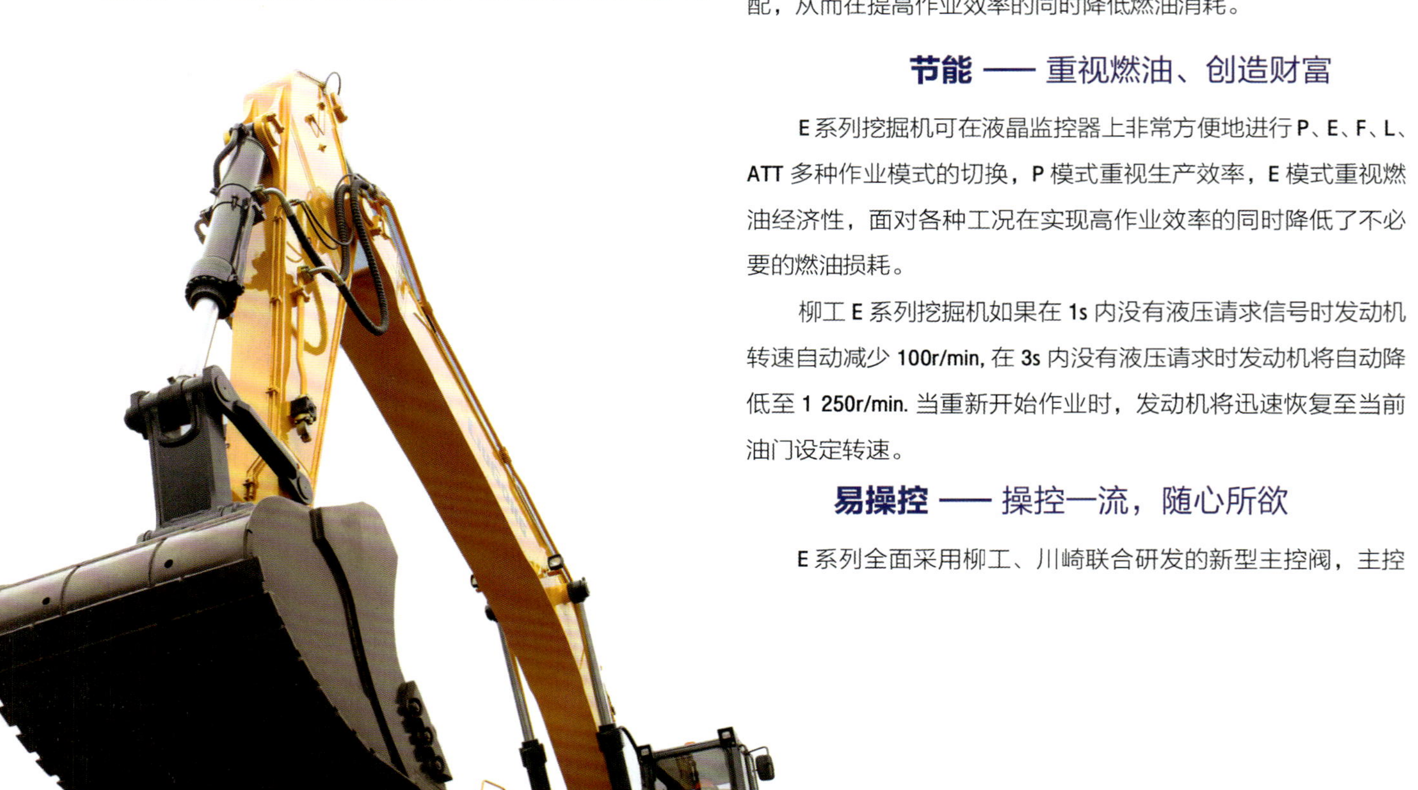

阀扩大了阀芯控制域，改善了微动性能，使作业更精细、更便捷，油路分配与管理更科学。在平地作业时，斗杆逻辑阀使斗杆运动更迅速，铲斗动作更敏捷；回转力矩提高 20%，回转更平顺，流畅无延时。可选配左右手操作方式切换阀，轻松满足不同用户操作需求。

可靠 —— 坚固耐用、大气刚毅

E 系列整体精心布局，结构件系统得到全面优化和提高。动臂支座采用铸件，动臂采用大横截面设计，各主要受力面得到有效强化。上下盖板均采用一块整体式钢板，减少了焊接量。采用厚板材、加焊加强板等强化设计，提高了疲劳强度。

矿用型超强铲斗底部用耐磨钢加强结构，两侧板采用超强合金钢钢板，并在两侧增加了刀板保护块，加上专为矿山打造的超强矿用斗齿；大大提升了铲斗的可靠性和耐久性。

配备标准斗、加强斗、岩石斗等多种铲斗，用户可根据施工要求灵活选择。回转平台颠梁高度增高，平台底板厚度加大，回转力矩提高 20%。采用整体式底板设计，主底架截面加高，行走驱动力提升 20%。

舒适 —— 操控舒适，力保安全

国内首家通过 ROPS（防滚翻）认证，具有行业最宽敞的驾驶室，更舒适的驾驶空间，可减轻长时间作业疲劳。大容量多点环绕立体送风空调系统，使驾驶室全年保持舒适温度。该机噪声比旧机型降低了 2~5dB，隔振率提高 92%，实际作业时整机稳定性提高于 20%。

环保、易维护 —— 绿色环保，便捷保养

柳工 E 系列挖掘机可装备符合各种国际排放标准的发动机，轻松符合欧美严格规定的排放标准。

E 系列挖掘机整机维护保养部件与操作接口统一布局，站在地面就可以轻松地进行各项维护操作。便捷的维护与保养操作将为您的作业提供更可靠的保证。全球 GPS 定位系统实时监控整机各项作业数据，并向用户反馈机器的各项健康信息。

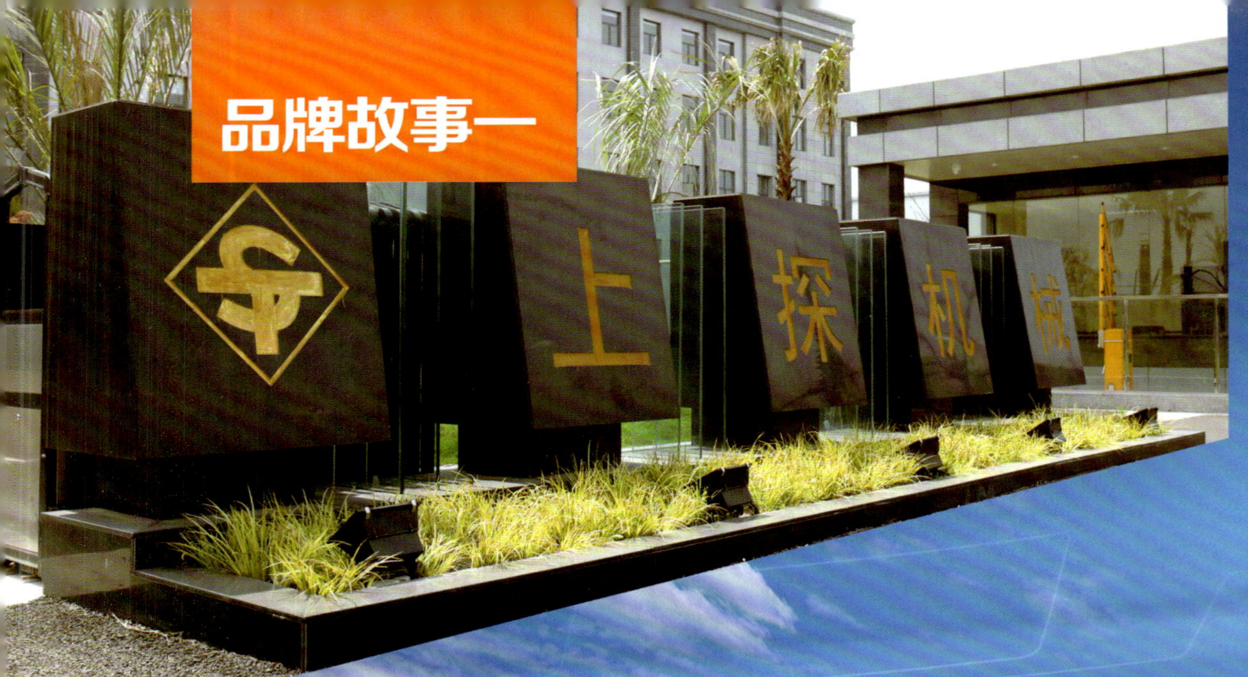

上海金泰控股子公司——“上探机械”正式投产

2014年新年伊始，承载着上海金泰悠久历史文化和“百年企业梦想”的上海上探工程机械有限公司正式挂牌投产。“上探”是上海金泰的前身——上海探矿机械厂在20世纪60年代注册的著名商标，上海探矿机械厂最早可追溯到1921年成立的安泰铁厂，至今已有90多年的历史。在当前国企改革的大背景，“新上探”引入民营资本的尝试为上海探索国企改革之路提供了借鉴作用。

上海金泰工程机械有限公司

SHANGHAI JINTAI ENGINEERING MACHINERY CO.,LTD.

品牌故事二

第三届上海金泰内展会
——一场新技术盛宴

世界经济风云变化、行业发展扑朔迷离……，桩工机械何去何从？

调结构、控风险、促升级……，上海金泰秉承“共筑坚实基础、同创百年工程”的经营理念，成功举办了一场新产品、新工艺、新技术的饕餮盛宴……

第三届上海金泰产品展示会集中展示了近十年来上海金泰在机电液一体化桩工领域的科技成果，在低迷市场所创造出了巨大价值，被称为新工艺、新技术、新产品的市场“风向标”。

品牌故事三

自主创新，先行先试

——国内首台双轮铣槽机推向市场

双轮铣槽机具有技术复合性高、地层适应能力强，施工效率高等特点，是复杂地质条件下地下连续墙成槽的理想设备。但双轮铣槽机的价格十分昂贵、施工成本也相对较高。目前国外品牌产品售价均在4 500万元以上，市场租赁价格也高达4万元/天，令国内施工企业“望洋兴叹”。上海金泰经过3年的努力，成功将SX40双轮铣槽机推向市场，一举打破了长期以来受国外产品技术保护和价格锁控的局面。SX40的市场售价只有国外品牌同类产品的1/3。此外，在排渣设计方面，SX40采取独特的气举反循环方式，也大大降低了施工成本。

品牌故事四

上海金泰荣获上海市星级诚信创建单位称号

日前，从上海市“企业诚信创建”办公室获悉，上海金泰工程机械有限公司荣获上海市“二星级诚信创建单位”称号。这是上海金泰工程机械公司继2013年被评为上海市“诚信星级企业”以来，诚信星级的再次提升。

上海市“企业诚信创建”活动是在市委宣传部、市经信委、市建交委、市商务委等20个政府部门指导下，为进一步深入推进上海社会诚信体系建设，进一步优化上海经济社会发展软环境开展的一项常设诚信建设活动。上海金泰参与“企业诚信创建”旨在通过诚信的积累，树立社会责任意识，塑造企业品牌形象和提升企业品牌价值。

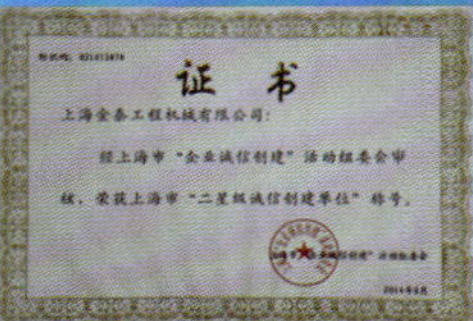

品牌故事五

2013—2014上海金泰获得多项品牌荣誉

- “上海金泰SG60A地下连续墙液压抓斗荣获“2014中国工程机械年度产品TOP50/市场表现金奖”
- 上海金泰SD系列多功能钻机荣获“2013年度上海名牌”产品称号
- 上海金泰SG系列液压连续墙抓斗荣获“2013年度上海名牌”产品称号
- 上海金泰SH30多功能钻机认定为“上海市高新技术成果转换项目”
- 上海金泰企业LOGO荣获上海市著名商标

转型升级创新

经济萧条、复苏乏力、产业结构不合理、发展方式落后……

时代已发出严重警示，要想改变困局，必须培育新的竞争优势。

改变现有的经济发展方式，提高自主创新能力，从传统制造业成功转型为研发创新型企业无疑是企业走出困境的根本途径。

那么，怎样进行改革创新、转型升级？陕西建设、福建晋工从不同角度给出了同样的诠释——适合自己企业的才是最好的，才是最成功的！

开拓进取六十载
再创辉煌谱新篇

——陕西建设机械股份有限公司与您走过 60 年

开拓进取六十载　再创辉煌谱新篇

——陕西建设机械股份有限公司与您走过60年

一甲子艰苦创业历经沧桑，六十载辛勤耕耘谱写华章，转动不息的年轮悄然消逝，陕西建设机械股份有限公司（简称陕建机械）迎来60华诞。六十载峥嵘岁月，在人类历史的长河中不过是短短的一瞬间。然而，对于“陕建机械”而言，却是一段敢为人先，自我超越的发展史；是一段励精图治，勇于奉献的创业史；更是一段与时俱进，奋发进取的创新史。

一、六十年历程

陕建机械前身建筑工程部“西北金属结构工厂”创建于1954年，是我国“一五”期间156项重点工程的配套企业、国家工程机械创业时期八个主要制造厂及全国五大金属结构厂之一，企业先后更名为“陕西金属结构厂”“陕西建设机械（集团）有限责任公司”，2001年12月发起设立陕西建设机械股份有限公司，2004年7月7日在上交所挂牌交易、成为全国首家债转股上市公司（股票代码600984）。

2003年公司被科技部授予“实施火炬计划十五周年火炬计划优秀高新技术企业”

历经六十年辛勤耕耘，企业成长为中国道路工程机械、桥梁施工设备研发、制造、销售和服务的知名骨干企业；是国家外经贸部指定的出口援外供货企业，中国建筑钢结构工程制作、安装定点企业，被认定为国家火炬计划重点高新技术企业、西安市及陕西省高新技术企业、陕西省企业技术中心，是陕西省100家重点企业和60家优势企业之一，以及陕西省扶持的六大支柱产业的重点企业，通过了GB/T 19001质量管理、ISO 14001环境管理、GB/T 28001职业健康安全管理三体系和国家CMA计量认证，是我国摊铺机国家标准的主要起草单位。

公司被陕西省人民政府授予“省级先进企业”

二、创新六十年

在建厂后前三十年的计划经济时代，企业主要以中小型建筑机械和金属结构产品的生产为主。20世纪80年代末，为适应市场经济的需要，企业开始实施较大规模的产品结构调整和技术改造，进行二次创业。在产品结构调整中，开发的WBZ21型稳定土拌和机先后获“全国用户满意产品”“陕西省科学进步奖三等奖”“重点国家级火炬项目”，成为当时全国少有的几个知名品牌之一；以技贸合作的方式引进的德国ABG大型沥青混凝土摊铺机始终保持世界先进水平，其中TITAN411、TITAN423和自主研发的LTL60摊铺机分别被评为国家级新产品、陕西省名牌产品；先后承接了国家“八五”科技攻关项目“YPS150路用联

2007年公司生产的“建设牌”翻斗车、“三捷牌”沥青混凝土摊铺机、“三捷牌”稳定土拌和机被授予“陕西省名牌产品”

ABG8620 型摊铺机

SUM820 型摊铺机

ABG7620 型摊铺机

SCM1001J 型铣刨机

合碎石设备”、“八五”攻关试验项目“GLG80 改性沥青设备”、“九五”科技攻关项目“GFG400 桩工设备”及南水北调“渠道衬砌成套设备”的研制和开发，在行业内形成一定影响；同时，还开发成功了三种规格的塔式起重机、两种型号的稳定土拌合站、水泥混凝土搅拌站等新产品，尤其是研发的 HTH90 四履带水泥滑模摊铺机，以最大摊铺宽度和厚度填补了国内空白，并被评为中国企业新纪录。在技术改造方面，企业先后实施了“八五”“九五”“双加一期”“双加二期”“双高一优”技术改造，形成了较为完备的生产制造体系。

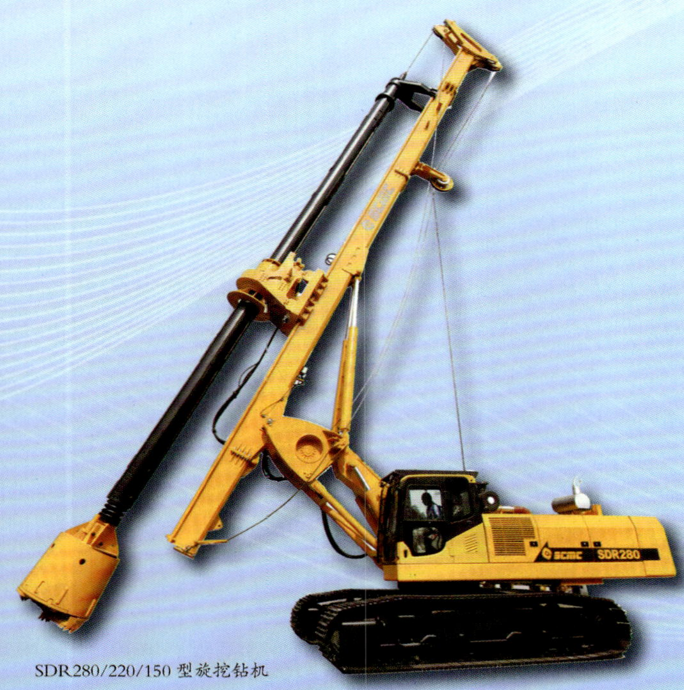
SDR280/220/150 型旋挖钻机

“十二五”期间，面对行业周期性调整、市场持续低迷、竞争不断激化的市场条件，陕建机械以机制体制改革为突破口，向精细化管理要效益，以创新管理求发展，大力推进人才工程和技术引领工程，坚持“以工程机械为核心”的产业发展方向，按照“筑路机械成套化、各种产品系列化”的产品研发方针进行产品结构调整，并围绕产品结构调整实施高起点技术改造，全面拉开了第三次创业的帷幕。通过三年多的努力，成功研发出多种规格双钢轮、单钢轮、胶轮系列压路机，

CM2000 型铣刨机

CM2000 型铣刨机

SDR280、SDR220、SDR320旋挖钻机，两种一米铣刨机，SUM820 型多功能系列摊铺机，3000 型沥青搅拌站等一大批拥有自主知识产权、全面推向市场的新产品，产品结构得以极大丰富；全面整合营销渠道，完成了阶段性产业调整布局，形成了下辖两个全资子公司、覆盖全国的销售网络和服务体系；以经营业绩的有效提升，在逆境中实现了“摘星取帽”，完成了股票定向增发，使企业公众形象和社会地位全面提升，资产质量大大改善；引进大量高端先进设备和生产线，装备水平跃升国际一流……。陕建机械实现跨越发展已奠定了坚实基础。

建设牌商标被评为中国建设机械
十大驰名商标
中国建设机械总公司

1994 年“建设”牌商标被授予“中国建设机械十大驰名商标”

三、国内外市场

六十易春秋，风华正茂；六十载耕耘，硕果累累。六十年来，陕建机械创造了一个又一个奇迹，培育出了多个知名品牌。

荣获国家唯一银质奖的“建设”牌翻斗车遍布祖国大江南北、远销 77 个国家和地区；以大型沥青混凝土摊铺机为代表的道路机械产品，在成渝、沪宁、京广、太旧、西宝、呼包、杭甬、郑洛、广湛等众多高速公路以及北京国际机场、上海虹桥机场、广州白云机场等国家重大项目建设中大显

2013 年公司第八次荣获 “用户满意服务单位” 称号

2013 年公司生产的 SCMC-ABG8620、SCMC-ABG7620 沥青混凝土摊铺机和 CM2000 路面铣刨机连续第八次被评为“全国用户满意产品”称号

2011 年公司荣获 “服务十强” 称号

1985 年 “建设牌” 翻斗车荣获 “国家银质奖章”

2013 年公司生产的 “SCMC” 牌沥青混凝土摊铺机被授予 “西安名牌产品”

2013 年公司荣获企业信用评价 AAA 级信用企业

2004 年公司荣获 “全国质量管理奖鼓励奖”（时为全国建设机械行业中唯一获奖企业，西北地区首家入围企业）

身手；以“高、精、难”著称的金属钢结构产品，先后用于了法门寺舍利塔、陕西省体育馆、杨凌农展馆、魏家宝水电站压力管道等一大批标志性重点工程；所生产的运架设备大量使用在京沪、哈大、郑西、京广等高速铁路建设中，尤其是生产的目前世界上起重量为 1600t 最大架桥机，在杭州湾大桥中的成功施工，开创了世界公路架桥史上的先河。企业跨入“中国机械 500 强”，先后荣获“全国质量效益型先进企业特别奖”“全国用户满意企业”“中国优秀企业形象十佳单位”“中国企业管理杰出贡献奖”“全国建设机械行业技术创新工作先进单位”“全国质量管理先进企业”“全国政治思想工作先进单位”“全国职工教育先进企业”“中国工程机械服务十强企业”“中国工程机械行业信用 AAA 级企业”等荣誉；主导产品 SCMC—ABG8620、SCMC-ABG7620 沥青混凝土摊铺机，三捷牌 WBZ21、

合肥—南京铁路是我国第一条开工建设的开通时速达 250 公里的客运专线，公司为施工单位制造 900 吨级运架设备，并与 2006 年 3 月 19 日成功架设第一片箱梁。图为 YL900 型运梁。

WB400稳定土拌和机、CM2000铣刨机被多次评为“全国用户满意产品”“陕西省名牌产品”等称号，为国家公路铁路、航空工业、体育场馆、水利工程、工业厂房、桥梁工程建设做出了突出贡献。

四、发展愿景

陕建机械将围绕“以技术创新驱动和专业化为发展理念，以做强做大道路工程机械为发展重点，构建工程机械为核心、钢结构为辅助、设备租赁为补充的业务格局。以打造在道路工程机械领域具有全面领先优势和国际竞争力的专业化厂商”为发展战略，以技术创新和市场营销为龙头，两轮驱动，双翼齐飞；以追求品质、品牌为目标，奉献社会，服务用户；以管理创新为保障，用专注与激情打造“质量一流、技术一流、装备一流、产品一流、环境一流”的国内顶级大型装备制造企业。

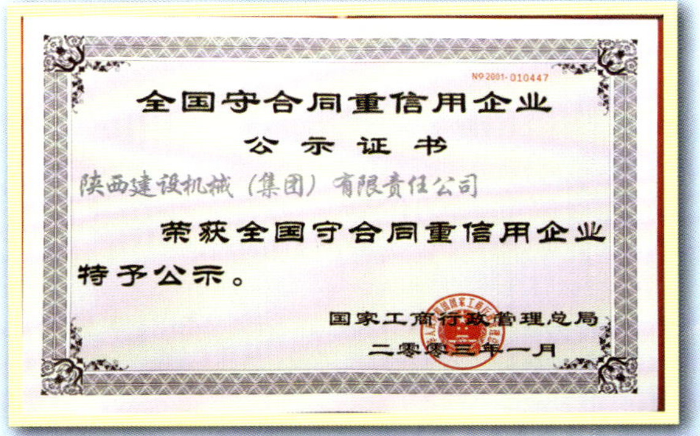
全国守合同重信用企业
公示证书
陕西建设机械（集团）有限责任公司
荣获全国守合同重信用企业
特予公示。
国家工商行政管理总局
二零零三年一月

2003年公司荣获国家工商行政管理总局“全国520家重合同守信用企业”

五、社会责任

陕建机械将一如既往秉承“用我们的真诚和勤奋与用户和各方贤达合作共事，同筑未来”的经营理念，“最大限度地使用户满意是我们永无止境的追求”的职业道德，“服务客户、关爱员工、回报股东、奉献社会”的企业责任，“锲而不舍、创造卓越”的企业精神，为我国工程机械的发展和国家建设再做新贡献。

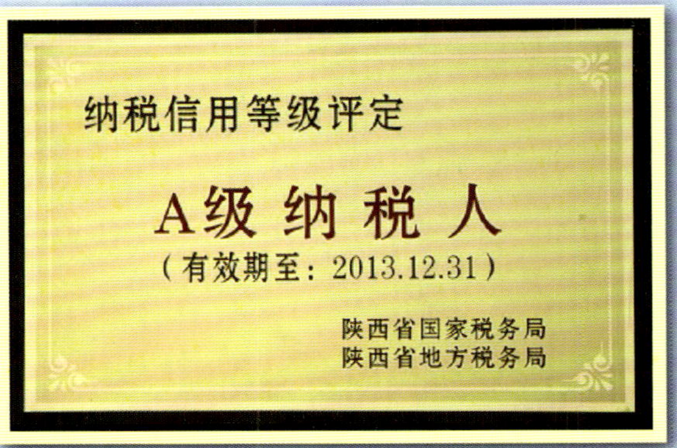
纳税信用等级评定
A级纳税人
（有效期至：2013.12.31）
陕西省国家税务局
陕西省地方税务局

2013年公司被省国税局、地税局评为“纳税信用A级纳税人”

JINGONG
JINGONG
叉装机

四、创新实力

晋工机械始终以开发最适合客户需求的更可靠的产品为目标，采众家之长，立晋工之特色。

1、福建省省级企业技术中心

晋工机械企业技术中心成立于2006年3月，2013年被评为福建省省级企业技术中心。技术中心现有技术人员78人，其中高、中级职称 51人，占技术中心总人数 的65.4 %。技术中心主要围绕新技术、新工艺、节能降耗、绿色环保的主题目标，并对项目的技术状况、市场前景、经济效益和社会效益多方面进行严格细致的分析论证，制定项目立项报告。主要在装载机、叉装机、挖掘机的大型化、小型化、多功能、细分市场的多元化方面，以及经济实用型产品上，进行重点研究开发，以满足市场个性化的需求。

2.福建省土石方机械企业工程技术研究中心

2013年12月，由福建省科技厅评定并授牌福建晋工机械有限公司为福建省唯一的土石方机械企业工程技术研究中心 。

汇集着市场及用户需求的晋工K系列装载机实现全面创新升级，动力、效率、节能、舒适及维护等多项性能得到大幅提升，投入市场便得到众多新老用户的好评。凭借自主创新技术设计生产的石材叉装机，引领着该产品的发展趋势,填补了工程机械在大型石材市场的空缺，为石材市场用户提供了新的解决方案; 更加专业、可靠的挖掘机系列产品见证着晋工实力的提升，越来越丰富的细分领域产品，为晋工机械的产品多元化打开了更多的领域。技术创新已经成为晋工转型升级和提高产品价值的源动力，技术创新成果的有效转化促进了生产工艺的快速转变，为晋工带来了良好的社会和经济效益。今后，晋工将秉承创新的精神，坚持自主创新，实行产业升级，最终实现企业的品牌跃升、做大做强!

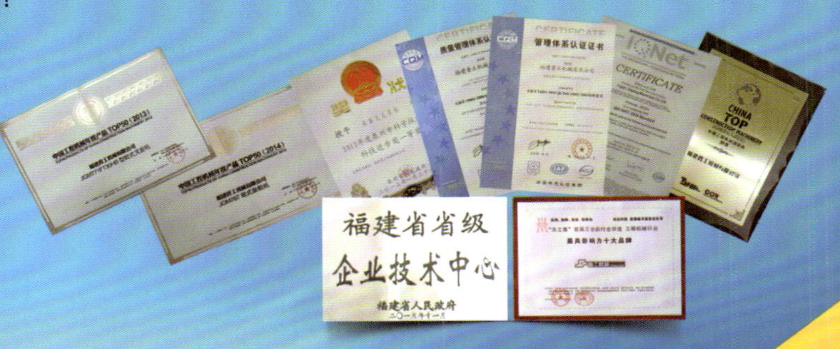

JINGONG晋工

取胜源于可靠

WIN WITH RELIABILITY

五、产业升级

1.晋工工业园一区

园区总面积达30多万m^2，已投产的一期工程年生产能力达6 000台装载机、1 500台挖掘机。

2.二期工业园

二期工业园位于晋江前埔工业区,占地面积153km^2，2014年3月投产，产能为10 000台装载机、3 000台挖掘机

3.北方基地项目

落户江苏省镇江市丹徒区，规划用地面积达666.6km^2，一期工程占地面积300km^2，2013年12月开工建设，计划于2015年投产，届时将形成15 000台装载机、叉装机及挖掘机的产能。

新厂区建成后，引进当前技术领先的设备，主要有1 250t液压机、部件涂装线、酸洗磷化线、激光切割线、变速器生产线、驱动桥生产线、钣金冲压机及剪板机。新厂房不仅优化了工人的作业环境，而且将更加有利于生产车间实行6S现场管理，新工厂的投产使晋工产能大幅提升、生产压力得到缓解，更完美地诠释了晋工对产品可靠品质追求的理念。

晋工机械将继续致力于为各种市场提供创新解决方案。

晋工装载机鸟瞰图

JINGONG晋工

六、市场机制及服务保证体系

公司产品销售覆盖全国30个省、市、自治区，现有一级代理商100余家，特约服务中心400多家，拥有专业的服务团队及充足的配件储备。

公司倡导高效、勤勉的服务理念。可靠产生高效的力量，人性关怀、勤勉的服务态度为客户带来亲和与贴心。售后服务是企业的生命线，公司致力于与经销商一起为用户提供高效、细致、全方位的售后服务。

公司已建立起完善的物流管理体系，服务网点遍及全国各地。公司还不断提高供应配送能力，确保每一批产品都能迅速到达代理商手里，及时交付用户使用。

JINGONG晋工

取 胜 源 于 可 靠

WIN WITH RELIABILITY

品赏品牌的魅力
回味品牌的故事
体会转型升级的力量
提高创新能力
提升竞争实力

19 370 台，两年共访问了 119 家（涵盖主要国企、民营企业、个体用户），实现了大样本量调查。

2012 年用户调查地区分布见图 1，2013 年用户调查地区分布见图 2。

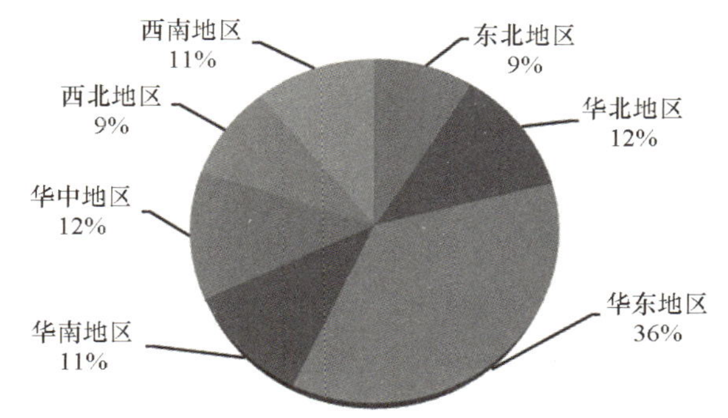

图 1　2012 年访问的用户地区分布

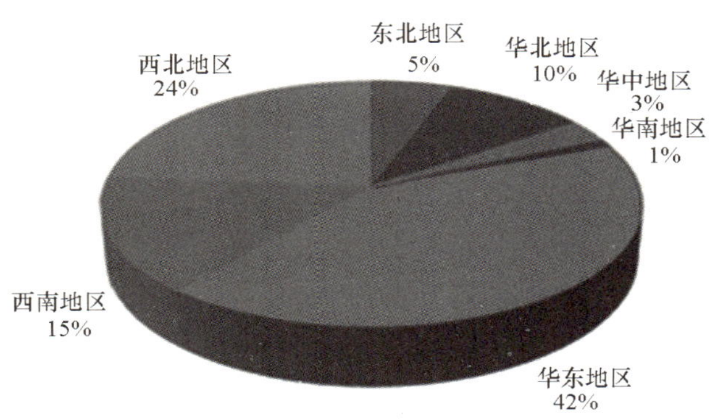

图 2　2013 年访问的用户地区分布

年度测评分析结果经过专家评议和分会理事长扩大会议确认，对产品质量用户满意度较高，售后服务用户评价较好的工程机械企业被授予“用户满意服务”荣誉称号，评价较好的产品被授予“用户满意产品”荣誉称号。通过测评，可引导行业企业追求“用户满意经营”，以不断改进产品质量、服务质量和配件质量为驱动力，提高产品适应市场需求的能力和企业的竞争力。

2. 用户满意评价指标体系

用户满意度评价调查采用中国工程机械用户满意度指数（CMCSI）模型的品牌形象、感知产品质量、感知服务质量、感知价值、用户满意度、抱怨和用户忠诚度，核心观测指标七大指标进行评价。从用户对各项指标的感知和评价来测量用户的满意度水平，用户根据使用中的实际感受给予具体评价。每项指标的测评采用 1 ～ 10 分的整数评价制，10 分的每级寓意为：最差、很差、较差、差、一般、还行、稍好、较好、很好、最好，多级评价更加客观细致地反映出用户的心理感受，使评价结果更接近客观实际。

用户工作委员会紧密结合工程机械的产品特点、整体质量水平，不断完善针对七大指标的具体问卷问题，经历多年探索实践，设计出适应工程机械行业企业需求的评价体系。

观测性指标设置主要有：产品品牌形象、产品总体质量、产品质量可靠性、产品性能价格比、总体服务质量、质量性能价格和服务的综合满意度、用户抱怨率、用户抱怨的主要问题（产品质量、服务质量、产品价格、配件）、用户对在用品牌产品的再选可能性、用户推荐率等。

改善性指标设置主要有：产品的技术先进性、使用安全性、作业效率、操作方便性、外观质量、电气系统质量、液压系统质量、结构件质量、配件质量、配件供应及时性、服务及时性及服务人员技能等。

需要访问的开放性问题主要有：对产品质量改进、服务质量改进、配件质量的改进意见和建议等。

3. 用户满意度指数模型

中国工程机械用户满意度指数（CMCSI）模型是多年实践的结晶，该模型从用户对产品质量的预期出发，经过使用者对产品质量的实际感受、对企业提供的服务质量的感受、对产品价值感的评价，直接、间接地评价用户对产品的综合满意程度。用户满意度高低有两种截然不同的影响结果，一是用户抱怨高低，二是用户忠诚度高低，通过结构方程模型计算分析，可以量化出用户满意度各项指标，长期观测具有较强的可比性。中国工程机械用户满意度测评模型（CMCSI）见图 3。

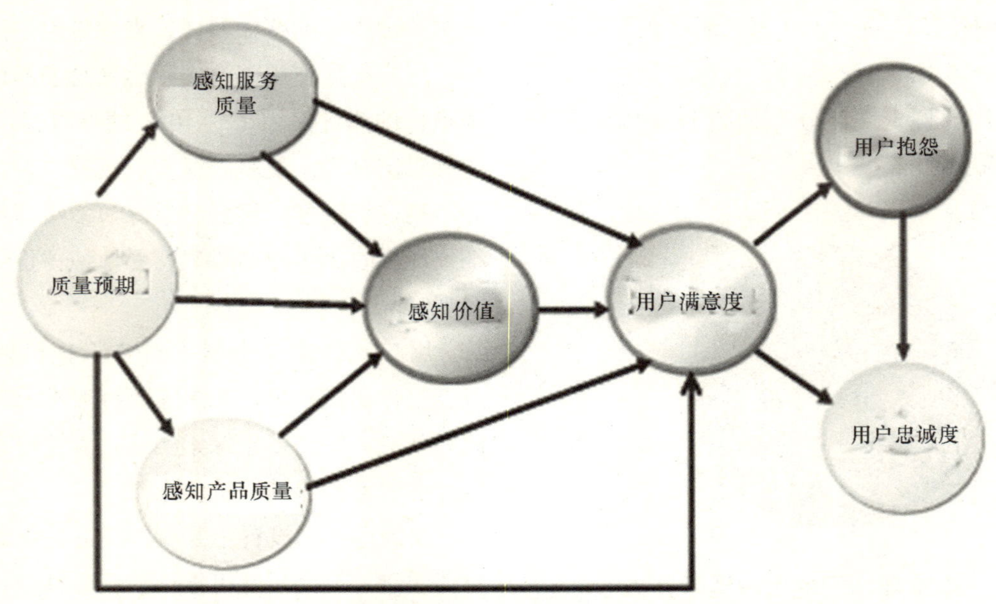

图3 中国工程机械用户满意度测评模型（CMCSI）

注：箭头指向表示各个变量之间的相互影响关系。

4. 2012 年、2013 年用户满意度评价

2012 年和 2013 年对各类机械的评价调查，得出不同种类产品的用户满意度水平状态。具有代表性产品的满意度评价结果见图 4、图 5、图 6、表 1、表 2、表 3。

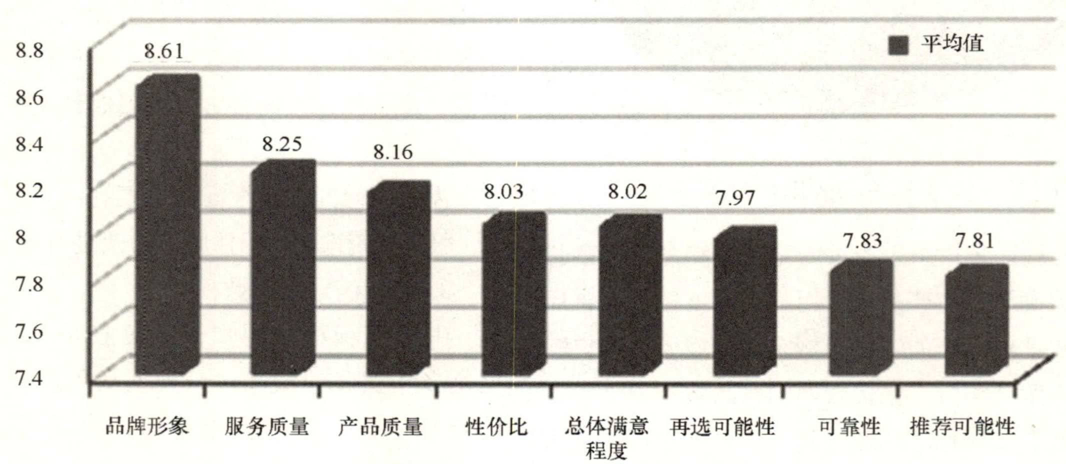

图4 2012 年装载机用户满意度评价结果

表1 2012 年用户满意度较高的装载机企业

企业名称	产品型号
广西柳工机械股份有限公司	CLG856、CLG855、CLG855N、CLG836、CLG835、CLG816、CLG818、ZL50CN、ZL30E
山东临工工程机械有限公司	LG956L、LG953N
四川成都成工工程机械股份有限公司	CG955SUPER、CG956C、ZL30B-3、ZL50E-3SUPER
厦门厦工机械股份有限公司	XG951 Ⅲ、XG953 Ⅲ、XG955 Ⅲ、XG956 Ⅲ、XG932 Ⅲ
徐工集团工程机械股份有限公司	ZL50G、LW50KN
常林股份有限公司	ZLM15B、ZLM18、ZLM30-5、ZLM30E-5、ZLM50E-5、955N

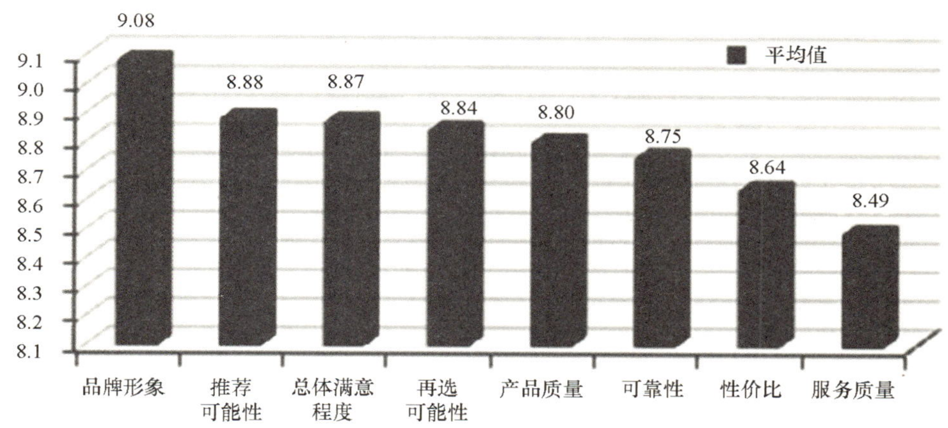

图 5　2012 年塔机用户满意度评价结果

表 2　2012 年用户满意度较高的塔机企业

企业名称	产品型号
抚顺永茂建筑机械有限公司	ST55/13、ST60/15、STT133、STT153、STT293
四川建设机械（集团）股份有限公司	C5013、C5510、C5513、C6018、C7022、C7030、C7050、M1500、M900
中联重科股份有限公司	TC5610-6、TC6013A-6
北京永茂建工机械制造有限公司	ST55/13、ST60/15、STT153、STT293、STT70/30、STT133
沈阳三洋建筑机械有限公司	S100G6
浙江省建设机械集团有限公司	ZJ5710、ZJ5910
湖北江汉建筑工程机械有限公司	QTZ80、TC5013、TC5015、TC5610、TC5613A
江苏正兴建设机械有限公司	QTZ63、QTZ80
广西建工集团建筑机械制造有限责任公司	QTZ5512、QTZ6510、TCT5010、TCT5512、TCT6012
浙江虎霸建设机械有限公司	H5510、H5810
云南冶金昆明重工有限公司	C5013、C5613
中国人民解放军第六四零九工厂	QTZ63C、QTZ80A
重庆建工工业有限公司	QTZ63

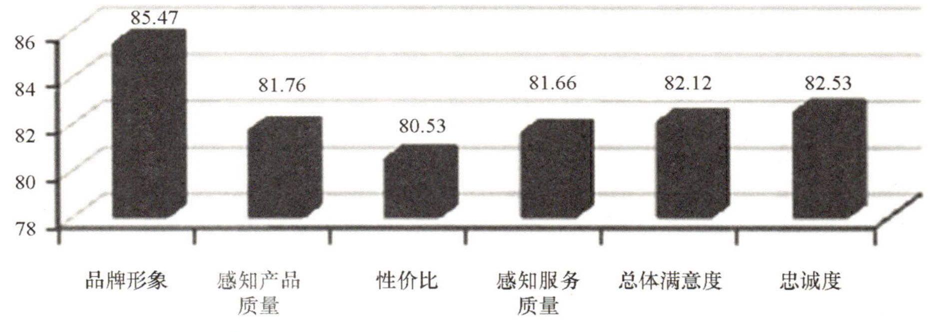

图 6　2013 年混凝土机械用户满意度评价结果

表 3 2013 年用户满意度较高的混凝土机械企业

序号	企业名称	产品种类
1	长沙中联重工科技发展股份有限公司	混凝土输送泵、车载式混凝土输送泵、混凝土泵车、混凝土搅拌运输车、混凝土搅拌站
2	三一重工股份有限公司	混凝土输送泵、混凝土泵车、混凝土搅拌运输车、混凝土搅拌站
3	山推楚天工程机械有限公司	混凝土输送泵、车载式混凝土输送泵、混凝土搅拌运输车
4	上海柳工鸿得利混凝土机械有限公司	车载式混凝土输送泵、混凝土泵车
5	徐州徐工施维英机械有限公司	混凝土泵车、混凝土搅拌运输车、混凝土搅拌站
6	安徽星马汽车股份有限公司	混凝土搅拌运输车
7	上海华东建筑机械厂有限公司	混凝土搅拌运输车
8	方圆集团有限公司	混凝土搅拌站
9	四川现代世际机电集团有限公司	混凝土搅拌站
10	廊坊中建机械有限公司	混凝土搅拌站
11	珠海仕高玛机械设备有限公司	混凝土搅拌主机
12	山东圆友重工科技有限公司	混凝土搅拌站

5. 用户满意度指标分析

通过具体产品质量评价，收集到用户对质量不满意的具体意见和建议，获得产品的技术先进性、使用安全性、作业效率、操作方便性、外观质量、电气系统质量、液压系统质量、结构件质量、配件质量、配件供应及时性、服务及时性、服务人员技能等具体问题的用户评价信息。针对产品质量、产品性能和服务质量的评价，得分较高的为用户比较满意项，得分较低的则为用户不太满意项；再经过各项指标的重要度分析，得出影响用户满意度提升的重要指标项，作为产品和服务的改进方向。2012 年施工升降机用户总体评价见图 7，2012 年施工升降机具体质量评价见图 8，2013 年混凝土机械具体质量评价见图 9。

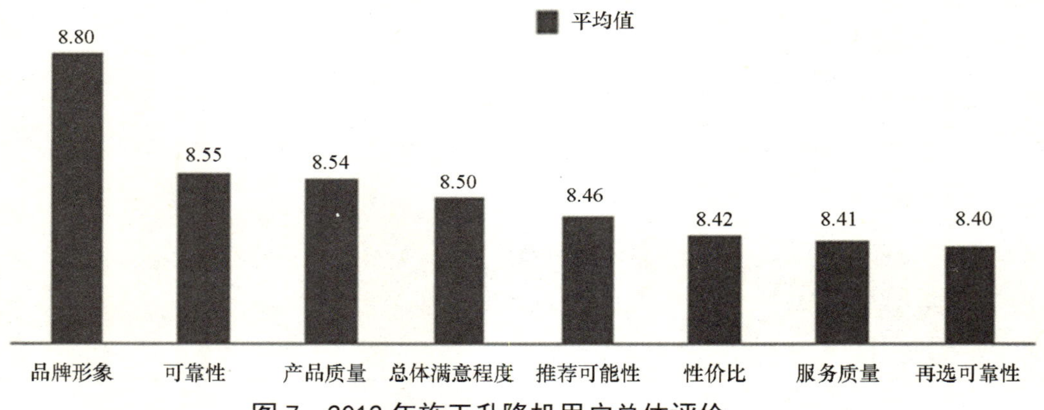

图 7 2012 年施工升降机用户总体评价

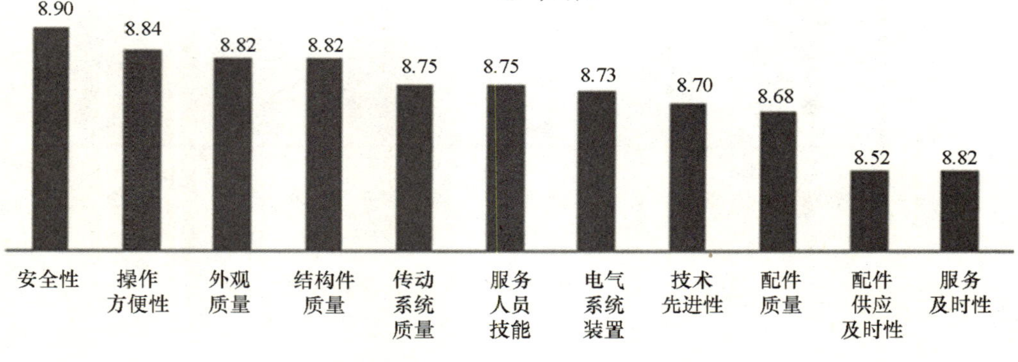

图 8 2012 年施工升降机具体质量评价

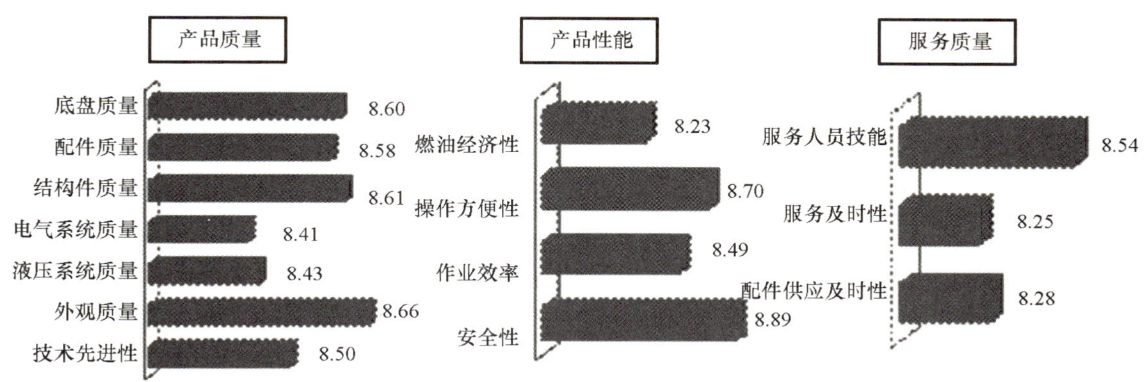

图 9 2013 年混凝土机械具体质量评价

从图 7 中可以得出如下结论：①安全性能指标评价得分最高，表明施工升降机的安全性已经能够满足用户需求。②配件供应及时性和服务及时性评价最低，表明用户希望这两项指标能够加以改进，以提高用户满意度。

从图 8 中可以得出如下结论：①总体满意度评价得分较高，表明国内用户对施工升降机的评价总体上处于很满意状态。②品牌形象得分最高，表明我国施工升降机已经具备充分满足市场需求的能力，产品品牌有良好的用户口碑。③再选可能性得分相对较低，属于市场需求变化问题。

从图 9 中可以得出如下结论：①产品质量各项指标得分均在 8.41 ～ 8.66 之间，处于较高水平，电气系统质量和液压系统质量评价较低，是改进提升的重点方向。②产品性能各项指标得分均在 8.23 ～ 8.89 之间，处于较高水平，燃油经济性是改进和重点方向。③服务质量各项指标得分均在 8.25 ～ 8.54 之间，处于较高水平，服务及时性是改进的重点方向。

6．第三方调查评价工作

用户工作委员会先后为柳工股份、柳工集团下属公司（柳工欧维姆、柳工鸿得利等）、徐工集团下属公司（徐工挖掘机、徐工汽车起重机等）、山东临工、山推股份、中国国机重工集团等 10 余家企业测评了产品的用户满意度指数，涉及的产品有装载机、挖掘机、推土机、压路机、汽车起重机、混凝土臂架泵车、混凝土车载泵、叉车（内燃和蓄电池）、预应力机械设备（柳州欧维姆）等，用户满意度指数测评为企业提供了大量的参考信息。

用户工作委员会接受中国工程机械工业协会的委托，开展了工业车辆、凿岩机械名牌产品培育第三方满意度调查。为落实工信部等七部委《关于加快我国工业企业品牌建设的指导意见》和《关于开展工业企业品牌培育试点工作的通知》等文件精神，中国机械工业联合会组织各专业协会召开了品牌培育工作会议，决定 2012 年在中国机械行业开展品牌培育及表彰活动，用户工作委员会承担了此项活动中的用户满意度调查工作，如期完成了 4 家叉车企业和 1 家凿岩企业的用户满意度调查和报告撰写工作，此项工作得到了工信部科技司领导肯定。

7. 用户满意度较高的企业和产品

推动用户满意工程的宗旨是：促使工程机械行业企业积极实践以用户为关注焦点的生产经营活动，推动企业实施用户满意度战略，关注用户需求变化趋势，及时发现企业经营中不适应市场需求的问题，组织力量进行改进，不断提升用户满意的经营绩效。自 2012 年以来，工户工作委员会在行业中开展创建“用户满意十强活动”，在行业中树立实施用户满意经营的典型企业，以期提升整体质量水平。

全国塔式起重机产品和混凝土机械产品在完成用户满意度评价调查基础上，结合上次用户评价结果，经评审专家评审评选出了 2012 年度塔式起重机用户满意十强企业、2013 年度混凝土机械用户满意十强企业。2012 年度塔式起重机用户满意十强企业见表 4，2013 年度混凝土机械用户满意十强企业见表 5。

表4　2012年度塔式起重机用户满意十强企业（排名不分先后）

序号	企业名称	序号	企业名称
1	抚顺永茂建筑机械有限公司	6	浙江省建设机械集团有限公司
2	四川建设机械（集团）股份有限公司	7	湖北江汉建筑工程机械有限公司
3	中联重科股份有限公司	8	浙江虎霸建设机械有限公司
4	广西建工集团建筑机械制造有限责任公司	9	北京永茂建工机械制造有限公司
5	沈阳三洋建筑机械有限公司	10	江苏正兴建设机械有限公司

表5　2013年度混凝土机械用户满意十强企业（排名不分先后）

序号	企业名称	序号	企业名称
1	中联重科股份有限公司	6	上海华东建筑机械厂有限公司
2	三一重工股份有限公司	7	方圆集团有限公司
3	山推楚天工程机械有限公司	8	四川现代世际机电集团有限公司
4	上海柳工鸿得利混凝土机械有限公司	9	廊坊中建机械有限公司
5	徐州徐工施维英机械有限公司	10	山东圆友重工科技有限公司

8. 用户满意服务明星活动

2004年以来先后评选出的“用户满意服务明星”有天津建筑机械厂赵青、山推工程机械股份有限公司国内营销服务支持部白仲喜、廊坊中建机械有限公司钟渝、浙江虎霸建设机械有限公司陈孝忠、浙江三上机电制造有限公司茅凯砚、厦门厦工机械股份有限公司赖育照、无锡市小天鹅建筑机械有限公司张家农、徐州徐工挖掘机械有限公司客户中心董鹏、中联重科混凝土营销公司皖中分公司滁州站长吴伟忠、广西柳工机械股份有限公司挖掘机事业部吴宇翔、浙江建机租赁有限公司赵军、中国人民解放军第6409工厂魏超、徐州重型机械有限公司王成河、江苏正兴建设机械有限公司谢同兵、云南冶金昆明重工塔机分厂曾泥、广西建工集团建筑机械制造有限责任公司吴黄深、常林股份有限公司售后服务部朱燕平、靖江市政建设机械厂刘彦、陕西建设机械股份有限公司销售处维修中心邱玉德、博宇（无锡）科技有限公司马友勇、河北宣化工程机械股份有限公司冯玮、福建铁拓机械有限公司肖友斌、无锡市申锡建筑机械有限公司沈仁林、沈阳三洋重工机械有限公司李志强、方圆集团有限公司混凝土成套设备厂刘志喜、徐工工程机械集团公司广州办事处葛孝军、徐工工程机械制造厂袁伟、浙江建设机械有限公司李宝昆等107名同志为用户满意服务明星。

2004年以来先后评选出的“用户满意服务明星班组”有四川建设机械（集团）股份有限公司安装维修队等82个企业基层服务单位。

2004年以来先后评选出的“用户满意杰出管理者”有中国国机重工（集团）有限公司董事长吴培国等59名企业高层管理者。

9. 绿色施工机械评价标准

用户工作委员会参与了国家“十二五”科技支撑计划项目“建筑工程主要绿色施工机械评价技术及数据库”子课题（2012BAJ03B01-01）的研究工作，主要开展了建筑施工机械绿色性能评价技术研究，在中国工程机械工业协会立项编制了《绿色施工机械评价标准》，形成了系列能耗测试方法标准。该标准主要围绕建筑工程常用施工设备绿色性能展开研究，开展研究的施工机械有：土方工程施工的挖掘机、装载机、推土机、压路机；基础工程施工的旋挖钻机；主体工程施工的混凝土搅拌站、混凝土臂架泵车、车载泵（拖式泵）、塔式起重机、施工升降机；安装工程施工的轮胎式起重机。研究试验工作得到了柳工集团、徐工集团、山推股份、永茂建机、山东临工等企业的大力支持和参与，这将对我国工程机械沿着绿色环保、节能高效之路发展起到积极的促进作用。

〔撰稿人：中国工程机械工业协会用户工作委员会侯宝佳〕

（本文编辑：张珂玲）

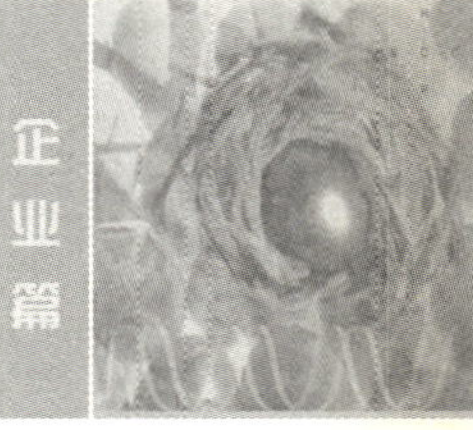

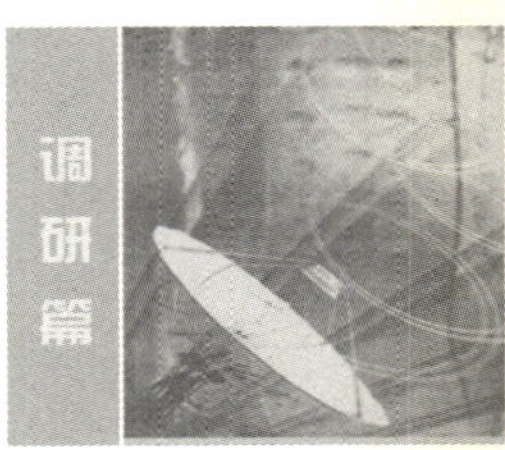

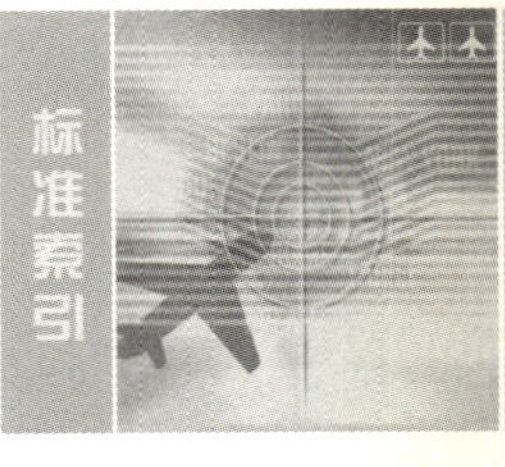

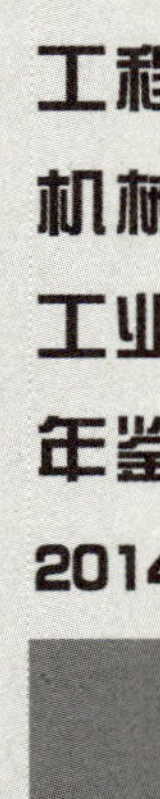

公布2013年主要统计数据，准确、系统、全面地反映工程机械行业的主要经济指标

综述篇

行业篇

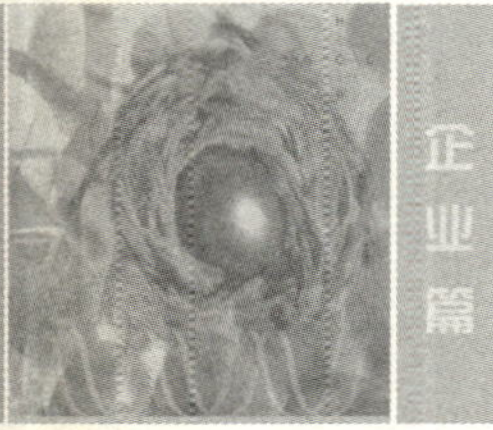

企业篇

市场篇

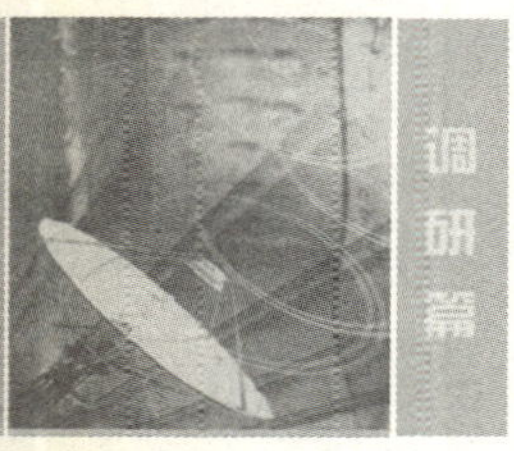

调研篇

统计资料

标准索引

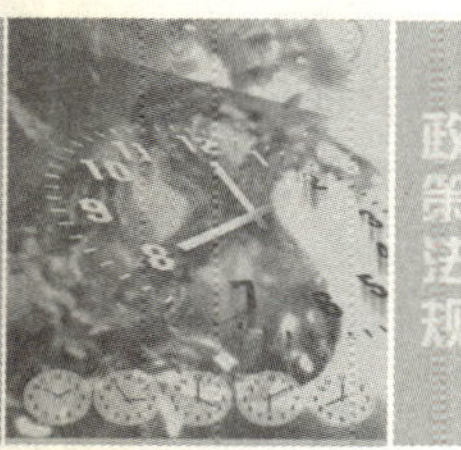

政策法规

大事记

统计资料

2013 年工程机械行业主要企业产品产销存统计

1. 挖掘机械

企业名称	产品类别	单位	产量	销量	库存
江麓机电集团有限公司	履带式液压挖掘机	台	153	259	177
常林股份有限公司	履带式液压挖掘机	台	66	77	1
广西柳工机械股份有限公司	履带式液压挖掘机	台	4 911	4 829	0
三一集团有限公司	履带式液压挖掘机	台	15 682	15 682	0
临沂临工机械集团	履带式液压挖掘机	台	3 610	4 056	972
山重建机有限公司	履带式液压挖掘机	台	4 318	4 547	877
广西玉柴重工有限公司	履带式液压挖掘机	台	3 953	3 953	0
小松（中国）投资有限公司	履带式液压挖掘机	台	9 349	9 349	0
贵州詹阳动力重工有限公司	履带式液压挖掘机	台	735	623	420
成都神钢建设机械有限公司	履带式液压挖掘机	台	3 744	3 744	0
日立建机（中国）有限公司	履带式液压挖掘机	台	7 574	7 574	0
内蒙古北方重型汽车股份有限公司	履带式液压挖掘机	台	85	88	184
力士德工程机械股份有限公司	履带式液压挖掘机	台	1 843	2 289	105
利勃海尔机械（大连）有限公司	履带式液压挖掘机	台	250	357	32
河北宣化工程机械股份有限公司	履带式液压挖掘机	台	11	11	0
徐州工程机械集团有限公司	履带式液压挖掘机	台	7 452	8 362	1 396
中联重科股份有限公司	履带式液压挖掘机	台	2 576	2 860	1 646
北京现代京城工程机械有限公司	履带式液压挖掘机	台	2 408	2 516	671
山河智能装备股份有限公司	履带式液压挖掘机	台	2 119	3 520	767
厦门厦工机械股份有限公司	履带式液压挖掘机	台	2 401	2 401	0
福田雷沃国际重工股份有限公司	履带式液压挖掘机	台	3 479	3 252	227
卡特彼勒（中国）投资有限公司	履带式液压挖掘机	台	9 582	9 582	0
斗山工程机械（中国）有限公司	履带式液压挖掘机	台	7 556	7 556	0
四川邦立重机有限责任公司	履带式液压挖掘机	台	130	141	23
沃尔沃建筑设备（中国）有限公司	履带式液压挖掘机	台	6 767	6 767	0
现代（江苏）工程机械有限公司	履带式液压挖掘机	台	3 595	3 595	0
北京现代京城工程机械有限公司	轮胎式液压挖掘机	台	267	340	129
沃尔沃建筑设备（中国）有限公司	轮胎式液压挖掘机	台	54	54	0
斗山工程机械（中国）有限公司	轮胎式液压挖掘机	台	685	685	0
卡特彼勒（中国）投资有限公司	轮胎式液压挖掘机	台	13	13	0
贵州詹阳动力重工有限公司	轮胎式液压挖掘机	台	210	178	110
日立建机（中国）有限公司	轮胎式液压挖掘机	台	7	7	0
常林股份有限公司	挖掘装载机	台	121	148	15
广西柳工机械股份有限公司	挖掘装载机	台	349	299	0
徐州金正公路工程机械有限公司	挖掘装载机	台	18	6	12

2. 铲土运输机械

企业名称	产品类别	单位	产量	销量	库存
厦工（三明）重型机器有限公司	履带式推土机	台	116	130	6
内蒙古一机集团大地工程机械有限公司	履带式推土机	台	226	261	102
广西柳工机械股份有限公司	履带式推土机	台	470	371	0
小松（中国）投资有限公司	履带式推土机	台	23	23	0
山推工程机械有限公司	履带式推土机	台	6 077	5 714	785
天津建筑机械厂	履带式推土机	台	454	450	336
河北宣化工程机械股份有限公司	履带式推土机	台	840	843	39
卡特彼勒（青州）有限公司	履带式推土机	台	23	8	0
郑州宇通重工有限公司	轮胎式推土机	台	179	180	6
山推工程机械有限公司	推耙机	台	7	8	4
郑州宇通重工有限公司	轮胎式装载机	台	1 132	1 130	380
常林股份有限公司	轮胎式装载机	台	4 943	5 091	1 121
广西柳工机械股份有限公司	轮胎式装载机	台	31 127	31 648	0
临沂临工机械集团	轮胎式装载机	台	32 076	32 299	1 374
小松（中国）投资有限公司	轮胎式装载机	台	229	229	0
力士德工程机械股份有限公司	轮胎式装载机	台	1 861	1 922	34
利勃海尔机械（大连）有限公司	轮胎式装载机	台	94	95	6
徐州金正公路工程机械有限公司	轮胎式装载机	台	340	243	107
成都神钢工程机械（集团）有限公司	轮胎式装载机	台	5 346	6 054	2 409
卡特彼勒（青州）有限公司	轮胎式装载机	台	6 018	7 209	0
安徽合力股份有限公司装载机分公司	轮胎式装载机	台	777	774	167
山东云宇机械集团有限公司	轮胎式装载机	台	2 470	3 092	113
中国龙工控股有限公司	轮胎式装载机	台	26 239	25 960	6 840
厦门厦工机械股份有限公司	轮胎式装载机	台	24 406	24 406	0
山东一能重工有限公司	轮胎式装载机	台	2 602	2 487	115
福田雷沃国际重工股份有限公司	轮胎式装载机	台	9 282	4 992	4 290
常林股份有限公司	滑移装载机	台	8	8	0
广西柳工机械股份有限公司	滑移转向装载机	台	304	313	0
凯斯工程机械（上海）有限公司	滑移装载机	台	142	142	0
郑州宇通重工有限公司	自行式铲运机	台	0	1	0
厦工（三明）重型机器有限公司	平地机	台	342	342	16
常林股份有限公司	平地机	台	664	720	124
广西柳工机械股份有限公司	平地机	台	472	513	0
山推工程机械有限公司	平地机	台	269	267	29
徐州徐工筑路机械有限公司	平地机	台	1 438	1 438	0
成都神钢工程机械（集团）有限公司	平地机	台	3	11	30
卡特彼勒（青州）有限公司	平地机	台	77	88	0
泰安航天特种车有限公司	非公路自卸车	辆	793	1 386	109
湘电集团有限公司	电动轮自卸车	辆	18	19	7
扬州盛达特种车有限公司	非公路宽体自卸车	辆	313	290	23
山东临工工程机械有限公司	非公路宽体自卸车	辆	535	425	110
三一矿机有限公司	非公路自卸车	辆	120	128	11

（续）

企业名称	产品类别	单位	产量	销量	库存
郑州宇通重工有限公司	矿用自卸车	辆	400	439	20
本溪北方机械重汽有限责任公司	矿用自卸车	辆	2	2	0
秦皇岛天业通联重工股份有限公司	矿用自卸车	辆	48	34	15
中环动力（北京）重型汽车有限公司	矿用自卸车	辆	36	49	38
卡特彼勒（中国）投资有限公司	非公路自卸车	辆	0	56	0
沃尔沃建筑设备（中国）有限公司	非公路自卸车	辆	0	39	0
北京首钢重型汽车制造股份有限公司	非公路自卸车	辆	7	13	5
内蒙古北方重型汽车有限公司	矿用自卸车	辆	296	414	98
华菱星马汽车（集团）股份有限公司	非公路自卸车	辆	3 331	3 320	32
山推工程机械有限公司	吊管机	台	48	36	12
广东力士通机械股份有限公司	半挂车	辆	57	57	0
中环动力（北京）重型汽车有限公司	洒水车	辆	2	3	0
重庆大江信达车辆股份有限公司专用车公司	重型厢式运输车	辆	11	11	0
山东蓬翔汽车有限公司	自卸改装汽车	辆	3 809	3 446	443
徐州工程机械集团有限公司	重卡	辆	4 122	3 509	1 365

3. 工程起重机

企业名称	产品类别	单位	产量	销量	库存
重庆大江信达车辆股份有限公司专用车公司	汽车起重机	台	11	35	6
四川长江工程起重机有限责任公司	汽车起重机	台	366	391	132
三一汽车起重机械有限公司	汽车起重机	台	2 272	2 358	21
马尼托瓦克东岳重工有限公司	汽车起重机	台	381	455	45
广东力士通机械股份有限公司	汽车起重机	台	0	0	2
长春市神骏专用车制造有限公司	汽车起重机	台	0	0	6
北汽福田汽车股份有限公司北京福田雷萨起重机分公司	汽车起重机	台	98	75	38
北起多田野（北京）起重机有限公司	汽车起重机	台	100	149	62
北京京城重工机械有限责任公司	汽车起重车	台	68	89	24
安徽柳工起重机有限公司	汽车起重机	台	435	695	97
沈阳北方交通重工集团有限公司	汽车起重机	台	74	73	12
广西柳工机械股份有限公司	汽车起重机	台	399	725	0
徐工集团徐州重型机械有限公司	汽车起重机	台	8 622	8 632	542
中联重科股份有限公司	汽车起重机	台	4 637	4 631	236
辽宁抚挖锦重机械有限公司	汽车起重机	台	110	140	32
三一汽车起重机械有限公司	全地面起重机	台	72	65	11
徐工集团徐州重型机械有限公司	全地面起重机	台	67	63	14
北京京城重工机械有限责任公司	全地面起重机	台	3	0	3
中联重科股份有限公司	全地面起重机	台	38	38	0
江苏八达重工机械股份有限公司	双动力轮胎起重机	台	79	80	7
哈尔滨工程机械制造有限责任公司	轮胎起重机	台	99	101	7
广东力士通机械股份有限公司	轮胎起重机	台	4	3	16
北京京城重工机械有限责任公司	轮胎起重机	台	5	7	3
郑州宇通重工有限公司	履带起重机	台	41	39	14

（续）

企业名称	产品类别	单位	产量	销量	库存
浙江三一装备有限公司	履带起重机	台	316	328	24
江苏八达重工机械股份有限公司	履带抓料机	台	101	101	7
抚挖重工机械股份有限公司	履带起重机	台	307	297	28
成都神钢起重机有限公司	履带起重机	台	12	8	7
北汽福田汽车股份有限公司北京福田雷萨起重机分公司	履带起重机	台	0	1	5
安徽柳工起重机有限公司	履带起重机	台	0	4	5
天津山河装备开发有限公司	履带起重机	台	21	14	16
特雷克斯拓能（山东）重机制造有限公司	履带起重机	台	0	6	1
北京南车时代机车车辆机械有限公司	履带起重机	台	13	19	5
日立建机（中国）有限公司	履带起重机	台	2	2	0
徐工集团徐州重型机械有限公司	履带起重机	台	340	359	17
中联重科股份有限公司	履带起重机	台	240	227	38
郑州宇通重工有限公司	随车起重机	台	79	83	6
愚公机械股份有限公司	随车起重机	台	69	68	5
徐州徐工随车起重机有限公司	随车起重机上车	台	5 074	4 854	338
徐州天地重型机械制造有限公司	随车起重机上车	台	0	1	0
牡丹江专用汽车制造有限公司	随车起重机	台	262	259	64
辽宁青山重工机械股份有限公司	随车起重机	台	97	124	0
湖南大汉起重科技有限公司	随车起重机	台	1 100	841	259
常林股份有限公司	随车起重机	台	80	69	11
长治清华机械厂	随车起重机上装	台	20	23	148
长春市神骏专用车制造有限公司	随车起重机	台	175	243	189
石家庄煤矿机械有限责任公司随车起重机分公司	随车起重机	台	2 033	1 637	656
三一帕尔菲格特种车辆装备有限公司	随车起重机	台	602	576	26
湖北帕菲特工程机械有限公司	随车起重机	台	31	32	9
海沃机械（扬州）有限公司	随车起重机整机	台	31	33	0
华菱星马汽车（集团）股份有限公司	随车起重机	台	85	40	67
泰安古河随车起重机有限公司	随车起重机	台	368	444	231
徐州徐工随车起重机有限公司	清障车	辆	18	18	0
石家庄煤矿机械有限责任公司随车起重机分公司	清障车	辆	34	30	4
徐州徐工随车起重机有限公司	其他起重机	台	18	18	0
云南冶金昆明重工有限公司	其他起重机	台	86	70	174
郑州宇通重工有限公司	强夯机	台	70	77	49
浙江三一装备有限公司	强夯机	台	20	18	4
抚挖重工机械股份有限公司	强夯机	台	19	32	4
中联重科股份有限公司	强夯机	台	49	48	1
徐工集团徐州重型机械有限公司	强夯机	台	12	14	0
北京南车时代机车车辆机械有限公司	强夯机	台	19	18	3
天津山河装备开发有限公司	强夯机	台	12	11	6

4. 建筑起重机械

企业名称	产品类别	单位	产量	销量	库存
江麓机电集团有限公司	塔式起重机	台	375	378	87
重庆大江本大工程机械有限责任公司	塔式起重机	台	385	362	23
浙江省建设机械集团有限公司	塔式起重机	台	3 906	3 906	0
山东华夏集团有限公司	塔式起重机	台	3 018	2 759	259
重庆建工工业有限公司	塔式起重机	台	185	219	40
山东鸿达建工集团有限公司	塔式起重机	台	3 179	3 126	53
济南正和建筑机械有限公司	塔式起重机	台	241	237	16
济南大有建设机械有限公司	塔式起重机	台	329	318	11
方圆集团有限公司	塔式起重机	台	888	876	12
朝阳凌云建筑机械有限公司	塔式起重机	台	504	464	40
张家港浮山建设机械有限公司	塔式起重机	台	255	246	9
泰州市腾发建筑机械有限公司	塔式起重机	台	1 461	1 466	21
济南建筑机械厂有限公司	塔式起重机	台	167	163	4
广东省建筑机械厂	塔式起重机	台	35	35	0
东莞毅新庆江机械制造有限公司	塔式起重机	台	240	234	6
抚顺永茂建筑机械有限公司	塔式起重机	台	1 154	1 154	0
山东明龙建筑机械有限公司	塔式起重机	台	1 490	1 360	320
上海宝达工程机械有限公司	自升式塔机	台	66	55	11
云南冶金昆明重工有限公司	塔式起重机	台	63	44	78
四川强力建筑机械有限公司	塔式起重机	台	264	239	25
烟台海山建筑机械有限公司	塔式起重机	台	380	420	22
济南圆鑫机械有限公司	塔式起重机	台	366	314	52
山东大汉建设机械有限公司	塔式起重机	台	3 270	3 120	150
哈尔滨东建机械制造有限公司	塔式起重机	台	245	252	27
广西建工集团建筑机械制造有限责任公司	塔式起重机	台	1 339	1 260	79
中国人民解放军第六四〇九工厂	塔式起重机	台	95	68	27
哈尔滨华拓金属结构有限公司	塔式起重机	台	97	92	12
重庆中建机械制造有限公司	塔式起重机	台	127	126	1
江麓机电集团有限公司	施工升降机	台	452	425	54
重庆大江本大工程机械有限责任公司	施工升降机	台	65	52	13
浙江省建设机械集团有限公司	施工升降机	台	1 110	1 110	0
江苏申锡建筑机械有限公司	施工升降机	台	20	20	0
山东华夏集团有限公司	施工升降机	台	479	460	19
重庆建工工业有限公司	施工升降机	台	30	24	0
山东鸿达建工集团有限公司	施工升降机	台	510	501	9
济南正和建筑机械有限公司	施工升降机	台	215	194	21
济南大有建设机械有限公司	施工升降机	台	65	63	2
方圆集团有限公司	施工升降机	台	592	592	26
厦门康柏机械集团有限公司	施工升降机	台	1 150	1 109	41
泰州市腾发建筑机械有限公司	施工升降机	台	106	106	6
济南建筑机械厂有限公司	施工升降机	台	29	27	2
广东省建筑机械厂	施工升降机	台	33	33	0

（续）

企业名称	产品类别	单位	产量	销量	库存
东莞毅新庆江机械制造有限公司	施工升降机	台	12	9	3
徐州万都机械科技有限公司	施工升降机	台	440	425	46
上海宝达工程机械有限公司	施工升降机	台	1 234	1 190	44
烟台海山建筑机械有限公司	施工升降机	台	89	102	7
济南圆鑫机械有限公司	施工升降机	台	65	60	5
山东大汉建设机械有限公司	施工升降机	台	1 102	1 036	66
哈尔滨东建机械制造有限公司	施工升降机	台	60	56	17
广西建工集团建筑机械有限公司	施工升降机	台	1 820	1 782	72
中国人民解放军第六四〇九工厂	施工升降机	台	160	106	54
重庆中建机械制造有限公司	施工升降机	台	55	48	6
潍坊新奇机电工程有限公司	建筑卷扬机	台	2 998	2 643	355

5. 工业车辆

企业名称	产品类别	单位	产量	销量	库存
广西柳工机械股份有限公司	电动平衡重乘驾式叉车	台	302	291	0
龙工（上海）叉车有限公司	电动平衡重乘驾式叉车	台	724	719	90
上海力至优叉车制造有限公司	三支点叉车	台	1 600	1 620	61
安徽合叉叉车有限公司	蓄电池叉车	台	238	262	19
安徽叉车集团有限责任公司	电动乘驾式叉车	台	5 974	6 003	326
大连叉车有限责任公司	电动平衡重乘驾式叉车	台	352	330	54
台励福机器设备（青岛）有限公司	电动平衡重乘驾式叉车	台	2 000	2 000	0
杭叉集团股份有限公司	电动平衡重乘驾式叉车	台	6 051	6 186	246
江苏靖江叉车有限公司	蓄电池车	台	170	169	3
浙江美科斯叉车有限公司	电动平衡重乘驾式叉车	台	614	608	21
北京现代京城工程机械有限公司	电动平衡重乘驾式叉车	台	378	370	66
浙江诺力机械股份有限公司	电动平衡重乘驾式叉车	台	327	327	0
上海力至优叉车制造有限公司	门架前移式叉车	台	1 079	1 056	67
台励福机器设备（青岛）有限公司	电动乘驾式仓储叉车	台	500	500	0
杭叉集团股份有限公司	电动乘驾式仓储叉车	台	322	352	6
浙江美科斯叉车有限公司	电动乘驾式仓储叉车	台	136	131	12
安徽叉车集团有限责任公司	电动仓储叉车	台	894	905	12
浙江诺力机械股份有限公司	电动乘驾式仓储叉车	台	26	26	0
安徽叉车集团有限责任公司	电动步行式仓储叉车	台	7 106	7 111	428
台励福机器设备（青岛）有限公司	电动步行式仓储叉车	台	500	500	0
杭叉集团股份有限公司	电动步行式仓储叉车	台	6 253	6 104	272
宁波如意股份有限公司	电动步行式仓储叉车	台	4 583	4 583	0
浙江美科斯叉车有限公司	电动步行式仓储叉车	台	40	40	2
浙江诺力机械股份有限公司	电动步行式仓储叉车	台	11 535	11 535	0
台励福机器设备（青岛）有限公司	内燃叉车（实心轮胎）	台	1 000	1 000	0
广西柳工机械股份有限公司	内燃叉车（其他轮胎）	台	9 237	9 715	0
龙工（上海）叉车有限公司	内燃叉车（其他轮胎）	台	18 946	17 248	3 446
安徽合叉叉车有限公司	内燃叉车（其他轮胎）	台	3 049	3 203	168

（续）

企业名称	产品类别	单位	产量	销量	库存
安徽叉车集团有限责任公司	内燃叉车（其他轮胎）	台	66 223	65 262	3 489
大连叉车有限责任公司	内燃平衡重式叉车	台	3 267	3 254	519
台励福机器设备（青岛）有限公司	内燃平衡重式叉车（充气轮胎）	台	11 000	11 000	0
杭叉集团股份有限公司	内燃平衡重式叉车	台	62 289	63 600	1 845
宁波如意股份有限公司	内燃平衡重式叉车	台	225	225	0
江苏靖江叉车有限公司	内燃平衡重式叉车	台	1 569	1 626	69
浙江美科斯叉车有限公司	内燃平衡重式叉车（其他轮胎）	台	5 771	5 778	236
北京现代京城工程机械有限公司	内燃平衡重式叉车	台	2 066	2 259	341
浙江诺力机械股份有限公司	内燃平衡重式叉车	台	23	23	0
龙工（上海）叉车有限公司	牵引车	台	1	1	0
安徽合叉叉车有限公司	牵引车	台	0	4	0
大连叉车有限责任公司	牵引车	台	99	116	30
台励福机器设备（青岛）有限公司	牵引车	台	500	300	0
江苏靖江叉车有限公司	牵引车	台	564	560	16
浙江美科斯叉车有限公司	牵引车	台	4	3	1
浙江诺力机械股份有限公司	越野叉车	台	17	17	0
安徽合叉叉车有限公司	手动搬运车	台	0	76	0
宁波如意股份有限公司	手动和半电动车辆	台	441 693	441 693	0
浙江诺力机械股份有限公司	手动和半动力车辆	台	857 938	857 938	0
龙工（上海）叉车有限公司	其他车辆	台	85	67	25
安徽合叉叉车有限公司	座式蓄电池拖车	台	0	4	0
杭叉集团股份有限公司	其他车辆	台	21	23	5

6. 路面与压实机械

企业名称	产品类别	单位	产量	销量	库存
常林股份有限公司	静碾压路机	台	57	59	3
广西柳工机械股份有限公司	静碾压路机	台	153	144	0
山推工程机械有限公司	静碾压路机	台	91	79	23
徐州工程机械集团有限公司	静碾压路机	台	210	210	0
江苏骏马压路机械有限公司	静碾压路机	台	264	264	0
厦工（三明）重型机器有限公司	轮胎压路机	台	57	54	15
常林股份有限公司	轮胎压路机	台	4	7	1
广西柳工机械股份有限公司	轮胎压路机	台	59	65	0
山推工程机械有限公司	轮胎压路机	台	40	27	15
徐州工程机械集团有限公司	轮胎压路机	台	589	589	0
三一重工有限公司	轮胎压路机	台	194	194	0
洛阳路通重工机械有限公司	轮胎压路机	台	156	156	0
青岛科泰重工机械有限公司	轮胎压路机	台	65	65	0
厦工（三明）重型机器有限公司	机械式单钢轮压路机	台	375	369	63
常林股份有限公司	机械式压路机	台	486	499	76

（续）

企业名称	产品类别	单位	产量	销量	库存
广西柳工机械股份有限公司	机械式单钢轮压路机	台	957	918	0
山推工程机械有限公司	机械式单钢轮压路机	台	683	715	125
徐州工程机械集团有限公司	机械式单钢轮压路机	台	1 932	1 932	0
龙工路面机械有限公司	机械式单钢轮压路机	台	478	478	0
国机重工（洛建）有限公司	机械式单钢轮压路机	台	375	375	0
洛阳路通重工机械有限公司	机械式单钢轮压路机	台	335	335	0
卡特彼勒（青州）有限公司	机械式单钢轮压路机	台	34	229	0
临沂临工机械集团	机械式单钢轮压路机	台	252	252	0
厦工（三明）重型机器有限公司	液压单钢轮压路机	台	158	164	48
常林股份有限公司	小型液压压路机	台	112	113	25
广西柳工机械股份有限公司	液压单钢轮压路机	台	195	210	0
山推工程机械有限公司	其他压路机	台	149	176	34
河北宣化工程机械股份有限公司	液压单钢轮压路机	台	2	2	0
徐州工程机械集团有限公司	液压单钢轮压路机	台	632	632	0
洛阳路通重工机械有限公司	液压单钢轮压路机	台	515	515	0
三一重工有限公司	液压单钢轮压路机	台	285	285	0
青岛科泰重工机械有限公司	液压单钢轮压路机	台	163	163	0
江苏骏马压路机械有限公司	液压单钢轮压路机	台	114	114	0
厦工（三明）重型机器有限公司	双钢轮压路机	台	77	56	13
广西柳工机械股份有限公司	双钢轮压路机	台	18	19	0
山推工程机械有限公司	双钢轮压路机	台	8	8	0
徐州工程机械集团有限公司	双钢轮压路机	台	342	342	0
洛阳路通重工机械有限公司	双钢轮压路机	台	235	235	0
三一重工有限公司	双钢轮压路机	台	199	199	0
青岛科泰重工机械有限公司	双钢轮压路机	台	90	90	0
中联重科股份有限公司	双钢轮压路机	台	56	56	0
国机重工（洛建）有限公司	双钢轮压路机	台	82	82	0
厦工（三明）重型机器有限公司	轻型压路机	台	259	235	21
广西柳工机械股份有限公司	轻型压路机	台	100	89	0
徐州工程机械集团有限公司	轻型压路机	台	532	532	0
国机重工（洛建）有限公司	轻型压路机	台	440	440	0
江苏骏马压路机械有限公司	轻型压路机	台	267	267	0
洛阳路通重工机械有限公司	轻型压路机	台	245	245	0
龙工路面机械有限公司	轻型压路机	台	102	102	0
厦工（三明）重型机器有限公司	垃圾压实机	台	11	12	27
广西柳工机械股份有限公司	垃圾压实机	台	2	2	0
山推工程机械有限公司	垃圾压实机	台	9	9	0

（续）

企业名称	产品类别	单位	产量	销量	库存
天水风动机械股份有限公司	弹簧（凿岩机）	t/万件	9/70	10/74	7/53
天水风动机械股份有限公司	弹簧（气动工具）	t/万件	1/10	1.1/10	0
天水风动机械股份有限公司	水针（凿岩机）	t/万件	30/31	1/1	10/10
南京工程机械厂有限公司	凿岩机械	台	256	291	1
湘潭风动机械有限公司	凿岩机械	台	5 523	5 580	886
浙江衢州煤矿机械总厂有限公司	单体液压支柱	根	268 758	275 025	41 795
天水风动机械股份有限公司	叶片（气动工具）	t/万件	3/31	2.7/28	2.8/29
青岛前哨精密机械有限责任公司	气钻	台	13 511	13 759	2 828
洛阳风动工具有限公司	潜孔钻	台	0	0	20
青岛前哨精密机械有限责任公司	气砂轮	台	4 793	5 494	644
徐州三刃风动工具有限公司	气砂轮	台	920	784	292
上海气动工具厂	气砂轮	台	13 713	13 547	207
镇江丹凤机械有限公司	气砂轮	台	10 291	10 067	3 485
山东同力达智能机械有限公司	气砂轮	台	11 555	10 465	0
天津市柏益风动工具有限公司	气砂轮	台	2 798	3 776	1 586
青岛前哨精密机械有限责任公司	气扳机	台	11 217	12 536	484
上海民生电器有限公司	气板机	台	1 663	1 305	64
山东春龙风动机械有限公司	冲击式气扳机	台	34 844	35 160	15 840
山东春龙风动机械有限公司	旋转式气扳机	台	5 769	14 832	5 436
山东春龙风动机械有限公司	定值拧紧工具	台	743	588	458
青岛前哨精密机械有限责任公司	气剪刀	台	718	854	0
青岛前哨精密机械有限责任公司	气螺刀	台	2 139	2 726	337
青岛前哨精密机械有限责任公司	铆钉机	台	2 776	2 793	712
徐州三刃风动工具有限公司	捣固机	台	680	668	131
上海气动工具厂	捣固机	台	1 126	1 176	137
义乌市风动工具有限公司	捣固机	台	1 471	1 480	11
宁波鄞州甬盾风动工具有限公司	捣固机	台	1 700	1 637	579
徐州三刃风动工具有限公司	风镐	台	458	540	16
义乌市风动工具有限公司	风镐	台	45 059	45 078	38
青岛前哨精密机械有限责任公司	气铲	台	250	256	60
徐州三刃风动工具有限公司	气铲	台	3 970	4 085	722
上海气动工具厂	气铲	台	1 662	1 321	154
义乌市风动工具有限公司	气铲	台	2 696	2 700	21
宁波鄞州甬盾风动工具有限公司	气铲	台	2 700	2 226	887
烟台市石油机械有限公司	气动绞车	台	398	373	5
烟台市石油机械有限公司	气动马达	台	10 319	10 006	874
天水风动机械股份有限公司	聚氨酯件	t/万件	6/135	5/108	3/75
南京工程机械厂有限公司	风动工具	台	17 778	16 827	3 792

（续）

企业名称	产品类别	单位	产量	销量	库存
南京工程机械厂有限公司	台架	台	122	117	6
沈阳风动工具厂有限公司	采矿专用	台	1 490	1 294	775
浙江衢州煤矿机械总厂股份公司	空压机	台	24	58	164
洛阳风动工具有限公司	气动破碎机	台	34	20	40
徐州三刃风动工具有限公司	角磨机	台	164	175	42
上海气动工具厂	除锈器	台	1 549	1 463	160
烟台市石油机械有限公司	气动预供油泵	台	1 321	1 469	78
镇江丹凤机械有限公司	其他	只	25 347	25 347	0
山东同力达智能机械有限公司	风扳机	台	11 967	10 647	0
山东同力达智能机械有限公司	角向磨光机	台	19 637	17 900	0
山东同力达智能机械有限公司	风铲	台	2 945	2 640	0
山东同力达智能机械有限公司	智能扳机	套	328	328	0
天津市柏益风动工具有限公司	其他气动工具	台	401	403	407
宁波鄞州甬盾风动工具有限公司	风镐	台	43 450	57 514	3 473
宁波鄞州甬盾风动工具有限公司	镐纤	支	209 500	190 842	33 487

12. 工程机械配套件

企业名称	产品类别	单位	产量	销量	库存
山推工程机械有限公司	液力变矩器	台	75 583	72 838	7 842
蚌埠液力机械有限公司	液力变矩器	台	50 239	51 718	4 097
浙江临海机械有限公司	液力变矩器	台	12 608	12 099	0
泰安金城重工科技有限公司	液力变矩器	台	1 330	1 323	7
泰安金城重工科技有限公司	变速器	台	1 347	1 356	0
山东云宇机械集团有限公司	变速箱	台	2 820	2 760	212
杭州前进齿轮箱股份有限公司	工程变速箱	台	28 302	29 472	5 173
长沙中传机械有限公司	工业车辆变速箱	台	51 273	48 640	7 095
徐州工程机械集团有限公司	驱动桥	根	32 000	32 000	800
泰安金城重工科技有限公司	驱动桥	条	14 426	13 289	1 137
江西省分宜驱动桥有限公司	驱动桥	台（套）	4 307	4 437	685
山东蓬翔汽车有限公司	驱动桥	根	23 783	52 085	7 069
山东云宇机械集团有限公司	驱动桥总成	条	51 536	50 369	1 663
泰安金城重工科技有限公司	转向桥	条	82	67	15
芜湖盛力科技股份有限公司	制动器	只	3 569	3 568	1

（续）

企业名称	产品类别	单位	产量	销量	库存
山东云宇机械集团有限公司	制动器总成	套	482 392	481 362	7 786
黄石赛福摩擦材料有限公司	摩擦片	万片	704	744	183
常州市武滚轴承有限公司	滚动轴承	万套	1 058	1 222	124
徐州工程机械集团有限公司	液压件油缸	件	158 847	155 186	36 935
江苏恒立高压油缸股份有限公司	高压油缸	条	225 505	210 879	36 512
蚌埠液力机械有限公司	油缸	根	515 729	520 682	27 534
榆次液压集团有限公司	油缸	件	11 009	9 506	3 055
四川长江液压件有限责任公司	液压元件	台（件）	102 921	104 720	9 711
烟台星辉劳斯堡液压机械有限公司	油缸	支	130 000	120 000	1 000
徐州徐工液压件有限公司	油缸	件	18 166	154 507	37 559
山东隆源液压科技有限公司	油缸	件	50 000	45 938	4 062
合肥长源液压股份有限公司	液压缸	台	172 919	163 867	39 885
浙江高宇液压机电有限公司	齿轮泵	台	39 907	19 670	4 453
浙江高宇液压机电有限公司	其他泵	台	200	100	46
长治液压有限公司	齿轮泵	台	178 840	210 235	20 791
榆次液压集团有限公司	齿轮泵	件	42 215	33 500	67 556
济南液压泵有限责任公司	齿轮泵	台	283 651	275 423	51 247
海特克液压有限公司	齿轮泵	台（件）	286	268	18
长治液压有限公司	叶片泵	台	132 337	139 987	35 034
榆次液压集团有限公司	叶片泵	件	36 575	32 431	42 478
浙江台州先顶液压有限公司	叶片泵	台	52 548	51 758	7 560
贵州枫阳液压有限责任公司	液压件	套	23 967	26 424	24 821
合肥长源液压股份有限公司	液压泵	台	332 521	331 984	111 922
海特克液压有限公司	叶片泵	件	260 747	260 747	921
合肥赛特液压科技有限公司	柱塞泵	台	1 562	1 400	162
北京华德液压有限公司	液压泵	台	9 204	9 672	3 115
中航力源液压股份有限公司	柱塞泵	台（套）	55 608	55 466	6 752
宁波广天赛克思液压有限公司	柱塞泵	台	15 141	14 496	882
安徽金达利液压有限公司	柱塞泵	件	535	520	15
浙江苏强格液压股份有限公司	柱塞泵	只	4	0	0
海特克液压有限公司	柱塞泵	台（件）	9 595	9 499	111
圣邦集团有限公司	柱塞泵马达	台（件）	4 132	4 130	2

（续）

企业名称	产品类别	单位	产量	销量	库存
烟台艾迪液压科技有限公司	柱塞泵	件	8 470	6 964	1 640
意宁液压股份有限公司	低速大转矩马达	台	25 267	26 085	2 410
合肥赛特液压科技有限公司	液压马达	台	932	765	167
榆次液压集团有限公司	液压马达	件	323	323	0
北京华德液压有限责任公司	液压马达	台	14 372	17 586	6 368
中航力源液压股份有限公司	液压马达	台（套）	16 676	16 500	6 428
合肥长源液压股份有限公司	液压马达	台	7 674	7 577	2 801
宁波广天赛克思液压有限公司	液压马达	台	4 827	5 178	83
济南液压泵有限责任公司	液压马达	台	12 102	11 152	0
安徽金达利液压有限公司	回转马达	件	620	596	24
安徽金达利液压有限公司	行走马达	件	512	490	22
安徽金达利液压有限公司	马达法兰	件	806	780	26
海特克液压有限公司	柱塞马达	台（件）	20 993	24 130	527
烟台艾迪液压科技有限公司	液压马达	件	1 646	1 177	465
浙江台州先顶液压有限公司	液压多路换向阀	台	14 233	13 008	2 002
合肥长源液压股份有限公司	液压阀	台	368 014	357 275	118 280
济南液压泵有限责任公司	多路阀	件	5 869	5 963	0
安徽金达利液压有限公司	先导手阀	件	2 105	2 042	63
安徽金达利液压有限公司	主阀总成	件	508	495	13
安徽金达利液压有限公司	下阀体	件	2 130	2 092	38
安徽金达利液压有限公司	负流量控制阀阀体	件	5 145	5 030	115
安徽金达利液压有限公司	斗杆合流阀阀体	件	5 028	5 000	28
安徽金达利液压有限公司	下阀体	件	1 575	1 550	25
安徽金达利液压有限公司	动臂阀体	件	2 504	2 483	21
安徽金达利液压有限公司	铲刀阀体	件	3 672	3 652	20
海特克液压有限公司	方向控制阀	台（件）	239 468	240 757	199
海特克液压有限公司	压力控制阀	台（件）	37 814	37 087	907
海特克液压有限公司	流量控制阀	台（件）	6 594	6 143	532
海特克液压有限公司	比例控制阀	台（件）	11 500	11 471	545
海特克液压有限公司	叠加阀	台（件）	40 086	39 202	1 044
圣邦集团有限公司	液压多路阀	台（件）	42 222	42 184	38
烟台艾迪液压科技有限公司	液压多路换向阀	件	22	21	0

（续）

企业名称	产品类别	单位	产量	销量	库存
北京华德液压有限责任公司	液压控制阀	件	855 462	840 342	125 079
安徽金达利液压有限公司	左行走阀	件	10 000	10 000	0
安徽金达利液压有限公司	右行走阀	件	10 000	10 000	0
浙江高宇液压机电有限公司	流量控制阀	台	17 316	8 464	2 102
浙江高宇液压机电有限公司	压力控制阀	台	37 190	17 490	4 070
浙江高宇液压机电有限公司	多路阀	台	136 098	65 952	97 459
浙江高宇液压机电有限公司	其他阀	台	95 798	45 616	11 951
浙江苏强格液压股份有限公司	其他液压阀	只	102 182	70 863	0
海特克液压有限公司	其他阀	台（件）	129 241	129 702	1 900
圣邦集团有限公司	其他液压阀	台（件）	12 812	12 777	35
浙江衢州煤矿机械总厂有限公司	三用阀	套	262 010	243 999	20 722
杰牌控股集团有限公司	减速机	台	173 495	147 884	1 477
宁波广天赛克思液压有限公司	回转减速机	台	465	453	21
济南液压泵有限责任公司	减速机	台	980	971	0
徐州徐工液压件有限公司	胶管总成	件	137 000	960 000	77 000
河北冀工胶管有限公司	胶管	万 m	510	498	12
浙江苏强格液压股份有限公司	液压胶管总成	根	927 757	784 506	0
徐州徐工液压件有限公司	连接管总成	件	67 000	420 000	48 000
海盐管件制造有限公司	液压管接头	件	16 897 327	16 339 545	11 873 545
徐州徐工液压件有限公司	液压管接头	件	100 000	980 000	48 000
浙江苏强格液压股份有限公司	液压管接头	只	21 938 671	22 819 456	0
潍坊恒安散热器集团有限公司	散热器	万台	220	219	1
浙江银轮机械股份有限公司	油冷器	万只	708.8	687.1	205.8
浙江银轮机械股份有限公司	中冷器	万只	54.9	53.9	11.8
浙江银轮机械股份有限公司	散热器	万只	14.0	11.8	4.0
浙江银轮机械股份有限公司	模块	万只	9.1	9.0	7.0
黎明液压有限公司	冷却器	台件	18 003	18 003	431
山东隆源液压科技有限公司	油箱	件	200 000	191 000	9 000
黎明液压有限公司	吸油系列过滤器	台（件）	139 983	139 983	1 231
黎明液压有限公司	磁性系列过滤器	台（件）	108 424	108 424	1 193
黎明液压有限公司	压力管路过滤器	台（件）	119 357	119 357	52 533
黎明液压有限公司	回油系列过滤器	台（件）	104 589	104 589	1 228

（续）

企业名称	产品类别	单位	产量	销量	库存
黎明液压有限公司	双筒系列过滤器	台（件）	119 699	119 699	33 105
黎明液压有限公司	其他液压辅件	台（件）	500 547	182 762	36 735
北京华德液压有限责任公司	液压系统及装置	万元	10 402	10 402	0
四川长江液压件有限责任公司	液压系统及装置	套	261	262	30
黎明液压有限公司	液压系统及装置	套	8	8	0
意宁液压股份有限公司	液压系统及装置	台	26 261	22 568	3 542
山推工程机械有限公司	履带链轨总成	条	103 829	103 625	2 384
烟台富野机械集团有限公司	履带链轨总成	条	19 523	20 206	4 040
烟台富野机械集团有限公司	支重轮总成	只	57 570	56 021	10 568
烟台富野机械集团有限公司	托链轮总成	只	4 428	4 265	1 195
济宁永生工程机械制造有限公司	支重轮、托轮、引导轮、驱动轮	件	196 845	251 854	406 464
山东铭德机械有限公司	铲斗	件	4 000	4 000	0
中国长江航运集团电机厂	起重电动机	万 kW	63.3	64.7	6.6
长沙华德科技开发有限公司	其他电器装置	套	2 555	2 235	320
安徽惊天液压智控股份有限公司	液压锤	台	1 815	1 526	87
山东铭德机械有限公司	松土器	件	1 300	1 300	0
山东铭德机械有限公司	夹木器	件	500	500	0
徐州工程机械集团有限公司	回转支承	套	55 000	55 000	5 000
马鞍山统力回转支承有限公司	回转支承	套	26 620	27 837	3 203
马鞍山方圆回转支承有限公司	回转支承	套	49 826	49 766	15 684
长治液压有限公司	液压机具	件	562	566	20 615
烟台富野机械集团有限公司	其他	件	104 861	102 493	4 038
芜湖盛力科技股份有限公司	工程机械制动元器件	万只	169	166	13
山东山工钢圈有限公司	钢圈	套	84 305	83 025	2 799
浙江苏强格液压股份有限公司	其他配套件	万只	1 272.8	1 916.8	0
浙江衢州煤矿机械总厂股份公司	工矿配件	t	65	0	0
洛阳风动工具有限公司	工矿配件	t	229.4	217.5	78.2
烟台市石油机械有限公司	上扣器	台	89	83	0
山推抚起机械有限公司	桥梁检测车	辆	0	0	1
北京京城重工机械有限责任公司	其他	台	75	75	0
石家庄煤矿机械有限责任公司随车起重机分公司	其他	台	28	25	10
广西柳工集团有限公司	空气压缩机	台	53	64	0
广西柳工集团有限公司	其他整机	台	0	84	0

（续）

企业名称	产品类别	单位	产量	销量	库存
广西柳工集团有限公司	预应力锚具	万套	395	406	0
广西柳工集团有限公司	预应力设备	台	2 796	2 694	0
广西柳工集团有限公司	缆索制品	t	13 160	13 115	0
中联重科股份有限公司	其他专用工程机械	台	10 243	10 379	1 076

〔供稿人：中国工程机械工业协会王淑琴〕

2012—2013 年工程机械行业主要经济指标完成情况

序号	项　目	单位	2013 年	2012 年	同比增长（%）
1	工业总产值（现价）	亿元	3 747.1	3 600.4	4.07
2	工业增加值	亿元	517.2	668.8	-22.66
3	营业收入	亿元	4 328.9	3 868.6	11.90
4	出口交货值	亿元	336.8	265.7	26.77
5	利润总额	亿元	180.3	272.6	-33.85
6	固定资产净值	亿元	502.8	599.9	-16.19
7	流动资产平均余额	亿元	2 800.3	3 151.5	-11.14
8	年末负债	亿元	3 320.1	2 888.4	14.95
9	生产中应用工业机器人数量	台	1 162		
10	年末从业人员合计	人	267 699	270 655	-1.09
11	全年从业人员工资总额	亿元	173.7	155.3	11.83
12	累计完成固定资产投资	亿元	143.1	79.4	80.24
13	年末资产总计	亿元	5 252.5	4 729.6	11.06
14	年末所有者权益合计	亿元	1 621.9	1 712.0	-5.26
15	利息支出	亿元	55.8	45.1	23.68
16	应收账款	亿元	997.2	994.7	0.25
17	营业税金及附加	亿元	19.4	15.6	24.42
18	全员劳动生产率	元 / 人	193 214	233 033	-17.09
19	行业年平均工资	元 / 人	64 875	54 119	19.88
20	综合指数		141.6	230.5	
21	统计企业数	家	212	202	4.95

〔供稿人：中国工程机械工业协会吕莹〕

2012—2013 年工程机械十大类主机产品产销存对比情况

序号	产品名称	产、销、存	2012 年（台）	2013 年（台）	同比增加（台）	同比增长（%）
1	挖掘机（含轮胎式）	产	105 711	106 073	362	0.34
		销	118 622	109 720	-8 902	-7.50
		存	6 896	7 764	868	12.59
2	装载机	产	134 129	149 396	15 267	11.38
		销	141 775	148 094	6 319	4.46
		存	15 615	16 956	1 341	8.59
3	推土机（含轮式）	产	8 563	8 415	-148	-1.73
		销	9 238	7 988	-1 250	-13.53
		存	1 253	1 332	79	6.30
4	平地机	产	2 857	3 265	408	14.28
		销	3 085	3 379	294	9.53
		存	119	199	80	67.23
5	压路机	产	11 298	13 439	2 141	18.95
		销	11 778	13 651	1 873	15.90
		存	342	491	149	43.57
6	摊铺机	产	2 032	1 584	-448	-22.05
		销	2 179	1 600	-579	-26.57
		存	42	113	71	169.05
7	工程起重机（汽车起重机、轮胎起重机）	产	23 424	17 940	-5 484	-23.41
		销	23 402	18 805	-4 597	-19.64
		存	1 183	1 316	133	11.24
8	塔式起重机	产	29 066	24 124	-4 942	-17.00
		销	26 217	23 293	-2 924	-11.15
		存	1 795	1 385	-410	-22.84
9	叉车（内燃及电动）	产	209 291	244 369	35 078	16.76
		销	212 374	243 927	31 553	14.86
		存	7 135	12 238	5 103	71.52
10	履带起重机	产	1 584	2 426	842	53.16
		销	1 574	2 451	877	55.72
		存	247	285	38	15.38

〔供稿人：中国工程机械工业协会吕莹〕

2013 年工程机械行业及主要产品出口价格指数（GCCK-PPI）

月份	内容	工程机械行业	工程机械整机	工程机械零部件	主要产品							
					塔式起重机	履带起重机	电动叉车	内燃叉车	手动搬运车	装载机	履带挖掘机	混凝土搅拌车
1 月	指数	347.83	502.99	186.34	180.19	204.63	103.15	125.78	140.00	111.71	214.21	109.93
	同比增长（%）	-1.65	-4.93	8.90	42.97	-35.45	19.31	-1.39	-8.78	-22.80	3.18	-9.99
	环比增长（%）	-18.38	-24.10	3.56	35.58	0.65	-66.82	7.02	-3.12	-2.87	-1.96	-3.61
2 月	指数	537.06	869.41	191.14	101.43	208.45	98.85	130.20	146.71	126.30	240.32	116.78
	同比增长（%）	24.35	27.51	11.30	-28.01	9.38	-6.10	-4.06	14.99	-10.30	12.11	9.71
	环比增长（%）	54.40	72.85	2.58	-43.71	1.87	-4.16	3.51	4.79	13.06	12.19	6.23
3 月	指数	788.59	486.04	171.14	125.13	167.89	94.60	129.02	141.27	121.62	203.08	106.46
	同比增长（%）	29.66	23.20	-0.59	-12.21	-37.54	1.08	-1.71	-3.05	-7.12	5.59	7.25
	环比增长（%）	-9.30	-9.50	-10.47	23.36	-19.46	-4.30	-0.90	-3.71	-3.71	-15.50	-8.84
4 月	指数	494.74	803.97	172.89	120.41	237.26	95.61	117.65	127.03	120.89	233.71	104.15
	同比增长（%）	24.81	31.69	-0.39	3.45	3.95	-4.95	-12.02	-6.65	-25.63	14.36	-9.60
	环比增长（%）	1.79	1.95	1.02	-3.77	41.32	1.07	-8.81	-10.09	-0.60	15.08	-2.17
5 月	指数	476.36	769.50	171.25	104.98	169.41	93.34	125.66	131.36	126.50	189.86	105.21
	同比增长（%）	10.22	12.85	-0.62	-16.88	-15.85	-1.79	-0.27	-7.60	-14.93	-12.54	-6.71
	环比增长（%）	-3.72	-4.29	-0.95	-12.81	-28.60	-2.38	6.81	3.41	4.64	-18.76	1.02
6 月	指数	490.50	798.73	169.68	113.95	217.21	79.98	117.98	141.93	124.58	180.56	108.80
	同比增长（%）	15.86	20.74	-3.29	-2.36	-39.38	-24.49	-6.23	1.14	-18.13	-17.26	-4.35
	环比增长（%）	2.97	3.80	-0.91	8.55	28.21	-14.31	-6.11	8.05	-1.52	-4.90	3.40
7 月	指数	453.45	703.74	192.95	133.72	279.18	88.98	124.42	146.18	130.19	194.71	110.48
	同比增长（%）	10.79	11.00	10.02	-3.98	65.91	-15.65	-6.45	-5.02	-12.82	-16.06	6.53
	环比增长（%）	-7.55	-11.89	13.71	17.35	28.53	11.25	5.45	2.99	4.50	7.83	1.55
8 月	指数	381.84	583.34	172.12	117.79	282.45	86.46	121.50	141.43	119.12	208.36	113.62
	同比增长（%）	-1.34	-0.29	-4.87	-21.99	40.81	-14.80	-6.32	-5.73	-14.59	-4.69	5.82
	环比增长（%）	-15.79	-17.11	-10.80	3.37	30.04	8.11	2.98	-0.36	-4.38	15.39	4.43
9 月	指数	413.35	640.73	176.70	124.76	226.66	99.30	128.33	155.48	129.51	213.87	109.77
	同比增长（%）	-6.83	-12.28	21.68	-25.23	3.50	-3.96	10.32	8.15	-11.55	9.17	-25.95
	环比增长（%）	8.25	9.84	2.66	5.92	-19.75	14.85	5.62	9.94	8.72	2.65	-3.39
10 月	指数	470.44	759.01	170.10	124.41	250.02	95.95	127.30	154.18	123.43	199.44	118.17
	同比增长（%）	5.47	7.70	-3.78	5.79	15.25	-11.44	-7.19	8.43	10.50	-11.81	2.14
	环比增长（%）	13.81	18.46	-3.73	-0.28	10.31	-3.38	-0.80	-0.83	-4.69	-6.75	7.65
11 月	指数	463.24	739.83	175.36	142.63	243.97	92.94	122.47	152.68	137.86	184.87	117.22
	同比增长（%）	4.83	6.88	-3.31	29.32	-23.75	-10.43	1.33	7.48	7.33	-21.10	4.70
	环比增长（%）	-1.53	-2.53	3.09	14.65	-2.42	-3.14	-3.79	-0.98	11.69	-7.30	-0.80
12 月	指数	421.53	652.06	181.60	116.90	185.30	95.75	117.23	150.08	130.15	194.27	112.06
	同比增长（%）	-1.08	-1.61	0.92	-12.04	-8.86	-69.20	-0.26	3.86	13.16	-11.08	-1.75
	环比增长（%）	-9.00	-11.86	3.56	-18.04	-24.05	3.02	-4.28	-1.70	-5.59	5.08	-4.40

〔供稿人：中国工程机械工业协会吕莹〕

2013 年工程机械

序号	税号	进口货品名称	数量单位	1月		2月		3月		4月		5月	
				数量	金额	数量	金额	数量	金额	数量	金额	数量	金额
1	84134000	混凝土泵	台	5	27	7	42	20	36	31	111	29	52
2	84262000	塔式起重机	台	2	21	4	49	0	0	11	796	3	52
3	84264110	轮胎式自推进起重机	台	1	45	3	24	0	0	4	202	0	0
4	84264190	带胶轮的其他自推进起重机械	台	0	0			0	0	0	0	1	44
5	84264910	履带式起重机	台	0	0			2	276	1	6	4	2 109
6	84264990	不带胶轮的其他自推进起重机械	台	0	0			0	0	0	0	0	0
7	84269100	供装于公路车辆的其他起重机	台	69	184	47	99	26	54	18	26	15	32
8	84269900	未列名起重机	台	40	79	24	156	64	175	50	1 211	1 012	754
9	84271010	电动机推进的有轨巷道堆垛机	台	5	163	22	154	7	269	11	243	16	372
10	84271020	电动机推进的无轨巷道堆垛机	台	37	26	5	2	28	46	49	204	70	94
11	84271090	其他电动叉车及装有升降或搬运装置的工作车	台	649	1 346	391	874	671	998	520	896	582	1 745
12	84272010	集装箱叉车	台	2	26	0	0	3	15	0	0	1	11
13	84272090	其他机动叉车、其他装有升降或搬运装置的工作车	台	75	1 250	35	372	285	604	52	247	71	1 079
14	84279000	未列名叉车等装有升降或搬运装置的工作车	台	575	154	143	95	816	183	118	75	1 217	175
15	84281010	载客电梯	台	103	969	42	363	146	1 356	220	2 004	101	1 492
16	84281090	其他升降机及倒卸式起重机	台	43	442	22	255	20	116	36	219	33	290
17	84284000	自动梯及自动人行道	台	1	3	0	0	1	1	0	0	0	0
18	84291110	履带式推土机，P ＞ 235.36kW（320hp）	台	13	396	5	369	10	532	3	192	3	162
19	84291190	其他履带式推土机	台	24	745	7	73	9	132	9	103	8	135
20	84291910	其他推土机，P ＞ 235.36kW（320hp）	台	0	0	2	122	1	61	1	68	0	0
21	84291990	未列名推土机	台	0	0			0	0	0	0	0	0
22	84292010	筑路机及平地机，P ＞ 235.36kW（320hp）	台	1	148	1	65	1	132	1	34	0	0
23	84292090	其他筑路机及平地机	台	0	0			0	0	0	0	2	102
24	84293010	斗容量＞ $10m^3$ 的铲运机	台	0	0			0	0	0	0	0	0

产品进口月报

（单位：万美元）

6月		7月		8月		9月		10月		11月		12月	
数量	金额	数量	金额	数量	金额	数量	金额	数量	金额	数量	金额	数量	金额
29	102	36	83	40	283	3 974	152	33	134	15	199	30	152
2	21	7	447	3	53	1	283	1	12	0	0	4	363
1	57	0	0	1	139	0	0	1	28	0	0	0	0
0	0	0	0	2	36	4	12	0	0	2	38	0	0
1	10	0	0	0	0	0	0	3	438	0	0	1	6
0	0	0	0	0	0	1	1	0	0	0	0	0	0
35	55	14	56	28	63	40	108	30	28	13	39	2	1
26	649	35	432	25	141	90	131	52	688	39	189	33	704
6	431	36	431	41	611	5	89	9	116	3	138	11	114
24	77	10	25	24	16	20	142	4	5	41	34	12	22
429	633	511	946	517	1 286	902	1 522	597	819	778	1 421	730	1 685
0	0	0	0	0	0	1	21	0	0	0	0	0	0
70	1 375	80	527	84	1 515	101	2 169	85	674	70	1 381	102	930
96	49	104	192	174	244	444	456	145	388	380	87	116	501
112	876	113	1 180	151	1 709	169	1 541	167	1 939	122	1 406	155	1 252
24	115	17	140	104	488	25	211	31	705	41	353	58	264
0	0	0	0	3	21	2	24	2	24	0	0	4	232
5	313	8	309	5	248	3	117	7	495	5	339	7	378
5	108	4	67	10	102	8	125	11	86	9	255	6	83
0	0	0	0	1	62	2	135	0	0	0	0	0	0
0	0	0	0	0	0	0	0	0	0	0	0	0	0
0	0	4	620	0	0	0	0	0	0	0	0	0	0
1	20	0	0	0	0	0	0	0	0	0	0	3	134
0	0	0	0	0	0	0	0	0	0	0	0	0	0

序号	税号	进口货品名称	数量单位	1月		2月		3月		4月		5月	
				数量	金额	数量	金额	数量	金额	数量	金额	数量	金额
25	84293090	其他铲运机	台	9	447	2	99	2	102	1	96	2	145
26	84294011	机重18t及以上的振动压路机	台	1	28	1	10	1	11	0	0	3	33
27	84294019	其他机动压路机	台	24	78	39	104	57	122	32	69	77	171
28	84294090	未列名捣固机械及压路机	台	1	3	1	1	0	0	0	0	0	0
29	84295100	前铲装载机	台	47	1 229	24	376	8	106	20	239	50	836
30	84295211	轮胎式挖掘机	台	4	41	2	15	17	188	16	135	10	101
31	84295212	履带式挖掘机	台	672	7 349	641	5 106	1 294	11 234	1 266	10 857	913	8 856
32	84295219	其他挖掘机	台	0	0			0	0	0	0	0	0
33	84295290	其他上部结构可转360°的挖掘机、装载机	台	0	0			0	0	1	231	0	0
34	84295900	其他机械铲、挖掘机及装载机	台	10	55	14	117	0	0	8	44	2	11
35	84301000	打桩机及拔桩机	台	1	395	0	0	1	13	7	226	1	38
36	84302000	扫雪机及吹雪机	台	139	121	64	25	45	177	79	71	72	140
37	84303120	自推进的凿岩机	台	3	108	4	144	3	144	8	349	6	239
38	84303130	自推进的隧道掘进机	台	1	198	1	396	5	1 618	1	355	4	1 430
39	84303900	非自推进的截煤机、凿岩机及隧道掘进机	台	3	888	5	1 413	5	1 089	3	781	12	1 932
40	84305020	矿用电铲	台	0	0			0	0	1	702	1	50
41	84306100	非自推进的捣固或压实机械	台	54	38	7	12	8	51	229	61	303	216
42	84306911	钻筒直径在3m以上的非自推进工程钻机	台	0	0			0	0	0	0	0	0
43	84306919	其他非自推进工程钻机	台	30	2	2	16	6	22	4	40	7	90
44	84306920	非自推进的铲运机	台	0	0			0	0	0	0	0	0
45	84306990	未列名非自推进泥土、矿等运送、平整等机械	台	1	1	3	1 497	12	325	5	203	0	0
46	84312010	8427所列机械用装有差速器的驱动桥等	t	71	80	71	80	83	134	105	128	107	135
47	84312090	8427所列机械的其他零件	t	1 023	875	1 023	875	1 340	1 227	1 230	1 092	1 330	1 240
48	84313100	升降机、倒卸式起重机或自动梯的零件	t	604	749	352	438	780	936	821	838	1 053	1 368
49	84313900	其他8428所列机械的零件	t	949	1 973	532	1 614	1 602	3 494	717	1 607	912	2 974
50	84314100	戽斗、铲斗、抓斗及夹斗	个	146 580	202	185 512	154	276 355	297	185 529	177	225 529	193
51	84314200	推土机或侧铲推土机用铲	个	1 100	1	590	1	3 550	4	1 835	2	1 707	2
52	84314390	凿井机械的零件	t	10	55	30	64	24	114	45	69	34	54
53	84314991	矿用电铲用零件	t	90	166	60	111	32	41	147	244	54	62
54	84314999	8426、8429及8430所列机械的未列名零件	t	10 649	8 302	10 649	8 302	16 397	11 825	14 785	11 810	13 255	9 604
55	84671100	旋转式（包括旋转冲击式的）手提风动工具	台	23 663	382	19 257	274	23 914	447	32 714	474	29 686	357

（续）

6月		7月		8月		9月		10月		11月		12月	
数量	金额	数量	金额	数量	金额	数量	金额	数量	金额	数量	金额	数量	金额
2	83	2	116	3	171	1	40	1	50	2	48	5	358
7	77	0	0	2	28	17	174	11	92	2	17	1	8
44	117	35	70	46	119	33	91	17	52	14	32	14	39
0	0	0	0	0	0	0	0	0	0	0	0	5	8
2	165	27	267	19	150	6	215	19	180	19	383	69	533
20	151	21	225	10	70	6	46	29	184	18	105	17	104
755	6 598	1 051	8 791	1 266	7 421	1 402	8 942	1 184	7 161	1 553	8 606	1 326	7 357
0	0	0	0	0	0	0	0	0	0	0	0	0	0
0	0	0	0	0	0	0	0	0	0	0	0	0	0
0	0	2	13	6	31	10	35	3	18	1	7	0	0
2	19	4	68	2	22	1	39	6	358	2	130	2	41
298	259	72	33	166	184	59	79	145	147	298	503	159	538
0	0	14	362	10	504	1	79	2	65	0	0	7	66
1	353	8	1 401	3	876	5	1 236	1	375	0	0	0	0
14	959	18	2 409	3	773	14	891	1	227	4	1 514	3	1 295
0	0	1	46	0	0	0	0	0	0	0	0	0	0
268	228	256	284	338	356	495	527	10	3	237	31	49	24
0	0	0	0	0	0	0	0	0	0	0	0	0	0
5	153	0	0	9	37	20	76	2	47	1	14	0	0
0	0	0	0	0	0	1	0	0	0	0	0	0	0
1	1	5	3	295	19	4	201	2	186	0	0	3	483
44	53	69	71	79	96	48	63	67	79	51	63	45	45
1 006	831	1 361	1 196	1 318	1 122	1 192	997	1 150	1 052	1 369	1 204	1 324	1 053
1 123	1 151	1 057	1 121	837	1 075	914	1 592	830	978	879	980	767	955
1 019	2 047	1 191	2 583	1 642	3 166	1 442	3 297	560	1 469	815	2 763	1 276	4 071
172 500	234	377 596	490	94 909	73	191 633	150	103 794	144	93 529	86	193 262	150
600	0	20 677	16	0	0	590	2	15 354	18	4 569	3	3 425	3
25	56	32	51	28	65	41	83	10	18	11	29	37	114
25	78	60	230	73	187	34	70	31	114	18	86	6	19
10 704	7 851	11 531	8 885	10 757	7 719	11 677	9 137	10 715	7 514	12 133	8 667	15 570	10 166
21 257	344	24 485	406	36 462	368	30 917	464	18 664	322	23 783	377	32 079	462

序号	税号	进口货品名称	数量单位	1月		2月		3月		4月		5月	
				数量	金额	数量	金额	数量	金额	数量	金额	数量	金额
56	84671900	其他手提式风动工具	台	46 044	364	8 585	154	49 199	326	21 652	320	16 085	314
57	84679200	手提式风动工具用的零件	t	54	234	30	159	52	225	53	232	63	227
58	84743100	混凝土或砂浆混合机器	台	41	65	41	82	54	250	51	86	45	226
59	84743200	矿物与沥青的混合机器	台	0	0			1	0	1	5	14	112
60	84743900	固体矿物质的其他混合或搅拌机器	台	125	663	111	315	142	500	107	876	90	396
61	84749000	8474所列机器的零件	t	1 125	1 374	902	1 293	834	1 188	1 540	931	1 057	1 498
62	84791021	沥青混凝土摊铺机	台	13	121	9	135	56	906	54	755	24	356
63	84791022	稳定土摊铺机	台	0	0			0	0	0	0	0	0
64	84791029	其他摊铺机	台	1	17	0	0	7	19	2	85	2	18
65	84791090	其他公共工程用机器	台	168	657	72	293	126	555	60	196	116	1 057
66	87041030	电动轮非公路用货运自卸车	辆	6	1 400	1	145	1	181	4	667	0	0
67	87041090	其他非公路用货运机动自卸车	辆	5	250	8	253	29	1 145	14	784	15	1 500
68	87051021	最大起重量≤50t全路面起重车	辆	0	0			0	0	0	0	0	0
69	87051022	50t＜最大起重量≤100t全路面起重车	辆	0	0			0	0	0	0	0	0
70	87051023	最大起重量＞100t全路面起重车	辆	0	0			0	0	1	438	0	0
71	87051091	最大起重量≤50t其他起重车	辆	0	0			0	0	0	0	0	0
72	87051092	50t＜最大起重量≤100t其他起重车	辆	0	0			0	0	0	0	0	0
73	87051093	最大起重量＞100t其他起重车	辆	0	0			0	0	0	0	0	0
74	87053010	装有云梯的救火车	辆	0	0	4	359	0	0	0	0	1	23
75	87053090	其他机动救火车	辆	1	72	0	0	4	254	0	0	0	0
76	87054000	机动混凝土搅拌车	辆	0	0			0	0	0	0	0	0
77	87059060	飞机加油车、调温车、除冰车	辆	3	76	0	0	0	0	0	0	2	51
78	87059070	道路（包括跑道）扫雪车	辆	0	0	1	1	2	129	0	0	0	0
79	87059091	混凝土泵车	辆					0	0	0	0	0	0
80	87059099	未列名特殊用途的机动车辆	辆	7	360	6	308	7	97	4	118	10	1 326
81	87091110	电动牵引车	辆	118	148	31	37	78	77	75	98	108	99
82	87091190	其他电动的短距离运货车辆	辆	14	7	5	6	4	5	13	18	2	1
83	87091910	其他机动牵引车	辆	33	95	30	30	30	29	37	81	32	83
84	87091990	其他短距离运货机动车辆	辆	23	3	3	4	44	367	55	77	70	37
85	87099000	短距离运货的机动车辆及站台牵引车的零件	t	21	48	12	32	17	33	37	89	41	83
86	89051000	挖泥船	艘	0	0			0	0	1	11 096	1	89
		合　计			37 768		26 134		44 990		54 487		46 471

（续）

6月		7月		8月		9月		10月		11月		12月	
数量	金额	数量	金额	数量	金额	数量	金额	数量	金额	数量	金额	数量	金额
22 318	324	23 852	354	24 542	297	18 587	329	27 927	320	15 328	309	20 864	304
37	166	44	236	64	230	37	205	27	190	43	171	35	214
50	51	77	119	95	189	29	110	61	169	59	131	38	590
6	228	4	28	11	483	7	28	5	33	3	99	0	0
124	421	187	971	97	542	133	785	136	365	121	387	76	583
821	1 187	1 508	1 932	1 138	1 364	985	1 110	1 282	2 036	1 345	1 174	871	1 010
22	384	18	202	15	201	11	212	13	283	0	0	4	43
0	0	0	0	0	0	0	0	0	0	0	0	1	18
2	38	1	45	2	17	0	0	0	0	2	78	2	9
132	611	211	470	70	422	159	411	111	267	101	248	128	419
0	0	0	0	6	921	0	0	0	0	0	0	0	0
40	2 520	20	990	16	769	3	124	34	1 114	12	451	20	1 294
0	0	0	0	0	0	0	0	0	0	0	0	0	0
0	0	0	0	0	0	0	0	0	0	0	0	0	0
0	0	1	141	0	0	0	0	0	0	0	0	0	0
0	0	0	0	0	0	0	0	0	0	0	0	0	0
0	0	0	0	0	0	0	0	0	0	0	0	0	0
0	0	0	0	0	0	0	0	0	0	0	0	0	0
0	0	0	0	0	0	0	0	0	0	0	0	0	0
0	0	1	28	4	247	0	0	1	118	10	805	0	0
0	0	1	40	0	0	0	0	1	49	0	0	0	0
0	0	0	0	2	164	0	0	4	296	10	331	2	67
3	119	0	0	8	500	0	0	0	0	2	102	2	121
1	40	0	0	0	0	0	0	0	0	0	0	0	0
5	218	15	1 714	11	270	4	461	10	220	4	305	7	272
70	53	71	64	60	61	127	93	65	69	151	111	87	153
5	18	4	62	11	62	14	46	6	5	5	28	17	9
46	75	50	104	30	30	3	104	32	35	34	24	60	59
41	44	47	60	96	53	96	57	37	13	31	38	5	1
49	110	62	127	71	146	50	112	60	89	17	44	42	102
0	0		0		0	1	4	0	0	0	0	0	0
	33 304		42 281		38 619		39 953		33 107		36 362		39 977

2013 年工程机械

序号	税号	出口货品名称	数量单位	1月		2月		3月		4月		5月	
				数量	金额	数量	金额	数量	金额	数量	金额	数量	金额
1	84134000	混凝土泵	台	128	359	111	521	176	763	122	589	183	425
2	84262000	塔式起重机	台	196	2 839	168	1 852	230	3 129	223	2 919	298	3 401
3	84264110	轮胎式自推进起重机	台	7	176	11	295	17	288	17	372	19	563
4	84264190	带胶轮的其他自推进起重机械	台	24	748	13	425	29	936	18	567	21	685
5	84264910	履带式起重机	台	106	3 329	85	2 720	66	1 701	86	3 132	73	1 898
6	84264990	不带胶轮的其他自推进起重机械	台	0	0			7	39	0	0	6	3
7	84269100	供装于公路车辆的其他起重机	台	10	6	9	12	18	18	23	40	24	25
8	84269900	未列名起重机	台	178	678	146	344	337	191	117	345	535	427
9	84271010	电动机推进的有轨巷道堆垛机	台	0	0			0	0	0	0	0	0
10	84271020	电动机推进的无轨巷道堆垛机	台	49	37	51	30	73	46	92	69	81	64
11	84271090	其他电动叉车及装有升降或搬运装置的工作车	台	3 939	2 831	2 923	2 104	4 926	3 247	4 350	2 898	4 381	2 850
12	84272010	集装箱叉车	台	19	304	7	140	24	489	13	284	14	262
13	84272090	其他机动叉车、其他装有升降或搬运装置的工作车	台	4 532	7 429	3 392	5 776	4 614	7 759	5 368	8 231	5 224	8 556
14	84279000	未列名叉车等装有升降或搬运装置的工作车	台	148 524	2 725	104 116	2 002	144 215	2 670	197 923	3 294	175 608	3 023
15	84281010	载客电梯	台	3 016	9 271	2 380	6 016	3 667	9 578	4 117	10 528	3 800	9 314
16	84281090	其他升降机及倒卸式起重机	台	1 268	719	898	280	205	482	258	357	348	444
17	84284000	自动梯及自动人行道	台	1 359	4 978	944	3 315	1 457	5 124	1 702	5 765	1 659	5 263
18	84291110	履带式推土机，$P>$235.36kW(320hp)	台	15	498	14	217	13	256	42	1 247	18	309

产品出口月报

（单位：万美元）

6月		7月		8月		9月		10月		11月		12月	
数量	金额	数量	金额	数量	金额	数量	金额	数量	金额	数量	金额	数量	金额
184	634	191	679	129	563	379	744	154	623	156	556	136	533
276	3 419	272	3 954	273	3 496	244	3 309	242	3 273	270	4 187	278	3 533
36	956	26	656	27	761	8	202	188	481	22	469	19	553
37	1 180	27	871	47	1 566	31	947	26	817	26	799	41	1 263
102	3 401	79	3 385	65	2 818	68	2 366	55	2 111	64	2 397	80	2 275
0	0	0	0	1	1	1	16	0	0	14	160	11	14
19	33	12	35	30	48	13	26	29	46	45	65	35	42
213	906	408	455	566	357	376	1 495	991	238	346	348	336	353
0	0	0	0	0	0	0	0	0	0	0	0	0	0
84	55	102	64	130	88	93	84	185	118	128	113	79	58
4 401	2 453	4 323	2 680	4 030	2 428	4 131	2 859	3 700	2 474	4 393	2 845	4 643	3 098
36	641	17	343	29	572	28	479	12	164	36	695	28	489
5 234	8 048	5 668	9 191	5 433	8 603	5 131	8 582	4 842	8 033	5 597	8 934	6 169	9 425
129 238	2 404	151 140	2 895	131 323	2 434	120 905	2 463	110 372	2 230	134 851	2 698	132 064	2 597
3 996	10 054	4 197	10 203	4 198	10 343	4 000	9 634	3 485	8 584	6 202	12 114	4 067	10 234
244	449	300	624	386	513	544	416	318	431	256	587	430	637
1 664	5 706	1 788	6 153	1 883	6 505	1 820	6 420	1 380	4 622	1 670	6 087	1 519	5 375
13	221	8	158	19	234	16	289	22	341	13	226	20	443

序号	税号	出口货品名称	数量单位	1月		2月		3月		4月		5月	
				数量	金额	数量	金额	数量	金额	数量	金额	数量	金额
19	84291190	其他履带式推土机	台	253	2 413	276	2 532	392	3 887	371	3 789	332	3 192
20	84291910	其他推土机，$P>235.36kW$（320hp）	台	1	7	0	0	8	2	0	0	2	1
21	84291990	未列名推土机	台	45	24	17	1	10	1	60	120	210	344
22	84292010	筑路机及平地机，$P>235.36kW$（320hp）	台	0	0			3	75	4	146	1	37
23	84292090	其他筑路机及平地机	台	287	2 345	254	2 427	331	2 917	427	3 510	440	3 895
24	84293010	斗容量＞$10m^3$的铲运机	台	0	0			0	0	0	0	0	0
25	84293090	其他铲运机	台	13	91	17	415	17	266	47	194	22	211
26	84294011	机重18t及以上的振动压路机	台	70	561	72	595	85	697	79	500	118	747
27	84294019	其他机动压路机	台	1 056	2 292	738	1 970	1 319	2 792	1 174	3 051	1 237	2 809
28	84294090	未列名捣固机械及压路机	台	2 851	233	2 633	213	1 950	135	1 823	182	1 140	333
29	84295100	前铲装载机	台	2 722	9 820	2 464	10 050	3 978	15 624	4 156	16 225	4 085	16 688
30	84295211	轮胎式挖掘机	台	22	173	18	156	54	501	37	217	41	284
31	84295212	履带式挖掘机	台	1 223	12 659	927	10 765	1 307	12 826	1 308	14 772	1 319	12 101
32	84295219	其他挖掘机	台	15	89	8	57	10	26	12	8	8	9
33	84295290	其他上部结构可转360°的挖掘机、装载机	台	0	0			0	0	2	15	0	0
34	84295900	其他机械铲、挖掘机及装载机	台	406	489	227	350	324	705	350	688	251	671
35	84301000	打桩机及拔桩机	台	117	766	123	797	104	516	115	577	157	997
36	84302000	扫雪机及吹雪机	台	14 961	177	1 571	39	4 302	54	2 542	52	3 333	53
37	84303120	自推进的凿岩机	台	45	61	45	61	51	140	137	65	112	121
38	84303130	自推进的隧道掘进机	台	10	2 958	10	2 958	3	1 466	14	6 976	6	3 970
39	84303900	非自推进的截煤机、凿岩机及隧道掘进机	台	4 344	172	2 665	148	2 933	880	3 478	645	4 941	174
40	84305020	矿用电铲	台	1	434	1	620	0	0	2	1 260	0	0
41	84306100	非自推进的捣固或压实机械	台	42 098	734	34 355	936	26 077	558	40 594	931	38 268	631
42	84306911	钻筒直径在3m以上的非自推进工程钻机	台	0	0			2	2	2	17	1	0

（续）

6月		7月		8月		9月		10月		11月		12月	
数量	金额	数量	金额	数量	金额	数量	金额	数量	金额	数量	金额	数量	金额
306	2 650	334	3 186	263	2 410	327	2 738	374	3 216	243	2 400	301	2 631
1	1	0	0	0	0	0	0	6	30	0	0	0	0
14	32	73	71	88	4	2	2	161	30	23	4	65	26
2	73	4	109	5	148	2	38	1	7	0	0	6	226
475	4 307	357	3 263	336	3 050	397	3 522	392	3 424	413	3 974	459	3 481
0	0	0	0	0	0	0	0	0	0	0	0	0	0
40	243	86	191	35	266	47	339	17	82	61	434	24	90
132	749	90	660	72	488	98	554	67	450	61	345	60	401
868	2 354	1 099	3 117	1 165	2 736	1 080	2 390	775	1 892	877	2 422	963	2 435
1 665	152	2 412	320	1 403	335	2 804	186	1 219	151	1 600	354	1 497	148
3 770	15 167	3 873	16 283	3 450	13 272	3 411	14 266	3 507	13 980	3 215	14 313	3 188	13 399
33	219	34	288	52	274	75	206	37	149	47	302	26	166
950	8 289	1 086	10 218	955	9 615	835	8 630	877	8 452	950	8 487	939	8 815
13	25	10	78	12	25	16	52	10	63	12	45	15	83
0	0	2	9	7	45	0	0	4	133	5	91	0	0
345	388	250	569	389	785	229	432	274	441	414	600	228	478
112	814	132	789	124	806	118	887	138	584	112	937	71	424
26 388	345	90 799	1 467	135 467	2 512	112 017	2 398	76 706	1 559	49 565	1 007	22 381	425
282	150	137	8	216	143	285	49	64	52	83	90	100	103
13	6 462	9	5 416	6	2 626	2	1 051	4	1 061	6	679	7	3 064
2 306	229	3 089	257	791	76	2 116	127	1 074	56	1 638	75	4 039	162
1	1 970	0	0	2	1	0	0	0	0	0	0	0	0
44 923	746	45 096	673	32 717	801	30 840	558	17 385	409	26 932	780	35 493	818
0	0	0	0	0	0	45	17	0	0	0	0	0	0

序号	税号	出口货品名称	数量单位	1月		2月		3月		4月		5月	
				数量	金额	数量	金额	数量	金额	数量	金额	数量	金额
43	84306919	其他非自推进工程钻机	台	3 080	421	1 311	321	698	309	1 996	490	2 607	538
44	84306920	非自推进的铲运机	台	1 030	123	623	63	834	90	1 052	126	1 096	102
45	84306990	未列名非自推进泥土、矿等运送、平整等机械	台	18 678	2 875	15 104	2 553	4 818	2 919	7 867	2 985	5 707	2 705
46	84312010	8427所列机械用装有差速器的驱动桥等	t	127	65	127	65	143	107	130	100	166	146
47	84312090	8427所列机械的其他零件	t	22 971	3 204	22 971	3 204	22 919	3 383	26 652	3 595	29 652	4 114
48	84313100	升降机、倒卸式起重机或自动梯的零件	t	30 656	5 870	24 316	4 813	34 070	6 437	33 456	6 390	34 634	6 762
49	84313900	其他8428所列机械的零件	t	12 058	3 526	11 854	3 768	14 476	5 012	14 142	4 343	16 461	4 842
50	84314100	戽斗、铲斗、抓斗及夹斗	个	3 905 344	905	2 745 734	735	3 699 954	871	4 755 016	1 100	5 261 496	1 140
51	84314200	推土机或侧铲推土机用铲	个	196 345	45	122 806	28	302 289	62	222 526	72	212 633	74
52	84314390	凿井机械的零件	t	426	271	319	191	513	469	582	326	630	529
53	84314991	矿用电铲用零件	t	1 393	732	1 393	732	1 479	699	1 103	395	2 902	1 233
54	84314999	8426、8429及8430所列机械的未列名零件	t	81 988	20 387	81 988	20 387	96 615	22 577	104 859	26 287	114 012	26 938
55	84671100	旋转式（包括旋转冲击式的）手提风动工具	台	584 037	1 010	265 929	585	333 263	939	355 098	901	402 404	923
56	84671900	其他手提式风动工具	台	848 621	1 430	431 280	1 144	712 272	1 426	779 171	1 800	699 240	1 606
57	84679200	手提式风动工具用的零件	t	460	463	372	343	323	340	496	486	567	594
58	84743100	混凝土或砂浆混合机器	台	91 001	2 411	75 227	2 067	106 571	2 930	115 525	3 190	127 409	2 998
59	84743200	矿物与沥青的混合机器	台	33	800	44	1 490	46	1 426	41	1 098	63	1 632
60	84743900	固体矿物质的其他混合或搅拌机器	台	2 805	1 850	2 343	1 417	953	803	1 787	1 902	2 093	802
61	84749000	8474所列机器的零件	t	22 572	6 906	18 095	5 400	21 069	6 294	23 967	7 185	27 901	8 590
62	84791021	沥青混凝土摊铺机	台	16	215	23	247	25	469	46	386	26	377
63	84791022	稳定土摊铺机	台	0	0	3	35	3	41	6	79	3	65
64	84791029	其他摊铺机	台	9	39	17	139	11	66	7	4	61	33
65	84791090	其他公共工程用机器	台	10 152	816	16 413	928	11 042	780	11 261	1 111	13 096	790

（续）

6月		7月		8月		9月		10月		11月		12月	
数量	金额	数量	金额	数量	金额	数量	金额	数量	金额	数量	金额	数量	金额
1 276	395	1 695	563	2 422	837	1 433	550	1 208	664	1 170	595	2 588	203
731	81	669	73	52	39	105	59	35	38	43	12	46	36
4 226	2 196	6 693	2 418	8 447	2 785	5 764	3 899	4 887	2 320	4 221	2 802	5 609	1 898
103	99	98	95	98	85	74	58	182	111	138	77	177	135
24 770	3 643	29 078	4 070	29 259	4 167	27 941	4 273	25 500	3 688	27 974	4 207	31 179	4 219
34 408	6 526	37 662	7 239	37 451	7 009	28 345	5 688	27 226	5 407	32 839	6 973	32 572	6 620
13 474	3 923	18 078	5 592	17 721	5 124	17 875	5 731	14 167	4 498	16 952	5 573	16 852	5 508
4 310 848	1 050	4 377 239	1 045	4 439 149	1 037	4 160 264	983	4 670 774	1 171	4 510 527	953	4 518 507	969
304 367	68	166 029	43	232 296	67	145 988	28	133 823	32	164 140	44	268 731	62
574	250	590	426	721	285	517	221	651	282	661	315	788	365
1 990	855	809	263	790	234	1 170	490	353	140	792	263	1 104	484
109 070	26 192	120 057	29 627	111 563	26 811	110 760	27 351	99 225	23 670	109 624	26 977	104 748	27 557
356 414	877	392 473	902	490 156	1 144	529 716	876	322 985	775	385 320	851	411 705	971
825 957	1 460	973 447	1 686	962 361	2 015	923 561	1 823	747 478	1 514	793 158	1 534	859 717	1 620
429	446	509	510	541	512	432	439	355	378	566	484	475	557
77 043	2 400	64 252	2 494	53 513	2 247	30 886	2 036	23 425	1 515	32 737	2 030	63 055	3 380
34	795	55	955	54	1 412	109	1 032	52	806	25	681	35	766
4 310	926	4 204	857	7 240	984	2 370	1 329	3 109	621	2 470	747	9 729	793
23 067	6 859	24 234	7 401	32 256	10 584	23 536	7 188	23 248	6 724	23 558	6 759	28 706	8 978
43	439	30	320	27	306	16	253	35	237	5	56	21	194
0	0	0	0	72	6	2	37	2	21	4	49	0	0
35	75	31	112	15	103	27	56	21	35	6	28	15	52
11 114	668	12 698	790	11 978	880	8 869	786	9 804	609	14 985	751	13 208	858

序号	税号	出口货品名称	数量单位	1月		2月		3月		4月		5月	
				数量	金额	数量	金额	数量	金额	数量	金额	数量	金额
66	87041030	电动轮非公路用货运自卸车	辆	69	59	55	30	82	42	60	34	99	57
67	87041090	其他非公路用货运机动自卸车	辆	363	1 908	220	1 741	325	2 509	297	3 368	351	2 245
68	87051021	最大起重量≤50t全路面起重车	辆	55	520	42	463	51	372	65	723	100	776
69	87051022	50t＜最大起重量≤100t全路面起重车	辆	8	250	5	97	5	159	4	82	8	192
70	87051023	最大起重量＞100t全路面起重车	辆	1	214	0	0	2	185	2	260	8	782
71	87051091	最大起重量≤50t其他起重车	辆	228	2 512	313	3 550	254	2 819	340	4 145	368	4 160
72	87051092	50t＜最大起重量≤100t其他起重车	辆	57	1 693	60	1 628	62	1 371	101	2 489	79	1 845
73	87051093	最大起重量＞100t其他起重车	辆	4	190	25	1 501	9	349	9	477	6	290
74	87053010	装有云梯的救火车	辆	1	5	1	44	0	0	1	47	0	0
75	87053090	其他机动救火车	辆	45	202	11	135	36	695	12	59	11	71
76	87054000	机动混凝土搅拌车	辆	331	1 814	271	1 578	352	1 868	621	3 224	576	3 021
77	87059060	飞机加油车、调温车、除冰车	辆	1	24	0	0	5	24	0	0	0	0
78	87059070	道路（包括跑道）扫雪车	辆	0	0			0	0	0	0	0	0
79	87059091	混凝土泵车	辆	26	808	26	808	25	638	52	1 181	49	1 000
80	87059099	未列名特殊用途的机动车辆	辆	313	2 662	314	2 671	295	2 274	389	1 989	539	2 543
81	87091110	电动牵引车	辆	27	18	29	6	152	33	44	13	133	65
82	87091190	其他电动的短距离运货车辆	辆	1 253	87	872	62	1 023	92	1 525	122	1 678	71
83	87091910	其他机动牵引车	辆	25	55	28	97	36	115	62	229	35	74
84	87091990	其他短距离运货机动车辆	辆	4 238	26	630	71	180	35	944	38	428	108
85	87099000	短距离运货的机动车辆及站台牵引车的零件	t	333	102	126	46	160	69	156	36	299	64
86	89051000	挖泥船	艘	17	585	16	6 329	6	4 430	16	233	29	3 865
合　计					142 813		131 343		157 311		177 676		173 545

（续）

6月		7月		8月		9月		10月		11月		12月	
数量	金额	数量	金额	数量	金额	数量	金额	数量	金额	数量	金额	数量	金额
115	60	91	48	85	56	76	48	111	64	99	45	59	29
304	1 616	244	1 147	271	1 417	212	3 266	324	2 025	337	1 612	228	1 191
76	820	118	1 368	66	715	99	1 244	119	1 363	75	766	42	439
4	93	11	278	5	76	8	197	11	259	13	304	4	55
3	614	2	108	4	384	2	180	7	563	9	675	13	927
326	3 719	334	3 580	237	2 819	207	2 320	219	2 696	235	2 865	291	3 558
73	1 804	128	3 384	78	2 134	84	2 456	57	1 743	183	4 918	117	2 955
5	319	6	340	1	48	1	102	4	191	6	306	5	346
3	256	0	0	1	46	0	0	0	0	0	0	0	0
36	1 033	3	15	10	89	3	19	8	64	41	88	30	75
469	2 544	773	4 258	577	3 268	402	2 200	363	2 138	599	3 500	437	2 441
0	0	1	28	2	25	0	0	3	70	7	128	0	0
0	0	0	0	0	0	0	0	0	0	2	23	24	252
47	983	24	699	33	791	41	1 153	41	999	54	938	34	792
305	1 471	407	2 614	430	2 326	345	2 385	340	1 962	300	2 658	439	2 827
230	90	148	48	141	30	24	14	21	17	106	40	45	24
1 155	84	2 257	150	1 428	115	1 165	126	703	79	1 114	107	427	130
40	107	117	307	96	268	23	55	33	86	55	123	37	113
559	74	312	112	340	105	663	148	311	71	417	37	645	360
293	58	229	76	188	75	172	77	380	100	301	125	428	83
22	11 652	35	9 002	13	2 079	15	10 403	15	9 995	18	1 911	16	302
	173 542		184 360		167 285		170 350		150 551		164 548		161 422

2013年工程机械产品进出口量值

序号	税号	货品名称	数量单位	出口				进口			
				数量	增长（%）	金额（万美元）	增长（%）	数量	增长（%）	金额（万美元）	增长（%）
1	84134000	混凝土泵	台	2 049	-24.56	6 989.80	43.52	4 249	1 805.38	1 372.65	94.22
2	84262000	塔式起重机	台	2 967	24.93	39 182.43	15.72	38	8.57	2 098.03	-54.91
3	84264110	轮胎式自推进起重机	台	397	378.31	5 771.19	217.98	11	-50.00	495.65	-27.59
4	84264190	带胶轮的其他自推进起重机械	台	340	-21.84	10 804.19	-11.59	9	-76.32	129.46	-79.58
5	84264910	履带式起重机	台	929	8.91	31 545.96	0.35	12	71.43	2 845.96	27.67
6	84264990	不带胶轮的其他自推进起重机械	台	39	39.29	233.69	-32.20	1	-85.71	1.07	-99.24
7	84269100	供装于公路车辆的其他起重机	台	267	-8.87	396.33	3.03	337	4.66	745.27	10.32
8	84269900	未列名起重机	台	4 048	-26.20	6 133.67	-0.41	505	-3.07	5 307.40	-30.92
9	84271010	电动机推进的有轨巷道堆垛机	台	0	-100.00	0.00	-100.00	171	55.45	3 128.20	-0.40
10	84271020	电动机推进的无轨巷道堆垛机	台	1 147	57.12	826.03	17.13	324	61.19	703.57	90.79
11	84271090	其他电动叉车及装有升降或搬运装置工作车	台	50 141	18.02	32 766.83	9.33	7 275	14.58	14 163.46	12.03
12	84272010	集装箱叉车	台	263	14.85	4 859.47	14.44	7	-79.41	73.31	-79.16
13	84272090	其他机动叉车、其他装有升降或搬运装置的工作车	台	61 155	12.57	98 497.05	9.28	1 110	-34.86	12 087.59	-1.97
14	84279000	未列名叉车等装有升降或搬运装置的工作车	台	1 679 595	-0.39	31 418.06	-1.10	4 332	-5.25	2 584.66	-21.51
15	84281010	载客电梯	台	47 123	24.27	115 814.85	18.48	1 601	-17.00	16 085.48	1.33
16	84281090	其他升降机及倒卸式起重机	台	5 269	-33.79	5 938.78	0.45	452	32.94	3 592.90	44.47
17	84284000	自动梯及自动人行道	台	18 845	10.87	65 337.61	21.24	13	-38.10	304.69	150.32
18	84291110	履带式推土机，$P>235.36$kW（320hp）	台	215	-53.76	4 480.55	-51.14	74	-10.84	3 849.94	-35.73
19	84291190	其他履带式推土机	台	3 770	-4.73	35 021.76	-10.02	110	35.80	2 013.55	62.38
20	84291910	其他推土机，$P>235.36$kW（320hp）	台	18	-10.00	40.06	-67.91	7	-63.16	447.35	-67.93

（续）

国别代码	国家（地区）名称	进口额（万美元）	比上年增长（%）	占进口总额比重（%）
300	**欧洲**	**166 983. 49**	**-18. 75**	**35. 27**
301	比利时	2 029. 49	-79. 90	0. 43
302	丹麦	1 300. 68	3. 23	0. 27
303	英国	6 092. 40	-46. 99	1. 29
304	德国	80 741. 37	-0. 55	17. 05
305	法国	7 959. 50	-32. 92	1. 68
306	爱尔兰	198. 99	-44. 59	0. 04
307	意大利	8 840. 20	-35. 37	1. 87
308	卢森堡	192. 64	-50. 75	0. 04
309	荷兰	6 193. 25	-67. 77	1. 31
310	希腊	4. 36	1 017. 95	0. 00
311	葡萄牙	224. 07	262. 22	0. 05
312	西班牙	4 346. 00	56. 44	0. 92
315	奥地利	14 265. 65	9. 42	3. 01
316	保加利亚	47. 81	-59. 53	0. 01
318	芬兰	5 157. 71	-29. 71	1. 09
321	匈牙利	429. 82	-5. 49	0. 09
323	列支敦士登	43. 78		0. 01
324	马耳他	0. 14	-6. 67	0. 00
326	挪威	2 222. 95	-9. 49	0. 47
327	波兰	1 655. 20	48. 32	0. 35
328	罗马尼亚	254. 54	10. 07	0. 05
330	瑞典	17 212. 19	-15. 66	3. 64
331	瑞士	4 301. 46	17. 25	0. 91
334	爱沙尼亚	9. 85	-51. 60	0. 00
335	拉脱维亚	12. 49	-40. 21	0. 00
336	立陶宛	0. 07		0. 00
337	格鲁吉亚	0. 01		0. 00
340	白俄罗斯	1 065. 26	-56. 01	0. 22
344	俄罗斯联邦	718. 78	502. 09	0. 15
347	乌克兰	13. 58	339. 48	0. 00
350	斯洛文尼亚	248. 96	57. 27	0. 05
351	克罗地亚	0. 84	-94. 12	0. 00
352	捷克	823. 06	-26. 12	0. 17
353	斯洛伐克	357. 62	-15. 93	0. 08
358	塞尔维亚	18. 77	-9. 32	0. 00
400	**南美洲**	**2 332. 67**	**-6. 60**	**0. 49**
410	巴西	2 111. 20	6. 70	0. 45

（续）

国别代码	国家（地区）名称	进口额（万美元）	比上年增长（%）	占进口总额比重（%）
412	智利	13.89	-83.73	0.00
413	哥伦比亚	0.26	-98.78	0.00
416	古巴	0.32		0.00
419	厄瓜多尔	5.45	-91.33	0.00
429	墨西哥	197.30	-41.23	0.04
434	秘鲁	4.06	155.35	0.00
435	波多黎各	0.10		0.00
440	萨尔瓦多	0.02		0.00
444	乌拉圭	0.07		0.00
500	**北美洲**	**53 570.16**	**-25.57**	**11.31**
501	加拿大	6 755.69	103.13	1.43
502	美国	46 814.47	-31.81	9.89
600	**大洋洲**	**8 309.86**	**-25.79**	**1.76**
601	澳大利亚	8 198.08	-24.88	1.73
609	新西兰	111.78	-60.84	0.02

〔供稿人：中国工程机械工业协会吕莹〕

2013年工程机械出口按国家（地区）统计

国别代码	国家（地区）名称	出口额（万美元）	比上年增长（%）	占出口总额比重（%）
100	**亚洲**	**916 213.44**	**10.42**	**46.90**
101	阿富汗	115.42	-82.00	0.00
102	巴林	1 469.55	26.78	0.08
103	孟加拉国	8 449.65	43.94	0.43
104	不丹	6.32	-71.43	0.00
105	文莱	5 476.52	168.72	0.28
106	缅甸	23 778.78	-28.67	1.22
107	柬埔寨	4 067.03	-25.86	0.21
108	塞浦路斯	321.84	128.40	0.02
109	朝鲜	6 086.42	-11.61	0.31
110	中国香港	24 557.94	18.63	1.26
111	印度	52 437.82	-8.02	2.68

（续）

国别代码	国家（地区）名称	出口额（万美元）	比上年增长（%）	占出口总额比重（%）
112	印度尼西亚	67 548.28	3.58	3.46
113	伊朗	18 666.93	-24.51	0.96
114	伊拉克	18 860.09	172.53	0.97
115	以色列	3 032.77	-13.76	0.16
116	日本	94 759.87	5.58	4.85
117	约旦	2 056.11	47.68	0.11
118	科威特	5 468.15	29.82	0.28
119	老挝	6 333.54	-18.58	0.32
120	黎巴嫩	1 344.80	-9.96	0.07
121	中国澳门	6 054.52	181.83	0.31
122	马来西亚	58 775.93	56.12	3.01
123	马尔代夫	190.64	-24.18	0.01
124	蒙古	13 676.97	-39.33	0.70
125	尼泊尔	584.66	56.48	0.03
126	阿曼	8 403.05	88.77	0.43
127	巴基斯坦	12 424.92	17.18	0.64
128	巴勒斯坦	269.13	13.95	0.01
129	菲律宾	27 437.13	13.50	1.40
130	卡塔尔	8 806.08	76.75	0.45
131	沙特阿拉伯	72 226.65	49.13	3.70
132	新加坡	53 860.87	12.34	2.76
133	韩国	50 085.25	4.33	2.56
134	斯里兰卡	5 999.70	-15.37	0.31
135	叙利亚	208.60	-57.08	0.01
136	泰国	63 832.99	5.10	3.27
137	土耳其	30 137.38	11.62	1.54
138	阿拉伯联合酋长国	34 747.24	-12.42	1.78
139	也门共和国	1 488.39	34.45	0.08
141	越南	33 659.49	18.45	1.72
143	中国台湾	12 304.19	1.89	0.63
144	东帝汶	358.79	19.18	0.02
145	哈萨克斯坦	40 161.17	23.06	2.06
146	吉尔吉斯斯坦	6 708.28	73.58	0.34
147	塔吉克斯坦	5 780.22	-15.44	0.30
148	土库曼斯坦	7 583.31	-8.76	0.39
149	乌兹别克斯坦	15 610.06	39.89	0.80
200	**非洲**	**269 290.55**	**7.36**	**13.80**

（续）

国别代码	国家（地区）名称	出口额（万美元）	比上年增长（%）	占出口总额比重（%）
201	阿尔及利亚	29 849.81	15.48	1.53
202	安哥拉	14 667.55	-29.21	0.75
203	贝宁	1 411.91	100.70	0.07
204	博茨瓦那	327.17	15.75	0.02
205	布隆迪	78.87	16.29	0.00
206	喀麦隆	5 799.83	22.10	0.30
208	佛得角	7.39	0.68	0.00
211	乍得	2 798.84	186.47	0.14
212	科摩罗	5.94	-83.43	0.00
213	刚果	8 095.53	119.67	0.41
214	吉布提	10 454.22	33.82	0.54
215	埃及	3 245.04	1.38	0.17
216	赤道几内亚	2 467.76	-12.04	0.13
217	埃塞俄比亚	12 827.15	-33.49	0.66
218	加蓬	3 591.72	48.64	0.18
219	冈比亚	19.63	-15.10	0.00
220	加纳	21 801.71	-26.28	1.12
221	几内亚	1 382.18	-55.91	0.07
222	几内亚（比绍）	2.21	-91.42	0.00
223	科特迪瓦共和国	2 765.09	122.35	0.14
224	肯尼亚	7 790.24	-17.09	0.40
225	利比里亚	2 093.81	-25.00	0.11
226	利比亚	8 833.92	168.31	0.45
227	马达加斯加	383.94	-26.12	0.02
228	马拉维	196.17	-19.71	0.01
229	马里	441.83	-24.65	0.02
230	毛里塔尼亚	775.56	-42.13	0.04
231	毛里求斯	598.12	-49.86	0.03
232	摩洛哥	2 288.39	-23.51	0.12
233	莫桑比克	6 969.99	54.00	0.36
234	纳米比亚	1 911.27	-15.03	0.10
235	尼日尔	625.68	-63.45	0.03
236	尼日利亚	22 664.15	44.48	1.16
237	留尼汪	166.29	1.18	0.01
238	卢旺达	958.86	284.61	0.05
240	塞内加尔	1 451.54	62.21	0.07
241	塞舌尔	31.00	-56.33	0.00
242	塞拉利昂	1 394.69	-8.95	0.07

（续）

国别代码	国家（地区）名称	出口额（万美元）	比上年增长（%）	占出口总额比重（%）
243	索马里	69.96	3.91	0.00
244	**南非**	**40 952.67**	**3.01**	**2.10**
246	苏丹	6 259.25	43.56	0.32
247	坦桑尼亚	8 285.19	27.28	0.42
248	多哥	1 108.95	-37.66	0.06
249	突尼斯	3 674.59	-0.92	0.19
250	乌干达	2 691.06	-55.22	0.14
251	布基纳法索	509.56	90.79	0.03
252	民主刚果	5 780.72	105.40	0.30
253	赞比亚	10 571.49	111.47	0.54
254	津巴布韦	2 857.84	-3.48	0.15
255	莱索托	321.60	-53.66	0.02
257	斯威士兰	6.21	-17.75	0.00
258	厄立特里亚	3 214.60	5 732.00	0.16
259	马约特岛	4.84		0.00
260	南苏丹共和国	1 807.00	153.91	0.09
300	**欧洲**	**308 876.10**	**-6.69**	**15.80**
301	比利时	16 685.76	-15.58	0.85
302	丹麦	4 241.74	4.74	0.22
303	英国	22 812.51	-6.86	1.17
304	德国	29 720.64	-7.94	1.52
305	法国	11 138.30	8.28	0.57
306	爱尔兰	2 036.45	9.02	0.10
307	意大利	17 625.38	-6.21	0.90
308	卢森堡	11.87	-60.05	0.00
309	荷兰	26 572.83	43.83	1.36
310	希腊	1 231.36	9.83	0.06
311	葡萄牙	411.14	-26.33	0.02
312	西班牙	7 257.60	2.80	0.37
313	阿尔巴尼亚	310.40	118.88	0.02
315	奥地利	2 019.79	-11.70	0.10
316	保加利亚	695.25	-9.71	0.04
318	芬兰	6 351.88	-3.34	0.33
321	匈牙利	618.47	-41.26	0.03
322	冰岛	15.31	-0.97	0.00
323	列支敦士登	3.41	-20.88	0.00
324	马耳他	115.10	48.06	0.01
326	挪威	2 444.10	30.26	0.13

（续）

国别代码	国家（地区）名称	出口额（万美元）	比上年增长（%）	占出口总额比重（%）
327	波兰	5 244.03	-5.66	0.27
328	罗马尼亚	1 104.33	-7.32	0.06
330	瑞典	10 105.94	-3.66	0.52
331	瑞士	1 431.89	4.63	0.07
334	爱沙尼亚	1 427.75	19.92	0.07
335	拉脱维亚	1 440.69	55.60	0.07
336	立陶宛	1 698.38	14.40	0.09
337	格鲁吉亚	2 117.10	58.51	0.11
338	亚美尼亚	296.70	-17.54	0.02
339	阿塞拜疆	4 263.04	-14.47	0.22
340	白俄罗斯	4 489.09	30.84	0.23
343	摩尔多瓦	255.06	158.97	0.01
344	俄罗斯联邦	110 775.65	-17.82	5.67
347	乌克兰	6 538.72	-15.58	0.34
350	斯洛文尼亚	523.56	-38.64	0.03
351	克罗地亚	2 292.65	341.25	0.12
352	捷克	1 846.38	-23.84	0.09
353	斯洛伐克	301.69	32.97	0.02
354	前南斯拉夫马其顿	12.54	-69.17	0.00
355	波斯尼亚—黑塞哥维那	48.49	-53.47	0.00
358	塞尔维亚	328.41	38.19	0.02
359	黑山	14.72	-7.13	0.00
400	**南美洲**	**194 365.54**	**-14.31**	**9.95**
401	安提瓜和巴布达	19.57	769.78	0.00
402	阿根廷	17 534.11	27.88	0.90
403	阿鲁巴岛	32.05	-52.85	0.00
404	巴哈马	76.79	32.90	0.00
405	巴巴多斯	28.47	-40.88	0.00
406	伯利兹	2.43	-92.82	0.00
408	玻利维亚	1 661.90	92.94	0.09
410	巴西	72 025.96	0.64	3.69
412	智利	17 564.66	-5.80	0.90
413	哥伦比亚	9 821.95	-1.17	0.50
414	多米尼加	53.01	-4.11	0.00
415	哥斯达黎加	1 202.97	58.39	0.06
416	古巴	3 687.59	138.51	0.19
417	库腊索岛	3.22	-99.23	0.00
418	多米尼加共和国	767.49	7.24	0.04

（续）

国别代码	国家（地区）名称	出口额（万美元）	比上年增长（%）	占出口总额比重（%）
419	厄瓜多尔	8 076.69	72.08	0.41
420	法属圭亚那	2.48	320.34	0.00
421	格林纳达	10.01	-0.99	0.00
422	瓜德罗普岛	13.93	-34.04	0.00
423	危地马拉	1 600.48	43.72	0.08
424	圭亚那	947.11	23.55	0.05
425	海地	187.76	203.13	0.01
426	洪都拉斯	378.71	28.14	0.02
427	牙买加	1 644.94	185.92	0.08
428	马提尼克岛	19.43	622.30	0.00
429	墨西哥	13 628.78	15.26	0.70
431	尼加拉瓜	867.06	475.58	0.04
432	巴拿马	5 981.90	-34.55	0.31
433	巴拉圭	1 632.36	31.16	0.08
434	秘鲁	12 217.80	-1.08	0.63
435	波多黎各	70.28	-35.81	0.00
437	圣卢西亚	25.87	-71.19	0.00
438	圣马丁岛	1.91	-32.03	0.00
439	圣文森特和格林纳丁斯	6.55	-78.71	0.00
440	萨尔瓦多	228.44	1.05	0.01
441	苏里南	468.75	-15.12	0.02
442	特立尼达和多巴哥	389.77	107.88	0.02
443	特克斯和凯科斯群岛	0.03		0.00
444	乌拉圭	4 747.39	60.47	0.24
445	委内瑞拉	16 715.69	-73.02	0.86
446	英属维尔京群岛	13.30	-11.39	0.00
447	圣其茨 -- 尼维斯	0.03		0.00
449	荷属安地列斯群岛	5.92	13.41	0.00
500	**北美洲**	**199 305.19**	**0.33**	**10.20**
501	加拿大	23 284.67	-9.60	1.19
502	美国	176 020.52	1.82	9.01
600	**大洋洲**	**65 080.15**	**-17.74**	**3.33**
601	澳大利亚	52 066.00	-18.94	2.67
602	库克群岛	3.50		0.00
603	斐济	819.83	-5.19	0.04
606	瑙鲁	24.95		0.00
607	新喀里多尼亚	100.27	-41.00	0.01
608	瓦努阿图	39.81	73.09	0.00

（续）

国别代码	国家（地区）名称	出口额（万美元）	比上年增长（%）	占出口总额比重（%）
609	新西兰	6 833.34	89.02	0.35
611	巴布亚新几内亚	4 789.85	-48.48	0.25
613	所罗门群岛	270.77	-32.34	0.01
614	汤加	5.38	-98.32	0.00
617	萨摩亚	38.11	4.35	0.00
618	基里巴斯	2.20	-89.98	0.00
620	密克罗尼西亚联邦	4.30	-70.26	0.00
621	马绍尔群岛共和国	5.06	-76.61	0.00
622	帕劳共和国	1.21	-88.58	0.00
623	法属波利尼西亚	71.74	-10.21	0.00
699	大洋洲其他国家（地区）	3.83	3 091.67	0.00

〔供稿人：中国工程机械工业协会吕莹〕

2013 年工程机械产品进出口分类统计

序号	货品名称	数量单位	进口				出口			
			数量	增长（%）	金额（万美元）	增长（%）	数量	增长（%）	金额（万美元）	增长（%）
1	履带式挖掘机	台	13 323	-4.23	98 307	-35.58	12 674	-12.73	125 507	-18.53
2	轮胎式挖掘机	台	170	100.00	1365	86.21	477	66.20	2 936	26.36
3	其他挖掘机	台	1		231		161	23.85	854	-78.26
4	装载机	台	366	-27.81	5 010	-39.37	45 497	1.23	175 696	-10.42
5	$P>235.36$kW(320hp) 推土机	台	81	-20.59	4 297	-41.81	233	-51.96	4 521	-51.37
6	其他推土机	台	110	35.80	2 014	62.38	4 332	6.73	35 677	-10.34
7	筑路机及平地机	台	14	-54.84	1 256	-33.99	4 589	4.53	40 791	3.45
8	铲运机	台	32	-65.96	1 755	-58.98	421	-44.75	2 822	-37.65
9	非公路用货运自卸车	辆	234	-3.31	14 507	-24.91	4 486	-53.30	24 619	-54.52
10	压路机	台	478	26.12	1 542	32.16	13 236	4.93	36 993	3.69
11	其他压实机械	台	7		11		19 683	-39.62	2 695	-23.23
12	摊铺机	台	261	22.54	3 943	10.56	680	-23.94	4 575	-6.09
13	沥青搅拌设备	台	52	-10.34	1 016	10.23	591	-56.09	12 911	1.32
14	起重量> 100t 全路面汽车起重机	辆	2	-75.00	579	-79.70	53	76.67	4 891	89.68
15	其他全路面汽车起重机	辆	0		0		994	-8.05	11 654	-8.98

（续）

序号	货品名称	数量单位	进口				出口			
			数量	增长（%）	金额（万美元）	增长（%）	数量	增长（%）	金额（万美元）	增长（%）
16	起重量＞100t 汽车起重机	辆	0		0		81	-69.55	4 459	-77.44
17	其他汽车起重机	辆	0		0		4 426	12.08	67 133	13.47
18	履带式起重机	台	12	71.43	2 846	27.67	929	8.91	31 546	0.35
19	塔式起重机	台	38	8.57	2 098	-54.91	2 967	24.93	39 182	15.72
20	随车起重机	台	337	4.66	745	10.32	267	-8.87	396	3.03
21	其他起重机	台	978	5.39	9 526	-18.08	10 093	-27.85	28 882	9.19
22	堆垛机	台	495	59.16	3 832	9.18	1 147	54.17	826	0.42
23	电动叉车	台	7 275	14.58	14 163	12.03	50 141	18.02	32 767	9.33
24	内燃叉车	台	1 110	-34.86	12 088	-1.97	61 155	12.57	98 497	9.28
25	集装箱叉车	台	7	-79.41	73	-79.16	263	14.85	4 859	14.44
26	手动搬运车	台	4 332	-5.25	2 585	-21.51	1 679 595	-0.39	31 418	-1.10
27	牵引车	台	2 104	-1.03	2 835	-12.50	21 795	-15.56	4 427	33.99
28	凿岩机及隧道掘进机	台	172	-12.69	24 662	-19.27	34 796	19.06	42 366	68.15
29	风动工具	台	582 902	5.54	8 432	-3.00	14 308 455	-4.20	29 797	4.26
30	打桩机及工程钻机	台	115	9.52	1 846	-51.51	22 104	-4.05	14 813	10.55
31	混凝土泵	台	4 249	1 805.38	1 373	94.22	2 049	-24.56	6 990	43.52
32	混凝土泵车	辆	1		40		452		10 789.55	
33	混凝土搅拌机械	辆	2 086	8.36	8 670	-12.92	903 816	19.27	42 709	12.89
34	混凝土搅拌车	台	2		89		5 771	22.16	31 841	21.52
35	电梯及扶梯	台	1 614	-17.23	16 390	2.47	65 968	20.12	181 152	19.46
36	其他工程车辆	台	157	-16.93	9 531	29.0	4 703	-14.38	31 862	-25.40
37	其他	台	5 658	-5.65	24 660	-11.1	1 198 367	9.62	126 761	44.30
38	零部件	t			191 157	-14.7			602 516	1.98
	合　计				473 473	-19.5			1 953 131	1.93

〔供稿人：中国工程机械工业协会吕莹〕

2013 年工程机械进出口贸易额前 50 位国家（地区）

序号	进口			出口			进出口		
	国家（地区）	进口额（万美元）	比上年增长（%）	国家（地区）	出口额（万美元）	比上年增长（%）	国家（地区）	进出口额（万美元）	比上年增长（%）
1	日本	138 427	-20.67	美国	176 021	1.82	日本	233 187	-11.75
2	德国	80 741	-0.55	俄罗斯联邦	110 776	-17.82	美国	222 835	-7.74

（续）

序号	进口			出口			进出口		
	国家（地区）	进口额（万美元）	比上年增长（%）	国家（地区）	出口额（万美元）	比上年增长（%）	国家（地区）	进出口额（万美元）	比上年增长（%）
3	韩国	72 617	-27.76	日本	94 760	5.58	韩国	122 703	-17.39
4	美国	46 814	-31.81	沙特阿拉伯	72 227	49.13	俄罗斯联邦	111 494	-17.36
5	瑞典	17 212	-15.66	巴西	72 026	0.64	德国	110 462	-2.65
6	奥地利	14 266	9.42	印度尼西亚	67 548	3.58	巴西	74 137	0.81
7	中华人民共和国	12 034	376.16	泰国	63 833	5.10	沙特阿拉伯	72 227	49.13
8	意大利	8 840	-35.37	马来西亚	58 776	56.12	印度尼西亚	68 093	4.20
9	澳大利亚	8 198	-24.88	新加坡	53 861	12.34	泰国	64 809	5.10
10	法国	7 960	-32.92	印度	52 438	-8.02	马来西亚	64 223	49.31
11	加拿大	6 756	103.13	澳大利亚	52 066	-18.94	澳大利亚	60 264	-19.80
12	荷兰	6 193	-67.77	韩国	50 085	4.33	印度	56 950	-8.21
13	英国	6 092	-46.99	南非	40 953	3.01	新加坡	55 281	11.13
14	马来西亚	5 448	1.53	哈萨克斯坦	40 161	23.06	南非	41 206	2.50
15	芬兰	5 158	-29.71	阿拉伯联合酋长国	34 747	-12.42	哈萨克斯坦	40 161	23.06
16	中国台湾	4 837	-3.48	越南	33 659	18.45	阿拉伯联合酋长国	34 750	-12.47
17	印度	4 512	-10.40	土耳其	30 137	11.62	越南	34 036	19.18
18	西班牙	4 346	56.44	阿尔及利亚	29 850	15.48	荷兰	32 766	-13.06
19	瑞士	4 301	17.25	德国	29 721	-7.94	土耳其	30 568	11.35
20	挪威	2 223	-9.49	菲律宾	27 437	13.50	加拿大	30 040	3.29
21	巴西	2 111	6.70	荷兰	26 573	43.83	阿尔及利亚	29 850	15.48
22	比利时	2 029	-79.90	中国香港	24 558	18.63	英国	28 905	-19.67
23	波兰	1 655	48.32	缅甸	23 779	-28.67	菲律宾	27 552	13.36
24	新加坡	1 420	-21.05	加拿大	23 285	-9.60	瑞典	27 318	-11.59
25	丹麦	1 301	3.23	英国	22 813	-6.86	意大利	26 466	-18.49
26	白俄罗斯	1 065	-56.01	尼日利亚	22 664	44.48	中国香港	24 795	18.46
27	泰国	976	5.39	加纳	21 802	-26.28	缅甸	23 779	-28.68
28	捷克	823	-26.12	伊拉克	18 860	172.53	尼日利亚	22 664	44.48
29	俄罗斯联邦	719	502.09	伊朗	18 667	-24.51	加纳	21 802	-26.28
30	印度尼西亚	545	300.44	意大利	17 625	-6.21	法国	19 098	-13.79
31	土耳其	431	-4.84	智利	17 565	-5.80	伊拉克	18 860	172.53
32	匈牙利	430	-5.49	阿根廷	17 534	27.88	比利时	18 715	-37.33
33	越南	377	163.14	委内瑞拉	16 716	-73.02	伊朗	18 667	-24.51
34	斯洛伐克	358	-15.93	比利时	16 686	-15.58	智利	17 579	-6.15
35	罗马尼亚	255	10.07	乌兹别克斯坦	15 610	39.89	阿根廷	17 534	27.79
36	南非	253	-43.00	安哥拉	14 668	-29.21	中国台湾	17 141	0.32
37	斯洛文尼亚	249	57.27	蒙古	13 677	-39.33	委内瑞拉	16 716	-73.02
38	中国香港	237	3.35	墨西哥	13 629	15.26	奥地利	16 285	6.27
39	葡萄牙	224	262.22	埃塞俄比亚	12 827	-33.49	乌兹别克斯坦	15 610	39.89

（续）

序号	进口			出口			进出口		
	国家（地区）	进口额（万美元）	比上年增长（%）	国家（地区）	出口额（万美元）	比上年增长（%）	国家（地区）	进出口额（万美元）	比上年增长（%）
40	爱尔兰	199	-44.59	巴基斯坦	12 425	17.18	安哥拉	14 668	-29.21
41	墨西哥	197	-41.23	中国台湾	12 304	1.89	墨西哥	13 826	13.70
42	卢森堡	193	-50.75	秘鲁	12 218	-1.08	蒙古	13 677	-39.33
43	菲律宾	115	-11.89	法国	11 138	8.28	埃塞俄比亚	12 827	-33.49
44	新西兰	112	-60.84	赞比亚	10 571	111.47	巴基斯坦	12 425	17.18
45	保加利亚	47.8	-59.53	吉布提	10 454	33.82	秘鲁	12 222	-1.06
46	列支敦士登	43.8		瑞典	10 106	-3.66	中华人民共和国	12 034	376.16
47	塞尔维亚	18.8	-9.32	哥伦比亚	9 822	-1.17	西班牙	11 604	17.94
48	以色列	18.6	392.57	利比亚	8 834	168.31	芬兰	11 510	-17.25
49	朝鲜	14.4	1 900.00	卡塔尔	8 806	76.75	赞比亚	10 571	111.47
50	智利	13.9	-83.73	孟加拉国	8 450	43.94	吉布提	10 454	33.82

〔供稿人：中国工程机械工业协会吕莹〕

2014年工程机械产品关税税率汇总

序号	税则号列	货品名称	最惠国税率（%）	协定税率（%）											特惠税率（%）	
				东盟	亚太5国	智利	巴基斯坦	新加坡	新西兰	秘鲁	哥斯达黎加	中国香港	中国澳门	中国台湾	35国	4国
1	84134000	混凝土泵	8	0		0.8	5		0	0	0	0			0	0
2	84262000	塔式起重机	10	0		0	5		0	0	0				0	0
3	84264110	轮胎式起重机	5	0		0.5	0		0	0	0				0	0
4	84264190	其他带胶轮的自推进起重机	5	0		0.5	0		0	0	0				0	0
5	84264910	履带式起重机	8	0		0.8	5		0	0	0	0			0	0
6	84264990	其他不带胶轮的自推进起重机	13	0		1.3	6.5	0	0	6.5	2.6	0			0	
7	84269100	供装于公路车辆的起重机	10	0		0	5		0	0	0				0	0
8	84269900	其他起重机械	6	0		0.6	5		0	0	0				0	0
9	84271010	有轨巷道堆垛机	9	0		0.9	5		0	0	0				0	0
10	84271020	无轨巷道堆垛机	9	0		0.9	5		0	0	0				0	0
11	84271090	其他电动机推进的叉车及可升降工作车	9	0		0.9	5		0	0	0				0	0

（续）

序号	税则号列	货品名称	最惠国税率（%）	协定税率（%）											特惠税率（%）	
				东盟	亚太5国	智利	巴基斯坦	新加坡	新西兰	秘鲁	哥斯达黎加	中国香港	中国澳门	中国台湾	35国	4国
12	84272010	集装箱叉车	9	0	8.6	0	5		0	0	0				0	0
13	84272090	其他机动叉车及有类似装置工作车	9	0	8.6	0	5		0	0	0				0	0
14	84279000	其他叉车及可升降的工作车	9	0		0	5		0	0	0				0	0
15	84281010暂01	无障碍升降机	4													
16	84281010 90	载客电梯	8	0	5.6	0	5	0	0	0	0	0	0		0	0
17	84281090	其他升降机及倒卸式起重机	6	0	4.2	0	0		0	0	0	0	0	0	0	0
18	84284000	自动梯及自动人行道	5	0		0	0		0	0	0				0	0
19	84291110	履带式推土机 $P >$ 235.36kW(320hp)	7	0		0.7	5		0	0	0				0	0
20	84291190	其他履带式推土机	7	0		0.7	5		0	0	0				0	0
21	84291910	其他推土机 $P >$ 235.36kW(320hp)	7	0		0	5		0	0	0				0	0
22	84291990	未列名推土机	7	0		0	5		0	0	0				0	0
23	84292010	筑路机及平地机 $P >$ 235.36kW(320hp)	5	0		0.5	0		0	0	0				0	0
24	84292090	其他筑路机及平地机	5	0		0.5	0		0	0	0				0	0
25	84293010	斗容量＞ $10m^3$ 的铲运机	3	0		0	0		0	0	0				0	0
26	84293090	斗容量≤ $10m^3$ 的铲运机	5	0		0	0		0	0	0				0	0
27	84294011	机重≥18t振动压路机	7	0		0.7	5		0	0	0				0	0
28	84294019	其他机动压路机	8	0		0.8	5		0	0	0				0	0
29	84294090	未列名捣固机械及压路机	6	0		0.6	5		0	0	0				0	0
30	84295100	前铲装载机	5	0		0.5	0		0	0	0				0	0
31	84295211	轮胎式挖掘机	8	0	7.2	0.8	5		0	0	0				0	0
32	84295212	履带式挖掘机	8	0		0.8	5		0	0	0	0			0	0
33	84295219	其他挖掘机	8	0	7.2	0.8	5		0	0	0				0	0
34	84295290	其他上部结构可转360°的挖掘机类似机械	8	0	7.2	0.8	5		0	0	0				0	0
35	84295900	其他机械铲、挖掘机及装载机	8	0		0.8	5		0	0	0				0	0
36	84301000	打桩机及拔桩机	10	0		0	5		0	0	0				0	0
37	84302000	扫雪机及吹雪机	10	0		0	5		0	0	0				0	0
38	84303120	自推进的凿岩机	10	0		1	5	0	0	5	0				0	0
39	84303130	自推进的隧道掘进机	10	0		1	5	0	0	5	0				0	0
40	84303900	其他非自推进的截煤机、凿岩机及掘进机	6	0		0	5		0	0	0				0	0
41	84305020	矿用电铲	7	0		0.7	5		0	0	0				0	0

（续）

序号	税则号列	货品名称	最惠国税率（%）	协定税率（%）												特惠税率（%）	
				东盟	亚太5国	智利	巴基斯坦	新加坡	新西兰	秘鲁	哥斯达黎加	中国香港	中国澳门	中国台湾	35国	4国
42	84306100	非自推进的捣固或压实机械	6	0		0	5		0	0	0				0	0
43	84306911	钻筒直径＞3m的工程钻机	6	0		0	5		0	0	0				0	0
44	84306919	其他工程钻机	6	0		0	5		0	0	0				0	0
45	84306920	非自推进的铲运机	6	0		0	5		0	0	0				0	0
46	84306990	未列名非自推进泥土、矿物等运送、平整等机械	6	0		0	5		0	0	0				0	0
47	84312010	8427所列机械装有差速器的驱动桥及其零件	6	0	5.4	0	0		0	0	0				0	0
48	84312090[暂]	其他8427所列机械的零件	3	0	5.4	0	0		0	0	0				0	0
49	84313100[暂]01	无障碍升降机零件	1													
50	8431310090	其他升降机、倒卸式起重机或自动梯的零件	3	0		0	0		0	0	0				0	0
51	84313900	其他8428所列机械的零件	5	0	2.5	0.5	0		0	0	0	0			0	0
52	84314100	戽斗、铲斗、抓斗及夹斗	6	0	5.4	0.6	0		0	0	0				0	0
53	84314200	推土机或侧铲推土机用铲	6	0		0	5		0	0	0				0	0
54	84314390	凿井机械零件	5	0	3.5	0.5	0		0	0	0	0			0	0
55	84314991	矿用电铲用零件	5	0	4.5	0.5	0		0	0	0	0			0	0
56	84314999	8426、8429及8430所列机械的其他零件	5	0	4.5	0.5	0		0	0	0	0			0	0
57	84671100	旋转式手提风动工具	8	0		0	5		0	0	0				0	0
58	84671900	其他手提式风动工具	8	0		0	5		0	0	0				0	0
59	84679200	手提式风动工具的零件	6	0		0	5		0	0	0				0	0
60	84743100	混凝土或砂浆混合机器	7	0		0	5		0	0	0				0	0
61	84743200	矿物与沥青的混合机器	7	0		0.7	5		0	0	0				0	0
62	84743900	其他混合或搅拌机器	5	0		0.5	0		0	0	0				0	0
63	84749000	8474所列机器的零件	5	0		0.5	0		0	1	0				0	0
64	84791021	沥青混凝土摊铺机	8	0	5.6	0.8	5		0	0	0				0	0
65	84791022	稳定土摊铺机	8	0	5.6	0.8	5		0	0	0				0	0
66	84791029	其他摊铺机	8	0	5.6	0.8	5		0	0	0				0	0
67	84791090	其他公共工程用机器	8	0	5.6	0.8	5		0	0	0				0	0
68	87041030	非公路电动轮货运自卸车	6	0		0	5		0	0	0				0	0
69	87041090	其他非公路货运自卸车	6	0		0	5		0	0	0				0	0
70	87042300[暂]02	起重≥55t汽车起重机用底盘	8													
71	87042300[暂]03	车重≥31t清障车专用底盘	10													

（续）

序号	税则号列	货品名称	最惠国税率（%）	协定税率（%）											特惠税率（%）	
				东盟	亚太5国	智利	巴基斯坦	新加坡	新西兰	秘鲁	哥斯达黎加	中国香港	中国澳门	中国台湾	35国	4国
72	87051021	最大起重量≤50t的全路面起重车	15	0		0	12	0	0	7.5	3				0	
73	87051022	50t＜最大起重量≤100t全路面起重车	10	0		0	5	0	0	0	0				0	0
74	87051023	最大起重量＞100t全路面起重车	10	0		0	5	0	0	0	0				0	0
75	87051091	最大起重量≤50t的其他起重车	15	0		0	12	0	0	7.5	3				0	0
76	87051092	50t＜最大起重量≤100t的其他起重车	10	0		0	5	0	0	0	0				0	0
77	87051093	最大起重量＞100t的其他起重车	10	0		0	5	0	0	0	0				0	0
78	87053010	装有云梯的救火车	3	0		0	0		0	0	0				0	0
79	87053090	其他机动救火车	3	0		0	0		0	0	0				0	0
80	87054000	机动混凝土搅拌车	15	0	13.5	0	7.5	0	0	7.5	3				0	
81	87059060	飞机加油车、调温车、除冰车	12	0	10.8	0	5	0	0	0	2.4				0	
82	87059070	道路（包括跑道）扫雪车	12	0	10.8	0	5	0	0	0	2.4				0	
83	87059091	混凝土泵车	12	0	10.8	0	5	0	0	0	2.4				0	
84	87059099[暂]01	跑道除冰车	10													
85	8705909990	未列名特殊用途的机动车辆	12	0	10.8	0	5	0	0	0	2.4				0	
86	87060010	非公路货运自卸车底盘	8	0		0	5		0	0	0					
87	87091110	电动牵引车	10	0		0	5	0	0	0	0				0	0
88	87091190	其他电动短距离运货车辆	10	0		0	5	0	0	0	0				0	0
89	87091910	其他牵引车	10.5	0		0	5	0	0	0	2.1				0	0
90	87091990	其他短距离运货机动车辆	10.5	0		0	5	0	0	0	2.1				0	0
91	87099000	短距离运货车、站台牵引车用零件	8.4	0		0	5		0	0	0				0	0
92	89051000	挖泥船	3	0		0	0		0	0	0				0	0

注：数据来源于《中华人民共和国海关进出口税则（2014）》

〔供稿人：中国工程机械工业协会吕莹〕

（栏目编辑：袁士华）

标准索引

记载工程机械产品行业标准

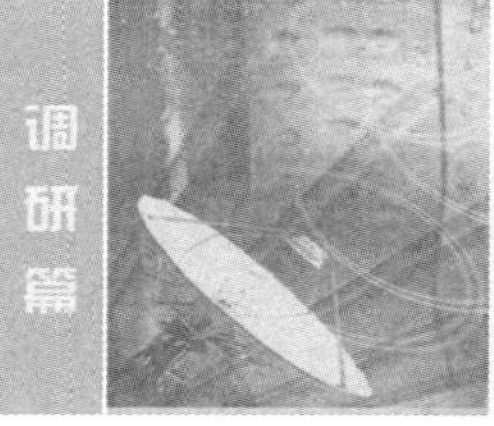

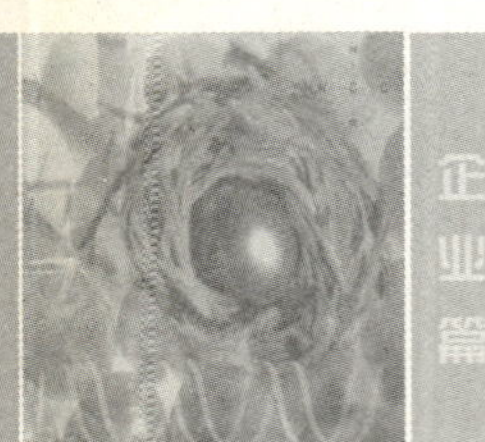

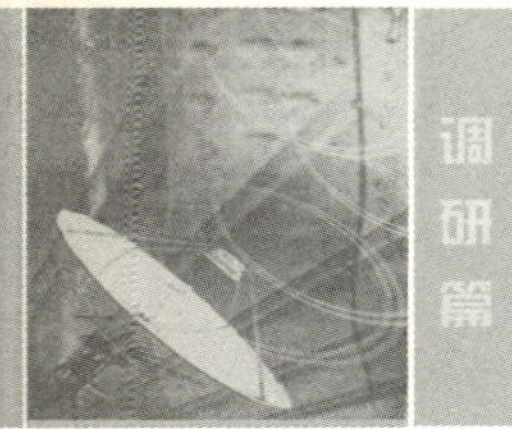

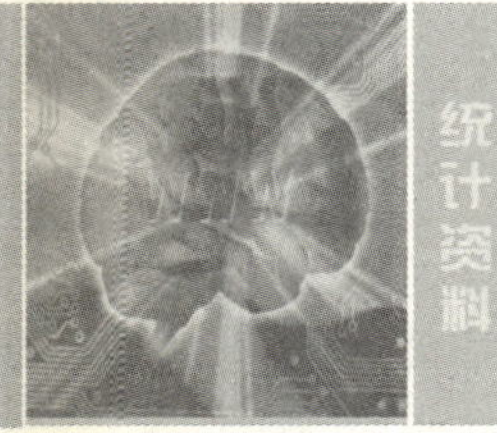

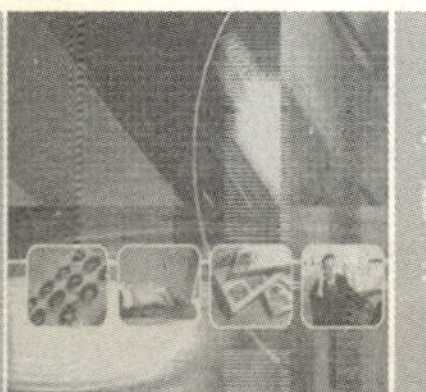

标准索引

标准索引

序号	标准号	标准名称
1	GB 5082-1985	起重吊运指挥信号
2	GB/T 6974.7-1986	起重机械 铁路起重机
3	GB/T 6974.8-1986	起重机械 浮式起重机
4	GB/T 6974.10-1986	起重机械 门座起重机
5	GB/T 6974.11-1986	起重机械 桅杆起重机
6	GB/T 6974.12-1986	起重机械 桥式起重机
7	GB/T 6974.13-1986	起重机械 门式起重机
8	GB/T 6974.14-1986	起重机械 缆索起重机
9	GB/T 6974.15-1986	起重机械 悬挂单轨系统
10	GB/T 6974.16-1986	起重机械 冶金起重机
11	GB/T 6974.17-1986	起重机械 堆垛起重机
12	GB/T 6974.18-1986	起重机械 港口起重机
13	GB/T 6974.19-1986	起重机械 集装箱起重机
14	GB/T 8499-1987	土方机械 测定重心位置的方法
15	GB 3883.13-1992	手持式电动工具的安全 第二部分：不易燃液体电喷枪的专用要求
16	GB/T 13752-1992	塔式起重机 设计规范
17	GB/T 14289-1993	土方机械 检测孔
18	GB/T 14781-1993	土方机械轮式机械的转向能力
19	GB/T 790-1995	电动桥式起重机跨度和起升高度系列
20	GB/T 7025.3-1997	电梯主参数及轿厢、井道、机房的形式与尺寸 第3部分：V类电梯
21	GB 12265.3-1997	机械安全 避免人体各部位挤压的最小间距
22	GB/T 17299-1998	土方机械 最小入口尺寸
23	GB/T 17301-1998	土方机械 操作和维修空间棱角倒钝
24	GB/T 17772-1999	土方机械 保护结构的实验室鉴定 挠曲极限量的规定
25	GB/T 17908-1999	起重机和起重机械 技术性能和验收文件
26	GB/T 17909.1-1999	起重机 起重机操作手册 第1部分：总则

（续）

序号	标准号	标准名称
27	GB/T 17910-1999	工业车辆 叉车货叉在使用中的检查和修复
28	GB/T 17920-1999	土方机械 提升臂支承装置
29	GB/T 17922-1999	土方机械 翻车保护结构 试验室试验和性能要求
30	GB/T 8591-2000	土方机械 司机座椅标定点
31	GB/T 9142-2000	混凝土搅拌机
32	GB/T 18148-2000	压实机械 压实性能试验方法
33	GB/T 8592-2001	土方机械 轮胎式机器转向尺寸的测定
34	GB/T 18453-2001	起重机 维护手册 第 1 部分：总则
35	GB/T 18576-2001	建筑施工机械与设备 术语和定义
36	GB/T 2883-2002	工程机械轮辋规格系列
37	GB 5226.2-2002	机械安全 机械电气设备 第 32 部分：起重机械技术条件
38	GB/T 18717.1-2002	用于机械安全的人类工效学设计 第 1 部分：全身进入机械的开口尺寸确定原则
39	GB/T 18717.2-2002	用于机械安全的人类工效学设计 第 2 部分：人体局部进入机械的开口尺寸确定原则
40	GB/T 18874.1-2002	起重机 供需双方应提供的资料 第 1 部分： 总则
41	GB/T 18874.5-2002	起重机 供需双方应提供的资料 第 5 部分： 桥式和门式起重机
42	GB/T 18875-2002	起重机 备件手册
43	GB 7588-2003	电梯制造与安装 安全规范
44	GB/T 7920.5-2003	土方机械 压路机和回填压实机 术语和商业规格
45	GB/T 7920.8-2003	土方机械 铲运机 术语和商业规格
46	GB/T 7920.9-2003	土方机械 平地机 术语和商业规格
47	GB/T 7920.15-2003	沥青贮存、熔化和加热装置 术语
48	GB/T 8196-2003	机械安全 防护装置 固定式和活动式防护装置设计与制造一般要求
49	GB/T 13749-2003	柴油打桩机 安全操作规程
50	GB/T 16273.6-2003	设备用图形符号 第 6 部分：运输、车辆检测及装载机械通用符号
51	GB/T 19154-2003	擦窗机
52	GB/T 19155-2003	高处作业吊篮
53	GB/T 7920.14-2004	道路施工与养护设备沥青洒布车 / 喷洒机 术语和商业规格
54	GB/T 7920.16-2004	道路施工与养护设备 石屑撒布机 术语和商业规格
55	GB/T 8910.1-2004	手持便携式动力工具 手柄振动测量方法 第 1 部分：总则
56	GB/T 8910.2-2004	手持便携式动力工具 手柄振动测量方法 第 2 部分：铲和铆钉机
57	GB/T 8910.3-2004	手持便携式动力工具 手柄振动测量方法 第 3 部分：凿岩机和回转锤
58	GB/T 13333-2004	混凝土泵

（续）

序号	标准号	标准名称
59	GB/T 13750-2004	振动沉拔桩机 安全操作规程
60	GB 3883.17-2005	手持式电动工具的安全 第二部分：木铣和修边机的专用要求
61	GB/T 4307-2005	起重吊钩 术语
62	GB/T 5140-2005	叉车 挂钩型货叉 术语
63	GB/T 5141-2005	平衡重式叉车 稳定性试验
64	GB/T 5142-2005	前移式和插腿式叉车 稳定性试验
65	GB/T 5183-2005	叉车 货叉 尺寸
66	GB/T 7920.4-2005	混凝土机械 术语
67	GB/T 7920.6-2005	建筑施工机械与设备 打桩设备 术语和商业规格
68	GB/T 8511-2005	振动压路机
69	GB 8903-2005	电梯用钢丝绳
70	GB/T 10054-2005	施工升降机
71	GB/T 10171-2005	混凝土搅拌站（楼）
72	GB/T 10913-2005	土方机械 行驶速度测定
73	GB/T 13328-2005	压路机 通用要求
74	GB/T 13331-2005	土方机械 液压挖掘机起重量
75	GB/T 19924-2005	流动式起重机 稳定性的确定
76	GB/T 19928-2005	土方机械 吊管机和安装侧臂的轮胎式推土机或装载机的起重量
77	GB/T 19929-2005	土方机械 履带式机器制动系统的性能要求和试验方法
78	GB/T 19930-2005	土方机械 小型挖掘机倾翻保护结构的试验室试验和性能要求
79	GB/T 19931-2005	土方机械 挖沟机术语和商业规范
80	GB/T 19932-2005	土方机械 液压挖掘机司机防护装置的试验室试验和性能要求
81	GB/T 19933.1-2005	土方机械 司机室环境 第 1 部分：总则和定义
82	GB/T 19933.2-2005	土方机械 司机室环境 第 2 部分：空气滤清器的试验
83	GB/T 19933.3-2005	土方机械 司机室环境 第 3 部分：司机室增压试验方法
84	GB/T 19933.4-2005	土方机械 司机室环境 第 4 部分：司机室的空调、采暖和（或）换气试验方法
85	GB/T 19933.5-2005	土方机械 司机室环境 第 5 部分：风窗玻璃除霜系统的试验方法
86	GB/T 19933.6-2005	土方机械 司机室环境 第 6 部分：司机室太阳光热效应的测定
87	GB/T 3787-2006	手持式电动工具的管理、使用、检查和维修安全技术规程
88	GB/T 5144-2006	塔式起重机安全规程
89	GB/T 5973-2006	钢丝绳用楔形接头
90	GB/T 5974.1-2006	钢丝绳用普通套环

（续）

序号	标准号	标 准 名 称
91	GB/T 5974.2-2006	钢丝绳用重型套环
92	GB/T 5975-2006	钢丝绳用压板
93	GB/T 5976-2006	钢丝绳夹
94	GB/T 7920.10-2006	道路施工与养护设备 稳定土拌和机 术语和商业规格
95	GB/T 7920.11-2006	道路施工与养护设备 沥青混合料搅拌设备 术语和商业规格
96	GB/T 7920.13-2006	混凝土路面铺筑机械与设备 术语
97	GB/T 8706-2006	钢丝绳－术语、标记和分类
98	GB 8918-2006	重要用途钢丝绳
99	GB/T 8910.6-2006	手持便携式动力工具 手柄振动测量方法 第 6 部分 ： 冲击钻
100	GB 20062-2006	流动式起重机作业噪声限值及测量方法
101	GB/T 20118-2006	一般用途钢丝绳
102	GB/T 20119-2006	平衡用扁钢丝绳
103	GB 20178-2006	土方机械 安全标志和危险图示通则
104	GB/T 20303.1-2006	起重机 司机室 第 1 部分：总则
105	GB/T 20303.2-2006	起重机 司机室 第 2 部分：流动式起重机
106	GB/T 20303.3-2006	起重机 司机室 第 3 部分：塔式起重机
107	GB/T 20303.4-2006	起重机 司机室 第 4 部分：臂架起重机
108	GB/T 20303.5-2006	起重机 司机室 第 5 部分：桥式和门式起重机
109	GB/T 20304-2006	塔式起重机 稳定性要求
110	GB/T 20305-2006	起重用钢制圆环校准链 正确使用和维护导则
111	GB/T 20315-2006	道路施工与养护设备 路面铣刨机 术语和商业规格
112	GB/T 20652-2006	M(4)、S(6) 和 T(8) 级焊接吊链
113	GB/T 20776-2006	起重机械分类
114	GB 3883.3-2007	手持式电动工具的安全 第二部分：砂轮机、抛光机和盘式砂光机的专用要求
115	GB 3883.5-2007	手持式电动工具的安全 第二部分：圆锯的专用要求
116	GB 3883.10-2007	手持式电动工具的安全 第二部分：电刨的专用要求
117	GB 3883.14-2007	手持式电动工具的安全 第二部分：链锯的专用要求
118	GB 3883.15-2007	手持式电动工具的安全 第二部分：修枝剪的专用要求
119	GB/T 8419-2007	土方机械 司机座椅振动的试验室评价
120	GB/T 10055-2007	施工升降机 安全规程
121	GB/T 16936-2007	土方机械 发动机净功率试验规范
122	GB/T 20863.1-2007	起重机械 分级 第 1 部分：总则

（续）

序号	标准号	标准名称
123	GB/T 20863.2-2007	起重机械 分级 第2部分：流动式起重机
124	GB/T 20863.3-2007	起重机械 分级 第3部分：塔式起重机
125	GB/T 20863.4-2007	起重机械 分级 第4部分：臂架起重机
126	GB/T 20863.5-2007	起重机械 分级 第5部分：桥式和门式起重机
127	GB 20891-2007	非道路移动机械用柴油机排气污染物排放限值及测量方法（中国Ⅰ、Ⅱ阶段）
128	GB/T 20900-2007	电梯、自动扶梯和自动人行道 风险评价和降低的方法
129	GB/T 20904-2007	水平定向钻机 安全操作规程
130	GB/T 20946-2007	起重用短环链 验收总则
131	GB/T 20947-2007	起重用短环链 T级（T、DAT和DT型）高精度葫芦链
132	GB/T 20969.1-2007	特殊环境条件 高原机械 第1部分：高原对内燃动力机械的要求
133	GB/T 20969.2-2007	特殊环境条件 高原机械 第2部分：高原对工程机械的要求
134	GB/T 20969.3-2007	特殊环境条件 高原机械 第3部分：高原型工程机械选型、验收规范
135	GB/T 21014-2007	土方机械 计时表
136	GB/T 21152-2007	土方机械 轮胎式机器 制动系统的性能要求和试验方法
137	GB/T 21153-2007	土方机械 尺寸、性能和参数的单位与测量准确度
138	GB/T 21154-2007	土方机械 整机及其工作装置和部件的质量测量方法
139	GB/T 21155-2007	土方机械 前进和倒退音响报警 声响试验方法
140	GB/T 21156.1-2007	特殊环境条件 沙漠机械 第1部分：干热沙漠内燃动力机械
141	GB/T 21156.2-2007	特殊环境条件 沙漠机械 第2部分：干热沙漠工程机械
142	GB 21240-2007	液压电梯制造与安装安全规范
143	GB/T 1955-2008	建筑卷扬机
144	GB 2893-2008	安全色
145	GB/T 2893.2-2008	图形符号 安全色和安全标志 第2部分：产品安全标签的设计原则
146	GB 2894-2008	安全标志及其使用导则
147	GB/T 3811-2008	起重机 设计规范
148	GB 3883.1-2008	手持式电动工具的安全 第一部分：通用要求
149	GB 3883.16-2008	手持式电动工具的安全 第二部分：钉钉机的专用要求
150	GB 3883.22-2008	手持式电动工具的安全 第二部分：开槽机的专用要求
151	GB/T 5013.5-2008	额定电压450V/750V及以下橡皮绝缘电缆 第5部分：电梯电缆
152	GB/T 5031-2008	塔式起重机
153	GB/T 5143-2008	工业车辆 护顶架 技术要求和试验方法
154	GB/T 5182-2008	叉车 货叉 技术要求和试验方法

（续）

序号	标准号	标准名称
155	GB/T 5184-2008	叉车 挂钩型货叉和货叉架 安装尺寸
156	GB 5226.1-2008	机械电气安全 机械电气设备 第1部分：通用技术条件
157	GB/T 5465.2-2008	电气设备用图形符号 第2部分：图形符号
158	GB/T 5898-2008	手持式非电类动力工具 噪声测量方法 工程法（2级）
159	GB/T 6068-2008	汽车起重机和轮胎起重机试验规范
160	GB/T 6375-2008	土方机械 牵引力测试方法
161	GB/T 6946-2008	钢丝绳铝合金压制接头
162	GB/T 6974.1-2008	起重机 术语 第1部分：通用术语
163	GB/T 6974.3-2008	起重机 术语 第3部分：塔式起重机
164	GB/T 6974.5-2008	起重机 术语 第5部分：桥式和门式起重机
165		
166	GB/T 7024-2008	电梯、自动扶梯、自动人行道术语
167	GB/T 7025.2-2008	电梯主参数及轿厢、井道、机房的型式与尺寸 第2部分：Ⅳ类电梯
168	GB/T 7025.1-2008	电梯主参数及轿厢、井道、机房的型式与尺寸 第1部分：Ⅰ、Ⅱ、Ⅲ、Ⅵ类电梯
169	GB/T 7586-2008	液压挖掘机 试验方法
170	GB/T 8498-2008	土方机械 基本类型 识别、术语和定义
171	GB/T 8506-2008	平地机 试验方法
172	GB/T 8533-2008	小型砌块成型机
173	GB/T 8595-2008	土方机械 司机的操纵装置
174	GB/T 8910.4-2008	手持便携式动力工具 手柄振动测量方法 第4部分：砂轮机
175	GB/T 8910.5-2008	手持便携式动力工具 手柄振动测量方法 第5部分：建筑工程用路面破碎机和镐
176	GB/T 9139-2008	液压挖掘机 技术条件
177	GB/T 9465-2008	高空作业车
178	GB/T 10168-2008	土方机械 挖掘装载机 术语和商业规格
179	GB/T 10175.1-2008	土方机械 装载机和挖掘装载机 第1部分：额定工作载荷的计算和验证倾翻载荷计算值的测试方法
180	GB/T 10175.2-2008	土方机械 装载机和挖掘装载机 第2部分：掘起力和最大提升高度提升能力的测试方法
181	GB/T 13332-2008	土方机械 液压挖掘机和挖掘装载机 挖掘力的测定方法
182	GB/T 13751-2008	挖掘装载机 试验方法
183	GB/T 14917-2008	土方机械 维修服务用仪器
184	GB/T 16277-2008	沥青混凝土摊铺机
185	GB/T 16273.1-2008	设备用图形符号 第1部分：通用符号
186	GB 16754-2008	机械安全 急停 设计原则

（续）

序号	标准号	标 准 名 称
187	GB/T 16755-2008	机械安全 安全标准的起草与表述规则
188	GB/T 16855.1-2008	机械安全 控制系统有关安全部件 第1部分：设计通则
189	GB/T 16856.2-2008	机械安全 风险评价 第2部分：实施指南和方法举例
190	GB/T 17047-2008	混凝土制品机械 术语
191	GB/T 18224-2008	桥式抓斗卸船机 安全规程
192	GB/T 18577.1-2008	土方机械 尺寸与符号的定义 第1部分：主机
193	GB/T 18577.2-2008	土方机械 尺寸与符号的定义 第2部分：工作装置和附属装置
194	GB/T 20969.4-2008	特殊环境条件 高原机械 第4部分：高原自然环境试验导则 内燃动力机械
195	GB/T 20969.5-2008	特殊环境条件 高原机械 第5部分：高原自然环境试验导则 工程机械
196	GB/T 21457-2008	起重机和相关设备 试验中参数的测量精度要求
197	GB/T 21458-2008	流动式起重机 额定起重量图表
198	GB/T 21467-2008	工业车辆在门架前倾的特定条件下堆垛作业 附加稳定性试验
199	GB/T 21468-2008	托盘堆垛车和高起升平台堆垛车 稳定性试验
200	GB/T 21682-2008	旋挖钻机
201	GB/T 21739-2008	家用电梯制造与安装规范
202	GB/T 21934-2008	土方机械 沉头方颈螺栓
203	GB/T 21935-2008	土方机械 操纵的舒适区域与可及范围
204	GB/T 21936-2008	土方机械 安装在机器上的拖曳装置 性能要求
205	GB/T 21937-2008	土方机械 履带式和轮胎式推土机的推土铲 容量标定
206	GB/T 21938-2008	土方机械 液压挖掘机和挖掘装载机动臂下降控制装置 要求和试验
207	GB/T 21939-2008	土方机械 低速机器报警装置 超声波及其他系统
208	GB/T 21940-2008	土方机械 推土机、平地机和铲运机用刀片 主要形状和基本尺寸
209	GB/T 21941-2008	土方机械 液压挖掘机和挖掘装载机的反铲斗和抓铲斗 容量标定
210	GB/T 21942-2008	土方机械 装载机和正铲挖掘机的铲斗 容量标定
211	GB/T 22166-2008	非校准起重圆环链和吊链 使用和维护
212	GB/T 22242-2008	装修机械 术语
213	GB/T 22352-2008	土方机械 吊管机 术语和商业规格
214	GB/T 22353-2008	土方机械 电线和电缆 识别和标记通则
215	GB/T 22354-2008	土方机械 机器生产率 术语、符号和单位
216	GB/T 22355-2008	土方机械 铰接机架锁紧装置 性能要求
217	GB/T 22356-2008	土方机械 钥匙锁启动系统
218	GB/T 22357-2008	土方机械 机械挖掘机 术语

（续）

序号	标准号	标准名称
219	GB/T 22358-2008	土方机械 防护与贮存
220	GB/T 22359-2008	土方机械 电磁兼容性
221	GB 22361-2008	打桩设备 安全规范
222	GB/T 22414-2008	起重机 速度和时间参数的测量
223	GB/T 22415-2008	起重机 对试验载荷的要求
224	GB/T 22416.1-2008	起重机 维护 第1部分：总则
225	GB/T 22417-2008	叉车 货叉叉套和伸缩式货叉 技术性能和强度要求
226	GB/T 22418-2008	工业车辆 车辆自动功能的附加要求
227	GB/T 22419-2008	工业车辆 集装箱吊具和抓臂操作用指示灯技术要求
228	GB/T 22420-2008	两向和多向运行叉车 稳定性试验
229	GB/T 22437.1-2008	起重机 载荷与载荷组合的设计原则 第1部分：总则
230	GB/T 22437.3-2008	起重机 载荷与载荷组合的设计原则 第3部分：塔式起重机
231	GB/T 22437.5-2008	起重机 载荷与载荷组合的设计原则 第5部分：桥式和门式起重机
232	GB/T 22562-2008	电梯T型导轨
233	GB/T 22664-2008	手持式电动工具 石材切割机
234	GB/T 22665.1-2008	手持式电动工具手柄的振动测量方法 第1部分：电钻和冲击钻
235	GB/T 22665.2-2008	手持式电动工具手柄的振动测量方法 第2部分：螺丝刀和冲击扳手
236	GB/T 22665.3-2008	手持式电动工具手柄的振动测量方法 第3部分：砂轮机、抛光机和盘式砂光机
237	GB/T 22665.4-2008	手持式电动工具手柄的振动测量方法 第4部分：非盘式砂光机和抛光机
238	GB/T 22665.5-2008	手持式电动工具手柄的振动测量方法 第5部分：圆锯
239	GB/T 22665.6-2008	手持式电动工具手柄的振动测量方法 第6部分：锤类工具
240	GB 3883.18-2009	手持式电动工具的安全 第二部分：石材切割机的专用要求
241	GB 4053.1-2009	固定式钢梯及平台安全要求 第1部分：钢直梯
242	GB 4053.2-2009	固定式钢梯及平台安全要求 第2部分：钢斜梯
243	GB 4053.3-2009	固定式钢梯及平台安全要求 第3部分：工业防护栏杆及钢平台
244	GB/T 5465.1-2009	电气设备用图形符号 第1部分：概述与分类
245	GB/T 5972-2009	起重机 钢丝绳 保养、维护、安装、检验和报废
246	GB/T 10058-2009	电梯 技术条件
247	GB/T 10059-2009	电梯 试验方法
248	GB 12602-2009	起重机械超载保护装置
249	GB/T 18775-2009	电梯、自动扶梯和自动人行道维修规范
250	GB/T 18874.3-2009	起重机 供需双方应提供的资料 第3部分：塔式起重机

（续）

序号	标准号	标准名称
251	GB/T 18874.4-2009	起重机 供需双方应提供的资料 第4部分：臂架起重机
252	GB/T 23577-2009	道路施工与养护机械设备 基本类型 识别与描述
253	GB/T 23578-2009	道路施工与养护机械设备 滑模摊铺机 术语和商业规格
254	GB/T 23579-2009	道路施工与养护机械设备 粉料撒布机 术语和商业规格
255	GB/T 23580-2009	连续搬运设备 安全规范 专用规则
256	GB/T 23720.1-2009	起重机 司机培训 第1部分：总则
257	GB/T 23721-2009	起重机 吊装工和指挥人员的培训
258	GB/T 23722-2009	起重机 司机（操作员）、吊装工、指挥人员和评审员的资格要求
259	GB/T 23723.1-2009	起重机 安全使用 第1部分：总则
260	GB/T 23724.1-2009	起重机 检查 第1部分：总则
261	GB/T 23725.1-2009	起重机 信息标牌 第1部分：总则
262	GB/T 24474-2009	电梯乘运质量测量
263	GB/T 24475-2009	电梯远程报警系统
264	GB/T 24476-2009	电梯、自动扶梯和自动人行道数据监视和记录规范
265	GB/T 24477-2009	适用于残障人员的电梯附加要求
266	GB/T 24478-2009	电梯曳引机
267	GB/T 24479-2009	火灾情况下的电梯特性
268	GB/T 24480-2009	电梯层门耐火试验
269	GB 24803.1-2009	电梯 安全要求 第1部分：电梯基本安全要求
270	GB 24804-2009	提高在用电梯安全性的规范
271	GB/T 24807-2009	电磁兼容 电梯、自动扶梯和自动人行道的产品系列标准 发射
272	GB/T 24808-2009	电磁兼容 电梯、自动扶梯和自动人行道的产品系列标准 抗扰度
273	GB/T 24809.1-2009	起重机 对机构的要求 第1部分：总则
274	GB/T 24809.3-2009	起重机 对机构的要求 第3部分：塔式起重机
275	GB/T 24809.4-2009	起重机 对机构的要求 第4部分：臂架起重机
276	GB/T 24809.5-2009	起重机 对机构的要求 第5部分：桥式和门式起重机
277	GB/T 24810.1-2009	起重机 限制器和指示器 第1部分：总则
278	GB/T 24810.2-2009	起重机 限制器和指示器 第2部分：流动式起重机
279	GB/T 24810.3-2009	起重机 限制器和指示器 第3部分：塔式起重机
280	GB/T 24810.4-2009	起重机 限制器和指示器 第4部分：臂架起重机
281	GB/T 24810.5-2009	起重机 限制器和指示器 第5部分：桥式和门式起重机
282	GB/T 24811.1-2009	起重机和起重机械 钢丝绳选择 第1部分：总则

（续）

序号	标准号	标准名称
283	GB/T 24811.2-2009	起重机和起重机械 钢丝绳选择 第2部分：流动式起重机 利用系数
284	GB/T 24812-2009	4级链条用锻造环眼吊钩
285	GB/T 24813-2009	8级链条用锻造环眼吊钩
286	GB/T 24814-2009	起重用短环链 吊链等用4级普通精度链
287	GB/T 24815-2009	起重用短环链 吊链等用6级普通精度链
288	GB/T 24816-2009	起重用短环链 吊链等用8级普通精度链
289	GB/T 24817.1-2009	起重机械 控制装置布置形式和特性 第1部分：总则
290	GB/T 24817.3-2009	起重机械 控制装置布置形式和特性 第3部分：塔式起重机
291	GB/T 24817.4-2009	起重机械 控制装置布置形式和特性 第4部分：臂架起重机
292	GB/T 24817.5-2009	起重机械 控制装置布置形式和特性 第5部分：桥式和门式起重机
293	GB/T 24818.1-2009	起重机 通道及安全防护设施 第1部分：总则
294	GB/T 24818.3-2009	起重机 通道及安全防护设施 第3部分：塔式起重机
295	GB/T 24818.5-2009	起重机 通道及安全防护设施 第5部分：桥式和门式起重机
296	GB/T 2893.3-2010	图形符号 安全色和安全标志 第3部分：安全标志用图形符号设计原则
297	GB 6067.1-2010	起重机械 安全规程 第1部分：总则
298	GB/T 6974.2-2010	起重机 术语 第2部分：流动式起重机
299	GB/T 8593.1-2010	土方机械 司机操纵装置和其他显示装置用符号 第1部分：通用符号
300	GB/T 8593.2-2010	土方机械 司机操纵装置和其他显示装置用符号 第2部分：机器、工作装置和附件的特殊符号
301	GB/T 10051.1-2010	起重吊钩 第1部分：力学性能、起重量、应力及材料
302	GB/T 10051.2-2010	起重吊钩 第2部分：锻造吊钩技术条件
303	GB/T 10051.3-2010	起重吊钩 第3部分：锻造吊钩使用检查
304	GB/T 10051.4-2010	起重吊钩 第4部分：直柄单钩毛坯件
305	GB/T 10051.5-2010	起重吊钩 第5部分：直柄单钩
306	GB/T 10051.6-2010	起重吊钩 第6部分：直柄双钩毛坯件
307	GB/T 10051.7-2010	起重吊钩 第7部分：直柄双钩
308	GB/T 10051.8-2010	起重吊钩 第8部分：吊钩横梁毛坯件
309	GB/T 10051.9-2010	起重吊钩 第9部分：吊钩横梁
310	GB/T 10051.10-2010	起重吊钩 第10部分：吊钩螺母
311	GB/T 10051.11-2010	起重吊钩 第11部分：吊钩螺母防松板
312	GB/T 10051.12-2010	起重吊钩 第12部分：吊钩闭锁装置
313	GB/T 10051.13-2010	起重吊钩 第13部分：叠片式吊钩技术条件
314	GB/T 10051.14-2010	起重吊钩 第14部分：叠片式吊钩使用检查

（续）

序号	标准号	标 准 名 称
315	GB/T 10051.15-2010	起重吊钩 第15部分：叠片式单钩
316	GB/T 10170-2010	挖掘装载机 技术条件
317	GB/T 10183.1-2010	起重机 车轮及大车和小车轨道公差 第1部分：总则
318	GB/T 10183.4-2010	起重机 车轮及大车和小车轨道公差 第4部分：臂架起重机
319	GB/T 14780-2010	土方机械 排液、加液和液位螺塞
320	GB/T 14782-2010	平地机 技术条件
321	GB 15052-2010	起重机 安全标志和危险图形符号 总则
322	GB 16710-2010	土方机械 噪声限值
323	GB/T 16937-2010	土方机械 司机视野 试验方法和性能准则
324	GB/T 17300-2010	土方机械 通道装置
325	GB/T 17771-2010	土方机械 落物保护结构 试验室试验和性能要求
326	GB/T 17808-2010	道路施工与养护机械设备 沥青混合料搅拌设备
327	GB/T 17909.2-2010	起重机 起重机操作手册 第2部分：流动式起重机
328	GB/T 17921-2010	土方机械 座椅安全带及其固定器 性能要求和试验
329	GB/T 22437.2-2010	起重机 载荷与载荷组合的设计原则 第2部分：流动式起重机
330	GB/T 22437.4-2010	起重机 载荷与载荷组合的设计原则 第4部分：臂架起重机
331	GB/T 23720.3-2010	起重机 司机培训 第3部分：塔式起重机
332	GB/T 23723.3-2010	起重机 安全使用 第3部分：塔式起重机
333	GB/T 23723.4-2010	起重机 安全使用 第4部分：臂架起重机
334	GB/T 23724.3-2010	起重机 检查 第3部分：塔式起重机
335	GB/T 23725.3-2010	起重机 信息标牌 第3部分：塔式起重机
336	GB/T 24817.2-2010	起重机械 控制装置布置形式和特性 第2部分：流动式起重机
337	GB/T 24818.2-2010	起重机 通道及安全防护设施 第2部分：流动式起重机
338	GB/T 25028-2010	轮胎式装载机 制动系统用加力器 技术条件
339	GB 25194-2010	杂物电梯制造与安装安全规范
340	GB/T 25195.1-2010	起重机 图形符号 第1部分：总则
341	GB/T 25195.2-2010	起重机 图形符号 第2部分：流动式起重机
342	GB/T 25195.3-2010	起重机 图形符号 第3部分：塔式起重机
343	GB/T 25196.1-2010	起重机 状态监控 第1部分：总则
344	GB/T 25602-2010	土方机械 机器可用性 术语
345	GB/T 25603-2010	土方机械 水平定向钻机 术语
346	GB/T 25604-2010	土方机械 装载机 术语和商业规格

（续）

序号	标准号	标准名称
347	GB/T 25605-2010	土方机械 自卸车 术语和商业规格
348	GB/T 25606-2010	土方机械 产品识别代码系统
349	GB/T 25607-2010	土方机械 防护装置 定义和要求
350	GB/T 25608-2010	土方机械 非金属燃油箱的性能要求
351	GB/T 25609-2010	土方机械 步行操纵式机器的制动系统 性能要求和试验方法
352	GB/T 25610-2010	土方机械 自卸车车厢支承装置和司机室倾斜支承装置
353	GB/T 25611-2010	土方机械 机器液体系统作业的坡道极限值测定 静态法
354	GB/T 25612-2010	土方机械 声功率级的测定 定置试验条件
355	GB/T 25613-2010	土方机械 司机位置发射声压级的测定 定置试验条件
356	GB/T 25614-2010	土方机械 声功率级的测定 动态试验条件
357	GB/T 25615-2010	土方机械 司机位置发射声压级的测定 动态试验条件
358	GB/T 25616-2010	土方机械 辅助启动装置的电连接件
359	GB/T 25617-2010	土方机械 机器操作的可视显示装置
360	GB/T 25618.1-2010	土方机械 润滑油杯 第 1 部分：螺纹接头式
361	GB/T 25618.2-2010	土方机械 润滑油杯 第 2 部分：油枪注油嘴
362	GB/T 25619-2010	土方机械 滑移转向装载机附属装置的连接
363	GB/T 25620-2010	土方机械 操作和维修 可维修性指南
364	GB/T 25621-2010	土方机械 操作和维修 技工培训
365	GB/T 25622-2010	土方机械 司机手册 内容和格式
366	GB/T 25623-2010	土方机械 司机培训方法指南
367	GB/T 25624-2010	土方机械 司机座椅 尺寸和要求
368	GB/T 25625-2010	土方机械 自卸车 教练员座椅 / 环境空间
369	GB/T 25626-2010	冲击压路机
370	GB/T 25627-2010	工程机械 动力换挡变速器
371	GB/T 25628-2010	土方机械 斗齿
372	GB/T 25629-2010	液压挖掘机 中央回转接头
373	GB/T 25637.1-2010	建筑施工机械与设备 混凝土搅拌机 第 1 部分：术语与商业规格
374	GB/T 25638.1-2010	建筑施工机械与设备 混凝土泵 第 1 部分：术语与商业规格
375	GB/T 25639-2010	道路施工与养护机械设备 沥青混凝土路面摊铺作业机群智能化 术语
376	GB/T 25640-2010	道路施工与养护机械设备 沥青混凝土路面摊铺作业机群智能化 信息交换
377	GB/T 25641-2010	道路施工与养护机械设备 沥青混合料厂拌热再生设备
378	GB/T 25642-2010	道路施工与养护机械设备 沥青混合料转运机

（续）

序号	标准号	标准名称
379	GB/T 25643-2010	道路施工与养护机械设备 路面铣刨机
380	GB/T 25648-2010	道路施工与养护机械设备 稳定土拌和机
381	GB/T 25649-2010	道路施工与养护机械设备 稀浆封层机
382	GB/T 25650-2010	混凝土振动台
383	GB 25684.1-2010	土方机械 安全 第 1 部分：通用要求
384	GB 25684.2-2010	土方机械 安全 第 2 部分：推土机的要求
385	GB 25684.3-2010	土方机械 安全 第 3 部分：装载机的要求
386	GB 25684.4-2010	土方机械 安全 第 4 部分：挖掘装载机的要求
387	GB 25684.5-2010	土方机械 安全 第 5 部分：液压挖掘机的要求
388	GB 25684.6-2010	土方机械 安全 第 6 部分：自卸车的要求
389	GB 25684.7-2010	土方机械 安全 第 7 部分：铲运机的要求
390	GB 25684.8-2010	土方机械 安全 第 8 部分：平地机的要求
391	GB 25684.9-2010	土方机械 安全 第 9 部分：吊管机的要求
392	GB 25684.10-2010	土方机械 安全 第 10 部分：挖沟机的要求
393	GB 25684.11-2010	土方机械 安全 第 11 部分：土方回填压实机的要求
394	GB 25684.12-2010	土方机械 安全 第 12 部分：机械挖掘机的要求
395	GB 25684.13-2010	土方机械 安全 第 13 部分：压路机的要求
396	GB/T 25685.1-2010	土方机械 监视镜和后视镜的视野 第 1 部分：试验方法
397	GB/T 25685.2-2010	土方机械 监视镜和后视镜的视野 第 2 部分：性能准则
398	GB/T 25686-2010	土方机械 司机遥控的安全要求
399	GB/T 25687.1-2010	土方机械 同义术语的多语种列表 第 1 部分：综合
400	GB/T 25687.2-2010	土方机械 同义术语的多语种列表 第 2 部分：性能和尺寸
401	GB/T 25688.1-2010	土方机械 维修工具 第 1 部分：通用维修和调整工具
402	GB/T 25688.2-2010	土方机械 维修工具 第 2 部分：机械式拉拔器和推拔器
403	GB/T 25689-2010	土方机械 自卸车车厢 容量标定
404	GB/T 25690-2010	土方机械 升运式铲运机 容量标定
405	GB/T 25691-2010	土方机械 开斗式铲运机 容量标定
406	GB/T 25692-2010	土方机械 自卸车和自行式铲运机用限速器 性能试验
407	GB/T 25693-2010	土方机械 遥控拆除机
408	GB/T 25694-2010	土方机械 滑移转向装载机
409	GB/T 25695-2010	建筑施工机械与设备 旋挖钻机成孔施工通用规程
410	GB/T 25696-2010	道路施工与养护机械设备 沥青路面加热机 术语和商业规格

（续）

序号	标准号	标准名称
411	GB 25849-2010	移动式升降工作平台 设计计算、安全要求和测试方法
412	GB/T 25850-2010	起重机 指派人员的培训
413	GB/T 25851.1-2010	流动式起重机 起重机性能的试验测定 第1部分：倾翻载荷和幅度
414	GB/T 25852-2010	8级链条用锻造起重部件
415	GB/T 25853-2010	8级非焊接吊链
416	GB/T 25854-2010	一般起重用D形和弓形锻造卸扣
417	GB/T 25855-2010	索具用8级连接环
418	GB 25856-2010	仅载货电梯制造与安装安全规范
419	GB/T 25896.1-2010	设备用图形符号 起重机 第1部分：通用符号
420	GB/T 25896.2-2010	设备用图形符号 起重机 第2部分：流动式起重机符号
421	GB/T 25896.3-2010	设备用图形符号 起重机 第3部分：塔式起重机符号
422	GB/T 25977-2010	除雪车
423	GB/T 25981-2010	护栏清洗车
424	GB/T 26080-2010	塔机用冷弯矩形管
425	GB 26133-2010	非道路移动机械用小型点燃式发动机排气污染物排放限值与测量方法（中国第一、二阶段）
426	GB/Z 26139-2010	土方机械 驾乘式机器暴露于全身振动的评价指南 国际协会、组织和制造商所测定协调数据的应用
427	GB/T 5905-2011	起重机 试验规范和程序
428	GB/T 8420-2011	土方机械 司机的身材尺寸与司机的最小活动空间
429	GB/T 10060-2011	电梯安装验收规范
430	GB/T 10597-2011	卷扬式启闭机
431	GB/T 14406-2011	通用门式起重机
432	GB/T 14405-2011	通用桥式起重机
433	GB/T 14560-2011	履带起重机
434	GB/T 14627-2011	液压式启闭机
435	GB/T 14687-2011	工业脚轮和车轮
436	GB/T 14695-2011	臂式斗轮堆取料机 型式和基本参数
437	GB/T 16178-2011	场（厂）内机动车辆安全检验技术要求
438	GB 16899-2011	自动扶梯和自动人行道的制造与安装安全规范
439	GB/T 20418-2011	土方机械 照明、信号和标志灯以及反射器
440	GB/T 26408-2011	混凝土搅拌运输车
441	GB/T 26409-2011	流动式混凝土泵
442	GB 26465-2011	消防电梯制造与安装安全规范

（续）

序号	标准号	标准名称
443	GB 26469-2011	架桥机 安全规程
444	GB/T 26470-2011	架桥机 通用技术条件
445	GB/T 26471-2011	塔式起重机 安装与拆卸规则
446	GB/T 26472-2011	流动式起重机 卷筒和滑轮尺寸
447	GB/T 26473-2011	起重机 随车起重机安全要求
448	GB/T 26474-2011	集装箱正面吊运起重机 技术条件
449	GB/T 26475-2011	桥式抓斗卸船机
450	GB/T 26476-2011	机械式停车设备 术语
451	GB/T 26477.1-2011	起重机 车轮和相关小车承轨结构的设计计算 第1部分：总则
452	GB 26504-2011	移动式道路施工机械 通用安全要求
453	GB 26505-2011	移动式道路施工机械 摊铺机安全要求
454	GB 26545-2011	建筑施工机械与设备 钻孔设备安全规范
455	GB/T26546-2011	工程机械减轻环境负担的技术指南
456	GB 26557-2011	吊笼有垂直导向的人货两用施工升降机
457	GB/T 26558-2011	桅杆起重机
458	GB/T 26559-2011	机械式停车设备 分类
459	GB/T 26560-2011	机动工业车辆 安全标志和危险图示 通则
460	GB/T 26561-2011	搬运6m及其以上长度货运集装箱的平衡重式叉车 附加稳定性试验
461	GB/T 26665-2011	制动器 术语
462	GB/T 26945-2011	集装箱空箱堆高机
463	GB/T 26946.1-2011	侧面式叉车 第1部分：稳定性试验
464	GB/T 26946.2-2011	侧面式叉车 第2部分：搬运6m及其以上长度货运集装箱叉车的附加稳定性试验
465	GB/T 26947-2011	手动托盘搬运车
466	GB/T 26948.1-2011	工业车辆驾驶员约束系统技术要求及试验方法 第1部分：腰部安全带
467	GB/T 26949.10-2011	工业车辆 稳定性验证 第10部分：在由动力装置侧移载荷条件下堆垛作业的附加稳定性试验
468	GB/T 26950.1-2011	防爆工业车辆 第1部分：蓄电池工业车辆
469	GB/T 27542-2011	蓄电池托盘搬运车
470	GB/T 27543-2011	手推升降平台搬运车
471	GB/T 27544-2011	工业车辆 电气要求
472	GB/T 27545-2011	水平循环类机械式停车设备
473	GB/T 27546-2011	起重机械 滑轮
474	GB/T 27547-2011	升降工作平台 导架爬升式工作平台

（续）

序号	标准号	标 准 名 称
475	GB/T 27548-2011	移动式升降工作平台 安全规则、检查、维护和操作
476	GB/T 27549-2011	移动式升降工作平台 操作人员培训
477	GB/T 27613-2011	液压传动 液体污染 采用称重法测定颗粒污染度
478	GB/T 27693-2011	工业车辆安全 噪声辐射的测量方法
479	GB/T 27694-2011	工业车辆安全 振动的测量方法
480	GB 27695-2011	汽车举升机 安全规程
481	GB/T 27696-2011	一般起重用 4 级锻造吊环螺栓
482	GB/T 27697-2011	立式油压千斤顶
483	GB/T 27903-2011	电梯层门耐火试验 完整性、隔热性和热通量测定法
484	GB/T 27996-2011	全地面起重机
485	GB/T 27997-2011	造船门式起重机
486	GB/T 27998-2011	平衡式起重机
487	GB 3883.2-2012	手持式电动工具的安全 第二部分：螺丝刀和冲击扳手的专用要求
488	GB 3883.4-2012	手持式电动工具的安全 第二部分：非盘式砂光机和抛光机的专用要求
489	GB 3883.6-2012	手持式电动工具的安全 第二部分：电钻和冲击电钻的专用要求
490	GB 3883.7-2012	手持式电动工具的安全 第二部分：锤类工具的专用要求
491	GB 3883.8-2012	手持式电动工具的安全 第二部分：电剪刀和电冲剪的专用要求
492	GB 3883.9-2012	手持式电动工具的安全 第二部分：攻丝机的专用要求
493	GB 3883.11-2012	手持式电动工具的安全 第二部分：往复锯（曲线锯、刀锯）的专用要求
494	GB 3883.12-2012	手持式电动工具的安全 第二部分：混凝土振动器的专用要求
495	GB 3883.19-2012	手持式电动工具的安全 第二部分：管道疏通机的专用要求
496	GB 3883.20-2012	手持式电动工具的安全 第二部分：捆扎机的专用要求
497	GB 3883.21-2012	手持式电动工具的安全 第二部分：带锯的专用要求
498	GB/T 12974-2012	交流电梯电动机通用技术条件
499	GB/T 15706-2012	机械安全 设计通则 风险评估与风险减小
500	GB/T 19876-2012	机械安全 与人体部位接近速度相关的安全防护装置的定位
501	GB/T 26949.1-2012	工业车辆 稳定性验证 第 1 部分：总则
502	GB/T 28264-2012	起重机械 安全监控管理系统
503	GB/T 28391-2012	建筑施工机械与设备 人力移动式液压动力站
504	GB/T 28392-2012	道路施工与养护机械设备 热风式沥青混合料再生修补机
505	GB/T 28393-2012	道路施工与养护机械设备 沥青碎石同步封层车
506	GB/T 28394-2012	道路施工与养护机械设备 沥青路面微波加热装置

（续）

序号	标准号	标准名称
507	GB 28395-2012	混凝土及灰浆输送、喷射、浇注机械 安全要求
508	GB/Z 28597-2012	地震情况下的电梯和自动扶梯要求 汇编报告
509	GB/Z 28598-2012	电梯用于紧急疏散的研究
510	GB 28621-2012	安装于现有建筑物中的新电梯制造与安装安全规范
511	GB 28755-2012	简易升降机 安全规程
512	GB/T 28756-2012	缆索起重机
513	GB/T 28757-2012	除流动式、塔式和浮式起重机以外的起重机 稳定性基本要求
514	GB/T 28758-2012	起重机 检查人员的资格要求
515	GB/T 29009-2012	建筑施工机械与设备 移动式破碎机 术语和商业规格
516	GB/T 29010-2012	建筑施工机械与设备 履带式建设废弃物处理机械 术语和商业规格
517	GB/T 29011-2012	建筑施工机械与设备 液压式钢板桩压拔桩机 术语和商业规格
518	GB/T 29012-2012	道路施工与养护机械设备 道路灌缝机
519	GB/T 29013-2012	道路施工与养护机械设备 滑模式水泥混凝土摊铺机
520	GB/T 29086-2012	钢丝绳 安全 使用和维护
521	GB/T 783-2013	起重机械 基本型的最大起重量系列
522	GB/T 2893.1-2013	图形符号 安全色和安全标志 第1部分：安全标志和安全标记的设计原则
523	GB/T 2893.4-2013	图形符号 安全色和安全标志 第4部分：安全标志材料的色度属性和光度属性
524	GB/T 6247.1-2013	凿岩机械与便携式动力工具 术语 第1部分：凿岩机械、气动工具和气动机械
525	GB/T 6247.2-2013	凿岩机械与便携式动力工具 术语 第2部分：液压工具
526	GB/T 6247.3-2013	凿岩机械与便携式动力工具 术语 第3部分：零部件与机构
527	GB/T 6247.4-2013	凿岩机械与便携式动力工具 术语 第4部分：性能试验
528	GB/T 7920.12-2013	道路施工与养护机械设备 沥青混凝土摊铺机 术语和商业规格
529	GB 10827.5-2013	工业车辆 安全要求和验证 第5部分：步行式车辆
530	GB 14711-2013	中小型旋转电机 通用安全要求
531	GB 14784-2013	带式输送机 安全规范
532	GB/T 24803.2-2013	电梯安全要求 第2部分：满足电梯基本安全要求的安全参数
533	GB/T 24803.3-2013	电梯安全要求 第3部分：电梯、电梯部件和电梯功能符合性评价的前提条件
534	GB/T 24803.4-2013	电梯安全要求 第4部分：评价要求
535	GB/T 25697-2013	道路施工与养护机械设备 沥青路面就地热再生复拌机
536	GB/T 29561-2013	港口固定式起重机
537	GB/T 29560-2013	门座起重机
538	GB/T 29562.1-2013	起重机械用电动机能效测试方法 第1部分：YZP系列变频调速三相异步电动机

（续）

序号	标准号	标准名称
539	GB/T 29562.2-2013	起重机械用电动机能效测试方法 第2部分：YZR/YZ系列三相异步电动机
540	GB/T 29562.3-2013	起重机械用电动机能效测试方法 第3部分：锥形转子三相异步电动机
541	GB/T 26949.2-2013	工业车辆 稳定性验证 第2部分：平衡重式叉车
542	GB/T 26949.3-2013	工业车辆 稳定性验证 第3部分：前移式和插腿式叉车
543	GB/T 30023-2013	起重机 可用性 术语
544	GB/T 30024-2013	起重机 金属结构能力验证
545	GB/T 30025-2013	起重机 起重机及其部件质量的测量
546	GB/T 30026-2013	起重用短环链 TH级手动链式葫芦用高精度链
547	GB/T 30027-2013	起重用短环链 VH级手动链式葫芦用高精度链
548	GB/T 30028-2013	电动葫芦 能效测试方法
549	GB/T 30031-2013	工业车辆 电磁兼容性
550	GB/T 30032.2-2013	移动式升降工作平台 带有特殊部件的设计、计算、安全要求和试验方法 第2部分：装有非导电（绝缘）部件的移动式升降工作平台
551	GB/T 30193-2013	工程机械轮胎耐久性试验方法
552	GB/T 30197-2013	工程机械轮胎作业能力测试方法 转鼓法
553	GB/T 30221-2013	工业制动器能效测试方法
554	GB/T 30222-2013	起重机械用电力驱动起升机构能效测试方法
555	GB/T 30223-2013	起重机械用电力驱动运行机构能效测试方法
556	GB/T 30462-2013	再制造非道路用内燃机 通用技术条件

〔供稿人：中国工程机械工业协会标准化工作委员会李静〕

政策法规

记载对工程机械行业产生重要影响的政策法规

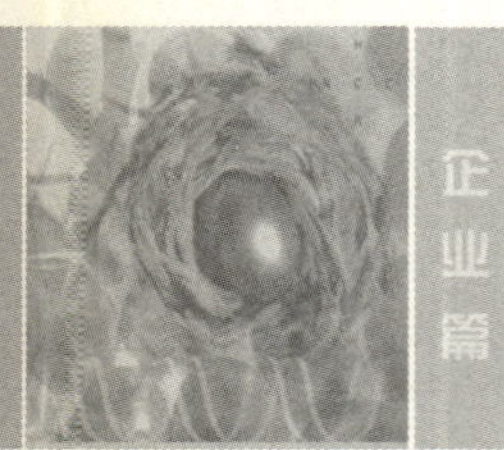

政策法规

中华人民共和国环境保护法

全国人民代表大会常务委员会关于修改《中华人民共和国安全生产法》的决定

中华人民共和国商标法实施条例

企业信息公示暂行条例

中华人民共和国环境保护法

（中华人民共和国主席令 第9号）

《中华人民共和国环境保护法》已由中华人民共和国第十二届全国人民代表大会常务委员会第八次会议于2014年4月24日修订通过，现将修订后的《中华人民共和国环境保护法》公布，自2015年1月1日起施行。

中华人民共和国环境保护法

（1989年12月26日第七届全国人民代表大会常务委员会第十一次会议通过
2014年4月24日第十二届全国人民代表大会常务委员会第八次会议修订

目 录

第一章 总 则

第一条 为保护和改善环境，防治污染和其他公害，保障公众健康，推进生态文明建设，促进经济社会可持续发展，制定本法。

第二条 本法所称环境，是指影响人类生存和发展的各种天然的和经过人工改造的自然因素的总体，包括大气、水、海洋、土地、矿藏、森林、草原、湿地、野生生物、自然遗迹、人文遗迹、自然保护区、风景名胜区、城市和乡村等。

第三条 本法适用于中华人民共和国领域和中华人民共和国管辖的其他海域。

第四条 保护环境是国家的基本国策。

国家采取有利于节约和循环利用资源、保护和改善环境、促进人与自然和谐的经济、技术政策和措施，使经济社会发展与环境保护相协调。

第五条 环境保护坚持保护优先、预防为主、综合治理、公众参与、损害担责的原则。

第六条 一切单位和个人都有保护环境的义务。

地方各级人民政府应当对本行政区域的环境质量负责。

企业事业单位和其他生产经营者应当防止、减少环境污染和生态破坏，对所造成的损害依法承担责任。

公民应当增强环境保护意识，采取低碳、节俭的生活方式，自觉履行环境保护义务。

第七条 国家支持环境保护科学技术研究、开发和应用，鼓励环境保护产业发展，促进环境保护信息化建设，提高环境保护科学技术水平。

第八条 各级人民政府应当加大保护和改善环境、防治污染和其他公害的财政投入，提高财政资金的使用效益。

第九条 各级人民政府应当加强环境保护宣传和普及工作，鼓励基层群众性自治组织、社会组织、环境保护志愿者开展环境保护法律法规和环境保护知识的宣传，营造保护环境的良好风气。

教育行政部门、学校应当将环境保护知识纳入学校教育内容，培养学生的环境保护意识。

新闻媒体应当开展环境保护法律法规和环境保护知识的宣传，对环境违法行为进行舆论监督。

第十条 国务院环境保护主管部门，对全国环境保护工作实施统一监督管理；县级以上地方人民政府环境保护主管部门，对本行政区域环境保护工作实施统一监督管理。

县级以上人民政府有关部门和军队环境保护部门，依照有关法律的规定对资源保护和污染防治等环境保护工作实施监督管理。

第十一条 对保护和改善环境有显著成绩的单位和个人，由人民政府给予奖励。

第十二条 每年6月5日为环境日。

第二章 监督管理

第十三条 县级以上人民政府应当将环境保护工作纳入国民经济和社会发展规划。

国务院环境保护主管部门会同有关部门，根据国民经济和社会发展规划编制国家环境保护规划，报国务院批准并公布实施。

县级以上地方人民政府环境保护主管部门会同有关部门，根据国家环境保护规划的要求，编制本行政区域的环境保护规划，报同级人民政府批准并公布实施。

环境保护规划的内容应当包括生态保护和污染防治的目标、任务、保障措施等，并与主体功能区规划、土地利用总体规划和城乡规划等相衔接。

第十四条 国务院有关部门和省、自治区、直辖市人民政府组织制定经济、技术政策，应当充分考虑对环境的影响，听取有关方面和专家的意见。

第十五条 国务院环境保护主管部门制定国家环境质量标准。

省、自治区、直辖市人民政府对国家环境质量标准中未作规定的项目，可以制定地方环境质量标准；对国家环境质量标准中已作规定的项目，可以制定严于国家环境质量标准的地方环境质量标准。地方环境质量标准应当报国务院环境保护主管部门备案。

国家鼓励开展环境基准研究。

第十六条 国务院环境保护主管部门根据国家环境质量标准和国家经济、技术条件，制定国家污染物排放标准。

省、自治区、直辖市人民政府对国家污染物排放标准中未作规定的项目，可以制定地方污染物排放标准；对国家污染物排放标准中已作规定的项目，可以制定严于国家污染物排放标准的地方污染物排放标准。地方污染物排放标准应当报国务院环境保护主管部门备案。

第十七条 国家建立、健全环境监测制度。国务院环境保护主管部门制定监测规范，会同有关部门组织监测网络，统一规划国家环境质量监测站（点）的设置，建立监测数据共享机制，加强对环境监测的管理。

有关行业、专业等各类环境质量监测站（点）的设置应当符合法律法规规定和监测规范的要求。

监测机构应当使用符合国家标准的监测设备，遵守监测规范。监测机构及其负责人对监测数据的真实性和准确性负责。

第十八条 省级以上人民政府应当组织有关部门或者委托专业机构，对环境状况进行调查、评价，建立环境资源承载能力监测预警机制。

第十九条 编制有关开发利用规划，建设对环境有影响的项目，应当依法进行环境影响评价。

未依法进行环境影响评价的开发利用规划，不得组织实施；未依法进行环境影响评价的建设项目，不得开工建设。

第二十条 国家建立跨行政区域的重点区域、流域环境污染和生态破坏联合防治协调机制，实行统一规划、统一标准、统一监测、统一的防治措施。

前款规定以外的跨行政区域的环境污染和生态破坏的防治，由上级人民政府协调解决，或者由有关地方人民政府协商解决。

第二十一条 国家采取财政、税收、价格、政府采购等方面的政策和措施，鼓励和支持环境保护技术装备、资源综合利用和环境服务等环境保护产业的发展。

第二十二条 企业事业单位和其他生产经营

者，在污染物排放符合法定要求的基础上，进一步减少污染物排放的，人民政府应当依法采取财政、税收、价格、政府采购等方面的政策和措施予以鼓励和支持。

第二十三条 企业事业单位和其他生产经营者，为改善环境，依照有关规定转产、搬迁、关闭的，人民政府应当予以支持。

第二十四条 县级以上人民政府环境保护主管部门及其委托的环境监察机构和其他负有环境保护监督管理职责的部门，有权对排放污染物的企业事业单位和其他生产经营者进行现场检查。被检查者应当如实反映情况，提供必要的资料。实施现场检查的部门、机构及其工作人员应当为被检查者保守商业秘密。

第二十五条 企业事业单位和其他生产经营者违反法律法规规定排放污染物，造成或者可能造成严重污染的，县级以上人民政府环境保护主管部门和其他负有环境保护监督管理职责的部门，可以查封、扣押造成污染物排放的设施、设备。

第二十六条 国家实行环境保护目标责任制和考核评价制度。县级以上人民政府应当将环境保护目标完成情况纳入对本级人民政府负有环境保护监督管理职责的部门及其负责人和下级人民政府及其负责人的考核内容，作为对其考核评价的重要依据。考核结果应当向社会公开。

第二十七条 县级以上人民政府应当每年向本级人民代表大会或者人民代表大会常务委员会报告环境状况和环境保护目标完成情况，对发生的重大环境事件应当及时向本级人民代表大会常务委员会报告，依法接受监督。

第三章 保护和改善环境

第二十八条 地方各级人民政府应当根据环境保护目标和治理任务，采取有效措施，改善环境质量。

未达到国家环境质量标准的重点区域、流域的有关地方人民政府，应当制定限期达标规划，并采取措施按期达标。

第二十九条 国家在重点生态功能区、生态环境敏感区和脆弱区等区域划定生态保护红线，实行严格保护。

各级人民政府对具有代表性的各种类型的自然生态系统区域，珍稀、濒危的野生动植物自然分布区域，重要的水源涵养区域，具有重大科学文化价值的地质构造、著名溶洞和化石分布区、冰川、火山、温泉等自然遗迹，以及人文遗迹、古树名木，应当采取措施予以保护，严禁破坏。

第三十条 开发利用自然资源，应当合理开发，保护生物多样性，保障生态安全，依法制定有关生态保护和恢复治理方案并予以实施。

引进外来物种以及研究、开发和利用生物技术，应当采取措施，防止对生物多样性的破坏。

第三十一条 国家建立、健全生态保护补偿制度。

国家加大对生态保护地区的财政转移支付力度。有关地方人民政府应当落实生态保护补偿资金，确保其用于生态保护补偿。

国家指导受益地区和生态保护地区人民政府通过协商或者按照市场规则进行生态保护补偿。

第三十二条 国家加强对大气、水、土壤等的保护，建立和完善相应的调查、监测、评估和修复制度。

第三十三条 各级人民政府应当加强对农业环境的保护，促进农业环境保护新技术的使用，加强对农业污染源的监测预警，统筹有关部门采取措施，防治土壤污染和土地沙化、盐渍化、贫瘠化、石漠化、地面沉降以及防治植被破坏、水土流失、水体富营养化、水源枯竭、种源灭绝等生态失调现象，推广植物病虫害的综合防治。

县级、乡级人民政府应当提高农村环境保护公共服务水平，推动农村环境综合整治。

第三十四条 国务院和沿海地方各级人民政府应当加强对海洋环境的保护。向海洋排放污染物、倾倒废弃物，进行海岸工程和海洋工程建设，应当符合法律法规规定和有关标准，防止和减少对海洋环境的污染损害。

第三十五条 城乡建设应当结合当地自然环境的特点，保护植被、水域和自然景观，加强城市园林、绿地和风景名胜区的建设与管理。

第三十六条 国家鼓励和引导公民、法人和其他组织使用有利于保护环境的产品和再生产品，减少废弃物的产生。

国家机关和使用财政资金的其他组织应当优先采购和使用节能、节水、节材等有利于保护环境的产品、设备和设施。

第三十七条 地方各级人民政府应当采取措施，组织对生活废弃物的分类处置、回收利用。

第三十八条 公民应当遵守环境保护法律法规，配合实施环境保护措施，按照规定对生活废弃物进行分类放置，减少日常生活对环境造成的损害。

第三十九条 国家建立、健全环境与健康监测、调查和风险评估制度；鼓励和组织开展环境质量对公众健康影响的研究，采取措施预防和控制与环境污染有关的疾病。

第四章 防治污染和其他公害

第四十条 国家促进清洁生产和资源循环利用。

国务院有关部门和地方各级人民政府应当采取措施，推广清洁能源的生产和使用。

企业应当优先使用清洁能源，采用资源利用率高、污染物排放量少的工艺、设备以及废弃物综合利用技术和污染物无害化处理技术，减少污染物的产生。

第四十一条 建设项目中防治污染的设施，应当与主体工程同时设计、同时施工、同时投产使用。防治污染的设施应当符合经批准的环境影响评价文件的要求，不得擅自拆除或者闲置。

第四十二条 排放污染物的企业事业单位和其他生产经营者，应当采取措施，防治在生产建设或者其他活动中产生的废气、废水、废渣、医疗废物、粉尘、恶臭气体、放射性物质以及噪声、振动、光辐射、电磁辐射等对环境的污染和危害。

排放污染物的企业事业单位，应当建立环境保护责任制度，明确单位负责人和相关人员的责任。

重点排污单位应当按照国家有关规定和监测规范安装使用监测设备，保证监测设备正常运行，保存原始监测记录。

严禁通过暗管、渗井、渗坑、灌注或者篡改、伪造监测数据，或者不正常运行防治污染设施等逃避监管的方式违法排放污染物。

第四十三条 排放污染物的企业事业单位和其他生产经营者，应当按照国家有关规定缴纳排污费。排污费应当全部专项用于环境污染防治，任何单位和个人不得截留、挤占或者挪作他用。

依照法律规定征收环境保护税的，不再征收排污费。

第四十四条 国家实行重点污染物排放总量控制制度。重点污染物排放总量控制指标由国务院下达，省、自治区、直辖市人民政府分解落实。企业事业单位在执行国家和地方污染物排放标准的同时，应当遵守分解落实到本单位的重点污染物排放总量控制指标。

对超过国家重点污染物排放总量控制指标或者未完成国家确定的环境质量目标的地区，省级以上人民政府环境保护主管部门应当暂停审批其新增重点污染物排放总量的建设项目环境影响评价文件。

第四十五条 国家依照法律规定实行排污许可管理制度。

实行排污许可管理的企业事业单位和其他生产经营者应当按照排污许可证的要求排放污染物；未取得排污许可证的，不得排放污染物。

第四十六条 国家对严重污染环境的工艺、设备和产品实行淘汰制度。任何单位和个人不得生产、销售或者转移、使用严重污染环境的工艺、设备和产品。

禁止引进不符合我国环境保护规定的技术、设备、材料和产品。

第四十七条 各级人民政府及其有关部门和企业事业单位，应当依照《中华人民共和国突发事件应对法》的规定，做好突发环境事件的风险控制、应急准备、应急处置和事后恢复等工作。

县级以上人民政府应当建立环境污染公共监测预警机制，组织制定预警方案；环境受到污染，可能影响公众健康和环境安全时，依法及时公布预警信息，启动应急措施。

企业事业单位应当按照国家有关规定制定突发环境事件应急预案，报环境保护主管部门和有关部门备案。在发生或者可能发生突发环境事件时，企业事业单位应当立即采取措施处理，及时通报可能受到危害的单位和居民，并向环境保护主管部门和有关部门报告。

突发环境事件应急处置工作结束后，有关人民政府应当立即组织评估事件造成的环境影响和损失，并及时将评估结果向社会公布。

第四十八条 生产、储存、运输、销售、使用、处置化学物品和含有放射性物质的物品，应当遵守国家有关规定，防止污染环境。

第四十九条 各级人民政府及其农业等有关部门和机构应当指导农业生产经营者科学种植和养殖，科学合理施用农药、化肥等农业投入品，科学处置农用薄膜、农作物秸秆等农业废弃物，防止农业源污染。

禁止将不符合农用标准和环境保护标准的固体废物、废水施入农田。施用农药、化肥等农业投入品及进行灌溉，应当采取措施，防止重金属和其他有毒有害物质污染环境。

畜禽养殖场、养殖小区、定点屠宰企业等的选址、建设和管理应当符合有关法律法规规定。从事畜禽养殖和屠宰的单位和个人应当采取措施，对畜禽粪便、尸体和污水等废弃物进行科学处置，防止污染环境。

县级人民政府负责组织农村生活废弃物的处置工作。

第五十条 各级人民政府应当在财政预算中安排资金，支持农村饮用水水源地保护、生活污水和其他废弃物处理、畜禽养殖和屠宰污染防治、土壤污染防治和农村工矿污染治理等环境保护工作。

第五十一条 各级人民政府应当统筹城乡建设污水处理设施及配套管网，固体废物的收集、运输和处置等环境卫生设施，危险废物集中处置设施、场所以及其他环境保护公共设施，并保障其正常运行。

第五十二条 国家鼓励投保环境污染责任保险。

第五章 信息公开和公众参与

第五十三条 公民、法人和其他组织依法享有获取环境信息、参与和监督环境保护的权利。

各级人民政府环境保护主管部门和其他负有环境保护监督管理职责的部门，应当依法公开环境信息、完善公众参与程序，为公民、法人和其他组织参与和监督环境保护提供便利。

第五十四条 国务院环境保护主管部门统一发布国家环境质量、重点污染源监测信息及其他重大环境信息。省级以上人民政府环境保护主管部门定期发布环境状况公报。

县级以上人民政府环境保护主管部门和其他负有环境保护监督管理职责的部门，应当依法公开环境质量、环境监测、突发环境事件以及环境行政许可、行政处罚、排污费的征收和使用情况等信息。

县级以上地方人民政府环境保护主管部门和其他负有环境保护监督管理职责的部门，应当将企业事业单位和其他生产经营者的环境违法信息记入社会诚信档案，及时向社会公布违法者名单。

第五十五条 重点排污单位应当如实向社会公开其主要污染物的名称、排放方式、排放浓度和总量、超标排放情况，以及防治污染设施的建设和运行情况，接受社会监督。

第五十六条 对依法应当编制环境影响报告书的建设项目，建设单位应当在编制时向可能受影响的公众说明情况，充分征求意见。

负责审批建设项目环境影响评价文件的部门在收到建设项目环境影响报告书后，除涉及国家秘密和商业秘密的事项外，应当全文公开；发现建设项目未充分征求公众意见的，应当责成建设单位征求公众意见。

第五十七条 公民、法人和其他组织发现任何单位和个人有污染环境和破坏生态行为的，有权向环境保护主管部门或者其他负有环境保护监督管理职责的部门举报。

公民、法人和其他组织发现地方各级人民政府、县级以上人民政府环境保护主管部门和其他负有环境保护监督管理职责的部门不依法履行职责的，有权向其上级机关或者监察机关举报。

接受举报的机关应当对举报人的相关信息予以保密，保护举报人的合法权益。

第五十八条 对污染环境、破坏生态，损害社会公共利益的行为，符合下列条件的社会组织可以向人民法院提起诉讼：

（一）依法在设区的市级以上人民政府民政部门登记；

（二）专门从事环境保护公益活动连续五年以上且无违法记录。

符合前款规定的社会组织向人民法院提起诉讼，人民法院应当依法受理。

提起诉讼的社会组织不得通过诉讼牟取经济利益。

第六章 法律责任

第五十九条 企业事业单位和其他生产经营者违法排放污染物，受到罚款处罚，被责令改正，拒不改正的，依法作出处罚决定的行政机关可以自责令改正之日的次日起，按照原处罚数额按日连续处罚。

前款规定的罚款处罚，依照有关法律法规按照防治污染设施的运行成本、违法行为造成的直接损失或者违法所得等因素确定的规定执行。

地方性法规可以根据环境保护的实际需要，增加第一款规定的按日连续处罚的违法行为的种类。

第六十条 企业事业单位和其他生产经营者超过污染物排放标准或者超过重点污染物排放总量控制指标排放污染物的，县级以上人民政府环境保护主管部门可以责令其采取限制生产、停产整治等措施；情节严重的，报经有批准权的人民政府批准，责令停业、关闭。

第六十一条 建设单位未依法提交建设项目环境影响评价文件或者环境影响评价文件未经批准，擅自开工建设的，由负有环境保护监督管理职责的部门责令停止建设，处以罚款，并可以责令恢复原状。

第六十二条 违反本法规定，重点排污单位不公开或者不如实公开环境信息的，由县级以上地方人民政府环境保护主管部门责令公开，处以罚款，并予以公告。

第六十三条 企业事业单位和其他生产经营者有下列行为之一，尚不构成犯罪的，除依照有关法律法规规定予以处罚外，由县级以上人民政府环境保护主管部门或者其他有关部门将案件移送公安机关，对其直接负责的主管人员和其他直接责任人员，处十日以上十五日以下拘留；情节较轻的，处五日以上十日以下拘留：

（一）建设项目未依法进行环境影响评价，被责令停止建设，拒不执行的；

（二）违反法律规定，未取得排污许可证排放污染物，被责令停止排污，拒不执行的；

（三）通过暗管、渗井、渗坑、灌注或者篡改、伪造监测数据，或者不正常运行防治污染设施等逃避监管的方式违法排放污染物的；

（四）生产、使用国家明令禁止生产、使用的农药，被责令改正，拒不改正的。

第六十四条 因污染环境和破坏生态造成损害的，应当依照《中华人民共和国侵权责任法》的有关规定承担侵权责任。

第六十五条 环境影响评价机构、环境监测机构以及从事环境监测设备和防治污染设施维护、运营的机构，在有关环境服务活动中弄虚作假，对造成的环境污染和生态破坏负有责任的，除依照有关法律法规规定予以处罚外，还应当与造成环境污染和生态破坏的其他责任者承担连带责任。

第六十六条 提起环境损害赔偿诉讼的时效期间为三年，从当事人知道或者应当知道其受到损害时起计算。

第六十七条 上级人民政府及其环境保护主管

部门应当加强对下级人民政府及其有关部门环境保护工作的监督。发现有关工作人员有违法行为，依法应当给予处分的，应当向其任免机关或者监察机关提出处分建议。

依法应当给予行政处罚，而有关环境保护主管部门不给予行政处罚的，上级人民政府环境保护主管部门可以直接作出行政处罚的决定。

第六十八条 地方各级人民政府、县级以上人民政府环境保护主管部门和其他负有环境保护监督管理职责的部门有下列行为之一的，对直接负责的主管人员和其他直接责任人员给予记过、记大过或者降级处分；造成严重后果的，给予撤职或者开除处分，其主要负责人应当引咎辞职：

（一）不符合行政许可条件准予行政许可的；

（二）对环境违法行为进行包庇的；

（三）依法应当作出责令停业、关闭的决定而未作出的；

（四）对超标排放污染物、采用逃避监管的方式排放污染物、造成环境事故以及不落实生态保护措施造成生态破坏等行为，发现或者接到举报未及时查处的；

（五）违反本法规定，查封、扣押企业事业单位和其他生产经营者的设施、设备的；

（六）篡改、伪造或者指使篡改、伪造监测数据的；

（七）应当依法公开环境信息而未公开的；

（八）将征收的排污费截留、挤占或者挪作他用的；

（九）法律法规规定的其他违法行为。

第六十九条 违反本法规定，构成犯罪的，依法追究刑事责任。

第七章 附 则

第七十条 本法自2015年1月1日起施行。

全国人民代表大会常务委员会关于修改《中华人民共和国安全生产法》的决定

（中华人民共和国主席令 第13号）

《全国人民代表大会常务委员会关于修改〈中华人民共和国安全生产法〉的决定》已由中华人民共和国第十二届全国人民代表大会常务委员会第十次会议于2014年8月31日通过，现予公布，自2014年12月1日起施行。

中全国人民代表大会常务委员会关于修改《中华人民共和国安全生产法》的决定

（2014年8月31日第十二届全国人民代表大会常务委员会第十次会议通过）

第十二届全国人民代表大会常务委员会第十次会议决定对《中华人民共和国安全生产法》作如下修改：

一、将第三条修改为："安全生产工作应当以人为本，坚持安全发展，坚持安全第一、预防为主、综合治理的方针，强化和落实生产经营单位的主体责任，建立生产经营单位负责、职工参与、政府监管、行业自律和社会监督的机制。"

二、将第四条修改为："生产经营单位必须遵守本法和其他有关安全生产的法律、法规，加强安全生产管理，建立、健全安全生产责任制和安全生产规章制度，改善安全生产条件，推进安全生产标准化建设，提高安全生产水平，确保安全生产。”

三、将第七条修改为：“工会依法对安全生产工作进行监督。

“生产经营单位的工会依法组织职工参加本单位安全生产工作的民主管理和民主监督，维护职工在安全生产方面的合法权益。生产经营单位制定或者修改有关安全生产的规章制度，应当听取工会的意见。”

四、将第八条修改为：“国务院和县级以上地方各级人民政府应当根据国民经济和社会发展规划制定安全生产规划，并组织实施。安全生产规划应当与城乡规划相衔接。

“国务院和县级以上地方各级人民政府应当加强对安全生产工作的领导，支持、督促各有关部门依法履行安全生产监督管理职责，建立健全安全生产工作协调机制，及时协调、解决安全生产监督管理中存在的重大问题。

“乡、镇人民政府以及街道办事处、开发区管理机构等地方人民政府的派出机关应当按照职责，加强对本行政区域内生产经营单位安全生产状况的监督检查，协助上级人民政府有关部门依法履行安全生产监督管理职责。”

五、将第九条修改为：“国务院安全生产监督管理部门依照本法，对全国安全生产工作实施综合监督管理；县级以上地方各级人民政府安全生产监督管理部门依照本法，对本行政区域内安全生产工作实施综合监督管理。

“国务院有关部门依照本法和其他有关法律、行政法规的规定，在各自的职责范围内对有关行业、领域的安全生产工作实施监督管理；县级以上地方各级人民政府有关部门依照本法和其他有关法律、法规的规定，在各自的职责范围内对有关行业、领域的安全生产工作实施监督管理。

“安全生产监督管理部门和对有关行业、领域的安全生产工作实施监督管理的部门，统称负有安全生产监督管理职责的部门。”

六、增加一条，作为第十二条：“有关协会组织依照法律、行政法规和章程，为生产经营单位提供安全生产方面的信息、培训等服务，发挥自律作用，促进生产经营单位加强安全生产管理。”

七、将第十二条改为第十三条，修改为：“依法设立的为安全生产提供技术、管理服务的机构，依照法律、行政法规和执业准则，接受生产经营单位的委托为其安全生产工作提供技术、管理服务。

“生产经营单位委托前款规定的机构提供安全生产技术、管理服务的，保证安全生产的责任仍由本单位负责。”

八、将第十七条改为第十八条，增加一项，作为第三项：“组织制定并实施本单位安全生产教育和培训计划”。

九、增加一条，作为第十九条：“生产经营单位的安全生产责任制应当明确各岗位的责任人员、责任范围和考核标准等内容。

“生产经营单位应当建立相应的机制，加强对安全生产责任制落实情况的监督考核，保证安全生产责任制的落实。”

十、将第十八条改为第二十条，增加一款，作为第二款：“有关生产经营单位应当按照规定提取和使用安全生产费用，专门用于改善安全生产条件。安全生产费用在成本中据实列支。安全生产费用提取、使用和监督管理的具体办法由国务院财政部门会同国务院安全生产监督管理部门征求国务院有关部门意见后制定。”

十一、将第十九条改为第二十一条，修改为：“矿山、金属冶炼、建筑施工、道路运输单位和危险物品的生产、经营、储存单位，应当设置安全生产管理机构或者配备专职安全生产管理人员。

“前款规定以外的其他生产经营单位，从业人员超过一百人的，应当设置安全生产管理机构或者配备专职安全生产管理人员；从业人员在一百人以下的，应当配备专职或者兼职的安全生产管理人员。”

十二、增加一条，作为第二十二条：“生产经营单位的安全生产管理机构以及安全生产管理人员履行下列职责：

“（一）组织或者参与拟订本单位安全生产规

章制度、操作规程和生产安全事故应急救援预案；

“（二）组织或者参与本单位安全生产教育和培训，如实记录安全生产教育和培训情况；

“（三）督促落实本单位重大危险源的安全管理措施；

“（四）组织或者参与本单位应急救援演练；

“（五）检查本单位的安全生产状况，及时排查生产安全事故隐患，提出改进安全生产管理的建议；

“（六）制止和纠正违章指挥、强令冒险作业、违反操作规程的行为；

“（七）督促落实本单位安全生产整改措施。”

十三、增加一条，作为第二十三条：“生产经营单位的安全生产管理机构以及安全生产管理人员应当恪尽职守，依法履行职责。

“生产经营单位作出涉及安全生产的经营决策，应当听取安全生产管理机构以及安全生产管理人员的意见。

“生产经营单位不得因安全生产管理人员依法履行职责而降低其工资、福利等待遇或者解除与其订立的劳动合同。

“危险物品的生产、储存单位以及矿山、金属冶炼单位的安全生产管理人员的任免，应当告知主管的负有安全生产监督管理职责的部门。”

十四、将第二十条改为第二十四条，第二款修改为：“危险物品的生产、经营、储存单位以及矿山、金属冶炼、建筑施工、道路运输单位的主要负责人和安全生产管理人员，应当由主管的负有安全生产监督管理职责的部门对其安全生产知识和管理能力考核合格。考核不得收费。”

增加一款，作为第三款：“危险物品的生产、储存单位以及矿山、金属冶炼单位应当有注册安全工程师从事安全生产管理工作。鼓励其他生产经营单位聘用注册安全工程师从事安全生产管理工作。注册安全工程师按专业分类管理，具体办法由国务院人力资源和社会保障部门、国务院安全生产监督管理部门会同国务院有关部门制定。”

十五、将第二十一条改为第二十五条，修改为：“生产经营单位应当对从业人员进行安全生产教育和培训，保证从业人员具备必要的安全生产知识，熟悉有关的安全生产规章制度和安全操作规程，掌握本岗位的安全操作技能，了解事故应急处理措施，知悉自身在安全生产方面的权利和义务。未经安全生产教育和培训合格的从业人员，不得上岗作业。

“生产经营单位使用被派遣劳动者的，应当将被派遣劳动者纳入本单位从业人员统一管理，对被派遣劳动者进行岗位安全操作规程和安全操作技能的教育和培训。劳务派遣单位应当对被派遣劳动者进行必要的安全生产教育和培训。

“生产经营单位接收中等职业学校、高等学校学生实习的，应当对实习学生进行相应的安全生产教育和培训，提供必要的劳动防护用品。学校应当协助生产经营单位对实习学生进行安全生产教育和培训。

“生产经营单位应当建立安全生产教育和培训档案，如实记录安全生产教育和培训的时间、内容、参加人员以及考核结果等情况。”

十六、将第二十五条改为第二十九条，修改为：“矿山、金属冶炼建设项目和用于生产、储存、装卸危险物品的建设项目，应当按照国家有关规定进行安全评价。”

十七、将第二十七条改为第三十一条，修改为：“矿山、金属冶炼建设项目和用于生产、储存、装卸危险物品的建设项目的施工单位必须按照批准的安全设施设计施工，并对安全设施的工程质量负责。

“矿山、金属冶炼建设项目和用于生产、储存危险物品的建设项目竣工投入生产或者使用前，应当由建设单位负责组织对安全设施进行验收；验收合格后，方可投入生产和使用。安全生产监督管理部门应当加强对建设单位验收活动和验收结果的监督核查。”

十八、将第三十条改为第三十四条，修改为：“生产经营单位使用的危险物品的容器、运输工具，以及涉及人身安全、危险性较大的海洋石油开采特种设备和矿山井下特种设备，必须按照国家有关规定，由专业生产单位生产，并经具有专业资质的检测、检验机构检测、检验合格，取得安全使用证或者安全标志，方可投入使用。检测、检验机构对检测、检验结果负责。”

十九、将第三十一条改为第三十五条，修改为："国家对严重危及生产安全的工艺、设备实行淘汰制度，具体目录由国务院安全生产监督管理部门会同国务院有关部门制定并公布。法律、行政法规对目录的制定另有规定的，适用其规定。

“省、自治区、直辖市人民政府可以根据本地区实际情况制定并公布具体目录，对前款规定以外的危及生产安全的工艺、设备予以淘汰。

“生产经营单位不得使用应当淘汰的危及生产安全的工艺、设备。”

二十、增加一条，作为第三十八条：“生产经营单位应当建立健全生产安全事故隐患排查治理制度，采取技术、管理措施，及时发现并消除事故隐患。事故隐患排查治理情况应当如实记录，并向从业人员通报。

“县级以上地方各级人民政府负有安全生产监督管理职责的部门应当建立健全重大事故隐患治理督办制度，督促生产经营单位消除重大事故隐患。”

二十一、将第三十五条改为第四十条，修改为："生产经营单位进行爆破、吊装以及国务院安全生产监督管理部门会同国务院有关部门规定的其他危险作业，应当安排专门人员进行现场安全管理，确保操作规程的遵守和安全措施的落实。”

二十二、将第三十八条改为第四十三条，修改为：“生产经营单位的安全生产管理人员应当根据本单位的生产经营特点，对安全生产状况进行经常性检查；对检查中发现的安全问题，应当立即处理；不能处理的，应当及时报告本单位有关负责人，有关负责人应当及时处理。检查及处理情况应当如实记录在案。

“生产经营单位的安全生产管理人员在检查中发现重大事故隐患，依照前款规定向本单位有关负责人报告，有关负责人不及时处理的，安全生产管理人员可以向主管的负有安全生产监督管理职责的部门报告，接到报告的部门应当依法及时处理。”

二十三、将第四十一条改为第四十六条，第二款修改为：“生产经营项目、场所发包或者出租给其他单位的，生产经营单位应当与承包单位、承租单位签订专门的安全生产管理协议，或者在承包合同、租赁合同中约定各自的安全生产管理职责；生产经营单位对承包单位、承租单位的安全生产工作统一协调、管理，定期进行安全检查，发现安全问题的，应当及时督促整改。”

二十四、将第四十三条改为第四十八条，增加一款，作为第二款：“国家鼓励生产经营单位投保安全生产责任保险。”

二十五、增加一条，作为第五十八条：“生产经营单位使用被派遣劳动者的，被派遣劳动者享有本法规定的从业人员的权利，并应当履行本法规定的从业人员的义务。”

二十六、将第五十三条改为第五十九条，修改为：“县级以上地方各级人民政府应当根据本行政区域内的安全生产状况，组织有关部门按照职责分工，对本行政区域内容易发生重大生产安全事故的生产经营单位进行严格检查。

“安全生产监督管理部门应当按照分类分级监督管理的要求，制定安全生产年度监督检查计划，并按照年度监督检查计划进行监督检查，发现事故隐患，应当及时处理。”

二十七、将第五十六条改为第六十二条，第一款修改为：“安全生产监督管理部门和其他负有安全生产监督管理职责的部门依法开展安全生产行政执法工作，对生产经营单位执行有关安全生产的法律、法规和国家标准或者行业标准的情况进行监督检查，行使以下职权：

“（一）进入生产经营单位进行检查，调阅有关资料，向有关单位和人员了解情况；

“（二）对检查中发现的安全生产违法行为，当场予以纠正或者要求限期改正；对依法应当给予行政处罚的行为，依照本法和其他有关法律、行政法规的规定作出行政处罚决定；

“（三）对检查中发现的事故隐患，应当责令立即排除；重大事故隐患排除前或者排除过程中无法保证安全的，应当责令从危险区域内撤出作业人员，责令暂时停产停业或者停止使用相关设施、设备；重大事故隐患排除后，经审查同意，方可恢复生产经营和使用；

“（四）对有根据认为不符合保障安全生产的国家标准或者行业标准的设施、设备、器材以及违法生产、储存、使用、经营、运输的危险物品予以查封或者扣押，对违法生产、储存、使用、经营危险物品的作业场所予以查封，并依法作出处理决定。”

二十八、增加一条，作为第六十七条：“负有安全生产监督管理职责的部门依法对存在重大事故隐患的生产经营单位作出停产停业、停止施工、停止使用相关设施或者设备的决定，生产经营单位应当依法执行，及时消除事故隐患。生产经营单位拒不执行，有发生生产安全事故的现实危险的，在保证安全的前提下，经本部门主要负责人批准，负有安全生产监督管理职责的部门可以采取通知有关单位停止供电、停止供应民用爆炸物品等措施，强制生产经营单位履行决定。通知应当采用书面形式，有关单位应当予以配合。

“负有安全生产监督管理职责的部门依照前款规定采取停止供电措施，除有危及生产安全的紧急情形外，应当提前二十四小时通知生产经营单位。生产经营单位依法履行行政决定、采取相应措施消除事故隐患的，负有安全生产监督管理职责的部门应当及时解除前款规定的措施。”

二十九、增加一条，作为第七十五条：“负有安全生产监督管理职责的部门应当建立安全生产违法行为信息库，如实记录生产经营单位的安全生产违法行为信息；对违法行为情节严重的生产经营单位，应当向社会公告，并通报行业主管部门、投资主管部门、国土资源主管部门、证券监督管理机构以及有关金融机构。”

三十、增加一条，作为第七十六条：“国家加强生产安全事故应急能力建设，在重点行业、领域建立应急救援基地和应急救援队伍，鼓励生产经营单位和其他社会力量建立应急救援队伍，配备相应的应急救援装备和物资，提高应急救援的专业化水平。

“国务院安全生产监督管理部门建立全国统一的生产安全事故应急救援信息系统，国务院有关部门建立健全相关行业、领域的生产安全事故应急救援信息系统。”

三十一、增加一条，作为第七十八条：“生产经营单位应当制定本单位生产安全事故应急救援预案，与所在地县级以上地方人民政府组织制定的生产安全事故应急救援预案相衔接，并定期组织演练。”

三十二、将第六十九条改为第七十九条，修改为：“危险物品的生产、经营、储存单位以及矿山、金属冶炼、城市轨道交通运营、建筑施工单位应当建立应急救援组织；生产经营规模较小的，可以不建立应急救援组织，但应当指定兼职的应急救援人员。

“危险物品的生产、经营、储存、运输单位以及矿山、金属冶炼、城市轨道交通运营、建筑施工单位应当配备必要的应急救援器材、设备和物资，并进行经常性维护、保养，保证正常运转。”

三十三、将第七十二条改为第八十二条，第一款修改为：“有关地方人民政府和负有安全生产监督管理职责的部门的负责人接到生产安全事故报告后，应当按照生产安全事故应急救援预案的要求立即赶到事故现场，组织事故抢救。”

增加二款，作为第二款、第三款：“参与事故抢救的部门和单位应当服从统一指挥，加强协同联动，采取有效的应急救援措施，并根据事故救援的需要采取警戒、疏散等措施，防止事故扩大和次生灾害的发生，减少人员伤亡和财产损失。

“事故抢救过程中应当采取必要措施，避免或者减少对环境造成的危害。”

三十四、将第七十三条改为第八十三条，修改为：“事故调查处理应当按照科学严谨、依法依规、实事求是、注重实效的原则，及时、准确地查清事故原因，查明事故性质和责任，总结事故教训，提出整改措施，并对事故责任者提出处理意见。事故调查报告应当依法及时向社会公布。事故调查和处理的具体办法由国务院制定。

“事故发生单位应当及时全面落实整改措施，负有安全生产监督管理职责的部门应当加强监督检查。”

三十五、将第七十七条改为第八十七条，第一款增加一项，作为第四项：“在监督检查中发现重大事故隐患，不依法及时处理的”。

增加一款，作为第二款：“负有安全生产监督管理职责的部门的工作人员有前款规定以外的滥用职权、玩忽职守、徇私舞弊行为的，依法给予处分；构成犯罪的，依照刑法有关规定追究刑事责任。”

三十六、将第七十九条改为第八十九条，修改为：“承担安全评价、认证、检测、检验工作的机构，出具虚假证明的，没收违法所得；违法所得在十万元以上的，并处违法所得二倍以上五倍以下的罚款；没有违法所得或者违法所得不足十万元的，单处或者并处十万元以上二十万元以下的罚款；对其直接负责的主管人员和其他直接责任人员处二万元以上五万元以下的罚款；给他人造成损害的，与生产经营单位承担连带赔偿责任；构成犯罪的，依照刑法有关规定追究刑事责任。

“对有前款违法行为的机构，吊销其相应资质。”

三十七、将第八十条改为第九十条，修改为：“生产经营单位的决策机构、主要负责人或者个人经营的投资人不依照本法规定保证安全生产所必需的资金投入，致使生产经营单位不具备安全生产条件的，责令限期改正，提供必需的资金；逾期未改正的，责令生产经营单位停产停业整顿。

“有前款违法行为，导致发生生产安全事故的，对生产经营单位的主要负责人给予撤职处分，对个人经营的投资人处二万元以上二十万元以下的罚款；构成犯罪的，依照刑法有关规定追究刑事责任。”

三十八、将第八十一条改为第九十一条，修改为：“生产经营单位的主要负责人未履行本法规定的安全生产管理职责的，责令限期改正；逾期未改正的，处二万元以上五万元以下的罚款，责令生产经营单位停产停业整顿。

“生产经营单位的主要负责人有前款违法行为，导致发生生产安全事故的，给予撤职处分；构成犯罪的，依照刑法有关规定追究刑事责任。

“生产经营单位的主要负责人依照前款规定受刑事处罚或者撤职处分的，自刑罚执行完毕或者受处分之日起，五年内不得担任任何生产经营单位的主要负责人；对重大、特别重大生产安全事故负有责任的，终身不得担任本行业生产经营单位的主要负责人。”

三十九、增加一条，作为第九十二条：“生产经营单位的主要负责人未履行本法规定的安全生产管理职责，导致发生生产安全事故的，由安全生产监督管理部门依照下列规定处以罚款：

“（一）发生一般事故的，处上一年年收入百分之三十的罚款；

“（二）发生较大事故的，处上一年年收入百分之四十的罚款；

“（三）发生重大事故的，处上一年年收入百分之六十的罚款；

“（四）发生特别重大事故的，处上一年年收入百分之八十的罚款。”

四十、增加一条，作为第九十三条：“生产经营单位的安全生产管理人员未履行本法规定的安全生产管理职责的，责令限期改正；导致发生生产安全事故的，暂停或者撤销其与安全生产有关的资格；构成犯罪的，依照刑法有关规定追究刑事责任。”

四十一、将第八十二条改为第九十四条，修改为：“生产经营单位有下列行为之一的，责令限期改正，可以处五万元以下的罚款；逾期未改正的，责令停产停业整顿，并处五万元以上十万元以下的罚款，对其直接负责的主管人员和其他直接责任人员处一万元以上二万元以下的罚款：

“（一）未按照规定设置安全生产管理机构或者配备安全生产管理人员的；

“（二）危险物品的生产、经营、储存单位以及矿山、金属冶炼、建筑施工、道路运输单位的主要负责人和安全生产管理人员未按照规定经考核合格的；

“（三）未按照规定对从业人员、被派遣劳动者、实习学生进行安全生产教育和培训，或者未按照规定如实告知有关的安全生产事项的；

“（四）未如实记录安全生产教育和培训情况的；

“（五）未将事故隐患排查治理情况如实记录或者未向从业人员通报的；

“（六）未按照规定制定生产安全事故应急救援预案或者未定期组织演练的；

“（七）特种作业人员未按照规定经专门的安全作业培训并取得相应资格，上岗作业的。”

四十二、将第八十三条改为第九十五条、第九十六条，修改为：

“第九十五条　生产经营单位有下列行为之一的，责令停止建设或者停产停业整顿，限期改正；逾期未改正的，处五十万元以上一百万元以下的罚款，对其直接负责的主管人员和其他直接责任人员处二万元以上五万元以下的罚款；构成犯罪的，依照刑法有关规定追究刑事责任：

“（一）未按照规定对矿山、金属冶炼建设项目或者用于生产、储存、装卸危险物品的建设项目进行安全评价的；

“（二）矿山、金属冶炼建设项目或者用于生产、储存、装卸危险物品的建设项目没有安全设施设计或者安全设施设计未按照规定报经有关部门审查同意的；

“（三）矿山、金属冶炼建设项目或者用于生产、储存、装卸危险物品的建设项目的施工单位未按照批准的安全设施设计施工的；

“（四）矿山、金属冶炼建设项目或者用于生产、储存危险物品的建设项目竣工投入生产或者使用前，安全设施未经验收合格的。

“第九十六条　生产经营单位有下列行为之一的，责令限期改正，可以处五万元以下的罚款；逾期未改正的，处五万元以上二十万元以下的罚款，对其直接负责的主管人员和其他直接责任人员处一万元以上二万元以下的罚款；情节严重的，责令停产停业整顿；构成犯罪的，依照刑法有关规定追究刑事责任：

“（一）未在有较大危险因素的生产经营场所和有关设施、设备上设置明显的安全警示标志的；

“（二）安全设备的安装、使用、检测、改造和报废不符合国家标准或者行业标准的；

“（三）未对安全设备进行经常性维护、保养和定期检测的；

“（四）未为从业人员提供符合国家标准或者行业标准的劳动防护用品的；

“（五）危险物品的容器、运输工具，以及涉及人身安全、危险性较大的海洋石油开采特种设备和矿山井下特种设备未经具有专业资质的机构检测、检验合格，取得安全使用证或者安全标志，投入使用的；

“（六）使用应当淘汰的危及生产安全的工艺、设备的。”

四十三、将第八十四条改为第九十七条，修改为：“未经依法批准，擅自生产、经营、运输、储存、使用危险物品或者处置废弃危险物品的，依照有关危险物品安全管理的法律、行政法规的规定予以处罚；构成犯罪的，依照刑法有关规定追究刑事责任。”

四十四、将第八十五条改为第九十八条，修改为：“生产经营单位有下列行为之一的，责令限期改正，可以处十万元以下的罚款；逾期未改正的，责令停产停业整顿，并处十万元以上二十万元以下的罚款，对其直接负责的主管人员和其他直接责任人员处二万元以上五万元以下的罚款；构成犯罪的，依照刑法有关规定追究刑事责任：

“（一）生产、经营、运输、储存、使用危险物品或者处置废弃危险物品，未建立专门安全管理制度、未采取可靠的安全措施的；

“（二）对重大危险源未登记建档，或者未进行评估、监控，或者未制定应急预案的；

“（三）进行爆破、吊装以及国务院安全生产监督管理部门会同国务院有关部门规定的其他危险作业，未安排专门人员进行现场安全管理的；

“（四）未建立事故隐患排查治理制度的。”

四十五、增加一条，作为第九十九条：“生产经营单位未采取措施消除事故隐患的，责令立即消除或者限期消除；生产经营单位拒不执行的，责令停产停业整顿，并处十万元以上五十万元以下的罚款，对其直接负责的主管人员和其他直接责任人员处二万元以上五万元以下的罚款。”

四十六、将第八十六条改为第一百条，修改为：“生产经营单位将生产经营项目、场所、设备发包或者出租给不具备安全生产条件或者相应资质的单位或者个人的，责令限期改正，没收违法所得；违法所得十万元以上的，并处违法所得二倍以上五倍以下的罚款；没有违法所得或者违法所得不足十万元的，单处或者并处十万元以上二十万元以下的罚款；对其直接负责的主管人员和其他直接责任人员处一万元以上二万元以下的罚款；导致发生生产安全事故给他人造成损害的，与承包方、承租方承担连带赔偿责任。

“生产经营单位未与承包单位、承租单位签订专门的安全生产管理协议或者未在承包合同、租赁合同中明确各自的安全生产管理职责，或者未对承包单位、承租单位的安全生产统一协调、管理的，责令限期改正，可以处五万元以下的罚款，对其直接负责的主管人员和其他直接责任人员可以处一万元以下的罚款；逾期未改正的，责令停产停业整顿。”

四十七、增加一条，作为第一百零五条：“违反本法规定，生产经营单位拒绝、阻碍负有安全生产监督管理职责的部门依法实施监督检查的，责令改正；拒不改正的，处二万元以上二十万元以下的罚款；对其直接负责的主管人员和其他直接责任人员处一万元以上二万元以下的罚款；构成犯罪的，依照刑法有关规定追究刑事责任。”

四十八、将第九十一条改为第一百零六条，修改为：“生产经营单位的主要负责人在本单位发生生产安全事故时，不立即组织抢救或者在事故调查处理期间擅离职守或者逃匿的，给予降级、撤职的处分，并由安全生产监督管理部门处上一年年收入百分之六十至百分之一百的罚款；对逃匿的处十五日以下拘留；构成犯罪的，依照刑法有关规定追究刑事责任。

“生产经营单位的主要负责人对生产安全事故隐瞒不报、谎报或者迟报的，依照前款规定处罚。”

四十九、增加一条，作为第一百零九条：“发生生产安全事故，对负有责任的生产经营单位除要求其依法承担相应的赔偿等责任外，由安全生产监督管理部门依照下列规定处以罚款：

“（一）发生一般事故的，处二十万元以上五十万元以下的罚款；

“（二）发生较大事故的，处五十万元以上一百万元以下的罚款；

“（三）发生重大事故的，处一百万元以上五百万元以下的罚款；

“（四）发生特别重大事故的，处五百万元以上一千万元以下的罚款；情节特别严重的，处一千万元以上二千万元以下的罚款。”

五十、将第九十四条改为第一百一十条，修改为：“本法规定的行政处罚，由安全生产监督管理部门和其他负有安全生产监督管理职责的部门按照职责分工决定。予以关闭的行政处罚由负有安全生产监督管理职责的部门报请县级以上人民政府按照国务院规定的权限决定；给予拘留的行政处罚由公安机关依照治安管理处罚法的规定决定。”

五十一、增加一条，作为第一百一十三条：“本法规定的生产安全一般事故、较大事故、重大事故、特别重大事故的划分标准由国务院规定。

“国务院安全生产监督管理部门和其他负有安全生产监督管理职责的部门应当根据各自的职责分工，制定相关行业、领域重大事故隐患的判定标准。”

五十二、对部分条文作了以下修改：

（一）将第一条中的“为了加强安全生产监督管理”修改为“为了加强安全生产工作”，“促进经济发展”修改为“促进经济社会持续健康发展”。

（二）在第二条中的“民用航空安全”后增加“以及核与辐射安全、特种设备安全”。

（三）将第十一条中的“提高职工的安全生产意识”修改为“增强全社会的安全生产意识”。

（四）将第二十三条第一款中的“取得特种作业操作资格证书”修改为“取得相应资格”。

（五）将第二十三条第二款、第三十三条第二款、第六十六条、第七十六条中的“负责安全生产监督管理的部门”修改为“安全生产监督管理部门”。

（六）将第二十六条第二款中的“矿山建设项目和用于生产、储存危险物品的建设项目”修改为“矿山、金属冶炼建设项目和用于生产、储存、装卸危险物品的建设项目”。

（七）将第三十四条第二款、第八十八条第二项中的“封闭、堵塞”修改为“锁闭、封堵”。

（八）将第四十二条中的“重大生产安全事故”修改为“生产安全事故”，将第六十八条中的“特大生产安全事故应急救援预案”修改为“生产安全事故应急救援预案”。

（九）将第四十三条、第四十四条第一款、第四十八条中的“工伤社会保险”修改为“工伤保险”。

（十）将第三章章名修改为“从业人员的安全生产权利义务”。

（十一）将第五十四条中的“依照本法第九条规定对安全生产负有监督管理职责的部门（以下统称负有安全生产监督管理职责的部门）”修改为“负有安全生产监督管理职责的部门”。

（十二）将第六十七条中的“安全生产宣传教育”修改为“安全生产公益宣传教育”。

（十三）将第七十条第二款、第七十一条、第九十二条中的“拖延不报”修改为“迟报”。

（十四）将第七十七条、第七十八条、第九十二条中的“行政处分”修改为“处分”。

（十五）将第八十七条、第八十八条中的“责令限期改正”修改为“责令限期改正，可以处五万元以下的罚款，对其直接负责的主管人员和其他直接责任人员可以处一万元以下的罚款”。

（十六）删去第八十八条中的“造成严重后果”，删去第九十条中的“造成重大事故”。

本决定自 2014 年 12 月 1 日起施行。

《中华人民共和国安全生产法》根据本决定作相应修改，重新公布。

中华人民共和国商标法实施条例

（中华人民共和国国务院令 第 651 号）

现公布修订后的《中华人民共和国商标法实施条例》，自 2014 年 5 月 1 日起施行。

中华人民共和国商标法实施条例

（2002 年 8 月 3 日中华人民共和国国务院令第 358 号公布
2014 年 4 月 29 日中华人民共和国国务院令第 651 号修订）

第一章 总 则

第一条 根据《中华人民共和国商标法》（以下简称商标法），制定本条例。

第二条 本条例有关商品商标的规定，适用于服务商标。

第三条 商标持有人依照商标法第十三条规定请求驰名商标保护的，应当提交其商标构成驰名商标的证据材料。商标局、商标评审委员会应当依照商标法第十四条的规定，根据审查、处理案件的需要以及当事人提交的证据材料，对其商标驰名情况作出认定。

第四条 商标法第十六条规定的地理标志，可以依照商标法和本条例的规定，作为证明商标或者集体商标申请注册。

以地理标志作为证明商标注册的，其商品符合使用该地理标志条件的自然人、法人或者其他组织可以要求使用该证明商标，控制该证明商标的组织应当允许。以地理标志作为集体商标注册的，其商品符合使用该地理标志条件的自然人、法人或者其他组织，可以要求参加以该地理标志作为集体商标注册的团体、协会或者其他组织，该团体、协会或者其他组织应当依据其章程接纳为会员；不要求参加以该地理标志作为集体商标注册的团体、协会或者其他组织的，也可以正当使用该地理标志，该团体、协会或者其他组织无权禁止。

第五条 当事人委托商标代理机构申请商标注册或者办理其他商标事宜，应当提交代理委托书。代理委托书应当载明代理内容及权限；外国人或者外国企业的代理委托书还应当载明委托人的国籍。

外国人或者外国企业的代理委托书及与其有关的证明文件的公证、认证手续，按照对等原则办理。

申请商标注册或者转让商标，商标注册申请人或者商标转让受让人为外国人或者外国企业的，应当在申请书中指定中国境内接收人负责接收商标局、商标评审委员会后继商标业务的法律文件。商标局、商标评审委员会后继商标业务的法律文件向中国境内接收人送达。

商标法第十八条所称外国人或者外国企业，是指在中国没有经常居所或者营业所的外国人或者外国企业。

第六条 申请商标注册或者办理其他商标事宜，应当使用中文。

依照商标法和本条例规定提交的各种证件、证明文件和证据材料是外文的，应当附送中文译文；未附送的，视为未提交该证件、证明文件或者证据材料。

第七条 商标局、商标评审委员会工作人员有下列情形之一的，应当回避，当事人或者利害关系人可以要求其回避：

（一）是当事人或者当事人、代理人的近亲属的；

（二）与当事人、代理人有其他关系，可能影响公正的；

（三）与申请商标注册或者办理其他商标事宜有利害关系的。

第八条 以商标法第二十二条规定的数据电文方式提交商标注册申请等有关文件，应当按照商标局或者商标评审委员会的规定通过互联网提交。

第九条 除本条例第十八条规定的情形外，当事人向商标局或者商标评审委员会提交文件或者材料的日期，直接递交的，以递交日为准；邮寄的，以寄出的邮戳日为准；邮戳日不清晰或者没有邮戳的，以商标局或者商标评审委员会实际收到日为准，但是当事人能够提出实际邮戳日证据的除外。通过邮政企业以外的快递企业递交的，以快递企业收寄日为准；收寄日不明确的，以商标局或者商标评审委员会实际收到日为准，但是当事人能够提出实际收寄日证据的除外。以数据电文方式提交的，以进入商标局或者商标评审委员会电子系统的日期为准。

当事人向商标局或者商标评审委员会邮寄文件，应当使用给据邮件。

当事人向商标局或者商标评审委员会提交文件，以书面方式提交的，以商标局或者商标评审委员会所存档案记录为准；以数据电文方式提交的，以商标局或者商标评审委员会数据库记录为准，但是当事人确有证据证明商标局或者商标评审委员会档案、数据库记录有错误的除外。

第十条 商标局或者商标评审委员会的各种文件，可以通过邮寄、直接递交、数据电文或者其他方式送达当事人；以数据电文方式送达当事人的，应当经当事人同意。当事人委托商标代理机构的，文件送达商标代理机构视为送达当事人。

商标局或者商标评审委员会向当事人送达各种文件的日期，邮寄的，以当事人收到的邮戳日为准；邮戳日不清晰或者没有邮戳的，自文件发出之日起满 15 日视为送达当事人，但是当事人能够证明实际收到日的除外；直接递交的，以递交日为准；以数据电文方式送达的，自文件发出之日起满15日视为送达当事人，但是当事人能够证明文件进入其电子系统日期的除外。文件通过上述方式无法送达的，可以通过公告方式送达，自公告发布之日起满30日，该文件视为送达当事人。

第十一条 下列期间不计入商标审查、审理期限：

（一）商标局、商标评审委员会文件公告送达的期间；

（二）当事人需要补充证据或者补正文件的期间以及因当事人更换需要重新答辩的期间；

（三）同日申请提交使用证据及协商、抽签需要的期间；

（四）需要等待优先权确定的期间；

（五）审查、审理过程中，依案件申请人的请求等待在先权利案件审理结果的期间。

第十二条 除本条第二款规定的情形外，商标法和本条例规定的各种期限开始的当日不计算在期限内。期限以年或者月计算的，以期限最后一月的相应日为期限届满日；该月无相应日的，以该月最后一日为期限届满日；期限届满日是节假日的，以节假日后的第一个工作日为期限届满日。

商标法第三十九条、第四十条规定的注册商标有效期从法定日开始起算，期限最后一月相应日的前一日为期限届满日，该月无相应日的，以该月最后一日为期限届满日。

第二章 商标注册的申请

第十三条 申请商标注册，应当按照公布的商品和服务分类表填报。每一件商标注册申请应当向商标局提交《商标注册申请书》1份、商标图样1份；以颜色组合或者着色图样申请商标注册的，应当提交着色图样，并提交黑白稿1份；不指定颜色的，应当提交黑白图样。

商标图样应当清晰，便于粘贴，用光洁耐用的纸张印制或者用照片代替，长和宽应当不大于10厘米，不小于5厘米。

以三维标志申请商标注册的，应当在申请书中予以声明，说明商标的使用方式，并提交能够确定三维形状的图样，提交的商标图样应当至少包含三面视图。

以颜色组合申请商标注册的，应当在申请书中予以声明，说明商标的使用方式。

以声音标志申请商标注册的，应当在申请书中予以声明，提交符合要求的声音样本，对申请注册的声音商标进行描述，说明商标的使用方式。对声音商标进行描述，应当以五线谱或者简谱对申请用作商标的声音加以描述并附加文字说明；无法以五线谱或者简谱描述的，应当以文字加以描述；商标描述与声音样本应当一致。

申请注册集体商标、证明商标的，应当在申请书中予以声明，并提交主体资格证明文件和使用管理规则。

商标为外文或者包含外文的，应当说明含义。

第十四条 申请商标注册的，申请人应当提交其身份证明文件。商标注册申请人的名义与所提交的证明文件应当一致。

前款关于申请人提交其身份证明文件的规定适用于向商标局提出的办理变更、转让、续展、异议、撤销等其他商标事宜。

第十五条 商品或者服务项目名称应当按照商品和服务分类表中的类别号、名称填写；商品或者服务项目名称未列入商品和服务分类表的，应当附送对该商品或者服务的说明。

商标注册申请等有关文件以纸质方式提出的，应当打字或者印刷。

本条第二款规定适用于办理其他商标事宜。

第十六条 共同申请注册同一商标或者办理其他共有商标事宜的，应当在申请书中指定一个代表人；没有指定代表人的，以申请书中顺序排列的第一人为代表人。

商标局和商标评审委员会的文件应当送达代表人。

第十七条 申请人变更其名义、地址、代理人、文件接收人或者删减指定的商品的，应当向商标局办理变更手续。

申请人转让其商标注册申请的，应当向商标局办理转让手续。

第十八条 商标注册的申请日期以商标局收到申请文件的日期为准。

商标注册申请手续齐备、按照规定填写申请文件并缴纳费用的，商标局予以受理并书面通知申请人；申请手续不齐备、未按照规定填写申请文件或者未缴纳费用的，商标局不予受理，书面通知申请人并说明理由。申请手续基本齐备或者申请文件基本符合规定，但是需要补正的，商标局通知申请人予以补正，限其自收到通知之日起30日内，按照指定内容补正并交回商标局。在规定期限内补正并交回商标局的，保留申请日期；期满未补正的或者不按照要求进行补正的，商标局不予受理并书面通知申请人。

本条第二款关于受理条件的规定适用于办理其他商标事宜。

第十九条 两个或者两个以上的申请人，在同一种商品或者类似商品上，分别以相同或者近似的商标在同一天申请注册的，各申请人应当自收到商标局通知之日起30日内提交其申请注册前在先使用该商标的证据。同日使用或者均未使用的，各申请人可以自收到商标局通知之日起30日内自行协商，并将书面协议报送商标局；不愿协商或者协商不成的，商标局通知各申请人以抽签的方式确定一个申请人，驳回其他人的注册申请。商标局已经通知但申请人未参加抽签的，视为放弃申请，商标局应当书面通知未参加抽签的申请人。

第二十条 依照商标法第二十五条规定要求优先权的，申请人提交的第一次提出商标注册申请文件的副本应当经受理该申请的商标主管机关证明，并注明申请日期和申请号。

第三章 商标注册申请的审查

第二十一条 商标局对受理的商标注册申请，依照商标法及本条例的有关规定进行审查，对符合规定或者在部分指定商品上使用商标的注册申请符合规定的，予以初步审定，并予以公告；对不符合规定或者在部分指定商品上使用商标的注册申请不符合规定的，予以驳回或者驳回在部分指定商品上使用商标的注册申请，书面通知申请人并说明理由。

第二十二条 商标局对一件商标注册申请在部分指定商品上予以驳回的，申请人可以将该申请中初步审定的部分申请分割成另一件申请，分割后的申请保留原申请的申请日期。

需要分割的，申请人应当自收到商标局《商标注册申请部分驳回通知书》之日起15日内，向商标局提出分割申请。

商标局收到分割申请后，应当将原申请分割为两件，对分割出来的初步审定申请生成新的申请号，并予以公告。

第二十三条 依照商标法第二十九条规定，商标局认为对商标注册申请内容需要说明或者修正的，申请人应当自收到商标局通知之日起15日内作出说明或者修正。

第二十四条 对商标局初步审定予以公告的商标提出异议的，异议人应当向商标局提交下列商标异议材料一式两份并标明正、副本：

（一）商标异议申请书；

（二）异议人的身份证明；

（三）以违反商标法第十三条第二款和第三款、第十五条、第十六条第一款、第三十条、第三十一条、第三十二条规定为由提出异议的，异议人作为在先权利人或者利害关系人的证明。

商标异议申请书应当有明确的请求和事实依据，并附送有关证据材料。

第二十五条 商标局收到商标异议申请书后，经审查，符合受理条件的，予以受理，向申请人发出受理通知书。

第二十六条 商标异议申请有下列情形的，商标局不予受理，书面通知申请人并说明理由：

（一）未在法定期限内提出的；

（二）申请人主体资格、异议理由不符合商标法第三十三条规定的；

（三）无明确的异议理由、事实和法律依据的；

（四）同一异议人以相同的理由、事实和法律依据针对同一商标再次提出异议申请的。

第二十七条 商标局应当将商标异议材料副本及时送交被异议人，限其自收到商标异议材料副本之日起 30 日内答辩。被异议人不答辩的，不影响商标局作出决定。

当事人需要在提出异议申请或者答辩后补充有关证据材料的，应当在商标异议申请书或者答辩书中声明，并自提交商标异议申请书或者答辩书之日起 3 个月内提交；期满未提交的，视为当事人放弃补充有关证据材料。但是，在期满后生成或者当事人有其他正当理由未能在期满前提交的证据，在期满后提交的，商标局将证据交对方当事人并质证后可以采信。

第二十八条 商标法第三十五条第三款和第三十六条第一款所称不予注册决定，包括在部分指定商品上不予注册决定。

被异议商标在商标局作出准予注册决定或者不予注册决定前已经刊发注册公告的，撤销该注册公告。经审查异议不成立而准予注册的，在准予注册决定生效后重新公告。

第二十九条 商标注册申请人或者商标注册人依照商标法第三十八条规定提出更正申请的，应当向商标局提交更正申请书。符合更正条件的，商标局核准后更正相关内容；不符合更正条件的，商标局不予核准，书面通知申请人并说明理由。

已经刊发初步审定公告或者注册公告的商标经更正的，刊发更正公告。

第四章 注册商标的变更、转让、续展

第三十条 变更商标注册人名义、地址或者其他注册事项的，应当向商标局提交变更申请书。变更商标注册人名义的，还应当提交有关登记机关出具的变更证明文件。商标局核准的，发给商标注册人相应证明，并予以公告；不予核准的，应当书面通知申请人并说明理由。

变更商标注册人名义或者地址的，商标注册人应当将其全部注册商标一并变更；未一并变更的，由商标局通知其限期改正；期满未改正的，视为放弃变更申请，商标局应当书面通知申请人。

第三十一条 转让注册商标的，转让人和受让人应当向商标局提交转让注册商标申请书。转让注册商标申请手续应当由转让人和受让人共同办理。商标局核准转让注册商标申请的，发给受让人相应证明，并予以公告。

转让注册商标，商标注册人对其在同一种或者类似商品上注册的相同或者近似的商标未一并转让的，由商标局通知其限期改正；期满未改正的，视为放弃转让该注册商标的申请，商标局应当书面通知申请人。

第三十二条 注册商标专用权因转让以外的继承等其他事由发生移转的，接受该注册商标专用权的当事人应当凭有关证明文件或者法律文书到商标局办理注册商标专用权移转手续。

注册商标专用权移转的，注册商标专用权人在同一种或者类似商品上注册的相同或者近似的商标，应当一并移转；未一并移转的，由商标局通知其限期改正；期满未改正的，视为放弃该移转注册商标的申请，商标局应当书面通知申请人。

商标移转申请经核准的，予以公告。接受该注册商标专用权移转的当事人自公告之日起享有商标专用权。

第三十三条 注册商标需要续展注册的，应当向商标局提交商标续展注册申请书。商标局核准商标注册续展申请的，发给相应证明并予以公告。

第五章 商标国际注册

第三十四条 商标法第二十一条规定的商标国际注册，是指根据《商标国际注册马德里协定》（以下简称马德里协定）、《商标国际注册马德里协定有关议定书》（以下简称马德里议定书）及《商标国际注册马德里协定及该协定有关议定书的共同实施细则》的规定办理的马德里商标国际注册。

马德里商标国际注册申请包括以中国为原属国的商标国际注册申请、指定中国的领土延伸申请及其他有关的申请。

第三十五条 以中国为原属国申请商标国际注

册的，应当在中国设有真实有效的营业所，或者在中国有住所，或者拥有中国国籍。

第三十六条 符合本条例第三十五条规定的申请人，其商标已在商标局获得注册的，可以根据马德里协定申请办理该商标的国际注册。

符合本条例第三十五条规定的申请人，其商标已在商标局获得注册，或者已向商标局提出商标注册申请并被受理的，可以根据马德里议定书申请办理该商标的国际注册。

第三十七条 以中国为原属国申请商标国际注册的，应当通过商标局向世界知识产权组织国际局（以下简称国际局）申请办理。

以中国为原属国的，与马德里协定有关的商标国际注册的后期指定、放弃、注销，应当通过商标局向国际局申请办理；与马德里协定有关的商标国际注册的转让、删减、变更、续展，可以通过商标局向国际局申请办理，也可以直接向国际局申请办理。

以中国为原属国的，与马德里议定书有关的商标国际注册的后期指定、转让、删减、放弃、注销、变更、续展，可以通过商标局向国际局申请办理，也可以直接向国际局申请办理。

第三十八条 通过商标局向国际局申请商标国际注册及办理其他有关申请的，应当提交符合国际局和商标局要求的申请书和相关材料。

第三十九条 商标国际注册申请指定的商品或者服务不得超出国内基础申请或者基础注册的商品或者服务的范围。

第四十条 商标国际注册申请手续不齐备或者未按照规定填写申请书的，商标局不予受理，申请日不予保留。

申请手续基本齐备或者申请书基本符合规定，但需要补正的，申请人应当自收到补正通知书之日起 30 日内予以补正，逾期未补正的，商标局不予受理，书面通知申请人。

第四十一条 通过商标局向国际局申请商标国际注册及办理其他有关申请的，应当按照规定缴纳费用。

申请人应当自收到商标局缴费通知单之日起 15 日内，向商标局缴纳费用。期满未缴纳的，商标局不受理其申请，书面通知申请人。

第四十二条 商标局在马德里协定或者马德里议定书规定的驳回期限（以下简称驳回期限）内，依照商标法和本条例的有关规定对指定中国的领土延伸申请进行审查，作出决定，并通知国际局。商标局在驳回期限内未发出驳回或者部分驳回通知的，该领土延伸申请视为核准。

第四十三条 指定中国的领土延伸申请人，要求将三维标志、颜色组合、声音标志作为商标保护或者要求保护集体商标、证明商标的，自该商标在国际局国际注册簿登记之日起 3 个月内，应当通过依法设立的商标代理机构，向商标局提交本条例第十三条规定的相关材料。未在上述期限内提交相关材料的，商标局驳回该领土延伸申请。

第四十四条 世界知识产权组织对商标国际注册有关事项进行公告，商标局不再另行公告。

第四十五条 对指定中国的领土延伸申请，自世界知识产权组织《国际商标公告》出版的次月 1 日起 3 个月内，符合商标法第三十三条规定条件的异议人可以向商标局提出异议申请。

商标局在驳回期限内将异议申请的有关情况以驳回决定的形式通知国际局。

被异议人可以自收到国际局转发的驳回通知书之日起 30 日内进行答辩，答辩书及相关证据材料应当通过依法设立的商标代理机构向商标局提交。

第四十六条 在中国获得保护的国际注册商标，有效期自国际注册日或者后期指定日起算。在有效期届满前，注册人可以向国际局申请续展，在有效期内未申请续展的，可以给予 6 个月的宽展期。商标局收到国际局的续展通知后，依法进行审查。国际局通知未续展的，注销该国际注册商标。

第四十七条 指定中国的领土延伸申请办理转让的，受让人应当在缔约方境内有真实有效的营业所，或者在缔约方境内有住所，或者是缔约方国民。

转让人未将其在相同或者类似商品或者服务上的相同或者近似商标一并转让的，商标局通知注册人自发出通知之日起3个月内改正；期满未改正或者转让容易引起混淆或者有其他不良影响的，商标局作出该转让在中国无效的决定，并向国际局作出声明。

第四十八条 指定中国的领土延伸申请办理删减，删减后的商品或者服务不符合中国有关商品或者服务分类要求或者超出原指定商品或者服务范围的，商标局作出该删减在中国无效的决定，并向国际局作出声明。

第四十九条 依照商标法第四十九条第二款规定申请撤销国际注册商标，应当自该商标国际注册申请的驳回期限届满之日起满3年后向商标局提出申请；驳回期限届满时仍处在驳回复审或者异议相关程序的，应当自商标局或者商标评审委员会作出的准予注册决定生效之日起满3年后向商标局提出申请。

依照商标法第四十四条第一款规定申请宣告国际注册商标无效的，应当自该商标国际注册申请的驳回期限届满后向商标评审委员会提出申请；驳回期限届满时仍处在驳回复审或者异议相关程序的，应当自商标局或者商标评审委员会作出的准予注册决定生效后向商标评审委员会提出申请。

依照商标法第四十五条第一款规定申请宣告国际注册商标无效的，应当自该商标国际注册申请的驳回期限届满之日起5年内向商标评审委员会提出申请；驳回期限届满时仍处在驳回复审或者异议相关程序的，应当自商标局或者商标评审委员会作出的准予注册决定生效之日起5年内向商标评审委员会提出申请。对恶意注册的，驰名商标所有人不受5年的时间限制。

第五十条 商标法和本条例下列条款的规定不适用于办理商标国际注册相关事宜：

（一）商标法第二十八条、第三十五条第一款关于审查和审理期限的规定；

（二）本条例第二十二条、第三十条第二款；

（三）商标法第四十二条及本条例第三十一条关于商标转让由转让人和受让人共同申请并办理手续的规定。

第六章 商标评审

第五十一条 商标评审是指商标评审委员会依照商标法第三十四条、第三十五条、第四十四条、第四十五条、第五十四条的规定审理有关商标争议事宜。当事人向商标评审委员会提出商标评审申请，应当有明确的请求、事实、理由和法律依据，并提供相应证据。

商标评审委员会根据事实，依法进行评审。

第五十二条 商标评审委员会审理不服商标局驳回商标注册申请决定的复审案件，应当针对商标局的驳回决定和申请人申请复审的事实、理由、请求及评审时的事实状态进行审理。

商标评审委员会审理不服商标局驳回商标注册申请决定的复审案件，发现申请注册的商标有违反商标法第十条、第十一条、第十二条和第十六条第一款规定情形，商标局并未依据上述条款作出驳回决定的，可以依据上述条款作出驳回申请的复审决定。商标评审委员会作出复审决定前应当听取申请人的意见。

第五十三条 商标评审委员会审理不服商标局不予注册决定的复审案件，应当针对商标局的不予注册决定和申请人申请复审的事实、理由、请求及原异议人提出的意见进行审理。

商标评审委员会审理不服商标局不予注册决定的复审案件，应当通知原异议人参加并提出意见。原异议人的意见对案件审理结果有实质影响的，可以作为评审的依据；原异议人不参加或者不提出意见的，不影响案件的审理。

第五十四条 商标评审委员会审理依照商标法第四十四条、第四十五条规定请求宣告注册商标无效的案件，应当针对当事人申请和答辩的事实、理由及请求进行审理。

第五十五条 商标评审委员会审理不服商标局依照商标法第四十四条第一款规定作出宣告注册商标无效决定的复审案件，应当针对商标局的决定和申请人申请复审的事实、理由及请求进行审理。

第五十六条 商标评审委员会审理不服商标局

依照商标法第四十九条规定作出撤销或者维持注册商标决定的复审案件，应当针对商标局作出撤销或者维持注册商标决定和当事人申请复审时所依据的事实、理由及请求进行审理。

第五十七条 申请商标评审，应当向商标评审委员会提交申请书，并按照对方当事人的数量提交相应份数的副本；基于商标局的决定书申请复审的，还应当同时附送商标局的决定书副本。

商标评审委员会收到申请书后，经审查，符合受理条件的，予以受理；不符合受理条件的，不予受理，书面通知申请人并说明理由；需要补正的，通知申请人自收到通知之日起 30 日内补正。经补正仍不符合规定的，商标评审委员会不予受理，书面通知申请人并说明理由；期满未补正的，视为撤回申请，商标评审委员会应当书面通知申请人。

商标评审委员会受理商标评审申请后，发现不符合受理条件的，予以驳回，书面通知申请人并说明理由。

第五十八条 商标评审委员会受理商标评审申请后应当及时将申请书副本送交对方当事人，限其自收到申请书副本之日起 30 日内答辩；期满未答辩的，不影响商标评审委员会的评审。

第五十九条 当事人需要在提出评审申请或者答辩后补充有关证据材料的，应当在申请书或者答辩书中声明，并自提交申请书或者答辩书之日起 3 个月内提交；期满未提交的，视为放弃补充有关证据材料。但是，在期满后生成或者当事人有其他正当理由未能在期满前提交的证据，在期满后提交的，商标评审委员会将证据交对方当事人并质证后可以采信。

第六十条 商标评审委员会根据当事人的请求或者实际需要，可以决定对评审申请进行口头审理。

商标评审委员会决定对评审申请进行口头审理的，应当在口头审理 15 日前书面通知当事人，告知口头审理的日期、地点和评审人员。当事人应当在通知书指定的期限内作出答复。

申请人不答复也不参加口头审理的，其评审申请视为撤回，商标评审委员会应当书面通知申请人；被申请人不答复也不参加口头审理的，商标评审委员会可以缺席评审。

第六十一条 申请人在商标评审委员会作出决定、裁定前，可以书面向商标评审委员会要求撤回申请并说明理由，商标评审委员会认为可以撤回的，评审程序终止。

第六十二条 申请人撤回商标评审申请的，不得以相同的事实和理由再次提出评审申请。商标评审委员会对商标评审申请已经作出裁定或者决定的，任何人不得以相同的事实和理由再次提出评审申请。但是，经不予注册复审程序予以核准注册后向商标评审委员会提起宣告注册商标无效的除外。

第七章 商标使用的管理

第六十三条 使用注册商标，可以在商品、商品包装、说明书或者其他附着物上标明“注册商标”或者注册标记。

注册标记包括㊟和®。使用注册标记，应当标注在商标的右上角或者右下角。

第六十四条 《商标注册证》遗失或者破损的，应当向商标局提交补发《商标注册证》申请书。《商标注册证》遗失的，应当在《商标公告》上刊登遗失声明。破损的《商标注册证》，应当在提交补发申请时交回商标局。

商标注册人需要商标局补发商标变更、转让、续展证明，出具商标注册证明，或者商标申请人需要商标局出具优先权证明文件的，应当向商标局提交相应申请书。符合要求的，商标局发给相应证明；不符合要求的，商标局不予办理，通知申请人并告知理由。

伪造或者变造《商标注册证》或者其他商标证明文件的，依照刑法关于伪造、变造国家机关证件罪或者其他罪的规定，依法追究刑事责任。

第六十五条 有商标法第四十九条规定的注册商标成为其核定使用的商品通用名称情形的，任何单位或者个人可以向商标局申请撤销该注册商标，提交申请时应当附送证据材料。商标局受理后应当通知商标注册人，限其自收到通知之日起 2 个月内答辩；期满未答辩的，不影响商标局作出决定。

第六十六条 有商标法第四十九条规定的注册商标无正当理由连续3年不使用情形的，任何单位或者个人可以向商标局申请撤销该注册商标，提交申请时应当说明有关情况。商标局受理后应当通知商标注册人，限其自收到通知之日起2个月内提交该商标在撤销申请提出前使用的证据材料或者说明不使用的正当理由；期满未提供使用的证据材料或者证据材料无效并没有正当理由的，由商标局撤销其注册商标。

前款所称使用的证据材料，包括商标注册人使用注册商标的证据材料和商标注册人许可他人使用注册商标的证据材料。

以无正当理由连续3年不使用为由申请撤销注册商标的，应当自该注册商标注册公告之日起满3年后提出申请。

第六十七条 下列情形属于商标法第四十九条规定的正当理由：

（一）不可抗力；

（二）政府政策性限制；

（三）破产清算；

（四）其他不可归责于商标注册人的正当事由。

第六十八条 商标局、商标评审委员会撤销注册商标或者宣告注册商标无效，撤销或者宣告无效的理由仅及于部分指定商品的，对在该部分指定商品上使用的商标注册予以撤销或者宣告无效。

第六十九条 许可他人使用其注册商标的，许可人应当在许可合同有效期内向商标局备案并报送备案材料。备案材料应当说明注册商标使用许可人、被许可人、许可期限、许可使用的商品或者服务范围等事项。

第七十条 以注册商标专用权出质的，出质人与质权人应当签订书面质权合同，并共同向商标局提出质权登记申请，由商标局公告。

第七十一条 违反商标法第四十三条第二款规定的，由工商行政管理部门责令限期改正；逾期不改正的，责令停止销售，拒不停止销售的，处10万元以下的罚款。

第七十二条 商标持有人依照商标法第十三条规定请求驰名商标保护的，可以向工商行政管理部门提出请求。经商标局依照商标法第十四条规定认定为驰名商标的，由工商行政管理部门责令停止违反商标法第十三条规定使用商标的行为，收缴、销毁违法使用的商标标识；商标标识与商品难以分离的，一并收缴、销毁。

第七十三条 商标注册人申请注销其注册商标或者注销其商标在部分指定商品上的注册的，应当向商标局提交商标注销申请书，并交回原《商标注册证》。

商标注册人申请注销其注册商标或者注销其商标在部分指定商品上的注册，经商标局核准注销的，该注册商标专用权或者该注册商标专用权在该部分指定商品上的效力自商标局收到其注销申请之日起终止。

第七十四条 注册商标被撤销或者依照本条例第七十三条的规定被注销的，原《商标注册证》作废，并予以公告；撤销该商标在部分指定商品上的注册的，或者商标注册人申请注销其商标在部分指定商品上的注册的，重新核发《商标注册证》，并予以公告。

第八章 注册商标专用权的保护

第七十五条 为侵犯他人商标专用权提供仓储、运输、邮寄、印制、隐匿、经营场所、网络商品交易平台等，属于商标法第五十七条第六项规定的提供便利条件。

第七十六条 在同一种商品或者类似商品上将与他人注册商标相同或者近似的标志作为商品名称或者商品装潢使用，误导公众的，属于商标法第五十七条第二项规定的侵犯注册商标专用权的行为。

第七十七条 对侵犯注册商标专用权的行为，任何人可以向工商行政管理部门投诉或者举报。

第七十八条 计算商标法第六十条规定的违法经营额，可以考虑下列因素：

（一）侵权商品的销售价格；

（二）未销售侵权商品的标价；

（三）已查清侵权商品实际销售的平均价格；

（四）被侵权商品的市场中间价格；

（五）侵权人因侵权所产生的营业收入；

（六）其他能够合理计算侵权商品价值的因素。

第七十九条 下列情形属于商标法第六十条规定的能证明该商品是自己合法取得的情形：

（一）有供货单位合法签章的供货清单和货款收据且经查证属实或者供货单位认可的；

（二）有供销双方签订的进货合同且经查证已真实履行的；

（三）有合法进货发票且发票记载事项与涉案商品对应的；

（四）其他能够证明合法取得涉案商品的情形。

第八十条 销售不知道是侵犯注册商标专用权的商品，能证明该商品是自己合法取得并说明提供者的，由工商行政管理部门责令停止销售，并将案件情况通报侵权商品提供者所在地工商行政管理部门。

第八十一条 涉案注册商标权属正在商标局、商标评审委员会审理或者人民法院诉讼中，案件结果可能影响案件定性的，属于商标法第六十二条第三款规定的商标权属存在争议。

第八十二条 在查处商标侵权案件过程中，工商行政管理部门可以要求权利人对涉案商品是否为权利人生产或者其许可生产的产品进行辨认。

第九章 商标代理

第八十三条 商标法所称商标代理，是指接受委托人的委托，以委托人的名义办理商标注册申请、商标评审或者其他商标事宜。

第八十四条 商标法所称商标代理机构，包括经工商行政管理部门登记从事商标代理业务的服务机构和从事商标代理业务的律师事务所。

商标代理机构从事商标局、商标评审委员会主管的商标事宜代理业务的，应当按照下列规定向商标局备案：

（一）交验工商行政管理部门的登记证明文件或者司法行政部门批准设立律师事务所的证明文件并留存复印件；

（二）报送商标代理机构的名称、住所、负责人、联系方式等基本信息；

（三）报送商标代理从业人员名单及联系方式。

工商行政管理部门应当建立商标代理机构信用档案。商标代理机构违反商标法或者本条例规定的，由商标局或者商标评审委员会予以公开通报，并记入其信用档案。

第八十五条 商标法所称商标代理从业人员，是指在商标代理机构中从事商标代理业务的工作人员。

商标代理从业人员不得以个人名义自行接受委托。

第八十六条 商标代理机构向商标局、商标评审委员会提交的有关申请文件，应当加盖该代理机构公章并由相关商标代理从业人员签字。

第八十七条 商标代理机构申请注册或者受让其代理服务以外的其他商标，商标局不予受理。

第八十八条 下列行为属于商标法第六十八条第一款第二项规定的以其他不正当手段扰乱商标代理市场秩序的行为：

（一）以欺诈、虚假宣传、引人误解或者商业贿赂等方式招徕业务的；

（二）隐瞒事实，提供虚假证据，或者威胁、诱导他人隐瞒事实，提供虚假证据的；

（三）在同一商标案件中接受有利益冲突的双方当事人委托的。

第八十九条 商标代理机构有商标法第六十八条规定行为的，由行为人所在地或者违法行为发生地县级以上工商行政管理部门进行查处并将查处情况通报商标局。

第九十条 商标局、商标评审委员会依照商标法第六十八条规定停止受理商标代理机构办理商标代理业务的，可以作出停止受理该商标代理机构商标代理业务6个月以上直至永久停止受理的决定。停止受理商标代理业务的期间届满，商标局、商标评审委员会应当恢复受理。

商标局、商标评审委员会作出停止受理或者恢复受理商标代理的决定应当在其网站予以公告。

第九十一条 工商行政管理部门应当加强对商标代理行业组织的监督和指导。

第十章 附 则

第九十二条 连续使用至1993年7月1日的服务商标，与他人在相同或者类似的服务上已注册的服务商标相同或者近似的，可以继续使用；但是，1993年7月1日后中断使用3年以上的，不得继续使用。

已连续使用至商标局首次受理新放开商品或者服务项目之日的商标，与他人在新放开商品或者服务项目相同或者类似的商品或者服务上已注册的商标相同或者近似的，可以继续使用；但是，首次受理之日后中断使用3年以上的，不得继续使用。

第九十三条 商标注册用商品和服务分类表，由商标局制定并公布。

申请商标注册或者办理其他商标事宜的文件格式，由商标局、商标评审委员会制定并公布。

商标评审委员会的评审规则由国务院工商行政管理部门制定并公布。

第九十四条 商标局设置《商标注册簿》，记载注册商标及有关注册事项。

第九十五条 《商标注册证》及相关证明是权利人享有注册商标专用权的凭证。《商标注册证》记载的注册事项，应当与《商标注册簿》一致；记载不一致的，除有证据证明《商标注册簿》确有错误外，以《商标注册簿》为准。

第九十六条 商标局发布《商标公告》，刊发商标注册及其他有关事项。

《商标公告》采用纸质或者电子形式发布。

除送达公告外，公告内容自发布之日起视为社会公众已经知道或者应当知道。

第九十七条 申请商标注册或者办理其他商标事宜，应当缴纳费用。缴纳费用的项目和标准，由国务院财政部门、国务院价格主管部门分别制定。

第九十八条 本条例自2014年5月1日起施行。

企业信息公示暂行条例

（中华人民共和国国务院令 第654号）

《企业信息公示暂行条例》已经2014年7月23日国务院第57次常务会议通过，现予公布，自2014年10月1日起施行。

企业信息公示暂行条例

第一条 为了保障公平竞争，促进企业诚信自律，规范企业信息公示，强化企业信用约束，维护交易安全，提高政府监管效能，扩大社会监督，制定本条例。

第二条 本条例所称企业信息，是指在工商行政管理部门登记的企业从事生产经营活动过程中形成的信息，以及政府部门在履行职责过程中产生的能够反映企业状况的信息。

第三条 企业信息公示应当真实、及时。公示的企业信息涉及国家秘密、国家安全或者社会公共利益的，应当报请主管的保密行政管理部门或者国家安全机关批准。县级以上地方人民政府有关部门公示的企业信息涉及企业商业秘密或者个人隐私的，应当报请上级主管部门批准。

第四条 省、自治区、直辖市人民政府领导本行政区域的企业信息公示工作，按照国家社会信用信息平台建设的总体要求，推动本行政区域企业信用信息公示系统的建设。

第五条 国务院工商行政管理部门推进、监督企业信息公示工作，组织企业信用信息公示系统的建设。国务院其他有关部门依照本条例规定做好企业信息公示相关工作。

县级以上地方人民政府有关部门依照本条例规定做好企业信息公示工作。

第六条 工商行政管理部门应当通过企业信用信息公示系统，公示其在履行职责过程中产生的下列企业信息：

（一）注册登记、备案信息；

（二）动产抵押登记信息；

（三）股权出质登记信息；

（四）行政处罚信息；

（五）其他依法应当公示的信息。

前款规定的企业信息应当自产生之日起 20 个工作日内予以公示。

第七条 工商行政管理部门以外的其他政府部门（以下简称其他政府部门）应当公示其在履行职责过程中产生的下列企业信息：

（一）行政许可准予、变更、延续信息；

（二）行政处罚信息；

（三）其他依法应当公示的信息。

其他政府部门可以通过企业信用信息公示系统，也可以通过其他系统公示前款规定的企业信息。工商行政管理部门和其他政府部门应当按照国家社会信用信息平台建设的总体要求，实现企业信息的互联共享。

第八条 企业应当于每年 1 月 1 日至 6 月 30 日，通过企业信用信息公示系统向工商行政管理部门报送上一年度年度报告，并向社会公示。

当年设立登记的企业，自下一年起报送并公示年度报告。

第九条 企业年度报告内容包括：

（一）企业通信地址、邮政编码、联系电话、电子邮箱等信息；

（二）企业开业、歇业、清算等存续状态信息；

（三）企业投资设立企业、购买股权信息；

（四）企业为有限责任公司或者股份有限公司的，其股东或者发起人认缴和实缴的出资额、出资时间、出资方式等信息；

（五）有限责任公司股东股权转让等股权变更信息；

（六）企业网站以及从事网络经营的网店的名称、网址等信息；

（七）企业从业人数、资产总额、负债总额、对外提供保证担保、所有者权益合计、营业总收入、主营业务收入、利润总额、净利润、纳税总额信息。

前款第一项至第六项规定的信息应当向社会公示，第七项规定的信息由企业选择是否向社会公示。

经企业同意，公民、法人或者其他组织可以查询企业选择不公示的信息。

第十条 企业应当自下列信息形成之日起 20 个工作日内通过企业信用信息公示系统向社会公示：

（一）有限责任公司股东或者股份有限公司发起人认缴和实缴的出资额、出资时间、出资方式等信息；

（二）有限责任公司股东股权转让等股权变更信息；

（三）行政许可取得、变更、延续信息；

（四）知识产权出质登记信息；

（五）受到行政处罚的信息；

（六）其他依法应当公示的信息。

工商行政管理部门发现企业未依照前款规定履行公示义务的，应当责令其限期履行。

第十一条 政府部门和企业分别对其公示信息的真实性、及时性负责。

第十二条 政府部门发现其公示的信息不准确的，应当及时更正。公民、法人或者其他组织有证据证明政府部门公示的信息不准确的，有权要求该政府部门予以更正。

企业发现其公示的信息不准确的，应当及时更正；但是，企业年度报告公示信息的更正应当在每年6月30日之前完成。更正前后的信息应当同时公示。

第十三条 公民、法人或者其他组织发现企业公示的信息虚假的，可以向工商行政管理部门举报，接到举报的工商行政管理部门应当自接到举报材料之日起20个工作日内进行核查，予以处理，并将处理情况书面告知举报人。

公民、法人或者其他组织对依照本条例规定公示的企业信息有疑问的，可以向政府部门申请查询，收到查询申请的政府部门应当自收到申请之日起20个工作日内书面答复申请人。

第十四条 国务院工商行政管理部门和省、自治区、直辖市人民政府工商行政管理部门应当按照公平规范的要求，根据企业注册号等随机摇号，确定抽查的企业，组织对企业公示信息的情况进行检查。

工商行政管理部门抽查企业公示的信息，可以采取书面检查、实地核查、网络监测等方式。工商行政管理部门抽查企业公示的信息，可以委托会计师事务所、税务师事务所、律师事务所等专业机构开展相关工作，并依法利用其他政府部门作出的检查、核查结果或者专业机构作出的专业结论。

抽查结果由工商行政管理部门通过企业信用信息公示系统向社会公布。

第十五条 工商行政管理部门对企业公示的信息依法开展抽查或者根据举报进行核查，企业应当配合，接受询问调查，如实反映情况，提供相关材料。

对不予配合情节严重的企业，工商行政管理部门应当通过企业信用信息公示系统公示。

第十六条 任何公民、法人或者其他组织不得非法修改公示的企业信息，不得非法获取企业信息。

第十七条 有下列情形之一的，由县级以上工商行政管理部门列入经营异常名录，通过企业信用信息公示系统向社会公示，提醒其履行公示义务；情节严重的，由有关主管部门依照有关法律、行政法规规定给予行政处罚；造成他人损失的，依法承担赔偿责任；构成犯罪的，依法追究刑事责任：

（一）企业未按照本条例规定的期限公示年度报告或者未按照工商行政管理部门责令的期限公示有关企业信息的；

（二）企业公示信息隐瞒真实情况、弄虚作假的。

被列入经营异常名录的企业依照本条例规定履行公示义务的，由县级以上工商行政管理部门移出经营异常名录；满3年未依照本条例规定履行公示义务的，由国务院工商行政管理部门或者省、自治区、直辖市人民政府工商行政管理部门列入严重违法企业名单，并通过企业信用信息公示系统向社会公示。被列入严重违法企业名单的企业的法定代表人、负责人，3年内不得担任其他企业的法定代表人、负责人。

企业自被列入严重违法企业名单之日起满5年未再发生第一款规定情形的，由国务院工商行政管理部门或者省、自治区、直辖市人民政府工商行政管理部门移出严重违法企业名单。

第十八条 县级以上地方人民政府及其有关部门应当建立健全信用约束机制，在政府采购、工程招投标、国有土地出让、授予荣誉称号等工作中，将企业信息作为重要考量因素，对被列入经营异常名录或者严重违法企业名单的企业依法予以限制或者禁入。

第十九条 政府部门未依照本条例规定履行职责的，由监察机关、上一级政府部门责令改正；情节严重的，对负有责任的主管人员和其他直接责任人员依法给予处分；构成犯罪的，依法追究刑事责任。

第二十条 非法修改公示的企业信息，或者非法获取企业信息的，依照有关法律、行政法规规定追究法律责任。

第二十一条 公民、法人或者其他组织认为政府部门在企业信息公示工作中的具体行政行为侵犯其合法权益的，可以依法申请行政复议或者提起行政诉讼。

第二十二条 企业依照本条例规定公示信息，不免除其依照其他有关法律、行政法规规定公示信息的义务。

第二十三条 法律、法规授权的具有管理公共事务职能的组织公示企业信息适用本条例关于政府部门公示企业信息的规定。

第二十四条 国务院工商行政管理部门负责制定企业信用信息公示系统的技术规范。

个体工商户、农民专业合作社信息公示的具体办法由国务院工商行政管理部门另行制定。

第二十五条 本条例自2014年10月1日起施行。

大事记

记载2013年度发生的工程机械行业的重大事件

综述篇

行业篇

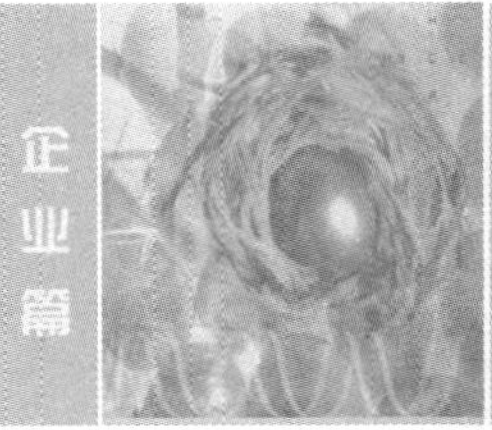
企业篇

市场篇

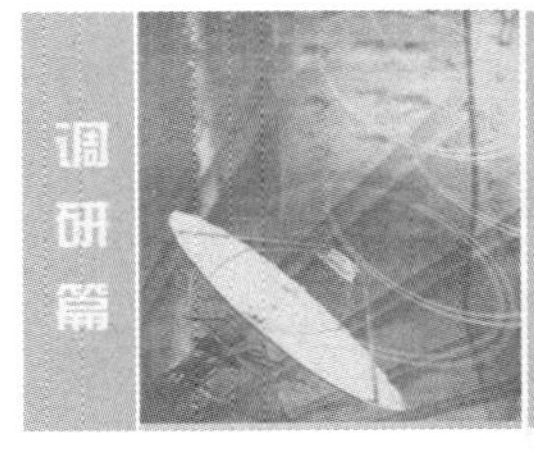
调研篇

统计资料

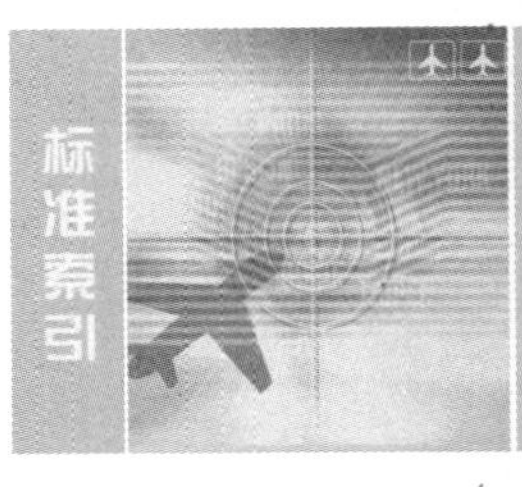
标准索引

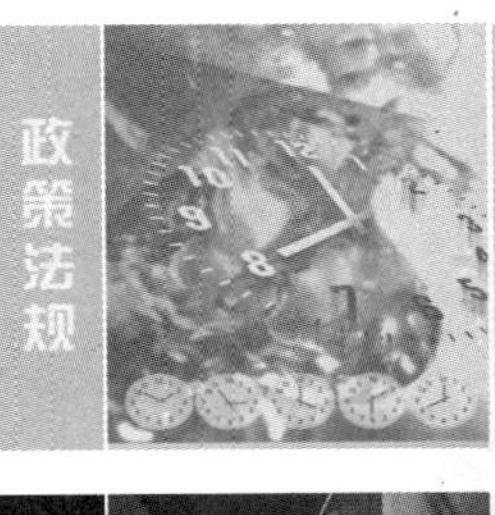
政策法规

大事记

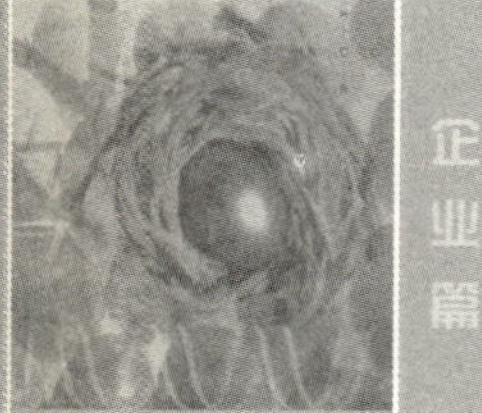

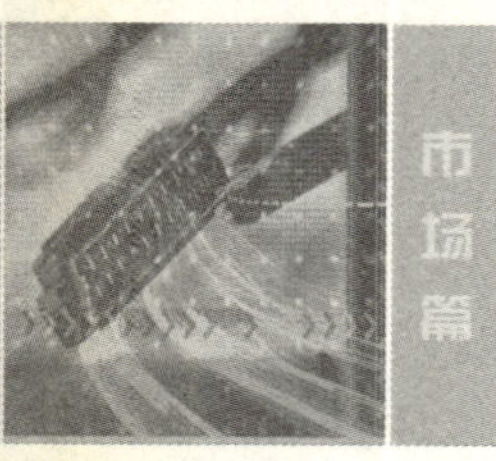

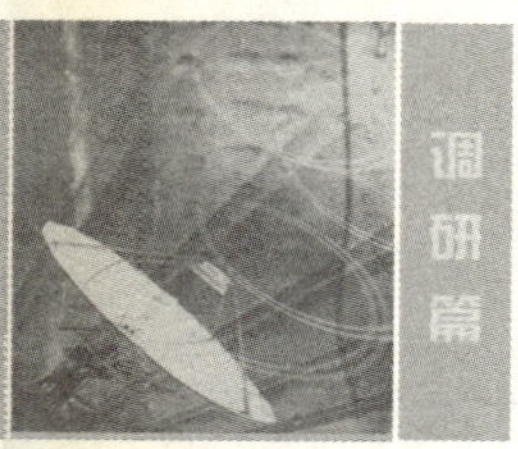

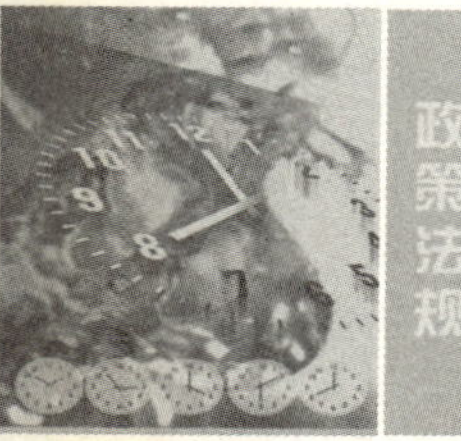

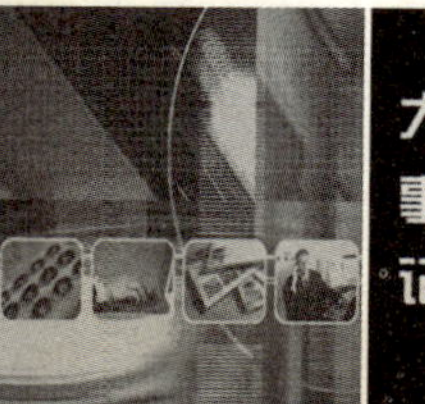

中国工程机械行业大事记（2013年）

中国工程机械行业大事记（2013 年）

1 月

5 日 陕西建设机械股份有限公司收到陕西省人民政府国有资产监督管理委员会《关于陕西建设机械股份有限公司非公开发行股票的批复》。这是陕建机械发展史上的一件大事。 2012 年 7 月 17 日，经上海证券交易所批准，陕建机械的股票取“星”摘“帽”——“*ST 建机”恢复为“建设机械”，股票交易日涨跌幅 5% 的限制随之取消，公司以新的形象出现在资本市场。本次非公开募股近亿元资金主要用于促进企业资金链流动，为公司调整和优化企业资产结构，寻求新的经济增长点，实现跨越发展奠定坚实的基础。

5 日 2012 中国工程机械十大新闻最终评审会议在北京举行，经过中国工程机械工业协会领导以及行业主流媒体主编们的热烈讨论和投票，2012 年度中国工程机械十大新闻正式出炉。活动自 1996 年以来至今已成功举办 17 届。多年的坚持不懈，使该活动已经成为整个产业和市场最为重要的年度事件之一，成为业内人士梳理和总结过去一年产业和市场发展脉络的重要渠道。

8 日 由中联重科自主研发、生产的国内首台 16 吨级无泄漏压缩式垃圾车 ZLJ5169ZYSDE4 下线，该产品是目前国内最大吨位的无泄漏压缩式垃圾车。

10 日 在由湖南省政府主办，湖南省科技厅承办，国际工业设计协会联合会、国际艺术设计与媒体院校协会、中国工业设计协会认证的国际顶尖工业设计竞赛——“芙蓉杯”国际工业设计创新大赛上，由工程机械行业企业——山河智能选送的 SWL3220 滑移装载机荣获第三届“芙蓉杯”国际工业创新大赛企业创新奖。这也是山河智能继 2009 年、2010 年后连续三届蝉联该奖项。另外，山河智能旗下子公司山河科技选送的 SVU200 无人直升机荣获企业优秀奖。

12 日 总规划占地面积 200 万 m^2 的徐工集团重型载货汽车生产基地开工奠基仪式在徐州高新技术产业开发区隆重举行，徐工将依托该项目和企业资源体系优势，力争用 3 年左右时间，打造一个销售超百亿元的重型载货汽车企业。

23 日 以市场需求为导向，通过政府引导和行业协会组织协调，由主机生产企业、液压元件生产企业、铸造和材料等生产企业、科研院所、高等院校自愿参加组成的政产学研用相结合的工程机械高端液压件及液压系统产业化协同工作平台，经参与各方一年多的积极努力，完成了各项筹备工作，在天津宣布正式启动。此次工作平台的正式启动，预示着在政府的引导下，在行业主管部门的业务指导和监督下，工程机械主机与配套件企业紧密协同合作，整合行业科技资源、融通行业技术研发，迈出了突破工程机械行业高端液压件瓶颈的实质性步伐。它对于提升我国工程机械和液压行业整体水平，加快成果共享与转化，优化产业链将起到重要的作用。同时，平台是行业自主创新体系建设的形式创新，是政产学研用结合的新模式，它促进了产业结构的调整，加速了技术攻关和产业化的进程。

23 日 由国家科技部高新司主办的国家“863”计划大直径全断面隧道掘进装备及重大工程机械装备项目启动会在长沙召开。该项目是国家“863”重点项目。项目由中国铁建重工集团有限公司牵头，浙江大学、徐工集团、湘电重装、三一重装参与。该项目是湖南省迄今由企业牵头承担获国家经费支持力度最大的863计划项目，共获得国拨经费7 054万元

25日 美国马尼托瓦克公司与山推工程机械股份有限公司合作品牌发布仪式在山东泰安马尼托瓦克工厂隆重举行。据悉，二者分别向东岳重工增资，计划成立一家新型合资企业——山推马尼托瓦克起重机公司。项目完成后，山推和马尼托瓦克公司分别持有东岳重工51%和49%的股权，山推取得东岳重工控股权，东岳重工改名为山推马尼托瓦克起重机有限公司。该合资公司将主营汽车起重机、随车起重机的生产制造，同时作为独家代理商销售进口全路面起重机和越野起重机。在山推负责的中国市场，该合资公司将使用山推－格鲁夫品牌，而由马尼托瓦克负责的海外市场，将使用格鲁夫－山推品牌。

30日 三一集团首台发动机在昆山产业园1号厂房成功下线，三一从此拥有了自主研发生产的动力匹配。该项目是三一集团为了专注于研发生产工程机械动力设备，优化集团动力匹配，与日本三菱扶桑展开合作，运用信息化整合全国以及全球资源，打造出的差异化领先产品。该产品年产量约1万台，主要用于三一集团所产工程机械。

2月

1日 由商务部国际商报社主办的2012年度中国商务杰出企业及风云人物评选在北京揭晓。经专家评审，广西柳工机械股份有限公司被授予最具竞争力出口企业50强称号，总裁曾光安荣获2012中国十大商务风云人物称号，成为唯一获此殊荣的工程机械行业领导。柳工也是行业中此次唯一同时荣获两个奖项的企业。

18日 工程机械行业龙头中联重科喜迎"6亿元"新春开门红，上午10时披红挂彩的358台机械设备，分别从中联重科科技园、泉塘、沅江、常德等各个园区浩浩荡荡驶出大门，奔赴海内外并即将交付到150余名客户手中。此次中联重科新春开门红发车仪式的设备涵盖了混凝土机械、工程起重机械、建筑起重机械、环卫机械、土方机械、消防机械、路面机械等全系列产品、金额逾6亿元。产品囊括了诸多世界之最和国内之最，全球最大吨位汽车起重机、全球市场占有率第一的搅拌车，国内销量第一车载泵、国内销量增速最快的挖掘机均在其中。

22日 美国法院决定正式受理三一集团在美国成立的关联企业——罗尔斯公司起诉美国总统奥巴马的案件。法官要求奥巴马在3月28日前提供一份答辩意见，以说明其2012年根据《国防产品法》第721条的授权，基于可能危害美国国家安全的理由，否决罗尔斯公司收购一美国公司位于美国俄勒冈州一个军事设施附近四个风电项目的总统令是否违反了美国宪法第五修正案"未经正当程序剥夺财产"的条款。三一集团旗下的罗尔斯公司向美国法院起诉奥巴马，是中国企业在美投资的深度和广度大为加深的趋势下发生的一个具有标志性意义的事件。这也标志着中国企业在美投资逐步走向成熟之路。

3月

6日 为了倡导行业自律，为行业健康有序发展营造良好的舆论氛围，中国工程机械工业协会召集部分行业主流媒体在北京举行座谈会。各参会主流媒体代表一致表示，非常赞同协会的观点，坚决支持协会的倡议，将配合协会，利用各自的媒体平台集中展开行业自律宣传活动，共同承担起推动行业健康发展的使命和责任，为促进工程机械行业健康有序发展传递正能量。

7日 在中国矿用车行业史上最大订单——宇通重工·鑫源煤业200台YT3621矿用自卸车发车仪式上，宇通重工成为国内首家获得CQC土方机械认证的

掘机、装载机等等主机和零部件。中国有超过160家企业组成强大团队参展，参展净面积达到了创纪录的5 075㎡，取得了良好的组团效果。

27—29日 中国工程机械工业协会代理商工作委员会在厦门成功召开2013年度中国工程机械精英代理商热点论坛暨代理商工作委员会第三届第四次常务理事会。2013年是中国工程机械产业的深度变革之年，代理商生存压力远高于发展诉求，在各代理商迷茫于如何解当下之困时，此次论坛的举办，犹如在漆黑夜空点起一盏明灯。会议中，代理商同仁们激烈而理性的智慧碰撞，让所有人都印象深刻，充满回味，而这些细细回味的心得将继续激励大家拔足前行。

7月

1日 北京正式实施地方标准DB11/185-2013《非道路机械用柴油机排气污染物限值及测量方法》。该标准相当于欧洲Stage III A，并且将于2015年1月1日起实施相当于欧洲Stage III B的排放法规。排放标准的升级，对发动机性能、结构要求发生较大的变化。特别是从Stage III A到Stage III B阶段。由此对发动机制造商、整机制造商、代理商和终端用户都将带来巨大的影响。而且在北京地区实施非道路III阶段法规后，对全国其他省市的影响不可小窥。也许将引领全国在未来几年内执行更高排放标准。

19日 由国机重工旗下鼎盛重工打造的世界最大功率平地机DT660成功下线。DT660平地机的下线，是国产平地机领域的最新技术成果，代表了中国平地机的制造水平，填补了国内生产空白，突破了国内装备制造行业大型化的瓶颈，在中国工程机械发展历史上具有里程碑意义。

23日 中国机械工业科学技术奖评审在北京举行。来自工程机械行业协会、企业和专业院校、研究院所的13位专家集中通过网络评审的方式参加了项目的初审工作。该年度行业共有20多家单位通过网络申报系统报送了44项评审项目，涉及起重机械、土方机械、路面机械、混凝土机械、工业车辆、配套件等多类产品及制造关键技术，申报项目呈现出创新点多、技术含量高、社会效益和经济效益显著等特点。经评委们严谨细致的评审，共推荐一等奖项目1个，二等奖项目7个；三等奖项目12个。

24—25日 BICES展会配套活动之一的第二届国际工程机械及专用车辆创意设计大赛参赛作品评审会在北京召开。该设计大赛旨在推广工程机械文化，促进工程机械科技进步和创新，提升中国工程机械产品的外观设计水平，激发广大行业从业人员及工程机械爱好者的创作热情，发掘设计人才，搭建行业产品设计高水准的交流平台。大赛自2011年举办以来，此次已是第二届。通过最终评审共有30项作品脱颖而出，分获高校组和社会组参赛项目一等、二等及优秀奖。其中一等奖作品4项、二等奖作品4项，另有22项作品获得大赛优秀作品奖。

8月

3日 由中国铁建重工集团与神华集团联合研发，拥有完全自主知识产权的全球首台长距离、大坡度煤矿斜井专用掘进机（TBM），在湖南长沙中国铁建重工集团顺利下线。它的研制成功，填补了全断面隧道掘进机在煤矿斜井建设领域的应用空白，标志着我国现代化隧道施工装备已经达到世界领先水平，这对于我国高端装备制造业的创新发展具有里程碑的意义。

3—5日 中国工程机械工业协会工业车辆分会在内蒙古赤峰市召开第二届中国工业车辆优秀供应商评审会。在此次评审会上，很多企业不仅介绍了自身的情况，还就行业面临的问题、自身的观点和看法进行了阐述和交流，同时与会企业代表认识到要促进中国工业车辆行业配套件企业上水平、上规模、上档次、上台阶，需要大家的共同努力，共同进步。

17日 中国工程机械工业协会桩工机械分会在青岛组织召开旋挖钻机行业圆桌会议。此次会议聚集了来自南车时代、北京三一、山河智能、徐工基础、中联重科等13家旋挖钻机主要主机企业的主要领导，参会级别之高、到会人数之全，堪称旋挖钻机行业的“大聚会”。各企业领导畅所欲言、集思广益，结合自身发展，从行业自律、风险控制、服务模式、多元化经营、行业监督机制的建立等方面进行了深入的沟通与探讨，并达成了广泛共识。

31日 第十二届全国运动会在沈阳奥林匹克体育中心盛大开幕。开幕式上主火炬点火方式独具匠心的创意制作，令所有在现场和电视机前的广大观众为之惊艳。此次全运会主火炬的创意、设计、制作、安装及点火工作经大会组委会指定，由工程机械行业企业——沈阳北方交通重工集团负责。本次主火炬的制作工作时间紧急，任务繁重。在仅50天的时间里，北方交通组织了近500人的制作团队，齐心协力、艰苦奋战，克服了多重技术及工艺难关，成功完成主火炬的全部设计制作工作，创下了历届全运会赛事中主火炬完成时间最短的纪录。火炬的成功设计、制作，充分体现出了工程机械行业人高超的设计创意和高度的社会责任感，这既是沈阳北方交通重工集团的光辉创举，也是工程机械行业共同的骄傲和光荣。

9月

4日 中国工程机械工业协会工程机械配套件分会在安徽省马鞍山市当涂县隆重召开2013年中国工程机械配套件行业年会。此次年会以“创新引领未来、品质成就梦想”为主题，共同探讨当前中国工程机械配套件行业面临的机遇和挑战，寻求未来发展的创新之路。

10日 中国工程机械工业协会混凝土机械分会在北京成功举办了2013中国混凝土机械行业年会。该届年会强调主机厂和配套厂的鱼水关系，受到与会代表的一致好评。同时展开配套件应用技术交流和主机应用技术发展方向技术交流，这种创新的交流形式给予会议代表更多的启发和思考。

18日 第一届工程机械、建材机械、矿山机械和工程车辆国际贸易博览会（BaumaAfrica2013，简称宝马南非展）在南非最大的城市约翰内斯堡加拉格尔展览中心盛装开幕。主办单位借助自身在行业内无可比拟的优势，将该展打造成行业知名的bauma系列展，自2013年开始每两年定期举办。首届宝马南非展总面积约60 000m^2，有来自南非、中国、德国、意大利、英国、土耳其、韩国、美国、西班牙、印度等37个国家和地区750多家展商参展，此次展会共计有141家中国企业通过多种途径参展，中国无论是在企业参展数还是展出面积上，成为仅次于南非本国的最大出展国。

23—25日 中国工程机械工业协会施工机械化分会在江苏南京隆重召开2013年会暨超高层建筑工程技术交流会。该届年会召开正值我国新型城镇化和建筑工业化、信息化进程的推进，以及建筑业施工管理机制的变革和建筑行业人力资源的日益紧缺的大环境下，所以，建筑施工机械化技术的发展将是大势所趋。施工装备制造业的技术进步，为施工机械化的发展提供了物质条件，建筑工程项目的日益增多，为建筑施工机械化提供了广阔市场，因此建筑施工机械化遇到了难得的历史发展机遇。

10月

10日 中国机械工业节能减排与资源利用大会在北京召开。此次大会以“加快发展节能机电产品，大力推进绿色制造，促进机械工业转型升级”为主题。会议对工程机械行业的再制造和中国工程机械工业协会的相关工作的协同努力下，工程机械行业一定能够克服困难，抓住机遇，创新发展，继续保持平稳、健康、可持续的发展。此次年会是在中国工程机械行业在市场的冲击下，行业发展面临着严峻的挑战和考验的阶段召开的，对行业的发展具有重要意义。

28—29日 以“人人争当好司机，齐心驱动中国梦”为主题的中国好司机高级训练营在山东临沂隆重举行，同时揭晓了中国好司机获奖名单。此次活动帮助一线劳动者争取更多就业机会和职业保障，为行业输送了很多合格操作手，更通过挖掘平凡劳动者身上的闪光点，向行业乃至整个社会传递出正能量。

12月

3日 由中国工程机械工业协会和广西柳工机械股份有限公司联合主办的直通极限——首届全国土方机械操作技能大赛之巅峰之夜总决赛在柳工大型装载机生产基地举行。该届土方机械操作技能大赛采用理论与实操技能相结合的竞赛方式，充分展现了参赛选手超强的技能水平和职业风采，让新时代的“蓝领力量”为极地科考，为国民经济建设提供了源源不绝的基层动力。

4—6日 中国工程机械工业协会路面与压实机械分会在合肥隆重召开2013中国路面机械与压实机械行业年会暨发展创新研讨会。此次年会深入讨论了对产业结构调整和未来两年市场走势的看法，共同探讨市场调整时期行业企业的应对之道。此次会议不仅为路面与压实机械行业制造企业、配套件企业、代理销售商以及相关科研院所人员提供了一个深入探讨与交流的平台，还未推动行业企业在竞争理念、产品创新、管理创新等方面的转型升级起到了重要的促进作用。

10日 三一重工与奥地利帕尔菲格集团正式签订战略合作协议。协议显示，三一重工将以约1.08亿欧元认购帕尔菲格约10%的股份，帕尔菲格同样投资1.10亿欧元于三一汽车起重机械有限公司，获得三一起重板块业务10%的股权。随着未来三一重工和帕尔菲格强强联合，并在产业链整合，销售渠道整合等方面合作的进一步加深，一个崭新的全球起重机巨头已经呼之欲出，起重机行业格局必将改变。

10—11日 中国工程机械工业协会掘进机械分会在湖南长沙举行2013年年会。会议认为，在党的十八届三中全会胜利召开，全党全国在进一步深化改革，实现中国梦的伟大进程中，掘进机械行业也面临着巨大的发展机遇和挑战，全行业应该进一步团结起来，积极主动的调整产业结构，产品结构，努力建立公平有序的市场竞争环境，继续提高自主研发能力，提高产品质量，大力开拓国际、国内两个市场，把中国的掘进机械行业做得更好、更强。

13日 横断面宽10.122m、高7.27m，重达400多t的世界最大矩形盾构机在郑州中铁工程装备集团下线。矩形盾构是横断面为矩形的盾构机，相比圆形盾构，它作业面小，主要用于距地面较近的工程作业。

18日 贵州省消防总队与贵州詹阳动力成功举行全地形履带式抢险救援消防车交车仪式，这标志着国内首台全地形履带式抢险救援消防车问市。

25日 中联重科召开新闻发布会宣布公司于12月20日在德国正式签约，收购全球干混砂浆设备第一品牌德国M-TEC公司。此次并购M-TEC公司，是中联重科在国际化并购路径上的又一力作，彰显其成为干混砂浆设备全球第一品牌的雄心。

25日 国机重工西南（泸州）产业园建设项目举行开工仪式，标志着长起公司异地技改搬迁项目正式拉开了建设的序幕。该项目位于泸州市高新技术开发区机械装备产业园，厂区占地面积达361km^2，主要生产产品为小、中、大吨位汽车起重机。

25日 中国工程机械工业协

会混凝土制品机械分会在福建省泉州市隆重召开 2013 年第三届四次理事会。此次会议的召开正值国内、国际经济形势已进入相对低迷期，市场竞争日益激烈的环境下，但混凝土制品机械在挑战中拥有发展的良机，国家住宅产业化政策将大大利好预制建筑技术，而混凝土制品机械又是预制建筑技术的关键角色，所以通过此次会议以探索有效途径推动行业企业快速实现转型升级，为国家住宅产业化政策提供装备支撑，促进本行业赢得发展机遇。

28 日 中联重科与重庆璧山县正式签订建设项目协议，该公司农机产业园将落户璧山工业园区，这标志着中联重科宣布进军农业机械板块迈出了坚实的第一步。同时，中联重科将第一个农业机械产业园建在重庆，希望能够促进重庆大型装备制造业发展、提升西部农业机械化水平。

31 日 由中国工程机械工业协会主办的年度中国工程机械十大新闻评选活动在北京举行。经过来自中国工程机械工业协会领导以及行业主流媒体主编们的热烈讨论和投票，2013 年度中国工程机械十大新闻正式出炉。该评选活动自 1996 年以来至今已成功举办了 18 届。经多年的坚持不懈，该活动业已经成为工程机械产业和市场最为重要的年度事件之一，成为了业内人士梳理和总结过去一年产业和市场发展脉络的重要渠道。

〔供稿人：中国工程机械工业协会尹晓荔〕

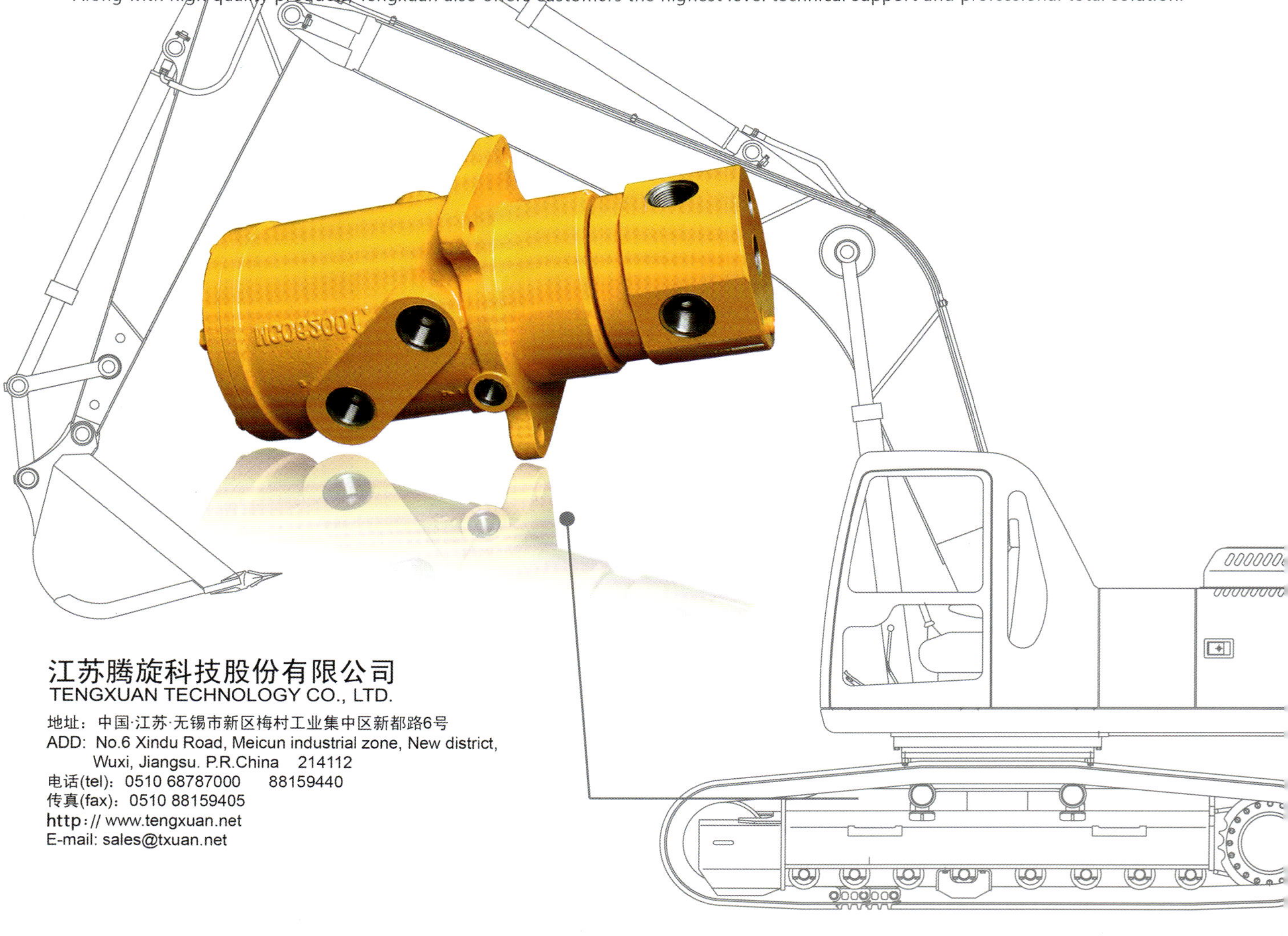

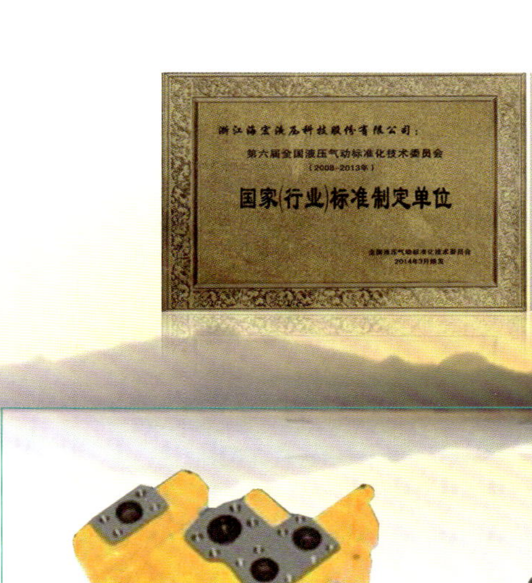

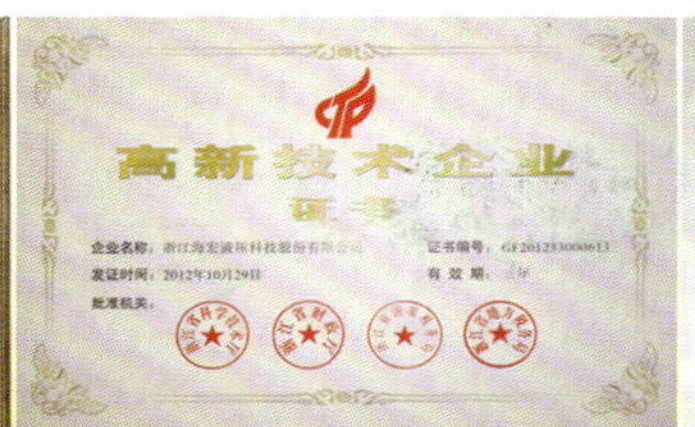

ZLF25流量放大阀

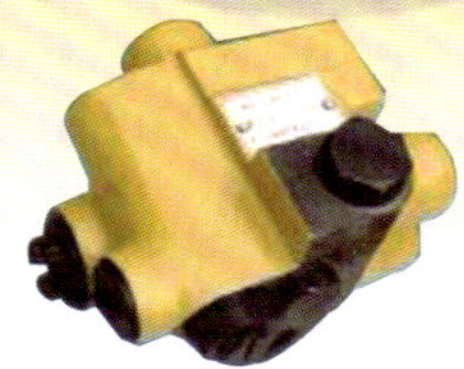
ACV双回路充液阀

DFS系列多路换向阀

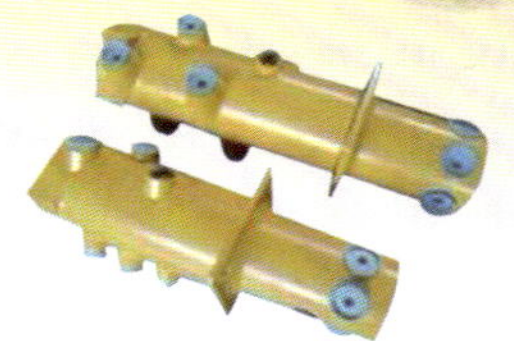
挖机中央回转接头

TH6系列先导阀

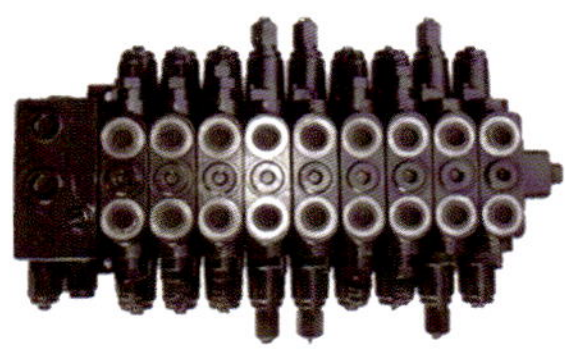
LF12系列小挖多路换向阀

CDB3系列多路阀

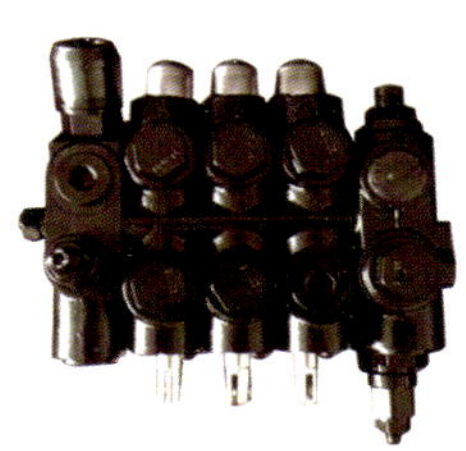
CDB5-F15系列多路阀

浙江海宏液压科技股份有限公司

Zhejiang Haihong Hydraulics Technology Co., Ltd.

地址：浙江省临海市金岭路199号　电话：0576-85182037　传真：0576-85182843
网址：www.cn-hydraulic.com　邮箱：haihong@cn-hydraulic.com

无尘装配车间

马扎克加工中心生产线

总成试验台

包装流水线

可 靠 承 载 重 托
可靠
托
山东临工